THE GENETIC LOTTERY
유전자 로또

유전자 로또

DNA가 사회적 평등에 중요한 이유

초판 1쇄 인쇄일 2023년 2월 20일 **초판 1쇄 발행일** 2023년 2월 24일

지은이 캐스린 페이지 하든 | **옮긴이** 이동근
펴낸이 박재환 | **편집** 유은재 | **관리** 조영란
펴낸곳 에코리브르 | **주소** 서울시 마포구 동교로15길 34 3층(04003) | **전화** 702-2530 | **팩스** 702-2532
이메일 ecolivres@hanmail.net | **블로그** http://blog.naver.com/ecolivres
출판등록 2001년 5월 7일 제201-10-2147호
종이 세종페이퍼 | **인쇄·제본** 상지사 P&B

ISBN 978-89-6263-247-7 03300

책값은 뒤표지에 있습니다. 잘못된 책은 구입한 곳에서 바꿔드립니다.

유전자 로또

DNA가 사회적 평등에 중요한 이유

캐스린 페이지 하든 지음 | 이동근 옮김

에코리브르

나의 행운인 조나와 로언에게 이 책을 바칩니다.

운이란 내 바깥에서 오직 내게 일어난 일과
일어나지 않은 일로 결정된다고 믿었다.
……지금은 틀렸다고 생각한다.
나의 운은 내 안에 짜여 있으며,
뼈와 엉겨 있는 근본 원리이자
비밀스러운 DNA 태피스트리와 함께 엮여 있는
황금빛 실이라고 생각한다.

-타나 프렌치(Tana French), 《글라브라느릅(The Witch Elm)》

차례

1부

유전학 똑바로 이해하기

01

들어가며

나는 아들이 유치원에 들어가기 전까지 몬테소리 교육법*으로 가르쳤다. 유치원에 입학하기 전 여름, 내 어머니께서는 그런 교육을 미심쩍어하며 '진짜' (책상과 함께하는) 교육을 준비할 수 있도록 도와주겠다고 제안하셨다. 난 아들이 유치원에 가면 잘하겠거니 꽤 자신만만했지만, '진짜' (아이 없는) 휴가를 즐길 기회를 놓치지 않았다. 그렇게 어머니에게 아들을 맡겨 놓고 난 바닷가에서 2주를 보냈다.

어머니는 한때 학교 선생님으로 재직하셨다. 언어병리학 공부를 마친 후 미시시피 북부의 한 시골 학교에서 근무하셨는데, 거기에는 심한 학습 장애를 겪는 가난한 학생도 가끔 있었다. 지금은 은퇴하셨다. 어머니는 옛 교실에서 ABC 알파벳, 역대 미국 대통령, 세계 대륙, 국기에 대한

* 이탈리아의 의사이자 교육자 마리아 몬테소리가 고안한 교육법으로, 아동 스스로 자연스럽게 지식을 발달시키도록 한다. (이하 각주는 모두 옮긴이 주이다.)

맹세 같은 포스터들을 떼어와 멤피스에 있는 집 일광욕실을 꾸며두셨다. 내가 휴가를 보내고 돌아왔을 때, 아들은 국기에 대한 맹세를 자랑스럽게 암송할 수 있었다. "나는 미합중국 국기에, 그리고 모두를 위한 자유와 정의가 있는, 신 아래 나눌 수 없는 하나의 국가를 상징하는 공화국에 충성을 맹세합니다."

어머니는 필름을 덧댄 포스터 표면에 보라색 펜으로 국기에 대한 맹세의 문구를 어린아이에게 더 친숙한 단어로 바꾸셨다. 공화국(Republic)에다가는 '나라(country)'를, 자유(liberty)에다가는 '자유(freedom)'를 적었다. 정의(justice)에다가는 '공정함(being fair)'을 써두셨다.

'공정함'이란 말은 어린이에게 정의가 무엇인지를 참 쉽게 설명해준다. 장난감을 두고 옥신각신하는 형제자매를 둔 부모라면, 어린이가 공정함과 불공정함에 예리한 감각을 지녔다는 사실을 경험했을 것이다. 아이들이 방을 청소한 뒤 한 초등학생에게 그 보상으로 아이들에게 예쁜 지우개 몇 개를 나누어주라고 시키면, 남는 지우개를 몇 명에게 불공평하게 나누어주기보다 버리는 쪽을 선택한다.[1]

원숭이도 공정함이라는 감각을 지니고 있다. 꼬리감는원숭이 두 마리에게 간단한 과제를 수행하는 '대가'로 오이 조각을 준다면, 둘 다 행복하게 레버를 잡아당긴 후 오이 간식을 아작아작 씹어 먹는다. 하지만 한 원숭이에게만 포도를 주면, 이를 지켜보던 다른 원숭이는 음식이 나오는 탁자를 뒤집어엎을 정도로 성을 내면서 실험자 얼굴에다 오이를 던진다.[2]

이런 아이들이나 영장류에게서 볼 수 있듯이 사람은 본능적으로 불공정에 분노하는 심리를 갖도록 진화했다. 바로 지금, 이 분노가 우리 주변 곳곳에서 부글거리며 언제든 끓어 넘칠 것같이 우리를 위협하고 있다. 2019년 미국에서 가장 부유한 억만장자 3명은 가난한 사람들 50%의 재산보다 더 많은 부를 소유했다.[3] 포도 대신 오이를 받은 꼬리감는원숭이가 그랬던 것처럼, 우리 대부분은 이 사회의 불평등을 바라보며 '이건 불공정해'라고 생각한다.

교육받은 자가 전리품을 차지한다

삶은 당연히 불공정하다. 수명부터가 그렇다. 설치류, 토끼류, 영장류 등 수많은 동물 종은 사회 계급에서 세력 순위*가 높을수록 더 오래, 더 건강하게 산다.[4] 미국에서 가장 부유한 사람은 가장 가난한 사람보다 평균 15년을 더 오래 살며, 가장 가난한 사람의 기대 수명은 수단과 파키스탄 사람의 기대 수명하고 비슷한 40살이다.[5] 우리 실험실에서는 저소득 가족과 저소득 이웃 틈에서 자라는 어린이가 8살 정도의 어린 나이에 후성유전학**적으로 빠르게 노화의 징후를 드러낸다는 사실을 발견했다.[6] 어쩌면 부자가 천국의 문으로 들어가는 것은 매우 어려운 일일지도 모른다. 그래서인지 부유한 사람들은 심판의 날을 미리 막을 수 있다며 위안을 얻곤 한다.

이런 소득 불평등은 교육 불평등과 떼려야 뗄 수 없다. 새로운 코로나바이러스가 세계적으로 유행하기 전에도 대학 학위가 없는 미국 백인(White)[7]의 수명은 실제로 짧아지고 있었다.[8] 아편 유사제 약물의 과량 투여, 알코올 중독으로 인한 합병증, 자살 같은 "절망적 죽음"이 유행하면서

* pecking order: 먹이를 쪼아 먹는 순서를 의미한다. 닭에서 최초로 기술되었기 때문에 이렇게 불린다.

** epigenetics: DNA 서열의 변화 없이 유전되는 표현형의 변화를 연구하는 학문.

역사적으로 이례적인 수명 감소를 겪고 있으며, 이는 고소득 국가에서 나타나는 독특한 현상이다.[9] 코로나바이러스가 세계적으로 유행하자 상황은 더 나빠졌다. 미국에서는 대학 교육을 받은 사람이 재택근무를 할 가능성이 더 높았고, 이에 따라 바이러스에 감염되거나 일시적으로 해고당할 위험이 더 적었다.[10]

교육받은 사람은 더 오래, 더 건강하게 사는 것과 더불어 돈도 더 많이 번다. 지난 40년 동안 미국인 상위 0.1%는 소득이 400% 넘게 증가했지만, 대학 학위가 없는 사람은 1960년대부터 실질 임금이 조금도 늘어나지 않았다.[11] **1960년대**부터 말이다. 그때부터 얼마나 많이 변했는지 생각해보자. 달에 사람을 보냈고, 베트남·쿠웨이트·아프가니스탄·이라크·예멘에서 전쟁을 치렀고, 인터넷과 DNA 편집을 발명했다. 하지만 그 모든 시기 동안 고등학교를 졸업하지 못한 미국인은 월급이 오르지 않았다.

경제학자는 소득과 교육 사이의 관계를 다룰 때 '숙련 프리미엄(skills premium)'이라는 용어를 사용한다. 숙련 프리미엄이란 대학 학위가 있는 '숙련' 근로자의 임금에 대한, 대학 학위가 없는 '미숙련' 근로자의 임금 비율을 말한다. '숙련'이라는 개념은 전기 기사나 배관공같이 대학 대신 수습공 제도를 거쳐 길고 특수한 훈련을 받은 기술자에겐 적용되지 않는다. 그리고 식당 종업원같이 이른바 '미숙련' 직종에서 근무해본 사람은 그런 업무에 숙련이 필요하지 않는다는 생각을 비웃을 것이다. 예컨대 외식업 근로자는 서비스에 감정을 표출하면서 다른 사람들에게 정서적 에너지를 제공한다.[12] '숙련' 근로자와 '미숙련' 근로자라는 표현을 비교할 때, 사람들은 정규 교육을 통해 함양하는 숙련도를 다른 모든 숙련도(손재주, 체력, 정서적 조율 등)보다 본질적으로 더 가치 있게 여기는 경향이 있다. 작가 프레디 드보어(Freddie deBoer)는 이런 경향을 "똑똑한 자들의 숭배"[13]

라고 불렀다.

미국에선 1970년대부터 임금의 '숙련 프리미엄' 크기가 증가하고 있으며, 2018년에는 학사 학위를 받은 근로자의 임금이 고졸 근로자의 임금에 비해 평균 1.7배 높았다.[14] 고등학교 졸업장이라는, 한결 더 기본적인 '숙련'을 갖추지 못한 사람들의 상황은 훨씬 안 좋았다. 그런 사람들의 수는 결코 적지 않다. 고등학교 졸업률은 1980년대부터 거의 꿈쩍도 하지 않고 있으며, 대략 고등학생 4명 중 1명은 졸업장을 받지 못한다.[15]

숙련 프리미엄은 근로자 개개인이 임금으로 벌어들이는 것과 관련이 있다. 그러나 많은 사람은 일하지도 않으면서 혼자 살지 않고 가정을 꾸린다. 여기서 나타나는 가족 구성원의 차이는 불평등을 더욱 악화시킨다. 지금은 그 어느 때보다도 대학 교육을 받은 사람끼리 결혼하고 짝을 이루며, 한 가정에 높은 소득 잠재력을 집중시킨다.[16] 동시에 교육을 덜 받은 여성일수록 홀로 아이를 키우는 비율이나 합계 출산율*이 높다.[17] 2016년에는 고등학교까지만 졸업하고 출산한 여성의 59%가 결혼하지 않은 상태였던 데 비해 학사 이상의 학위를 가진 채로 출산한 여성은 10%만이 결혼을 하지 않았다. 즉, 대학 교육을 받지 않은 여성은 돈을 적게 벌고, 먹여야 할 입은 더 많고, 가정에 자신을 도와줄 다른 사람이 있을 가능성은 더 낮다.

이런 사회 불평등은 심리에 상처를 남긴다. 소득이 낮은 사람은 돈을 더 많이 버는 사람보다 걱정·스트레스·슬픔은 더 많이, 행복은 덜 느낀다.[18] 그리고 이혼이나 두통같이 크고 작은 부정적인 사건 때문에 더욱 궁핍해진다. 심지어 주말도 제대로 즐기지 못한다. 반면 삶의 만족도를 평

* 여성 1명이 평생 낳을 수 있는 평균 자녀 수.

가했을 때 "내 인생은 나에게 가능한 최고의 삶이다"라는 척도는 고소득자 사이에서마저 소득이 높을수록 증가했다.

철학자들은 사람의 인생이 불평등해질 수 있는 수많은 조건 중 어떤 것이 가장 중요한지에 대해 토론한다. 어떤 철학자는 화폐 자원의 평등을 가장 중요하게 여긴다. 어떤 철학자는 돈을 단순히 행복이나 복지의 수단으로만 여긴다. 또 어떤 철학자는 화폐 하나로만 정의로움을 재단하길 거부한다. 철학자와 비슷하게 사회과학자도 각자의 학문에 관심을 가지며 불평등 유형을 연구한다. 이를테면 경제학자는 주로 소득과 부를 연구하고, 심리학자는 인지 능력과 감정을 연구한다. 사람들 사이에 뒤엉켜 있는 불평등의 똬리를 생각해보면, 불평등 연구를 시작하기에 최적인 부분은 단 한 군데도 없다. 하지만 오늘날 미국에서 어떤 사람이 '가진 자'에 속하는지 '못 가진 자'에 속하는지는 점점 더 대학 학위를 가지고 있느냐의 문제가 되고 있다. 왜 어떤 사람이 다른 사람보다 더 높은 학위를 받는지 이해할 수 있다면, 우리는 사람들의 인생에 나타나는 여러 불평등을 이해할 수 있을 것이다.

두 가지 출생 로또

사람들의 재산, 건강, 행복, 나아가 인생 그 자체는 천차만별이다. 과연 이런 불평등은 **공정**할까? 세계적으로 전염병이 한창 유행하던 2020년 여름, 제프 베이조스*는 하루 만에 재산을 130억 달러나 불렸지만,[19] 미국 가족의 32%는 주거 비용조차 마련하지 못했다.[20] 이런 현실을 보다 보면 환멸감이 끓어오른다. 이런 불평등은 가당찮기까지 하다. 하지만 사람마다 의견은 다르다.

불평등이 공정한지 불공정한지를 논의할 때, 많은 미국인이 공유하고자 하는 (또는 최소한 립 서비스로 쓰는) 몇 안 되는 이데올로기의 사명은 '기회의 평등'이라는 개념이다. 이 말은 여러 가지 의미를 지닐 수 있다. 정확히 무엇을 진정한 '기회'로 간주해야 하고, 기회가 확실히 평등하려면 무엇을 갖추어야 할까?[21] 일반적으로 기회의 평등이란 출생 환경에 상관없이 모든 사람이 건강하고 만족스럽게 오랜 삶을 영위할 동등한 기회를 지녀야 한다는 것이다.

'기회의 평등'이라는 렌즈를 통해서 보면, 사회가 불공정하다는 증거는 엄밀히 불평등의 크기나 규모 그 자체는 아니다. 오히려 그러한 불평등은 아이 부모의 사회 계급이나 아이가 결정할 수 없는 다른 출생 환경과 관련이 있다. 누군가가 태어날 때 그 부모가 부유하든 가난하든, 교육받았든 교육받지 않았든, 결혼했든 결혼하지 않았든, 병원에서 깔끔하고 화목한 동네로 가든 지저분하고 혼잡한 동네로 가든 이 모든 것은 출생의 우연이다. 기회의 평등이 있는 사회는 이런 출생의 우연이 한 사람의 운명을 결정짓지 않는 사회다.

기회의 평등이라는 관점에서 보면, 미국의 불평등이 보여주는 일부 통계는 처참하기 그지없다. 나는 그림 1.1 왼쪽에 가족의 소득에 따른 대학 졸업률의 통계치를 그려 넣었다. 이건 익숙한 이야기다. 2018년 소득 분포 상위 25%에 속하는 가정의 청년들은 소득 분포 하위 25%에 속하는 가정의 청년들보다 대학을 졸업할 가능성이 거의 4배나 더 높았다. 부유

---

* Jeff Bezos: 아마존의 창업자이자 최고 경영자.

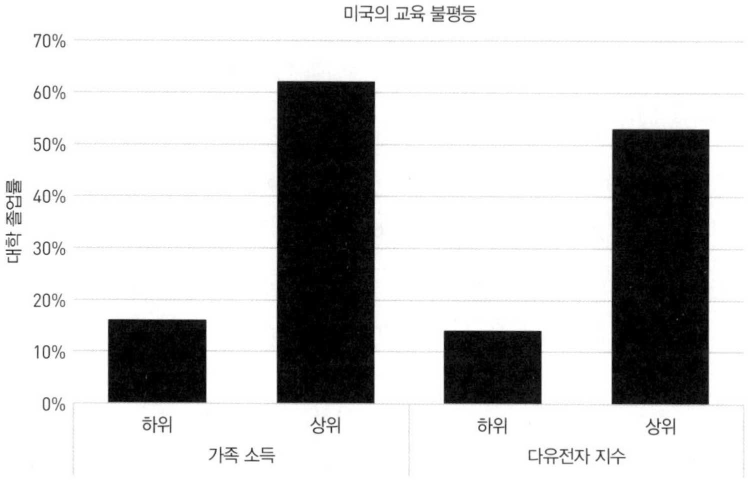

그림 1.1 가족 소득의 차이와 측정한 유전적 차이에 따른 미국 대학 졸업률의 불평등. 소득에 따른 대학 졸업률 데이터는 다음 논문에 실려 있다. Margaret W. Cahalan et al., *Indicators of Higher Education Equity in the United States: 2020 Historical Trend Report* (Washington, DC: The Pell Institute for the Study of Opportunity in Higher Education, Council for Opportunity in Education (COE), and Alliance for Higher Education and Democracy of the University of Pennsylvania (PennAHEAD), 2020), https://eric.ed.gov/?id=ED606010. 다유전자 지수에 따른 대학 졸업률 데이터는 다음 논문에 실려 있다. James J. Lee et al., "Gene Discovery and Polygenic Prediction from a Genome-Wide Association Study of Educational Attainment in 1.1 Million Individuals," *Nature Genetics* 50, no. 8 (August 2018): 1112-1121, https://doi.org/10.1038/s41588-018-0147-3. 로비 웨도(Robbee Wedow)가 추가 분석 자료를 제공한다. 최근의 조상이 모두 유럽에 거주했던 사람들과 유전 계통 형질을 공유하는 사람들만으로 다유전자 지수를 분석했다. 미국에선 이런 사람들이 백인종으로 분류될 가능성이 매우 크다. 인종과 유전 계통의 차이에 대해서는 4장에서 자세히 다룰 예정이다.

한 미국인은 62%가 24살까지 학사 학위를 딴 데 비해, 가난한 미국인은 16%만 24살까지 학사 학위를 땄다.

이런 데이터는 인과관계가 아니라 상관관계만 보여준다는 사실을 명심하는 것이 중요하다. 이 자료만으로는 왜 돈 많은 가정의 아이들이 대학을 졸업할 가능성이 더 높은지, 혹은 왜 단순히 사람들에게 돈을 더 주면 그 자녀들이 더 고학력자가 되는지 알 수 없다.[22]

그렇지만 불평등을 다루는 공개 토론회나 학술 논문에서는 이런 통계에 관해 두 가지 사실을 당연시한다. 첫째, 아이가 태어날 때의 사회 및 환경 조건과 그 아이의 최종 인생 결과 사이의 관계 데이터가 **과학적으로 유용하다**는 점이다. 사람들이 태어날 당시의 사회 환경 정보가 없는 채로 한 나라의 사회 불평등 패턴을 이해하려면 엄청나게 애를 먹을 것이다. 연구자들은 고소득 가정 아이일수록 고학력자가 되는 **이유**를 정확히 이해하는 데, 그리고 교육에서 소득 격차를 해소하기 위한 정책과 개입을 설계하는 데 평생을 매달린다.[23] 둘째, 이런 통계는 **도덕적으로 유의미하다**는 점이다. 공정한 불평등과 불공정한 불평등의 차이점을 생각해보면, 불공정한 불평등이란 특권을 가지고 태어나거나 가난한 환경에서 태어나는 것처럼 한 개인이 통제할 수 없는 출생의 우연과 엮여 있는 불평등이라고 많이들 구분하곤 한다.

그런데 성인의 불평등과 상관관계가 있는 출생의 우연이 하나 더 있다. 그건 태어날 때의 사회 환경이 아니라, 바로 여러분이 가지고 태어난 유전자*다.

그림 1.1의 오른쪽은 〈네이처 제네틱스(Nature Genetics)〉에 실린 논문 데이터를 그래프로 나타낸 것이다.[24] 이는 사람마다 다르게 가지는 여러 DNA 변이를 기반으로 만든 **교육 다유전자 지수**(education polygenic index)

* gene: RNA나 단백질 같은 유전자 산물의 정보를 가지고 있는 DNA의 뉴클레오타이드 서열.

다. (다유전자 지수를 계산하는 방법은 3장에서 자세히 설명할 예정이다.) 가족 소득과 대학 졸업률의 관계를 다뤘을 때처럼, 이 다유전자 지수 분포에서도 하위 끝과 상위 끝의 대학 졸업률을 살펴볼 수 있다. 그렇게 해도 별반 다르지 않아 보인다. 즉, '유전적' 분포에서 다유전자 지수가 상위 25%에 속하는 집단은 하위 25%에 속하는 집단에 비해 대학 졸업 확률이 4배 가까이 높았다.

왼쪽의 가족 소득 데이터는 상관관계만 보여주는데도 불구하고 불평등 이해의 출발점으로 굉장히 중요하게 다뤄진다. 사람들은 사회 계급을 누가 더 많이 교육받고 누가 덜 교육받는지 구조화하는 제도의 힘으로 인식한다. 또한 대부분 사람이 가족 소득 데이터를 불공정함, 즉 끝낼 필요가 있는 불평등의 가장 확실한 증거로 여긴다. 하지만 오른쪽 데이터는 어떤가?

이 책에서는 오른쪽 데이터가 보여주는, 유전자와 교육 결과의 관계가 사회의 불평등을 이해하는 데 실증적·도덕적으로 대단히 중요하다는 점을 내세울 것이다. 사람이 부유한 가족이나 가난한 가족에게서 태어나는 것처럼, 특정한 유전 변이 세트를 지니고 태어나는 것은 출생 로또의 결과다. 여러분이 부모님을 고를 수 없었던 것처럼, 부모님이 물려준 환경이나 유전자도 선택할 수 없다. 유전자 로또의 결과는 사회 계급과 마찬가지로 사회의 거의 모든 부분에서 누가 더 많이 받고 누가 더 적게 받는지를 좌우하는 제도적 힘이다.

사람들이 유전학을 인식하는 법

교육과 사회 불평등을 해석할 때 어떻게든 유전과 관련이 있다고 주장하는 것은 재앙을 자초하는 일이다. 이런 생각은 위험해 보인다. 솔직히 우생학처럼 느껴지기까지 한다. 한 역사학자는 유전과 대학 졸업 같은 인생 결과를 연관시키는 과학자들을 홀로코스트에 연루된 독일인에 비유했다. ("CRISPR*의 자발적 사형 집행인".)[25] 한번은 내 동료가 유전학과 교육을 다루는 연구를 수행하는 건 "홀로코스트를 부인하는 것과 다를 바 없습니다"라며 내게 이메일을 보낸 적도 있다. 내 경험상 많은 학자가 사회 불평등의 유전적 원인을 논하는 것은 근본적으로 인종 차별적이고, 계급주의적이며, 인종 개량 프로젝트라고 믿고 있다.

또한 일반 대중도 유전적으로 개인 차이가 나타난다고 말하는 과학자를 안 좋게 인식한다.

한 사회심리학 연구에서 연구자는 참가자에게 가상의 과학자 칼슨(Karlsson) 박사 이야기를 읽도록 했다.[26] 이 이야기에는 두 가지 버전이 있다. 두 이야기 모두 칼슨 박사의 연구 프로그램이나 과학적 방법에 대해 완전히 똑같이 알려준다. 다른 점은 칼슨 박사의 연구 결과였다. 한 버전에서는 칼슨 박사가 유전적 요인이 수학 시험 성적과 약하게 연관되어 있다는 사실을 밝혀냈으며, 이때 사람들 성적 차이의 약 4%가 유전 때문이

---

* 박테리아 같은 원핵생물의 유전체 내부에 있는 DNA 서열 구성. 이 DNA 서열과 Cas9이라는 효소를 함께 이용하면 유전자를 편집할 수 있다. '크리스퍼'라고 읽는다. "CRISPR의 자발적 사형 집행인"은 《히틀러의 자발적 사형 집행인(Hitler's Willing Executioners)》에서 따온 말이다.

라고 적혀 있었다. 다른 버전에서는 칼슨 박사가 유전적 영향이 수학 시험 성적과 더 강하게 연관되어 있다는 사실을 밝혀냈으며, 이때 사람들 성적 차이의 26%가 유전 때문이라고 적혀 있었다.

이러한 연구 결과를 읽은 후, 연구자는 참가자들에게 칼슨 박사가 아래 다섯 가지 문장에 동의할 가능성이 얼마나 될 것 같은지 물어봤다.

1. 사회에서 사람들의 지위는 각각의 타고난 능력과 일치**해야 한다**.
2. 사람들과 사회 구성원은 능력과 상관없이 평등하게 대우**받아야 한다**.
3. 일부 사람들은 선천적인 재능을 가지고 있으므로 다른 사람들보다 우월한 대우를 **받아야 한다**.
4. 사회가 다른 사람들보다 일부에게 더 많은 힘과 성공을 허용하는 것은 **괜찮다**. 이것은 자연법칙이다.
5. 사회는 공정한 경쟁의 장을 만들기 위해 노력**해야 한다**.

이 다섯 문장은 '평등주의' 가치를 판단하기 위한 것이었다. 메리엄-웹스터 사전은 **평등주의**를 "특히 사회, 정치, 경제 따위에서 사람들의 평등에 대한 신념. 사람들 사이의 불평등이 없어지길 바라는 사회철학"이라고 정의한다. 수학 실력에 유전적 원인이 더 강하다는 증거를 발견했다고 이야기해주었을 때, 참가자들은 그 박사가 평등한 가치관을 덜 지녔다고 인식했다. 즉, 참가자들은 칼슨 박사를 다른 이들보다 어떤 이들을 더 우월하게 대하길 원하는 사람으로, 사회를 더 공정하게 만드는 데 관심이 없는 사람으로, 인간은 평등하게 대우받아야 한다는 믿음이 없는 사람으로 인식했다.

더군다나 어떤 과학자가 지능이 유전적 영향을 받는다고 보고하면, 사람들은 그 과학자가 덜 객관적이고, 특정 가설을 더 증명하고 싶어 하며, 과학자가 되기 전에 평등주의에 반하는 신념을 가졌을 가능성이 더 높은 사람으로 인식한다는 사실도 이 연구에서 밝혀졌다. 정치적으로 보수적이라고 밝힌 사람들은 과학자의 발견과 상관없이 전반적으로 과학자의 객관성을 신뢰하지 않았지만, 진보적이라고 밝힌 사람들은 과학자가 지능이 유전적 영향을 받는다고 보고했을 때만 과학자의 객관성을 현저하게 신뢰하지 않았다.

이 연구는 참가자들이 유전학이나 수학, 정치철학에 특별한 전문 지식을 가진 과학자나 학자가 아니었다는 점에서 눈여겨볼 만하다. 참가자들은 졸업 요건을 채우고 있는 대학생이거나, 집에서 설문 조사를 하며 돈을 조금 더 벌려는 사람들이었다. 사람들이 특히 진보적인 정치 이념을 가질 때, 유전자가 인간의 행동에 영향을 **준다는** 실험 결과가 사람들이 평등하게 대우받아야 **한다는** 도덕적 믿음과 양립할 수 없다는 게 얼마나 일반적인지를 이 연구는 보여주었다.

사라지지 않은 우생학의 유산

물론 많은 사람이 유전학 지식과 사회 평등이 양립할 수 없다고 인식하는 데에는 좋은 이유가 있다. 150년이 넘도록 사람유전학은 인종 차별과 계급주의 이데올로기를 진전시키는 데 이용되었고, '열등한 자'로 분류되는 사람들에게 끔찍한 결과를 가져왔다.

1869년 찰스 다윈(Charles Darwin)의 사촌이자 '우생학(eugenics)'이라는 용어를 처음 만든 프랜시스 골턴(Francis Galton)은 저서 《천재의 유전

(Hereditary Genius)》을 출판했다.[27] 골턴의 책은 수백 쪽에 달하는 계보로 이루어져 있으며, "명성(eminence, 名聲)"이 생물학적으로 유전되어 영국의 계급 구조가 형성된다는 것을 증명하고자 했다. 과학, 사업, 법률 분야에서 위대한 업적을 남긴 사람들은 다른 훌륭한 인물의 후손이라는 것이다. 《천재의 유전》은 골턴의 1889년 저서 《자연 유전(Natural Inheritance)》[28]과 함께 "유전(heredity)" 연구를 친족 사이에서 측정할 수 있는 유사성 연구로 재구성했다.[29] 이는 앞으로 이 책에서 설명할 수많은 연구를 비롯해 오늘날까지 계속되고 있는 과학적 접근법이다.

그러나 골턴은 가계도 형태로 가족의 유사성을 정리하는 데 그치지 않았다. 수(數)를 이용해서 유사성을 **정량화**하고 싶어 했다. 실제로 골턴은 정량화하는 데 가장 많은 열정을 오랫동안 쏟아부었다. "가능하면 숫자로 나타내자"[30]가 골턴의 슬로건이었다. 골턴은 가족의 유사성을 수학적으로 표현하는 방법을 찾으면서 상관계수 같은 기초 통계학 개념을 발명했다. 이렇게 통계학을 발전시키면서도, 골턴은 어떻게 사람의 유전자가 조작될 수 있고 또 조작되어야 하는지 고민했다. 그러면서 1883년에는 각주에다가 "종족을 개량하는 과학을 표현"하기 위해 "우생학"이라는 신조어를 도입했으며, 그 목적은 "덜 적합한 인종이나 계통보다 더 적합한 인종이나 계통에게 빨리 우세해질 수 있는 더 나은 기회를 주는 것"이었다.[31] 당시 가족 유사성의 패턴을 연구하려는 초기 통계학과 응용통계학은 맨 처음부터 인종의 우수성에 관한 믿음과 얽매여 있었고, 종족 개량의 목표를 위해 인간의 생식에 개입하자는 제안과도 얽혀 있었다.

1911년 골턴이 사망하면서 유니버시티 칼리지 런던(University College London)에 골턴 우생학 교수직(Galton Eugenics Professorship)을 운영할 돈을 남겼고, 그중 한 자리를 골턴의 후학이자 새로 설립된 응용통계학과의 학과장이기도 했던 칼 피어슨(Karl Pearson)이 맡았다.[32] 피어슨은 현재 모든 과학과 의학 분야에서 늘 사용하는 기초 통계학에 이바지한 사람이다. 피어슨의 연구 활동은 중립적인 언어로 가려져 있었다. "저희는 골턴 연구소에서 일하며, 아무런 속셈도 없습니다. 저희는 진실을 확립함으로써 얻는 것도, 잃는 것도 없습니다." 그러나 피어슨의 정치적 계획은 중립적이지 않았다. 피어슨은 "정신 형질"(학업 능력에 따른 교사 평가 등)의 가족 상관관계에 대한 통계를 보여주면서 교육 확대 같은 진보 시대의 사회 개혁은 무용지물이라고 주장했다. 또한 피어슨은 이런 개혁이 "무능한 사람들"의 번식을 부추긴다는 이유로 아동 노동의 금지, 최저 임금, 1일 8시간 근로제 같은 노동자 보호 정책에 반대했다.[33]

영국에서 골턴과 피어슨이 가족 가계도 데이터를 정량적으로 연구하는 데 열정을 쏟았다면, 미국에서는 찰스 대븐포트(Charles B. Davenport)가 뉴욕주 롱아일랜드의 콜드스프링하버(Cold Spring Harbor)에 우생학기록사무소(Eugenics Record Office)를 설립했다. 1910년 대븐포트는 해리 로플린(Harry H. Laughlin)을 사무국장으로 임명하면서 미국 역사상 아마 가장 유능한 우생학 입법 지지자에게 힘을 실어주었다.

로플린은 사무국장이 되자마자 연구를 시작했고, 마침내 1922년에 《미국의 우생학적 불임(Eugenical Sterilization in the United States)》을 출판했다.[34] 로플린의 책은 강제 예방 접종과 격리 등의 법률 판례를 인용하면서 "인종 개량을 위해 사람의 번식을 제한하는 국가의 권리"를 지지한다고 주장했다. 이 책은 "결함 있는 유전이 일어나지 않도록 사회적으로 부적절한 사람들의 출산"을 막기 위해 주 입법부가 법률로 "우생학의 불임법 모델"을 채택해야 한다며 끝맺는다. 여기서 "사회적으로 부적절한" 사람들이란 "정신박약자", 정신이상자, 범죄자, 뇌전증 환자, 알코올 중독자, 매독 환자, 시각 장애인, 청각 장애인, 불구자, 고아, 노숙자, "떠돌이와 궁핍한 자"같이 "국가의 조직적인 사회생활에 참여하는 유용한 구성원이 되는 데 …… 고질적으로 실패하는" 모든 사람으로 정의된다. 1924년 버지니아주는 로플린의 법률 모델을 직접 활용해 불임법*을 통과시켰다.[35]

우생학자들은 '버지니아 불임법(Virginia Sterilization Act)'의 합헌성을 확립하고자 서둘러 캐리 벅(Carrie Buck)을 상대로 한 이상적인 소송 판례를 찾아냈다. 캐리 벅의 어머니는 매독 환자였고, 미혼인 상태에서 수양부모의 조카에게 강간당한 후 딸 비비언(Vivian)을 낳았다.[36] 대법관 올리버 웬들 홈스(Oliver Wendell Holmes)는 벅 대 벨(*Buck v. Bell*) 사건**에서 버지니아 법령을 인정하며 벅 가족에게 "저능아는 3세대면 충분하다"라는 악명 높은 선고를 내렸다. 벅 대 벨 판결 이후 1972년까지 8000명 넘는 버지니아 주민이 불임이 되었고, 다른 미국 주들도 버지니아를 본보기 삼아 약 6만 명의 미국인을 불임 상태로 만들었다.[37]

그런데도 불임 속도는 우생학을 열렬히 지지하는 사람들을 만족시키기에 너무 느렸다. 1933년에 히틀러가 집권한 후 로플린의 불임법을 토대로 독일만의 불임법을 통과시키자, 미국 우생학자들은 자국 내 불임 프로그램을 확대할 것을 촉구했다. 남부연합***의 플랜테이션에서 태어난 조지프 드자넷(Joseph DeJarnette)은 "이 게임에서 독일이 우리를 이기고 있다"며 한탄했다.[38] 드자넷은 벅 대 벨 사건에서 캐리 벅에게 불리한 증언을 했

---

* Sterilization Act: 주로 수술을 통해 특정인의 생식 능력을 제거해 강제로 불임이 되게끔 하는 내용을 담은 법률.

** 원고인 벅과 피고인 벨 사이의 소송.

*** 1860~1861년에 미합중국을 탈퇴해 남북전쟁을 일으킨 미국 남부의 11개 주.

고, 버지니아주 스탠턴(Staunton)의 웨스턴 주립병원 병원장으로서 1000건 이상의 불임 수술을 감독하기도 한 인물이다.

1935년 나치 정부는 '뉘른베르크법(Nürnberg Laws)'을 통과시켜 유대인이 아닌 독일인과 유대인 사이의 결혼을 금지했고, 유대인 및 로마인과 다른 단체들의 법적 권리와 시민권을 박탈했다. 같은 해에 로플린은 나치 동료인 오이겐 피셔*에게 보낸 편지에서, 피셔가 연구한 "혼혈 생식의 문제점"이 '뉘른베르크법'에 이념적인 기초를 제공했다고 적었다.[39] 로플린이 피셔에게 편지를 보낸 목적은 섬유업계의 거물이자 우생학의 열렬한 지지자인 위클리프 프레스턴 드레이퍼(Wickliffe Preston Draper)에게 피셔를 소개하기 위함이었다.[40] 마침 드레이퍼는 곧 나치의 "인종 위생" 회담에 참석하고자 베를린으로 이동할 예정이었다.

드레이퍼는 미국으로 돌아온 후 로플린과 함께 일하면서 파이오니어 재단(Pioneer Fund)을 설립했다. 파이오니어 재단은 1937년에 설립되어 지금까지 존속하고 있다. 이 재단의 이름은 최초로 미국 식민지에 정착한 '개척자(pioneer)' 가족을 기리기 위해 지었으며, 재단은 사람의 유전 연구와 '인종 개량 문제' 연구를 장려하는 것을 목표로 했다. 이 재단은 히틀러가 특별히 인정한, 불임을 다룬 나치의 선전 영화 〈에르브크랑크**〉를 배포하면서 첫발을 내디뎠다.[41]

20세기 초의 우생학자에서 오늘날의 백인우월주의자까지 이들과 관련해 재정적이고 이념적인 일련의 선을 그려볼 수 있다. 예컨대 자신을 "인종현실주의자"라고 부르며 흑인 미국인이 "어떤 종류의 문명"도 형성할

---

* Eugen Fischer: 독일의 인류학자.

** Erbkrank: 독일어로 '유전병이 있는'이라는 뜻.

수 없다고 생각하는 재러드 테일러(Jared Taylor)는 최근에도 파이오니어 재단에서 돈을 받았다.[42] 그러면서 피어슨과 로플린의 이념적 전통을 이어받아 유전학을 사회적·정치적 평등이라는 목표를 거스르는 무기로 받아들였다. 테일러는 행동유전학자 로버트 플로민(Robert Plomin)(뒤에서 플로민의 업적을 설명할 예정이다)의 저서 《청사진(Blueprint)》을 평론하면서, 유전학이 새로이 발전함에 따라 사회 정의는 종말을 고할 것이라고 선언했다. "〔이러한〕 과학적 발견이 널리 받아들여진다면, 사람들은 지난 60여 년 동안 이어진 모든 평등주의 프로젝트의 기반을 무너뜨릴 것이다."[43]

2017년 백인우월주의자들은 샬러츠빌(Charlottesville)에서 열린 "우파를 통합하자(Unite the Right)" 집회에 모였다.[44] 카키색 바지를 입은 남성 44명이 스와스티카 깃발*을 흔들며 캐리 벅이 묻혀 있는 마을을 행진했다. 그러고는 "유대인은 우리를 대체하지 않을 것이다"**라고 외쳐댔다. 버지니아주의 '짐 크로 법'***부터 나치 독일까지 이어지는 '순수한 인종'이라는 광기 어린 이데올로기가 캐리 벅 같은 빈약한 백인에게까지 끔찍한 결과를 초래하며 아직도 완전히 사라지지 않았다는 현실을 떠올리면 참으로 암울하다.

---

* swastika flag: 독일 나치를 상징하는 卐 모양이 새겨진 붉은 깃발.

** 백인우월주의자 슬로건. 이 슬로건의 기저에는 유대인이 비백인 세력을 이끌어 백인을 멸종 위기에 몰아넣을 거라는 믿음이 깔려 있다.

*** Jim Crow laws: 1870년대부터 1965년까지 모든 공공시설 등에서 인종 분리를 의무적으로 강제한 미국 남부의 법률.

유전학과 평등주의 미리 보기

골턴이 《천재의 유전》을 출판하고 150년이 흐르는 동안 유전학자들은 유전 물질의 물리적 실체를 확인했고, DNA 이중 나선 구조를 발견했으며, 양을 복제했고, 현대 인류와 네안데르탈인의 유전체* 염기 서열을 분석했고, 세 부모 배아를 만들어냈고, DNA 부호를 직접 편집할 수 있는 CRISPR-Cas9 기술을 개척했다. 그러나 골턴이 실증적 주장("사람들은 유전적으로 다르고, 이 때문에 신체적·심리적·행동적 차이가 나타난다")과 도덕적 의무("일부 사람들은 다른 사람들보다 우월한 대우를 받아야 한다")를 뒤섞어 끔찍한 결과를 낼 수 있는 첫 공식을 내놓은 이래로 사람들이 유전적 차이와 사회 불평등의 관계를 이해하는 방식은 거의 변하지 않았다.

이 책의 목표는 유전학과 평등의 관계를 다시 정리하는 것이다. 골턴의 관찰부터 지능과 교육 정도를 다룬 현대 유전학 연구에 이르는 사람행동 유전학을 수십 년 동안 얽혀 있던 인종차별주의, 계급주의, 우생학 이데올로기로부터 떼어낼 수 있을까? 우리가 새로운 종합을 그려낼 수 있을까? 그리고 이 새로운 종합을 통해 평등이란 어떤 모습이고 어떻게 평등을 달성할지 우리의 이해를 넓혀줄 수 있을까?

유전학과 평등주의의 관계를 다시 그려내려면 골턴의 사상을 다룬 책을 살펴보는 게 도움을 줄 것이다. 리처드 헌스타인(Richard Herrnstein)과 찰스 머리(Charles Murray)의 저서 《종 모양 곡선(The Bell Curve)》을 살펴보자.[45] 《종 모양 곡선》이라는 제목은 골턴이 통계학에 몰두했었다는 사실

* genome: 한 유기체에 존재하는 모든 유전 물질. 보통 DNA로 구성되며, 지놈(게놈)이라고도 한다.

을 보여주는데, 골턴은 사람 특성에 매길 수 있는 다양한 값의 모집단 빈도가 종 모양으로 '정규' 분포를 그리면서 독특한 수학적 특징을 가진다는 사실을 관찰했다. 책의 부제목('미국인의 생활 속 지능과 계급 구조')은 골턴이 사회에 집착했었다는 사실을 보여주는데, 골턴은 계급 차이가 어떻게 유전을 반영하는지에 대해 의문을 품었다.

헌스타인과 머리는 "명성" 대신 추상적 추론 기법을 활용한 표준화 검사로 지능을 측정하는 데 집중했다. 나도 헌스타인과 머리처럼 (그리고 대다수 심리학자처럼) 지능 검사가 현대 교육 시스템과 노동 시장에서의 성공과 관련된 심리적 측면을 측정한다고, 쌍둥이 연구가 사람들 간 개인 차이의 유전적 원인에 관해 의미 있는 무언가를 알려준다고, 그리고 그 지능은 유전된다고 믿는다. (이러한 개념은 오해의 소지가 아주 많으므로 6장에서 자세히 설명하겠다.) 이렇게 서로 비슷한 점을 놓고 보면 이 책을 《종 모양 곡선》뿐만 아니라 헌스타인이 앞서 1973년에 쓴 《IQ와 능력주의(I.Q. in the Meritocracy)》[46]와도 비교해봐야 할 것이다. 여기서 책 세 권의 차이점을 간추려서 나열한다면, 단순히 오해를 풀어내는 데 그치지 않고 이 책 전반에 걸쳐 전개할 주장을 미리 보여줄 수 있다는 장점이 있다.

나는 사람 개개인의 차이를 다루는 과학이 평등주의와 완전히 공존할 수 있다고 주장할 것이다. 《종 모양 곡선》은 마지막 부분에서 더 훌륭한 경제적 평등을 위해 유전학을 사용함으로써 평등주의의 주장을 강화할 수 있다는 생각을 내비치고 있다. "왜 〔누군가는〕 소득과 사회적 지위에서 불이익을 받아야 하는가? ……이 문제는 마땅히 주어지는 보상이나 처벌에 관한 것이면서, 사회에서 가장 혜택받지 못하는 구성원들을 위해 이익을 창출함으로써 차이를 상쇄하는 방법에 관한 경제적 실용주의의 문제임을 우리는 인정했다."

이 생각에는 두 가지 큼직한 견해가 압축되어 있다. (1) 사람들이 단지 특정 DNA 조합을 물려받았다는 이유만으로 **마땅히** 경제적 불이익을 받으면 안 된다는 것, 그리고 (2) 사회에서 가장 혜택받지 못하는 구성원들이 이익을 얻을 수 있도록 사회를 조직해야 한다는 것이다. 《종 모양 곡선》에서 이런 개념을 접하다니 어리둥절할 수도 있다. 왜냐하면 이 개념은 평등주의 정치철학자 존 롤스(John Rawls)가 쓴 전혀 다른 책 《정의론(A Theory of Justice)》에서 처음 나온 듯하기 때문이다.

롤스는 《정의론》에서 "자연 로또(natural lottery)"라는 은유를 사용해 사람들이 인생의 처음 위치에서 어떻게 다른지 묘사했다. 2장에서 설명하겠지만, 로또는 유전자의 유전을 설명하는 완벽한 은유로, 모든 사람의 유전체는 자연 파워볼*의 결과물이다.

이후 롤스는 출생 때 긁는 자연 로또와 사회 로또의 결과가 사람마다 다르다는 점에서 정의로운 사회를 어떻게 구성해야 하는지 수백 쪽을 들여 고찰했다. 롤스는 사람들의 "선천적 능력" 차이가 불평등을 정당화한다고 보기는커녕, "자연에서 나타나는 무작위"에 따라 구조화되는 사회의 불공정을 꾸짖었다. 정의의 원리에 따라 롤스는 자연 로또에서 비롯된 불평등은 오직 사회에서 가장 혜택받지 못하는 사람에게 이익을 줄 때에만 받아들일 수 있다고 주장했다. 롤스의 관점으로 보면, 사람들의 생물학적 차이를 똑바로 받아들여도 평등주의 논거는 훼손되지 않는다. 오히려 롤스는 생물학적 차이를 수용해 **더** 평등한 사회를 추론했다.

《종 모양 곡선》은 롤스의 견해를 잠깐 언급하면서 유전학과 사회 평등

* Powerball: 미국에서 발행하는 유명한 로또.

에 관한 새로운 길을 어렴풋이 제시했다. 그러나 헌스타인과 머리는 평등주의를 고작 반 쪽 정도만 미적거리며 논할 뿐, 다시 **불평등주의** 쪽으로 완전히 멀어지면서 이렇게 불평했다. "어떤 사람들이 다른 사람보다 **우월**하다고 말하는 게 불쾌하다. 훌륭함과 **열등함**의 관습적인 기준이나 우리의 주관적 관점에 따라 어떤 것이 다른 것보다 **더 낫다**는 생각이 받아들이기 편하다"(저자가 직접 강조함). 책 500쪽 이후에는 어떤 것 또는 어떤 유형의 사람을 더 낫다고 여기는지 명백해진다. 헌스타인과 머리에 따르면, IQ 검사에서 더 높은 점수를 받아야 우월한 것이고, 백인이어야 우월한 것이고, 더 높은 계급이어야 우월한 것이다. 실제로 그들은 경제적 생산성("〔한 사람이〕 소모하는 것보다 더 많은 것을 세상에 추가하는 것")을 "인간 존엄성의 기반"이라고 서술했다.

헌스타인과 머리가 일부 사람들이 다른 사람보다 우월하다고 말한, 겉만 번지르르한 믿음을 정치철학자 엘리자베스 앤더슨(Elizabeth Anderson)이 제시한 불평등주의의 정의와 비교해보자.[47]

> 불평등주의는 선천적으로 갖춘 가치에 따라 인간 계층에 사회적 순위를 매기고, 이를 뒷받침할 정당성이나 필요성을 내세웠다. 불평등은 재산의 분배와 관련이 없으며 우월한 사람과 열등한 사람의 관계를 의미했다. ……이런 불평등한 사회관계는 자유, 자원, 복지의 분배에서 불평등을 초래하며 이 불평등을 정당화한다고 여겨졌다. 이러한 관념은 인종주의, 성차별주의, 민족주의, 카스트, 계급, 우생학이 지니는 불평등주의 이데올로기의 핵심이다.

즉, 우생학 이데올로기는 우월한 사람과 열등한 사람에겐 계층이 있다고 내세우면서, DNA가 자신의 고유한 가치와 순위에 따라 계층을 결정한다고 주장한다. 우생학의 관점에 따르면, 우월한 자가 더 많이 얻고 열등한 자는 더 적게 얻는 이런 위계 구조에서 사회적·정치적·경제적 불평등은 불가피하고 자연스러우며 정의롭고 필연적이다.

그동안 우생학 이데올로기에 대항하던 사람들은 인간이 유전적으로 똑같다고 강조해왔다. 사람마다 DNA가 다르지 않다면 그러한 DNA를 사람의 가치나 순위를 매기는 데 사용하지 못하기 때문이다. 빌 클린턴 대통령은 인간 유전체 프로젝트(Human Genome Project)가 사람 DNA 서열의 초안을 최초로 완전하게 완성했다고 발표하면서 정치적·경제적 평등을 유전적 유사성과 연결했다.[48] 그러면서 사람의 유전적 동일성을 평등주의의 이상을 뒷받침하는 실증적 진리로 내세웠다.

> 우리는 모두 똑같이 창조되었고, 법에 따라 평등한 대우를 받을 권리가 있습니다. ……사람의 유전체를 성공적으로 탐험하면서 드러난 위대한 진리는 모든 사람이 인종과 관계없이 유전적 측면에서 99.9% 이상 일치한다는 것입니다.

나중에 클린턴이 이 발언에 대해 "실수가 있었다"라고 말했듯 유전적 동일성을 평등주의의 이상과 엮은 것은 클린턴의 실수라고 생각한다. 실제로 모든 사람의 세포 안에 감겨 있는 긴 DNA와 비교해보면, 어느 두 사람의 유전적 차이는 아주 미미하다. 그러나 가령 왜 한 아이는 자폐증을 앓는데 다른 아이는 그렇지 않은지, 왜 어떤 사람은 귀가 안 들리는데 다른 사람은 잘 들리는지, 그리고 이 책에서 설명하겠지만 왜 어떤 아이는 학교생활을 힘겨워하는데 다른 아이는 그렇지 않은지를 이해하려 할 때 이런 유전적 차이가 굉장히 뚜렷하게 돋보인다. 유전적 차이는 우리 삶에 중요하다. 그리고 유전적 차이는 우리가 신경 쓰는 많은 것들에서 차이를 **일으킨다.** 유전적 유사함을 바탕으로 평등주의의 사명을 쌓는 건 모래 위에 집을 짓는 것과 똑같다.

생물학자 홀데인(J. B. S. Haldane)은 칼 피어슨을 크리스토퍼 콜럼버스(Christopher Columbus)에 비유했다. "피어슨의 유전학 이론은 몇 가지 근본적인 측면에서 부정확합니다. 콜럼버스의 지리 이론도 마찬가지였습니다. 콜럼버스는 중국을 향해 떠났는데, 아메리카를 발견했습니다."[49] 내 생각에 피어슨과 동료 우생학자들을 콜럼버스에 비유한 것은 적절했다고 생각한다. 그들은 이론상으로 엄청나게 부정확했다는 점, 무고한 사람들에게 엄청난 폭력과 해악을 가했다는 점, 그들이 발견한 것이 어마어마하다는 점에서 비슷하다. 현재의 지식수준에서 우리는 아메리카 대륙이 존재하지 않는다고 상상할 수는 없다. 그리고 마찬가지로 유전자가 중요하지 않다고 생각할 수도 없다. 그 대신 우리는 우생학자가 만든 과학적 오류와 이념적 오류를 꼼꼼하게 긁어내야 하고, 유전학을 평등주의의 틀에서 어떻게 해석할지 분명하게 설명해야 한다.

이 책에서는 사람들이 유전적으로 다르다고 하는 것은 우생학이 아니라고 주장할 것이다. 유전적 차이로 인해 어떤 사람이 특정한 재능이나 역할을 더 쉽게 발달시키는 것도 우생학이 아니다. 특정 역사와 문화에서, 유전적으로 영향을 받는 재능과 능력 조합에 알맞게 교육 체계, 노동 시장, 금융 시장에서 재정적으로나 다른 수단으로 사람들을 보상하는 방법을 사회과학자가 연구하는 것도 우생학이 아니다. **우생학이란** 사람의 개인 차이와 이런 개인 차이를 형성하는 유전 변이에다 선천적 열등함이나 우월함이라는 개념을 덧붙이거나, 사람의 계층 순위나 자연 순위라는 개념을 덧붙이는 것이다. **우생학이란** 도덕적 가치와 상관없는 유전 변이의 분포에 근거해 사람들 사이에 자원, 자유, 복지의 불평등을 초래하거나 고착화하는 정책을 개발하고 실행하는 것이다.

그렇다면 반(反)우생학 프로젝트에서는 (1) 어떻게 유전적 운(luck)이 우리 몸과 뇌를 만드는지 그 역할을 이해하고, (2) 현재 우리의 교육 체계, 노동 시장, 금융 시장이 어떻게 (다른 유형의 몸과 뇌가 아니라) 특정 유형의 몸과 뇌를 가진 사람들을 보상해주는지 연구하며, (3) 유전자 로또의 결과와 상관없이 어떻게 모든 사람을 아우르면서 그런 체계를 탈바꿈할 수 있는지 다시 그려본다. 철학자 호베르투 망가베이라 운제르(Roberto Mangabeira Unger)는 이렇게 말했다. "우리는 사회를 만들고 그린다. ……사회는 근본적인 자연 질서의 표출이라기보다는 인간 활동의 산물이다."[50] 유전학은 사회를 다시 만들고 그리는 데 적이 아닌 동반자다. 이 책에서는 자연 세계의 지식을 유전학의 형태로 보여줄 것이다.

우리에게 왜 새로운 종합이 필요한가

유전학이 사회 평등이라는 목표에 다가가는 데 유용할 것이란 주장은 회의론에 자주 부딪힌다. 우생학이 일으킬 수 있는 위험은 생각만 해도 크게 두드러진다. 반면, 유전학과 사회 불평등을 연결함으로써 얻을 수 있는 이익은 빈약해 보일 것이다. 유전학과 평등주의를 합쳐 새로운 종합을 이룰 수 있다고 해도 왜 굳이 위험을 감수해야 할까? 우생학이 미국에 남긴 어두운 유산을 생각해볼 때, 유전학 연구를 새로운 방식으로 이해하거나 사용할 수 있다고 생각하는 것은 몹시 낙관적이고 순진하기까지 하다고 느껴진다.

그러나 위험과 이익을 고려할 때 놓치고 지나친 것이 있다. 사람의 유전적 차이가 사회 불평등을 초래한다는 원리를 학계와 일반 대중이 대부분 이해하려고 하지 않는다는 점이다. 지금 이런 상황이 지속되는 건 위험하다. 이제 더는 이런 상황을 이어나가선 안 된다.

9장에서 설명하겠지만, 사람들 간 유전적 차이의 존재를 무시하는 경향은 널리 퍼져 있고, 이런 경향 때문에 심리학이나 교육학 같은 사회과학 분야에서는 과학적 진보가 더디게 일어났다.[51] 그 결과 우리는 사람의 발달을 이해하고 사람의 삶을 개선하고자 개입하는 데에서 우리가 할 수 있었던 것보다 훨씬 더 성공적이지 못했다. 사람들의 삶을 개선하는 데 필요한 정치적 의지와 자원은 무한히 주어지지 않으며, 효과조차 없는 해결책에 시간과 돈을 낭비해서도 안 된다. 사회학자 수전 메이어(Susan Mayer)는 이렇게 말했다. "여러분이 〔사람들을〕 돕고 싶다면, 사람들에게 필요한 도움이 무엇인지를 **정말로** 알아야 합니다. 해결책을 찾았다고만 생각할 수는 없습니다"[52](저자가 직접 강조함). 사회과학자가 단체로 사람들의 삶을 개선하려고 뛰어들고자 한다면, 사람은 똑같이 태어나지 않는다는 인간 본성에 대한 근본적인 사실을 무시할 수는 없다.

또한 사람들의 유전적 차이를 무시하면 해석상의 공백이 남고, 정치적 극단주의자는 이 공백을 아무렇게나 메우려 들 것이다. 꾸준히 유전학에 관심을 갖는 극단주의자는 재러드 테일러만 있는 것이 아니다. 유전학자 제디디아 칼슨(Jedidiah Carlson)과 켈리 해리스(Kelley Harris)는 "백인 민족주의 운동 구성원과 그 제휴 기관은 과학 연구의 열렬한 소비자"라고 했다.[53] 게다가 저널리스트와 과학자 모두 스톰프런트*(모토: "백인은 세계의 자

* Stormfront: 신나치주의 인터넷 포럼이자 인터넷 최초의 인종 혐오 사이트.

랑") 같은 백인우월주의 웹사이트에서 유전학 연구를 분석하는 것은 위험하다고 경고했다.[54] 칼슨과 해리스는 소셜 미디어 이용자가 바이오아카이브*에 게재된 과학 논문을 어떻게 공유하는지를 데이터로 정리하며 이 현상을 구체적으로 분석했다. 이들의 분석에 따르면, 유전학 논문은 특히 백인 민족주의자에게 인기가 많았다.

내 연구에서도 똑같은 현상을 경험했다. 나는 정규 교육에서의 성공과 관련 있는 '비인지 기술'이라는 것이 유전적 차이와 어떤 관계가 있는지 연구한 뒤 공동으로 논문을 저술했다.[55] (이 논문에 대해서는 7장에서 더 자세히 설명하겠다.) 칼슨과 해리스가 우리 논문을 읽은 트위터 독자층의 프로필과 사용자 이름을 분석했더니, 가장 비중이 큰 여섯 그룹의 독자층 중 다섯 그룹의 독자층은 심리학·경제학·사회학·유전체학·의학 분야의 학자로 나타났다(그림 1.2). 그러나 나머지 한 그룹의 독자층 트위터 프로필에는 '백인' '민족주의자'라는 용어와 함께 초록색 개구리 이모티콘이 있었다. 이 초록색 개구리는 반유대주의 공동체와 백인우월주의 공동체에서 혐오의 상징으로 쓰이기도 한다.[56]

이건 위험한 현상이다. 우리는 지금 유전학 연구의 황금기에 살고 있다. 수백만 명에게서 유전자 데이터를 쉽게 수집할 수 있는 신기술을 갖추었고, 이 데이터를 분석하기 위해 새로운 통계 방법을 빠르게 발전시키고 있다. 그러나 새로운 유전 지식을 발견하는 것만으로는 충분하지 않다. 유전학 연구가 상아탑을 떠나 대중에게 전달되는 만큼 과학자와 대중은 유전학 연구가 사람의 정체성과 평등에 어떤 **의미**가 있는지 반드시 고

* bioRxiv: 출판하기 전의 생명과학 논문을 저장해두는 오픈 액세스.

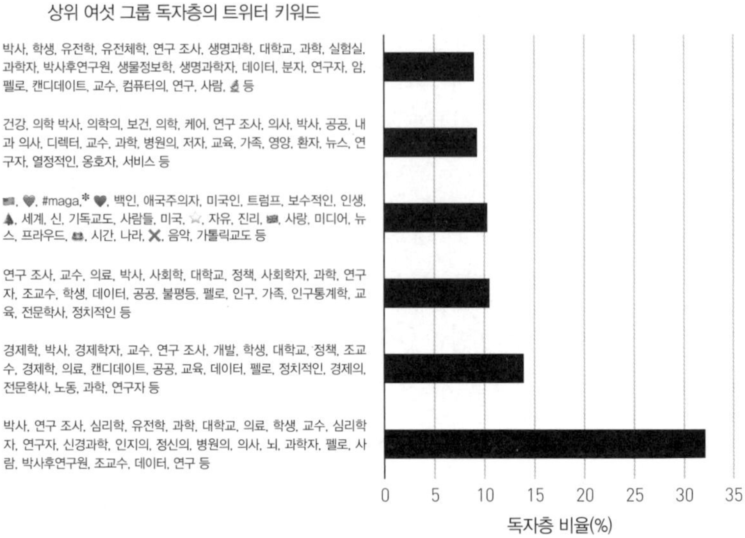

그림 1.2 유전과 비인지 기술에 관한 과학 논문의 소셜 미디어 상위 여섯 그룹 독자층. 독자층 분석 방법은 다음 논문에서 제시한다. Jedidiah Carlson and Kelley Harris, "Quantifying and Contextualizing the Impact of bioRxiv Preprints through Automated Social Media Audience Segmentation," *PLOS Biology* 18, no. 9 (September 22, 2020): e3000860, https://doi.org/10.1371/journal.pbio.3000860. 독자층은 다음 논문에서 제시한다. Perline Demange et al., "Investigating the Genetic Architecture of Noncognitive Skills Using GWAS-by-Subtraction," *Nature Genetics* 53, no. 1 (January 2021): 35-44, https://doi.org/10.1038/s41588-020-00754-2.

민해야 한다. 하지만 이렇게 의미를 만들어야 하는 과제는 매우 극단적이고 혐오에 찬 목소리에 밀려 이뤄지지 못하고 있다. 나는 에릭 터크하이머(Eric Turkheimer), 딕 니스벳(Dick Nisbett)과 함께 아래와 같이 경고했다.[57]

* 도널드 트럼프 대통령의 슬로건 "미국을 다시 위대하게 만들자(Make America Great Again)."

진보적인 정치적 가치를 지닌 사람들이 유전자 결정론과 과학적으로 거짓된 인종주의적 견해를 거부하면서 사람 능력에 대한 과학과 사람행동유전학에 관여할 책임을 포기한다면, 그 분야는 그 가치를 공유하지 않는 사람들이 지배하게 될 것이다.

이 책의 목표

그럼 사회 평등을 달성하려면 사람 능력에 대한 과학과 사람행동유전학이 무엇을 **보여주어야 할까**? 이 책은 크게 두 부분으로 나누어 이 문제에 해답을 제시한다. 첫 번째 부분에서는 사회 불평등을 이해하는 데 유전학이 실제로 중요하다는 점을 이해시키고자 한다. 이렇게 유전학이 중요하다는 생각에는 흔히 여러 반론이 뒤따른다. 쌍둥이 연구에 형편없는 결점이 존재한다든지, 유전가능성 추정은 쓸모없다든지, 특정 DNA와의 연관성은 그저 상관관계일 뿐이며 유전자와의 인과관계 증거는 하나도 제공하지 못한다든지, 유전자와 인과관계가 있을 수는 있어도 메커니즘을 모르면 중요하지 않다든지 하는 반론들 말이다. 하지만 더 세밀히 검토해보면, 이 모든 반론은 불안정해진다. 그 이유를 설명하려면 행동유전학 연구가 어떻게 이루어지는지 그 세부 방법을 살펴보아야 한다. 그리고 그 방법으로 무엇을 달성했는지 알려면 과학철학에도 빠져들어야 한다.

2장에서는 유전자 재조합, 다유전자 유전, 정규 분포 같은 생명과학 및 통계학 개념을 제시하면서 유전자 로또라는 은유를 더 자세히 설명한다. 그리고 2장과 책 전반에 걸쳐 착상 전 유전자 진단이나 다른 생식 기술을 통한 **선택**이 아니라, 유전자의 대물림이라는 자연 로또를 통한 **우연**으로

일어나는 사람들의 유전적 차이에 초점을 맞춘다.[58]

다음으로 3장에서는 사람들의 유전적 차이가 인생 결과의 차이와 어떻게 연관되어 있는지 검사하는 보편적인 방법을 설명하며, 그중 특히 전체 유전체 연관 연구와 다유전자 지수 연구를 살펴본다. 4장에서는 전체 유전체 연관 연구 결과가 왜 **집단** 차이의 원인을 설명하지 못하는지, 특히 왜 인종 집단 사이에서 차이의 원인을 설명하지 못하는지 그 이유를 알아본다. '선천적' 인종 차이를 다룬 책과 기사가 끊임없이 쏟아지지만, 이런 글은 아무 의미 없는 소음과 분노일 뿐이다. 오히려 쌍둥이 연구와 DNA 측정 연구 등 사회 불평등을 다룬 유전학 연구는 최근 유전 계통이 완전히 유럽계[59]이면서 순전히 백인으로 분류될 가능성이 높은 사람들 간 **개인** 차이를 이해하는 데 거의 모든 초점을 맞추고 있다.

이렇게 범위가 좁아지면 책에서 설명하는 모든 실증적 결과에 근본적인 자격이 부여된다. 현재 사회와 행동 표현형을 다루는 유전학 연구는 유럽계 유전 계통을 가진 사람에게 초점을 맞춘다. 이런 유전학 연구로는 인종과 민족 집단 사이에 나타나는 사회 불평등을 **과학적으로** 유의미하게 해석하지 못한다. 그러나 왜 사람들이 인종에 유전적 차이가 있냐는 과학적으로 무의미한 질문으로 몇 번이고 되돌아가는지 생각해보면, 어떻게 유전학을 사용해서 변화를 일으키려는 사회적 책임을 포기하게 했는지가 드러난다. 이 부분은 4장에서 설명할 것이다. 사회적으로 형성된 인종 집단 안이나 인종 집단 사이에서 유전자가 어떻게 분포하는지에 상관없이, 유전으로 사회적 책임을 면하려는 것은 벗어 던져야만 하는 잘못된 구실이다.

집단 차이와 개인 차이를 구별한 후, 5장에서는 전체 유전체 연관 연구와 다유전자 지수 연구 결과에 관한 근본 질문을 다룬다. "이 연구가 유전적인 **원인**을 알려주는가?" 이 질문을 해결하기 위해 잠시 한 발 물러선 뒤 좀더 보편적인 질문, 즉 "원인이란 무엇인가?"를 먼저 짚어본다. 원인이란 무엇인지 (그리고 원인이 알려주지 않는 것은 무엇인지) 명확하게 짚은 다음, 6장에서는 원인이란 개념을 전체 유전체 연관 연구와 유전가능성 연구 결과를 이해하는 데 적용한다. 여기서도 유전자가 교육 정도같이 인생의 중대한 결과의 원인이라는 것을 뒷받침하는 수많은 증거를 검토한다. 7장에서는 유전자와 교육을 잇는 메커니즘에서 우리가 알고 있는 부분을 설명하며 책의 전반부를 마무리한다.

후반부에서는 사회 불평등을 이해하는 데 중요한 유전학 지식으로 우리가 무엇을 해야 하는지 살펴본다. 유전적 차이가 선천적으로 우월하고 열등한 인간 계층의 토대를 이룬다는 우생학 공식을 버리면 무엇이 남을까? 8장과 9장에서는 사람들의 유전적 차이를 이해할 때 사회 정책과 개입으로 세상을 변화시키려는 노력을 어떻게 개선할 수 있는지 살펴본다. 10장에서는 사람들이 인간 행동의 유전적 원인에 관한 정보를 거부하는 이유를 살펴보고, 인생에서 유전자를 운의 근원이라고 할 때 교육과 경제에서 '성공하지 못한' 사람들에게 쌓이는 비난을 실제로 어떻게 줄일 수 있는지 고찰한다. 11장에서는 왜 열등함과 우월함이란 관념을 긁어내는 것이 유전의 영향을 받는 지능 검사 점수와 교육 결과에서 특히 더 어려운지를 살펴본다. 그리고 사람들이 이런 심리적 측면을 다룬 유전학 연구와 청각 장애나 자폐 등 다른 특성을 다룬 유전학 연구를 각각 어떤 관점으로 바라보는지 비교한다. 마지막으로 12장에서는 반우생학적 과학과 정책을 향한 다섯 가지 원칙을 설명한다.

책 전반에 걸쳐 좌파 쪽으로 기운 내 정치 성향을 숨기려 하지 않을 것이다. 나와 정치 성향이 매우 다른 독자가 이 책에서 제안하는 해결책에

격렬하게 반대하더라도, 여기서 고민하는 질문들이 중요하다는 것을 알고 넘어가길 간절히 바란다. 보수적인 독자라면 고대 그리스, 《성경》의 저자, 건국의 아버지들도 정의라는 개념에 사로잡혀 있었다는 사실을 기억했으면 한다. 기술 변화의 속도가 빨라지고 유전학 지식이 급격하게 성장하는 시대에 어떻게 예언자 미가(Micah)가 조언한 대로 "정의롭게 행동"할 수 있을까? 나는 이것이 좌우에 상관없이 우리 모두에게 중요한 문제라고 믿는다.

평등에 관한 책을 쓰는 건 대담한 일이다. 심리학자이자 행동유전학자로서 나는 유년기와 청소년기의 사람행동유전학에 관해 전문 지식과 학식을 쌓았다. 평등 이론은 유전자를 거의 이야기하지 않는다. 평등 이론은 재주, 재능, 능력, 자질, 장래성, 야망, 경쟁, 훌륭함, 운, 타고남, 우연, 기회를 이야기한다. 유전학이 우리에게 정확히 알려줄 수 있는 것(그리고 알려줄 수 없는 것)은 유전학이 처음 탄생했을 때보다 훨씬 더 복잡해졌다. 하지만 내가 이 책에서 보여주고자 하듯 행동유전학 분야는 이 모든 것에 관해 꽤 많은 내용을 알려준다.

02

유전자 로또

내 딸 인생에서 가장 화려한 사람은 딸아이 친구인 여덟 살 소녀 카일(Kyle)이다. 카일은 머리띠로 찰랑거리는 머리카락을 뒤로 넘겨 허리까지 늘어뜨리고 있다. 〈겨울왕국(Frozen)〉 인형도 굉장히 많이 가지고 있다. 가장 매력적인 부분은 카일네 집 앞마당에 있는 트램펄린이다.

트램펄린은 카일의 쌍둥이 남자 형제 에즈라(Ezra)가 뇌 수술을 받은 해에 카일 어머니가 설치한 놀이 기구다. 에즈라는 자폐증과 뇌전증을 앓고 있다. 자폐증 있는 아이들은 발작 장애를 일으킬 가능성이 더 높지만, 사람들은 대부분 이런 사실을 모른다.[1] 난 임상심리학 수련을 받고 아동발달연구소를 운영했는데도 카일과 에즈라 옆집에 살기 전까지 이런 사실을 몰랐다. 지능 장애란 임상적으로 IQ가 70 미만인 것으로 정의한다. 자폐증과 지능 장애를 함께 앓는 어린이는 특히 더 취약한데, 그중 20% 이상이 뇌전증도 함께 겪는다.

에즈라가 네 살이 되었을 때 발작은 급속도로 잦아졌고, 몸은 쇠약해져

미주신경(迷走神經) 자극기라는 뇌 조율기를 이식받았다. 또한 발작 활성을 통제하기 위해 고지방 저탄수화물 케톤 생성(ketogenic) 식이 요법을 엄격하게 지켜나가고 있다.[2] 에즈라의 어머니는 생일 때 케톤 생성 식이 요법에 맞추어 초콜릿 케이크를 훌륭하게 만들어내기도 하는 뛰어난 학자다.

미국에서 자폐증이나 지능 장애 등을 진단받은 아이 부모라면 거의 늘 1980년대의 수필 〈웰컴 투 홀란트(Welcome to Holland)〉를 접하곤 한다.[3] 이 수필에서는 특별한 도움이 필요한 아이들 부모를 이탈리아 편도 여행을 계획한 여행자에 비유한다. 여행자는 "차오"*라고 말하는 법을 익히고, 미켈란젤로의 다비드상을 보길 기대하지만, 비행기가 착륙했을 때 승무원은 홀란트**에 도착했다고 알린다. 홀란트를 떠나는 비행기 편은 없다. 어떤 부모는 "홀란트엔 튤립이 있다. 홀란트엔 렘브란트도 살았다"는 표현에서 위안을 얻는다. 어떤 부모는 엄청 화를 내기도 한다. 이떤 어머니는 블로그 게시물 제목으로 "홀란트에 싫증나서 집에 가고 싶다"라고 쓰기도 했다.[4] 미국인이 심한 장애를 겪는 아이를 양육하는 걸 네덜란드에 비유한 것을 두고 나는 아직 네덜란드인에게 이를 어떻게 생각하는지 물어본 적은 없다.

에즈라의 쌍둥이 여자 형제 카일의 존재 때문인지, 이 가족이 홀란트가 아니라 계획대로 이탈리아에 착륙했더라면 어떤 모습일지 마음속으로 그려보자니 가슴이 아프다. 카일은 트램펄린 위에서 우아하게 뛰어놀고 어른들과 서슴없이 대화하기도 한다. 반면 에즈라는 처음 옆집으로 이사 온 이후 계속 뒤처졌다. 언어 능력과 사회적 관심은 시들고 걸음걸이는 뻣뻣

---

* ciao: 이탈리아어로 '안녕'이라는 뜻.

** 네덜란드 서부 해안 지방. 네덜란드를 의미하기도 한다.

해졌다. 쌍둥이는 서로의 공통점 때문에 신비롭게 보이기도 하지만, 서로의 차이점 때문에 우리를 매료시키기도 한다. 카일은 에즈라의 거울이 아니다. 카일은 에즈라의 반사실적(counterfactual) 존재이자, 에즈라가 될 수도 있었던 **만약의 경우**다. 그리고 **만약의 경우**는 여기서 끝나지 않는다. 우리는 카일을 에즈라와 서로 비교할 수도 있지만, 자궁에서 죽어 태어나지 못한 그들의 세쌍둥이 중 나머지 한 명과도 비교할 수 있다.

아직 초기 유산이나 자폐증을 일으키는 정확한 원인은 밝혀지지 않았다. 하지만 우리는 카일과 에즈라, 그리고 이름도 없는 세쌍둥이 중 한 명의 유전적 차이가 어떻게 서로 다른 삶을 살아가게 할지 짐작할 수 있다. 임신 첫 3개월에 일어나는 유산의 원인 중 약 절반이 유전자 이상 때문이다.[5] 자폐증에 걸릴 위험이 있는 변이는 90%가 사람들의 유전적 차이 때문에 발생한다. 출생 전 사망한 아이, 겉으론 평범한 유아기를 보냈지만 이후 퇴행해서 말이 없어진 아이, 활달하게 잘 자라고 말 잘하는 아이가 모두 같은 부모를 공유하는 형제자매이더라도 완전히 다른 운명으로 살아갈 수 있다.

미네소타 대학교 심리학자들은 한 연구에서 사람들에게 유전적 요인이 눈 색깔, 우울증, 성격 등에 얼마나 차이를 일으킨다고 생각하는지 추정하도록 했다(그림 2.1). 그리고 이 추정치를 쌍둥이 연구에서 과학적으로 추정해 밝힌 **유전가능성***과 비교했다.[6] 여기서 쌍둥이 연구란 어떤 형질을 연구할 때 일란성 쌍둥이끼리 닮은 정도를 이란성 쌍둥이끼리 닮은 정도와 비교하는 것이다. 6장에서 유전가능성의 정의와 쌍둥이 연구를 자

* heritability: 유전 변이 때문에 표현형이 얼마나 달라질 수 있는지를 비율로 표현한 값. '유전율'이라고도 한다.

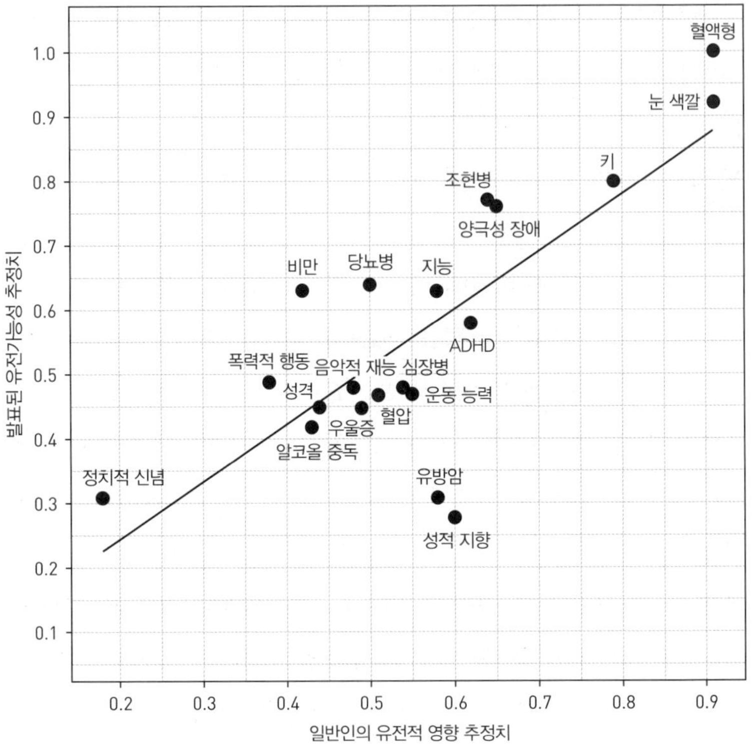

그림 2.1 유전적 요인이 사람들 사이에 차이를 일으키는 정도를 다룬 일반인 추정치(가로축) 대 쌍둥이 연구의 과학적 유전가능성 추정치(세로축). 일반인 추정치와 과학적 추정치의 대응 정도는 r = 0.77이다. 그림은 스프링어 네이처(Springer Nature) 출판사의 허락을 받아 다음 논문에서 가져왔다. Emily A. Willoughby et al., "Free Will, Determinism, and Intuitive Judgements about the Heritability of Behavior," *Behavior Genetics* 49, no. 2 (March 2019): 136-153, https://doi.org/10.1007/s10519-018-9931-1.

세히 설명하겠지만, 지금 여기서는 유전이 사람들 간 차이를 얼마나 일으키는지 추정한 일반인들의 추정치가 쌍둥이 연구에서 추정한 유전가능성과 꽤 비슷하게 일치한다는 점을 알려주고 싶다. 그리고 일반인 집단 중에서 한 그룹은 쌍둥이의 유전가능성을 훨씬 더 잘 맞추는 직관력이 있었다. 바로 여러 자녀를 둔 어머니 그룹이다.

어머니들의 정확한 직관에는 일리가 있다. 자녀를 여럿 둔 어머니는 최전방에서 아이들에게 차이가 나타나는 것을 지켜본다. 내 두 자녀에게서 나타나는 차이는 카일과 에즈라만큼 뚜렷하진 않지만, 내게는 마치 분필과 치즈처럼 다르게 느껴진다. 여러 자녀를 둔 부모는 둘째 아이가 세상에 태어나는 순간부터 모든 발생 과정이 새롭다고 느낀다. 저마다 독특한 아이들을 보면 놀라움을 금할 수 없다.

아이들의 차이점을 들여다보고 있노라면, 어머니 세포와 아버지 세포 속에 숨겨진 유전 변이에서 실마리를 찾을 수 있다. (유전 변이란 사람들의 DNA 서열에 나타나는 차이를 의미한다.) 아이의 키가 큰지 작은지, 눈이 파란색인지 갈색인지, 하물며 자폐증을 앓을지 아닐지를 이해하는 데에서 이런 유전 변이가 중요하다는 사실은 쉽게 받아들여진다. 그런데 아이들이 학업에서 성공할 수 있을지 아닐지, 경제적으로 안정적일지 아닐지, 범죄를 저지를지 아닐지, 자신의 삶에 만족할지 아닐지를 이해하는 데에서 이런 유전 변이가 중요하다고 주장하는 건 더 복잡하다. 그리고 유전적으로 나타나는 불평등을 해결하기 위해 사회가 어떻게 노력해야 하는지 생각하는 것은 한층 더 복잡하다. 이렇게 복잡한 문제를 다루려면 먼저 몇 가지 기초를 확실히 정리해야 한다.

이번 장을 시작하기에 앞서 우선 재조합, 다유전자 유전, 정규 분포 같은 몇몇 생명과학 개념과 통계학 개념을 설명하고자 한다. 유전자 로또라는 은유를 이해하려면, 이런 개념은 반드시 제대로 이해하고 있어야 한다. 그런 다음 유전자 로또가 인생 결과를 형성하는 힘을 보여준 연구를 간단히 살펴볼 것이다. 이런 연구는 그 방법에 관해 과학적 질문을 던지고, 연구 결과를 어떻게 해석해야 하는지에 관해 도덕적 질문을 제기한다. 우리는 책의 나머지 부분에서 이러한 질문들을 살펴볼 것이다.

무수히 많은 생식자

박테리아는 성별 때문에 애를 먹진 않는다. 박테리아는 스스로 자신을 복제해서 부모와 똑같은 딸세포를 형성한다. 반면 사람이 자손을 얻으려면 자신의 DNA를 다른 사람의 DNA와 섞어야 한다. 그러려면 정자와 난자 같은 생식자*가 필요하다. **감수분열**(meiosis)은 정자나 난자를 만드는 과정이다. 감수분열을 하는 동안 우리는 어머니로부터 물려받은 DNA와 아버지로부터 물려받은 DNA를 섞어서 이전에 존재하지도 않았고 앞으로도 다시 존재하지 않을 새로운 DNA 조합을 만들어낸다.

여자아이는 미성숙 난자 약 200만 개가 작은 난소 안에 자리 잡은 채로 태어나며, 그중 평생 약 400개의 난자가 성숙해져서 배란된다. 남자아이는 사춘기 때까지 정자를 생산하지 않다가 사춘기부터 평생에 걸쳐 평균 5250억 개의 정자를 생산한다.[7] 감수분열을 통해 정자나 난자가 하나씩 만들어질 때마다 매번 새롭게 DNA가 섞인다. 부모로부터 만들어질 수 있는 아이의 유전자형** 조합은 가히 상상하기 어려울 정도로 많은데, 부모 한 쌍은 무려 70조 명 이상의 유전적으로 서로 다른 자손을 가질 수

---

* gamete: '배우자(配偶子)'라고도 한다.

** genotype: 넓은 의미로 한 생명체의 완전한 유전 물질 조합을 뜻하고, 좁은 의미로는 특정 유전자나 유전적 위치에서 한 개체가 운반하는 대립유전자나 변이 조합을 뜻한다.

있다.[8] 그리고 이 경우의 수는 새로운 유전자 돌연변이, 즉 생식자를 생산하는 과정에서 발생하는 완전히 새로운 유전적 변화를 반영하지 않은 수치다. 아버지와 어머니의 유전자 조합으로 만들어질 수 있는 모든 DNA 서열 중에서 여러분만의 특별한 DNA 서열을 갖게 되는 것은 순전히 운 때문이다. 파워볼에서 공 6개를 특정한 조합으로 뽑는 것처럼 말이다. 여러분의 **유전자형**, 즉 여러분 고유의 DNA 서열이 유전자 로또의 결과라고 말하는 이유는 바로 이런 점 때문이다.

예를 들어보자. '도움체 H 인자'*라는 단백질을 부호화하는 *CFH* 유전자에는 유전 **변이**가 존재한다. (변이란 유전자의 여러 버전 중 하나를 의미한다.) 나는 각각의 부모님으로부터 서로 다른 버전의 *CFH* 변이를 물려받았다. DNA 문자 하나하나를 뉴클레오타이드(nucleotide)라고 부르는데, 내가 갖고 있는 두 *CFH* 유전자 버전 중 한 버전에는 뉴클레오타이드 서열에 사이토신(C)이 하나 있고, 다른 버전에는 타이민(T)이 하나 있다. 내가 배 속의 작은 태아였을 시절, 내 몸속에서는 훨씬 더 작은 난자를 만들고 있었고, 이때 나의 T 버전 유전자와 C 버전 유전자는 서로 다른 난자로 나뉘어 들어갔다. 그래서 내 난자의 절반은 T 버전 유전자를 가지고 있고, 다른 절반은 C 버전 유전자를 가지고 있다. 그리고 내 난소에는 수많은 난자가 들어 있다. 결과적으로 내 자손도 서로 달라질 수 있다. 내 아들은 T 버전 유전자를 물려받았고, 딸은 C 버전 유전자를 물려받았다. 내가 유성

* complement factor H: '도움체'는 '보체(補體)'라고도 하며, 선천 면역계의 일부분으로 간에서 합성되어 혈액을 따라 순환하는 작은 단백질이다. H 인자는 도움체의 활성을 조절하는 도움체 조절 단백질 종류 중 하나로, 도움체가 자신의 세포를 공격하지 못하도록 막고 병원체에만 작용하도록 해준다.

생식으로 아이를 낳은 결과, 내 몸속에 숨어 있던 유전적 차이는 내 자손들의 유전적 차이로 드러났다.

고소득 저출산 국가에 사는 현대인들은 한 가정에서 태어난 아이들이 서로 얼마나 달라질 수 있는지 과소평가하기 쉽다. 그나마 아이를 낳는다고 해도 가족 규모가 점점 작아지고 있다. 미국에 거주하는 가족의 약 25%가 아이를 **한 명**만 낳아 기른다.[9] 샌프란시스코에는 아이들보다 개가 더 많다.[10] 가족 규모가 줄어들면서 우리는 생식의 다양한 가능성을 상상하기 더 어려워졌다. (그리고 질병의 가족력을 이용해 유전체 안에 도사리고 있는 위험을 더 발견하기 어려워졌다.)

형제자매끼리 달라지게 만드는 유전자의 힘을 살펴보기 위해 사람 대신 가족 규모가 큰 다른 종을 살펴보는 방법도 있다.[11] 소를 예로 들어보자. 흑백 얼룩무늬가 있는 홀스타인종 소의 수컷 한 마리〔이름이 토이스토리(Toystory)다〕는 인공 정액 주입으로 정자를 퍼뜨려 얻은 자손만 50만 마리가 넘는다. 젖소는 교배 프로그램을 통해 지금까지 수십 년 동안 집중적으로 인공 선택*되었고, 그에 따라 소 한 마리가 생산하는 우유의 양은 엄청나게 늘어났다. 1957년에 1000마리 중 우유 생산량 1위를 기록했을 젖소가 지금은 완전히 평범한 젖소가 되어 있다. 중요한 점은 젖소의 선택 교배가 각 젖소 가족 **내부**에 존재하는 엄청난 유전적 다양성을 토대로 이루어졌다는 점이다. 토이스토리의 자손 50만 마리는 토이스토리 유전체에서 50만 번 무작위 추출을 했다는 의미이고, 이 자손 중 다음 세대의 부모가 될 소를 선택하는 식으로 짧은 기간 동안 우유 생산량을 어마어마

---

* artificial selection: 선택 교배(selective breeding)라고도 하며, 한 생물이 특정 표현형 형질을 발달시키도록 인위적으로 교배하는 것을 의미한다.

하게 늘렸다.

선택 교배 프로그램은 가족 내 유전 변이의 규모와 위력을 보여주는 데 그치지 않았다. 선택 교배 프로그램은 단일 유전자 하나하나보다 유전 변이의 **조합**이 더 중요하다는 사실을 강조한다. 1950년대 이후 젖소의 우유 생산량이 급증한 주된 이유는 새로 등장한 유전자 돌연변이 때문이 아니다. 실제로 2019년에 우유 생산량을 대폭 늘린 모든 유전자의 힘은 이미 1957년에도 유전자 풀* 속 여기저기에 떠다니고 있었다. 사람들은 선택 교배를 통해 소 개체군에서 우유 생산을 늘리는 유전 변이를 더 흔하게 만들었고, 이에 따라 우유 생산을 늘리는 유전 변이가 동물 한 마리 안에 함께 조합되어 들어가는 경우가 더 빈번해졌다.[12]

수많은 유전 변이 조합이 동물 한 개체 안에 서로 다른 정도로 모일 수 있다는 사실은 이해하기 어려울 수도 있다. 나처럼 고등학교 생명과학 시간에 처음 유전학을 접한 사람이라면, 그레고어 멘델(Gregor Mendel)의 완두로 유전학 공부를 시작했을 것이다. 멘델이 연구한 완두 형질(큰 키와 작은 키, 주름진 콩과 매끄러운 콩, 초록색 콩과 노란색 콩)은 각각 하나의 유전 변이로 결정된다. 그에 반해 성격과 정신병, 성적 행위와 수명, 지능 검사 점수와 교육 정도같이 우리가 관심을 두는 사람 형질은 수많은 (아주아주 아주 많은) 유전 변이의 영향을 받는다. 수영장 물만큼 많은 유전자가 차이 하나를 일으킨다면, 각각의 유전 변이는 거기서 겨우 물 한 방울 정도만큼만 영향을 준다. 똑똑함, 외향성, 우울함을 '결정'하는 단일 유전자란 존재하지 않는다. 이처럼 하나의 형질에 영향을 주는 다수의 유전자를 **다유전자****라

* gene pool: 어떤 개체군 안에 존재하는 모든 유전자나 유전 정보의 세트.

** '다인자' '다수유전자' '다원유전자'라고도 한다.

고 한다.

게다가 멘델은 식물의 '순수 교배(true breeding)'를 연구했다. 순수 교배란 초록색 콩을 만드는 완두끼리 계속 교배해 자손이 초록색 콩만 만들도록 하는 것처럼 순종을 만드는 교배 방법이다. 순수 교배로 만든 자손은 다양성이 딱히 크지 않다. 어렴풋이 떠오르는 고등학교 유전학 내용에 우리가 알고 있는 '유전' 개념을 덧붙여보면, 사람도 순수 교배를 하기 때문에 아이들은 늘 부모를 닮는다고 생각하기 쉽다. 우리가 얼마나 부모를 닮았고 얼마나 부모와 비슷한 아이가 태어나는지 이야기하는 것처럼, 멘델의 완두 이야기는 연속성, 유사성, 예측 가능성을 들려준다.

그러나 멘델의 완두 이야기는 식물의 순수 교배에서 나타나는 연속성과 유사성을 알려줄 뿐, 사람의 다양성을 정확하게 설명해주지 않는다. 우리가 스스로 가치 있게 여기는 것은, 그리고 우리가 아이들을 바라보며 걱정스럽게 여기거나 **자랑스럽게 여기**는 것은 완두 이야기와 다르다. 이 같은 사람 형질은 유전 변이 한 개만으로 영향받지도 않고, 사람끼리는 순수 교배를 하지도 않는다.

정규 분포

사람의 기술로 큰 변화를 겪은 종은 젖소뿐만이 아니다. 게이 커플 숀(Sean)과 그의 남편 대니얼(Daniel)은 난자 기증자, 체외 수정, 임신 대리모를 통해 생물학적 아이를 얻기 위해 꾸준히 돈을 모았다.[13] 2019년 여름, 숀과 대니얼은 직접 만나진 않고 줌(Zoom)으로 몇 번 대화를 나눈 후 난자 기증자를 선정했다.

아이를 낳기 위해 파트너를 고르는 과정은 전혀 무작위적이지 않다. 오늘날 연애나 결혼을 하려면 무의식적이면서 조절하기 힘든 낭만이나 성적 매력이 필요한 것과 달리, 난자 기증자를 고르는 과정은 이런 부분에 구애받지 않는다. 어떤 면에서는 난자 기증자를 고르는 일이 더 어렵다. 여러분이라면 어떻게 기증자를 고를 것인가? 숀 커플이 고른 난자 기증자는 모터사이클을 탄다. 숀은 과학 이야기나 합창단에서 노래 부르던 이야기, 어린이처럼 논리 퍼즐 푸는 일을 도란거릴 때 표정이 밝아진다. 난자 기증자가 모터사이클 타는 이야기를 할 때도 얼굴이 환해진다.

기증자에게서 채취한 난자의 절반은 대니얼이, 나머지 절반은 숀이 수정시킬 예정이다. 대니얼 커플은 수정된 배아를 총 20개체 희망하고 있다. 그래서 가능한 한 20명의 친형제자매나 의붓형제자매가 태어나길 기대하고 있는데, 이들은 인류 역사상 상상조차 하기 어려운 방법으로 만들어질 아이들이다. 숀은 형제자매 6명에 조카도 20명 가까이 있고 이름을 다 댈 수 없을 정도로 사촌이 많아서 아마 생물학적 아이를 갖지 않는다고 해도 만족했을지 모른다. 하지만 대니얼은 외동아들인 데다 자신의 살과 피를 공유하는 아이를 갖고 싶다는 소망을 쉽게 저버리기 어려웠다. 그래서 대니얼 커플은 가족을 이루기 위해 보조 생식 기술을 이용하고 있다.

사람에게 보조 생식 기술을 쓰는 경우, 젖소에서와 마찬가지로 유전자 로또의 작동 방식이나 가족 내 유전적 차이의 범위를 있는 그대로 보여준다. 한 남자의 정자 10개로 난자 10개를 각각 수정할 때, 이 정자 10개는 그 사람이 평생 만들어내는 정자 수천억 개 중에서 아주 작은 표본이 된다. 난자 기증자가 난자 20개를 만들 때, 이 난자들은 성숙한 난자 400개 중에서 약간 더 큰 표본이 된다. 이렇게 만들어진 배아 20개체는 유전적으로 서로 달라진다. 그렇다면 과연 어떻게 달라질까?

나는 유전학에 사용하는 통계학 방법을 주제로 한 워크숍에 참여했다가 거기서 숀을 만났다. 경제학, 사회학, 심리학 분야에서 온 무척 똑똑한 박사 과정 학생 수십 명이 워크숍에 모여 큰 유전자 데이터 세트를 분석하는 새로운 방법을 배웠다. 숀은 워크숍에서 다유전자 지수 이용법을 강의했다. 다유전자 지수란 농업에서 쓰이는 '교배 추정치(estimated breeding values, EBV)'를 사람 버전으로 옮긴 것이다. 토이스토리는 우유 생산 EBV가 높았기 때문에 50만 명의 자손을 갖도록 선택되었다. 우유 생산 EBV가 높으면 평균적으로 더 많은 우유를 생산하는 자손을 낳는다는 것을 의미한다. 마찬가지로 키 다유전자 지수가 높고 다른 환경 조건이 모두 똑같다면, 더 키 큰 자손을 낳는다는 것을 의미한다.

유전학을 전공하지 않은 사람이 다유전자 지수를 처음 접한다면, 이들은 곧바로 숀과 대니얼의 상황에서처럼 생식 결정을 내릴 때 다유전자 지수가 유용하게 쓰일 수는 없을까 생각한다. 어떤 사람을 난자 기증자로 골라야 할까? 어떤 난자를 수정시켜야 할까? 어떤 배아를 착상시켜야 할까? 하지만 숀은 다유전자 지수 방법론의 세계 최고 권위자임에도 불구하고, 난자 기증자나 배아를 고를 때 다유전자 지수를 사용할 계획이 없다. 그 대신 우리는 배아 20개체가 얼마나 '꼬리 쪽으로' 치우칠 수 있을지를 이야기한다.

'꼬리'란 유전자 분포의 양쪽 끝부분을 뜻한다. 찰스 다윈의 사촌이자 다윈의 통찰이 사람 행동의 진화와 관련 있다고 주장하기도 했던 프랜시스 골턴은 1800년대 후반 자신의 인생에서 아마 가장 위대한 업적을 달성하면서 지식의 발달에 크게 이바지했다. 그 업적은 바로 무작위 사건이 반복될 때 종 모양 정규 분포가 형성되는 것을 보여주는 장치를 발명했다

는 것이다.[14]

수직으로 세운 판에 핀이 여러 줄 꽂혀 있는 장치를 골턴 보드(Galton board) 또는 퀑컹크스*라고 한다(그림 2.2). 보드 위에 작은 구슬을 떨어뜨리면 구슬은 각 줄에 꽂혀 있는 핀에 부딪히면서 떨어진다. 핀에 부딪힌 구슬은 왼쪽이나 오른쪽으로 무작위로 튕긴다. 구슬이 핀을 모두 지나치면 맨 아래에 있는 길쭉한 구멍 여러 개 중 하나로 들어간다.

구슬은 대부분 가운데 쪽 구멍으로 떨어진다. 구슬이 떨어지면서 왼쪽으로 튕긴 횟수만큼 오른쪽으로 튕기면 가운데로 가기 때문이다. 구슬이 맨 왼쪽이나 맨 오른쪽 구멍으로 들어가려면, 즉 **꼬리** 쪽으로 들어가려면 계속 한 방향으로만 튕겨야 한다. 구슬이 핀을 만날 때마다 오른쪽으로만 튕길 확률은 동전을 12번 던져서 매번 앞면이 나올 확률과 같다. 드물긴 하지만 **완전히 불가능한 일은 아니다.**

구슬을 골턴 보드에 많이 떨어뜨리면 대부분 가운데를 중심으로 쌓이고, 오른쪽 꼬리나 왼쪽 꼬리로는 갈수록 점점 적게 쌓인다. 이렇게 보드 아래 길쭉한 구멍에 쌓인 구슬이 바로 종 모양 곡선을 이룬다. 사람 형질의 분포도 종 모양 곡선으로 나타난다. 예를 들어, 내가 사람 1000명의 키를 잰 다음 150cm, 151cm, 152cm …… 200cm까지의 키 분포를 그래프로 그리면 종 모양 곡선을 띤다. 통계학에서는 이를 **정규 분포**(normal distribution)라고 한다.

그 당시엔 아직 DNA가 발견되지 않았기 때문에 골턴은 DNA가 무엇

---

* quincunx: '다섯 점 모양'이라는 뜻. 점 네 개가 사각형 꼭짓점에, 나머지 하나가 그 가운데에 배치된 기하학적 패턴으로 주사위 5의 점 모양이다. 골턴 보드의 핀이 이런 모양으로 배열되어 붙은 이름이다.

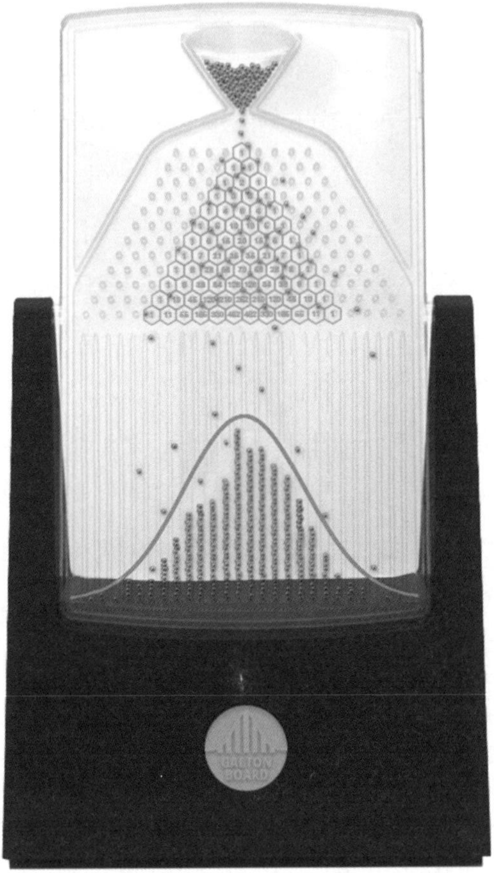

그림 2.2 골턴 보드. 무작위적인 사건을 여러 번 시행했을 때 정규 분포가 나타나는 것을 보여준다. 사진: 마크 헤브너(Mark Hebner).

인지 몰랐다. 게다가 골턴이 관찰한 사람 형질의 통계 분포는 멘델의 유전 법칙을 따르지도 않았다. 멘델이 관찰한 완두는 큰 키와 작은 키 둘뿐이었지, 큰 키 완두와 작은 키 완두를 교배해도 중간 키인 자손 완두는 나오지 않았다. 큰 키와 작은 키 완두를 교배하면 모두 큰 키 완두만 만들어졌고, 이 큰 키 완두끼리 교배하면 그 자손은 큰 키 완두와 작은 키 완두 비율이 3:1로 나왔다. 그 당시의 유전학은 통계학에서 관찰한 패턴을 전혀 설명하지 못했다.

이런 점은 로널드 피셔(Ronald Fisher)가 해결했다. 로널드 피셔는 현대 통계학, 집단유전학, 실험 설계에서 중요한 업적을 세웠지만 "정신적으로 결함 있는 사람"의 불임을 옹호한 우생학자이기도 했다.[15] (2장 앞부분에서 소개한 카일과 에즈라처럼, 피셔도 자신의 '만약의 경우'가 있었다. 먼저 태어난 피셔의 쌍둥이는 사산아다.[16]) 피셔는 1918년에 논문 〈멘델 유전의 추정에 대한 친척 사이의 상관관계(The Correlation between Relatives on the Supposition of Mendelian Inheritance)〉를 냈다. 이 유명한 논문에서 피셔는 멘델의 유전 방식이 서로 다른 많은 "멘델 인자"의 영향을 받는다면, 멘델 유전의 결과 분포가 종 모양 곡선 형태를 띤다는 사실을 보여주었다.[17] 여기서 '멘델 인자'는 지금의 유전 변이와 같은 의미다.

나는 숀이 조만간 하게 될 체외 수정에 관해 질문했었다. "배아 20개체는 얼마나 '꼬리 쪽으로' 치우칠 수 있을까요?" 각각의 배아는 골턴 보드 맨 위에서 떨어질 준비를 마친 하나의 구슬이다. 그리고 각 핀의 줄은 대니얼이나 숀의 이형접합성* 유전 변이 하나를 나타낸다. 이형접합성이란 하나의 유전자에 서로 다른 유전자 버전을 2개 가진다는 의미다. 구슬이 핀에 부딪혀 왼쪽이나 오른쪽으로 튕길 수 있듯 배아는 A나 a를 물려받을 수 있다. 구슬이 왼쪽으로 튕기면 키가 작아지는 유전자 버전을 갖게

---

* heterozygosity: 사람과 같은 두배수체 생물은 유전자를 2개씩 세트로 가지는데, 이 유전자 세트가 서로 다른 대립유전자 2개로 구성되는 경우를 이형접합성이라고 하고, 서로 같은 대립유전자 2개로 구성되는 경우를 동형접합성이라고 한다.

되고, 오른쪽으로 튕기면 키가 커지는 유전자 버전을 갖게 된다. 대부분 자손 구슬은 오른쪽이나 왼쪽으로 비슷하게 튕겨서 가운데 쪽 구멍으로 떨어진다. 그래서 결국 키를 커지게 하는 유전 변이도 평균 정도만큼 갖게 된다. 그렇다고 하더라도 여전히 키에는 변이가 존재하고 차이도 나타난다. 형제는 키가 서로 같지 않다. 어쩌다 드물게는 자손의 키가 부모보다 훨씬 작거나 훨씬 커지는데, 이들은 키와 관련된 유전자 분포에서 꼬리 쪽에 있는 사람들이다.

좋은 것보다 좋은 운이 더 낫다

숀, 대니얼, 난자 기증자는 모두 키가 평균 정도다. 그래서 아이 키가 숀 브래들리(Shawn Bradley)만큼 클 확률은 낮다. 브래들리는 NBA에서 뛰었던 농구 선수로, 키가 무려 229cm였다. 한 번은 브래들리의 비행기 옆자리에 유전학자가 탄 적이 있는데,[18] 그때 브래들리는 자신이 키를 크게 하는 유전 변이 분포에서 꼬리 쪽으로 아주아주 아주 멀리 떨어져 있다는 사실을 알았다(그림 2.3). 브래들리는 우연하게도 키를 크게 하는 변이를 평균보다 훨씬 많이 물려받았다.[19] 브래들리의 유전체는 골턴 보드를 딸깍딸깍 내려가면서 왼쪽이 아니라 오른쪽으로만 튕긴 것이다.

평균과 차이 나는 정도를 **표준편차**로 표현할 수 있다. 키 유전에서 평균보다 표준편차가 1만큼 큰 사람은 84%의 사람들보다 키를 크게 하는 유전 변이를 더 많이 가지고 있다. 평균보다 표준편차가 2만큼 큰 사람은 98%의 사람들보다 키를 크게 하는 유전 변이를 더 많이 가지고 있다. 숀 브래들리는 평균보다 표준편차가 4.2만큼 더 컸는데, 이는 99.999%의 사

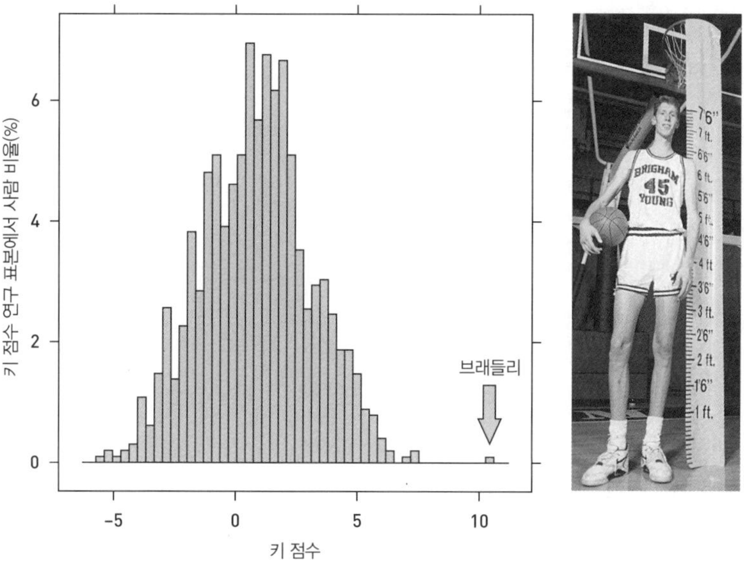

그림 2.3 키가 극단적으로 큰 사람이 가지고 있는, 키를 크게 하는 유전 변이. 오른쪽 사진은 숀 브래들리로, 옆에 있는 자는 숀의 키가 7피트 6인치(229cm)라는 것을 보여준다. 왼쪽은 사람 키와 연관된 유전 변이 2910개로 매긴 '유전자 점수'(다유전자 지수)의 분포다. 연구 대상자 표본의 평균 점수는 0.98점, 표준편차는 2.22점이었다. 브래들리의 키 점수는 10.32점이고, 평균보다 표준편차가 4.2만큼 높았다. 그림은 아래 논문에서 변형해 가져왔다. Corinne E. Sexton et al., "Common DNA Variants Accurately Rank an Individual of Extreme Height," *International Journal of Genomics* 2018 (September 4, 2018): 5121540, https://doi.org/10.1155/2018/5121540.

람들보다 키를 크게 하는 유전 변이를 더 많이 가지고 있다는 의미다. 상위 1%도 아니고, 상위 0.1%도 아니고, 상위 0.01%도 아니다. 무려 상위 0.001%다.

안토니오 레갈라도(Antonio Regalado)는 〈MIT 테크놀로지 리뷰(MIT Technology Review)〉에 글을 기고하면서 브래들리가 "99.99999%의 사람들보다 키를 더 크게 〔만들어주는〕 …… 유전자 운의 잼프볼을 따냈다"고 재치 있게 이야기했다.[20] 약 2700만 달러의 순자산을 남긴 브래들리의 농구 선수 경력에서 유전자는 대단히 중요하게 작용했다. 브래들리는 이런 사실을 되돌아보면서 〈월스트리트 저널(The Wall Street Journal)〉에 이렇게 말했다. "사실 저는 꽤 운이 좋았어요. 축복받은 덕분에 이렇게 되었다고 생각합니다."[21]

운이라는 비유는 적절하면서도 인생에서 중요하게 작용하는 그 운의 종류를 새로운 방식으로 생각하게끔 해준다. 우리는 운을 우리 바깥에 있는 것으로 곧잘 생각한다. 내가 잘생긴 지인이 거주하는 도시에 함께 살게 되었을 때. 아파트를 구하지 못해 실망한 채로 시내를 벗어나고 있는데 누군가 앞마당에다 "집 팝니다"라는 표지판을 망치질하는 걸 보았을 때. 맨해튼 건널목에서 택시가 내 바로 몇 센티미터 앞에 멈춰서 간신히 치이지 않았을 때. 우리는 일어날 수 없었던 일이 아니라 일어날 수 있었던 일을 또렷하게 상상할 수 있을 때 가장 운이 좋다고 (또는 가장 운이 나쁘다고) 느낀다.

그러나 우리 바깥에서 일어나는 것만이 다가 아니다. 우리 안에도 운이 꿰여 있다. 우리는 각자 모두 70조분의 1의 확률을 뚫고 만들어진 유일한 사람이다. 70조는 어떤 부모로부터 만들어질 수 있는 고유한 유전자 조합의 수다. 그리고 우리 부모님 유전체도 조부모 DNA에서 가능한 70조 개의 조합 중 하나였다. 조부모 유전체도, 증조부모 유전체도, 그 윗세대 유전체도 인류 역사를 거슬러 올라가면서 그 확률을 뚫고 만들어졌다. 세대를 걸쳐 이어지는, 다른 길로 빠졌을 수도 있었던 이 무작위 사건들의 최종 결과가 바로 우리 각각의 유전체다. 이 유전체에는 마땅히 칭찬받을 만한 부분도 없고, 조절받는 DNA 부분도 없다.

즉, 유전체의 모든 부분이 인생에서 주어지는 운의 한 형태라고 생각할 수 있다. 하지만 과학자는 교육이나 소득 같은 행동 결과와 사회적 결과에 영향을 주는 유전자 운의 **효과**를 이해하기 위해 주로 유전체의 특정 부분에 초점을 맞춘다. 여기서 특정 부분이란 '가족'을 한 세대로 정의했을 때, 생물학적 가족 안에서 달라지는 부분을 말한다. 6장에서 자세히 설명하겠지만, 과학자는 주로 형제자매의 차이점(한 형제자매는 물려받았는데 다른 형제자매는 물려받지 못한 DNA는 무엇인가?)이나, 부모와 생물학적 자손 사이의 차이점(어떤 부모 DNA가 아이에게 유전되었고, 유전되지 않았는가?)에 특별히 관심을 두고 연구한다.[22]

유전자 로또를 연구하는 일은 딱 한 세대에서만, 즉 부모나 형제자매의 관계에서만 이루어져야 한다. 여러 세대에 걸쳐 유전적 차이를 생각하면, 이 유전적 차이는 지리나 문화 같은 인류 역사의 다른 모든 요소에서 나타나는 차이와 엉키기 때문이다. 그렇게 되면 유전자가 사람의 차이를 유발하는지, 아니면 환경과 유전자가 복합적으로 사람의 차이를 유발하는지 파악하는 것이 사실상 불가능할 정도로 어려워진다.

환경이나 문화 차이에 얽혀서 집단 간 유전적 차이가 나타나는 것을 '집단 계층화'*라고 한다. 사람 집단은 유전적으로 서로 다르다. 예컨대 동아시아 유전 계통을 가진 사람들은 유럽 유전 계통을 가진 사람들보다 특정 형태의 *ALDH2* 유전자**를 지닐 가능성이 더 높다.[23] 또한 사람 집단

---

* population stratification: 집단 구조(population structure) 또는 유전 구조(genetic structure)라고도 한다. 무작위로 짝짓기하는 개체군에서 대립유전자 빈도가 집단끼리 거의 비슷할 것으로 기대되지만, 무작위적이지 않게 짝짓기하는 개체군에서는 대립유전자 빈도가 집단끼리 달라져 구조, 즉 계층화가 발생한다.

** '알데하이드 탈수소효소'라는 단백질을 부호화하는 유전자. 유럽 계통 사람들은 대부

은 문화적으로 서로 다르다. 이를테면 동아시아 문화권에서 자란 사람들은 유럽 문화권에서 자란 사람들보다 젓가락을 더 많이 사용한다. 그러나 유전자형과 식습관이 동시에 다른 이유는 *ALDH2* 유전자가 젓가락 사용의 원인이기 때문은 아니다.[24] 집단 계층화는 언뜻 보기에 상당히 동질적인 것 같은 사람들(예컨대 '백인 영국' 사람들) 안에서마저 세세하게 존재할 수 있다.[25]

반면 한 세대에 초점을 두고 유전자 로또를 연구하면, 과학은 더 다루기 쉬워진다. 예를 들어, 내 남동생과 나 사이의 유전적 차이는 우리의 지리, 계급, 문화와 독립적으로 나타난다. 내 DNA의 모든 부분은 운이다. 그렇기에 과학자는 내 DNA 중에서 내 한 세대 가족 DNA와 다른 부분만을 연구해야 유전자 운의 효과를 더 명확하게 볼 수 있다.

생활비 로또

유전자 로또라는 비유는 유성 생식을 할 때 유전자가 무작위로 유전된다는 의미를 담고 있다. 그러나 사람들은 무작위적인 우연을 가까이서 관찰하고 싶어서 로또를 하지는 않는다. 바로 돈을 벌고 싶어서 로또를 한다.

3명의 경제학자 대니얼 바스(Danial Barth), 니컬러스 파파조지(Nicholas Papageorge), 케빈 톰(Kevin Thom)은 2020년 〈정치 경제 저널(Journal of Polit-

---

분 *ALDH2* 유전자에서 두 가지 버전 모두 활성을 가지고 있지만, 동아시아 계통 사람들의 약 50%는 한 가지 버전만 활성을 가지고 있어 알코올 물질대사를 더 못하고, 암에 걸릴 확률도 더 높다.

ical Economy)》에 〈유전적 자질과 부의 불평등(Genetic Endowments and Wealth Inequality)〉이라는 논문을 발표했다.[26] 이들은 유전적 차이가 키 같은 신체적 특징에서 나타나는 개인 차이뿐만 아니라 부에서 나타나는 개인 차이와도 관련이 있다고 주장했다.

부란 보유한 자산(집, 자동차, 현금, 퇴직금, 투자금, 주식)의 총가치에서 빚을 뺀 값으로 정의된다. 은퇴 시점에 부를 재는 건 꽤 흥미롭다. 그때쯤이면 한 사람의 부에는 승진, 승급, 해고, 주식 시장의 호황, 부동산 거품, 상속, 이혼 합의, 학자금 상환, 이혼 수당, 자녀 대학 등록금, 신용카드 지출, 의료비 등 수십 년의 역사가 반영된다. 부는 모든 "가혹한 운명의 돌팔매와 화살"을 반영한다. 유전자 운까지 포함해서 말이다.

바스, 파파조지, 톰은 논문에서 특정 미국인 집단에 초점을 맞췄다. 그 집단은 모두 백인이고, 나이는 65살부터 75살까지이며, 성별이 서로 다르고, 보수받는 일을 하지 않거나 은퇴한 성인 한 명 또는 2명으로 이뤄진 가정 집단이다. 이 집단은 미국에서 극히 일부분만 차지하는 데다 많아 보이지도 않는다. 그러나 이렇게 상대적으로 동질적인 집단 안에서도 일부 미국인은 다른 미국인보다 훨씬 부유하다. 하위 10%의 사람들은 평균 약 5만 1000달러를 가지고 있는 데 비해, 상위 10%의 사람들은 130만 달러 넘게 보유하고 있었다.

바스, 파파조지, 톰은 한 사람의 "유전적 자질"을 측정하기 위해 다유전자 지수를 사용했다.[27] 다유전자 지수를 계산하는 방법은 다음 장에서 아주 자세하게 설명할 예정이다. 여기서는 간단하게 알고 있으면 충분하다. 다유전자 지수란 어떤 인생 결과가 유전 변이와 얼마나 강하게 관련되어 있는지 추정해놓은 선행 연구를 기반으로, 한 사람이 그런 유전 변이를 얼마큼 많이 갖는지 합산한 수치다. NBA 선수 숀 브래들리를 연구할 때 사용했던 키 다유전자 지수를 예로 들어보면, 어떤 DNA 변이가 큰 키와 관련 있는지를 조사한 선행 연구에서 자료를 모은 후, 이 정보를 사용해 한 사람이 '키를 커지게 하는' 변이를 얼마큼 많이 갖고 있는지 합산한다. 부에 관한 이 연구에서는 연구자들이 교육 정도(정규 교육을 이수한 햇수)와 관련 있다고 알려진 DNA 변이를 기반으로 만든 다유전자 지수에 초점을 맞추었고, 사람들이 이 다유전자 지수에 따라 부를 얼마큼 보유하는지 비교했다.

연구 결과, 은퇴한 70대 백인 가운데 다유전자 지수가 낮은 사람(하위 25%)은 높은 사람(상위 25%)보다 재산이 평균 47만 5000달러 더 적었다. 이 결과를 표준편차로 표현해보면, 다유전자 지수에서 표준편차가 1만큼 큰 사람은 재산이 25% 정도 더 많았다. 다유전자 지수는 교육 정도와 관련된 DNA 변이를 기반으로 만들어지는데, 다유전자 지수가 높은 사람이 반드시 교육을 더 많이 받았다는 의미는 아니며, 교육을 많이 받은 사람이 더 돈을 많이 번다는 사실만으로 이 논문 결과를 설명하지 못한다. 똑같은 정도로 교육받은 사람들끼리 비교해봐도 다유전자 지수의 표준편차가 1만큼 증가하면 재산은 8% 증가했다.

그러나 바스, 파파조지, 톰은 분석할 때 서로 다른 가족끼리 비교했을 뿐 형제자매끼리는 비교하지 않았다. 앞서 언급했듯 어떤 유전자 운은 가족들 사이의 다른 차이와도 얽혀 있기 때문에 형제자매끼리의 비교는 중요하다. 유전자와 부의 관계가 과연 집단 계층화의 문제일까? 이를테면 다유전자 지수가 높은 사람들은 부모도 학력이 높을 가능성이 더 크다. 결과적으로 '운이 더 좋은' 유전자를 지닌 사람들은 사회 로또에도 당첨되어 어린 시절 더 유리한 환경에서 혜택을 받는다. 그러면서 더 많은 재산을 물려받을 수도 있다. 이런 이유로 이 연구 하나만으로는 부의 불평등과 유전의 연관성에서 유전자가 정말로 중요한지 아닌지 확실히 알아낼 수 없다. 이 연구는 집단 계층화, 즉 서로 다른 사회 계급을 가진 사람들 사이에서 생물학적으로 중요하지 않은 차이만 파악한 것일 수 있다.

컬럼비아 대학교의 댄 벨스키(Dan Belsky) 교수가 진행한 또 다른 연구는 이런 문제를 해결하기 위해 형제자매끼리의 차이점을 살펴보았다.[28] 벨스키와 동료들은 특히 사회 이동에 관심을 두었다. 사회 이동이란 사람들이 교육, 직업적 명성, 돈을 **부모보다** 더 갖거나 덜 갖는 정도로 정의된다. 이 연구에서 전 세계의 다섯 데이터 세트를 조사했는데, 그중 한 데이터 세트에는 형제자매가 무려 2000쌍이나 있었다. 벨스키는 형제자매 중 다유전자 지수가 높은 사람, 즉 다른 형제자매보다 교육과 관련된 유전 변이를 더 많이 물려받아 유전자 로또에 '당첨된' 사람이 은퇴할 때 더 부유했다는 사실을 알아냈다.

이런 결과는 사람들이 서로 다른 유전자를 갖고 태어난다면, 그리고 유전자 파워볼이 서로 다른 다유전자 조합에서 시행된다면 키뿐만 아니라 부에서도 차이가 난다는 것을 의미한다. 어떤 사람들은 숀 브래들리처럼 "유전자 운의 점프볼"을 따냈고, 더 많은 돈에 당첨되었다.

우리는 어디로 향하는가

이런 결과는 수많은 과학적 궁금증을 유발한다. 어떻게 다유전자 지수를 계산할까? 왜 이런 연구는 미국 백인이나 북유럽인을 표본으로 수행했을까? 이런 결과는 인종 사이에 어마어마하게 벌어진 부의 격차를 이해하는 데 어떤 영향을 미칠까? (답: 영향 없다.) 정말 유전자 **때문에** 사람들이 더 부유해진다고 할 수 있을까? (답: 그렇다.)

이런 결과는 수많은 도덕적·정치적 궁금증도 불러일으킨다. 부의 차이는 선천적이거나 필연적이란 의미일까? 평등을 추구하거나 부를 재분배하기 위해 고안된 사회 및 경제 정책들이 실패할 운명일까? 최초로 유전학과 소득을 연관시킨 쌍둥이 연구는 이런 식으로 해석되었다. 심리학자 한스 아이센크(Hans Eysenck)는 1977년 런던에서 〈더 타임스(The Times)〉와 인터뷰하며 정부 기관들은 소득의 유전가능성 연구 결과를 가지고 부의 재분배를 "포기할 수도 있을 것"이라고 말했다.[29] 나중에 자세히 설명하겠지만 이건 틀린 말이다. 그러나 거의 그만큼 오랫동안 다른 사람들은 소득이나 부 같은 인생 결과에 관한 유전학 연구가 사회 정책과 "완전히 관련 없다"라고 주장해왔다. 만약 이 말이 사실이라면 유전자와 부의 연관성은 왜 그렇게 우리를 들들 볶아댈까?

앞으로 이어질 장에서는 1장과 2장에서 언급한 장황한 문제들을 하나씩 차근차근 파헤쳐볼 것이다. 여느 연구와 마찬가지로 유전자 로또가 어떻게 인생을 형성하는지에 대한 연구에도 허점과 빈틈이 있다. 이런 연구에서는 사실일 수 없는 가정을 단순화하고 불완전한 데이터와 씨름한다. 하지만 우리는 이 유전자 로또에 관한 연구를 똑바로 받아들일 필요가 있다. 통계학자 조지 박스(George Box)의 말마따나 "모든 모델이 틀리더라도 몇 개는 유용하다".[30] 서로 다른 유전자를 물려받은 아이들이 인생을 서로 다르게 살아간다는 사실을, 그리고 달러와 센트로 측정할 수 있는 방식으로 살아간다는 사실을 무시할 수만은 없다. 다음 장에서는 바스, 파파조지, 톰이 부를 연구하며 사용했던 다유전자 지수가 어떻게 만들어지는지 살펴볼 것이다.

03

요리책과 대학

내 아들이 갓난아기였을 때 소아청소년과 의사는 아들이 1형 신경섬유종증에 걸렸을 수도 있다고 진단하며(다행히도 잘못된 진단이었다), 신경과 의사에게 진료를 의뢰했다. 신경섬유종증은 뇌, 척수, 신경 끝에 수많은 종양을 일으키는 희귀 유전 질환이다.[1] *NF1* 유전자의 돌연변이 때문에 나타나는데, 이 유전자는 세포가 과하게 자라 엉킨 덩굴처럼 되는 것을 막아주는 단백질을 부호화한다. 이 질환에 걸리면 주로 피부에 담갈색 반점이 생긴다. 밀크커피 색깔로 생기는 얼룩이라 '밀크커피색 반점'이라고 부르기도 한다. 아들 몸에는 이 반점이 2개나 있었다.

아들이 심각한 유전병에 걸렸을지도 모른다는 생각에 너무나 두려웠다. 그날 남편은 오후 내내 몇 번이고 아들의 몸을 살피면서 미처 못 본 담갈색 반점이 있진 않은지 강박적으로 확인했다. 나는 온종일 섬뜩할 정도로 평온했는데, 잠자리에 들고서야 생생한 악몽에 빠져들었다. 꿈에서 천사처럼 생긴 조용한 생명체가 등장하더니 내게 핀셋을 하나 주며 우리

아이의 신경섬유종증을 낫게 할 수 있다고 말해주었다. 대신 그렇게 하려면 아침이 오기 전까지 핀셋으로 아이 몸에 있는 모든 세포에서 *NF1* 유전자 돌연변이를 하나하나 다 뽑아내야 한다고 했다. 난 아침까지 모든 세포를 다 못 살펴볼 걸 알면서도, 마법의 핀셋으로 아들의 작은 몸을 미친 듯이 찔러대며 불가능한 일을 해내려 애썼다.

끔찍한 악몽이었다. 이 악몽은 우리가 유전자를 떠올릴 때 무엇을 생각하는지 그 본질을 보여준다. 유전자는 거부할 수 없는 힘을 가지고 있다는 생각, 그리고 한 사람의 모든 운명은 꼬여 있는 분자* 하나로 결정될 수 있다는 생각 말이다. *NF1* 유전자에서 특정 돌연변이를 가지고 있다면 반드시 신경섬유종증에 걸릴 수밖에 없다. 그리스 신화에서 '증오스러운 가위'로 생명의 천을 자르는 운명의 여신 아트로포스(Atropos)처럼,[2] *NF1* 돌연변이는 특정 의학적 운명을 돌이킬 수 없도록 만든다.

2013년 〈사이언스(Science)〉에 12만 명 이상을 조사해 교육 정도, 즉 정규 교육을 이수한 햇수와 연관 있는 세 가지 유전 변이를 밝혔다는 연구 결과가 실렸다.[3] 관례에 따라 세 가지 유전 변이는 슈타지** 파일링 시스템에서나 쓸 법한 이름이 붙었다. rs9320913, rs11584700, rs4851266.

연구 결과뿐만 아니라 이 연구 자체가 마법의 유전자 편집 핀셋을 받은 것만큼이나 악몽처럼 느껴질지도 모르겠다. 사람들은 지금까지 유전자가 신경섬유종증 같은 드문 질병이나 눈 색깔을 결정한다는 사실을 대부분 받아들였다. 하지만 교육은 성취하는 것이자 **가치 있는 자질**(merit)이다. 그리고 1장에서 설명했듯 교육은 인생 결과에서 나타나는 거의 모든

---

* DNA를 의미한다.

** Stasi: 과거 동독의 국가안전부를 일컫는 말.

불평등과 관련이 있다. 교육에서 운명이 정해져 있다는 생각은, 그리고 rs11584700이라는 유전자 아트로포스가 사람의 성취를 재단할 수 있다는 생각은 여러분의 가치를 앗아갈 수 있다. 과연 이런 생각은 사실일까?

나는 이번 장과 이 책 전반에 걸쳐 rs11584700과 교육 정도의 관계를 *NF1*과 신경섬유종증의 관계처럼 생각하는 것은 잘못이라는 점을 논증할 것이다. 유전자는 교육적 운명이나 재정적 운명을 결정하지 않는다. 하지만 동시에 유전자와 교육의 관계가 사소하거나 중요하지 않다며 무시하는 것도 잘못이다. 2장에서 살펴보았듯 한 사람의 유전이 인생 결과를 결정하지 못할지언정, 유전자는 여전히 은퇴할 때 수천만 달러 더 부유해지는 것과 연관되어 있다. 유전적 연관성을 잘못 해석하는 일 없이 똑바로 받아들이는 법을 알려면 이런 연구가 무엇을 하고 있는지 (그리고 무엇을 하지 않고 있는지) 더 자세하게 이해해야 한다. 자, 이제 이 특별한 연구를 파헤쳐보자. 연구자는 정확히 어떤 방법으로 rs9320913, rs11584700, rs4851266이 교육을 이수한 햇수와 연관된 유전 변이라고 결론지었고, 우리는 그 결과를 어떻게 해석할 수 있을까?

유전자 레시피, 유전체 요리책

경제학자 필리프 쾰링거(Philipp Koellinger)는 앞서 소개한 2013년 〈사이언스〉 논문의 선임 과학자이다. 키가 크고 멀쑥한 40대 남자로, 독일인이나 경제학자에 대한 고정관념을 깬 너그럽고 준비된 사람이기도 하다. 사회과학유전학회 컨소시엄(Social Science Genetic Association Consortium)을 공동 창립했는데, 쾰링거는 이 컨소시엄에서 2013년 논문이 실제로는 아무것도 알려주지 못할 것이라고 했다. 오히려 수많은 심리학 선행 연구가 지능 검사 점수와 관련된 유전자를 발견했다고 하면서도 너무나 적은 사람들을 대상으로 연구해 그 결과가 통계적으로 참일 수 없는 경우가 넘쳐났고, 이 때문에 컨소시엄 사람들은 넌더리가 난 상태였다.

(만약 어떤 사람이 다른 사람들이 틀렸다는 것을 정확히 증명하기 위해 12만 명의 데이터 세트를 모으는 프로젝트에 인생을 수년이나 바친다는 사실이 놀랍다고 느껴진다면 경제학자를 잘 모른다는 뜻이다.)

쾰링거가 가장 좋아하는 음식은 레몬 치킨이다. 레몬 치킨은 양파와 감자 위에 닭을 얹은 채로 레몬즙과 올리브기름을 넣어 구워낸 통닭이다. 쾰링거는 처음 텍사스에 왔을 때 내게 레몬 치킨을 요리해줬는데, 자신의 네덜란드 집에서 만들 때와 사뭇 다른 점이 많아 놀라워했다. H-E-B 슈퍼마켓에 있는 커다랗고 시큼한 레몬은 에스파냐산이 아니라 캘리포니아산이었다. 텍사스에서 파는 감자는 부드러운 점질(粘質) 감자와 딱딱한 분질(粉質) 감자로 구분되어 있지 않아서, 뜻하지 않게 아기가 좋아할 법한 맛있는 반죽처럼 구워졌다. 내 오래된 작은 오븐으로는 온도를 정확하게 맞추는 것조차 어려웠다. 텍사스에선 닭도 더 컸다. 포근한 3월 저녁, 쾰링거와 바깥바람을 쐬며 함께 먹은 레몬 치킨은 맛있었다. 하지만 쾰링거네 암스테르담 부엌에서 레몬 치킨 레시피대로 요리했더라면 텍사스에서 먹었던 레몬 치킨과는 또 다른 경험을 할 수 있었을 것이다.

유전자를 설명하려는 모든 비유가 잘못되었더라도, 유전자가 단백질 레시피와 같다는 비유는 쓸모가 있다. 유전자 중 일부는 부호화 유전자*

* coding gene: DNA는 아데닌(A), 구아닌(G), 타이민(T), 사이토신(C)이라는 4개의 염기 부호로 서열이 짜여 있는 기다란 분자이고, 이 DNA 사이사이에는 유전자라는 특

로, 단백질 만드는 법을 직접 알려주는 설명서를 의미한다. DNA에서 다른 부분들은 레시피 주변에 적어둔 뜻풀이와 더 비슷하다. 이 부분들은 단백질에 대한 설명서를 알려주는 설명서*로, 마치 냉장고에서 버터를 꺼내 실온에 두게 하는 것과 비슷하다.

모든 가정주부가 경험하는 일이겠지만, 정확히 똑같은 레시피로 요리하더라도 사용한 원재료나 환경 변화에 따라 다른 음식이 만들어진다. 오스틴(Austin)에서 만든 레몬 치킨이 암스테르담에서 만든 레몬 치킨과 다른 것처럼 말이다. 이처럼 유전자가 단백질로 발현되는 것도 조직마다, 사람마다, 환경마다 서로 달라질 수 있다. 가장 중요한 점은 부엌 서랍에 레시피를 보관하는 것만으론 요리가 만들어지지 않는다는 것이다. 최종 생성물을 만들기 위해서는 어떤 일이 **일어나야** 한다.

같은 레시피로 서로 다른 결과를 내면서도, 레시피는 최종 생성물의 범위를 제한한다. 레몬 치킨 레시피로 초콜릿 칩 쿠키를 만들진 못한다. 레시피에 오류가 있다면 약간 덜 먹음직스러운 요리(소금이 부족한 경우)가 만들어지거나, 대참사(설탕 한 컵 대신 소금 한 컵이 들어간 경우)가 일어날 수도 있다. 마찬가지로 DNA 서열에 나타나는 돌연변이는 단백질을 약간 변형시키거나 완전히 기능을 잃게 만들 수도 있다. 또 어떤 레시피는 다른 레시피보다 오류, 편차, 재료 변화를 더 잘 견딘다. 스파게티 볼로냐를 만들 때

정 염기 서열 구간이 존재한다. 이 중 '부호화 유전자'는 단백질을 부호화하는, 즉 단백질 정보를 담고 있는 유전자를 의미한다.

* 긴 DNA 가닥 일부에 존재하는 부호화 유전자가 단백질을 어떻게 합성할지 알려주는 설명서라면, 부호화 유전자 근처의 다른 DNA 부분들은 이 부호화 유전자를 어떻게 발현할지 알려주는 설명서다.

는 초콜릿 수플레를 만들 때만큼 무게·온도·타이밍을 정확하게 안 맞춰도 되는 것처럼, 어떤 유전자는 다른 유전자보다 돌연변이에 덜 민감하다.

모든 비유에는 결점이 존재하지만, 레시피는 유전자 한 개와 단백질 한 개의 관계를 이해하는 데 잘 들어맞는 비유다. 예를 들어 *LRRN2*는 류신 풍부 반복 뉴런 단백질*의 유전자 레시피로, 이 단백질 분자는 세포끼리 서로 붙어 있도록 해준다. 하지만 이 책은 단백질에 관한 책이 아니다. 사람에 관한 책이다. *LRRN2* 서열에 생기는 작은 변화는 대학 졸업과 (아주 아주 아주 미미하게) 연관되어 있지만, *LRRN2*는 대학 입학을 설명하는 레시피가 아니다. 수많은 유전자의 종합적인 작용을 이해하려면, 그리고 분자생물학과 거리가 먼 인생 결과가 유전자와 어떻게 관련되어 있는지 새로운 직관을 쌓으려면 비유를 더 확장해야 한다.

유전체란 각 세포 속 염색체 23쌍 안에 들어 있는 모든 DNA 부분이다. 유전자가 레시피라면, 유전체는 레시피 모음집이자 거대한 요리책이다. 나는 이 글을 쓰면서 책꽂이에 꽂혀 있는 요리책 《플렌티(Plenty)》를 보고 있다. 영국의 유명 요리사 요탐 오토렌기(Yotam Ottolenghi)가 '오토렌기 런던 레스토랑'의 채식주의 레시피를 모은 요리책이다. 여러분이 친구들과 오토렌기 카페에서 소소한 점심 파티를 즐기고 있다고 해보자. 친구는 자신이 막 승진했다거나, 드디어 임신했다고 알려줄지도 모른다. 여러분은 석류 씨앗을 곁들인 구운 가지와 염소 치즈를 곁들인 펜넬(fennel) 캐러멜을 맛있게 먹고 있다. 서비스는 섬세하고, 친구들은 유쾌하고 활기차다. 《플렌티》는 여러분의 입속으로 들어가는 음식 레시피의 모음집이지,

---

* leucine-rich repeat neuronal protein: 류신이 풍부한 20~30개의 아미노산 서열이 반복되는 단백질.

'레시피'라는 단어를 어떻게 해석하더라도 여러분이 지금 즐기고 있는 점심 파티에 대한 레시피 모음집인 건 아니다.

왜 아닐까? 가장 명확하게는 물리적 환경(조명이 너무 밝거나 음악 소리가 너무 시끄럽거나 의자가 허리를 너무 아프게 하거나), 사회 환경(친구가 우울하거나 쾌활하거나), 문화(구운 가지가 고향을 떠오르게 하는 추억의 음식이거나 먹어보고 싶은 새로운 음식이거나) 등 음식 이외의 수많은 요소가 이 소소한 점심 파티를 구성한다. 전체 경험은 상호 작용하는 수많은 요소로 결정되기 때문에 어떤 질문은 완전히 무의미하기도 하다. "소금이 들어간 음식과 앉았던 의자 중 오늘 식사에서 더 만족스러웠던 부분은 어떤 거야?"라는 것은 어리석은 질문이다.

마찬가지로 사람 인생도 유전자와 환경의 상호 작용으로 함께 결정된다. 전형적인 '선천성-후천성 논쟁'은 이 중 어떤 것이 더 중요한지를 본다. 하지만 유전자는 요리사한테 음식에 소금을 넣으라고 지시하는 레시피와 같고, 환경은 앉을 의자가 존재하는 것과 같다는 점을 알고 있다면, 선천성-후천성 '논쟁' 또한 어리석은 질문이라는 것을 알 수 있다. 유전자와 환경은 항상 둘 다 중요하다.

환경의 중요성을 늘 염두에 두고 있더라도, 요리책의 **차이**가 음식점의 차이와 관련 있듯 유전체의 **차이**는 사람들의 차이와 관련 있다는 점도 동시에 알 수 있다. 오토렌기 카페에서 사용하는 레시피 모음집은 분명히 오토렌기 카페에서의 식사 경험을 만들어낸다. 만약 그 음식점이 갑자기 앤서니 보데인*의 《레 알 요리책(Les Halles Cookbook)》을 보고 요리한다

* Anthony Bourdain: 미국의 유명 요리사이자 작가이자 여행 다큐멘터리 프로듀서.

면, 여러분의 점심 파티는 달라졌을 것이다. 이것은 수십 년 동안 사람행동유전학 연구에서 얻은 기본적이고 논쟁의 여지가 없는 사실이다. 만약 내 유전체가 달랐다면 나의 인지 능력, 성격, 교육, 정신 건강, 사회적 관계는, 즉 **나의 인생**은 달라졌을 것이다.

모든 차이가 똑같이 중요한 것은 아니다. 유전체 사이에 나타나는 몇몇 차이는 요리책 전체에서 '소금'이라는 단어를 '설탕'이라는 단어로 바꾸는 것이나 모든 레시피에서 소금의 양을 두세 배로 늘리는 것과 비슷하다. 이를 잘 보여주는 예시는 헌팅턴병이다. *HTT* 유전자는 헌팅틴 단백질(huntingtin protein)의 레시피로, 이 유전자에는 짧은 DNA 서열이 여러 번 반복되어 있다("쿠민* 1/4 작은술 추가. 쿠민 1/4 작은술 추가. 쿠민 1/4 작은술 추가"). 그런데 헌팅턴병을 일으키는 *HTT* 유전자 버전은 레시피에 짧은 반복 서열이 너무 많기 때문에 일반적이지 않은 긴 헌팅틴 단백질을 만든다. 이후 이 단백질은 사람 뉴런 안에서 작고 끈끈한 조각들로 잘려 서로 뭉친다. 우울증과 분노, 갑자기 제멋대로 움직이는 몸, 걷고 말하고 먹는 사람의 기본적인 능력 상실 등 헌팅턴병의 무시무시한 증상은 모두 단 하나의 단백질 레시피 변화로 나타난다.**

그러나 사람한테 나타나는 대부분의 유전적 차이는 소금을 설탕으로 대체하지도 않고, 중요한 재료의 양을 크게 바꾸지도 않는다. 유전적 차이 대부분은 '양파'라는 단어가 '리크'***라는 단어로 바뀐 것과 비슷하다.

---

* cumin: 향신료의 일종.

** 실제로 *HTT* 유전자에서는 CAG 서열이 반복된다. CAG가 35번 이하로 반복되는 것이 일반적이고, 36번 이상 반복되면 헌팅턴병 증상이 나타난다.

*** leek: 양파와 비슷한 식물. 통통하고 짧은 흰 뿌리를 먹는데, 달콤하면서 맵다.

과학은 유전체에 나타나는 이런 작은 변화가 실제로 사람 인생의 차이를 이해하는 데 의미가 있는지, 그리고 만약 의미가 있다면 그 이유가 무엇인지 밝히고자 한다.

한 번에 재료 하나씩

사람 인생에 관한 질문은 잠시 접어두고, 여기서는 음식점 비유를 조금 더 살펴보자. 레시피의 작은 변화가 음식점 경험에 영향을 미치는지를 알아내고자 한다면, 요리와 식사에 대해 이미 알고 있는 것에서 시작한 뒤, 중요하다고 생각하는 재료로 좁혀 들어가는 방법을 쓸 수 있다. 예를 들면, 고수는 어떨까? 어떤 사람들은 고수에서 비누 맛이 난다며 타코(taco)를 먹더라도 작은 고수 이파리를 하나씩 떼어내고 먹는다. 이처럼 일부 사람들은 고수를 안 좋아한다는 지식으로 무장한 채, 동네 음식점 20곳을 골라 각 메뉴에 고수가 들어가는지 안 들어가는지 조사할 수 있다.

연구하는 것치고 음식점을 20곳만 조사하는 것이 그렇게 많다고는 할 수 없지만, 대신 적은 음식점 수를 보완하기 위해 사람들의 음식점 경험을 아주 세세하게 측정할 수 있다. 음식이 얼마나 맛있었는지 물어보는 것에서 그치지 않는다. 전문 조사관을 보내 사람들이 식사하는 동안 얼마나 자주 미소를 띠거나 웃는지 세야 하고, 1년 동안 그 음식점에서 얼마나 많은 돈을 쓰는지 알기 위해 사람들의 신용카드 청구서를 살펴봐야 한다. 이렇게 하면 재료 하나에 대해 몇 안 되는 음식점에서 측정한 데이터를 얻지만, 평가하고자 하는 결과는 정말 완전히 잘 이해할 수 있다. 그렇다면 이제 가설이 올바른지 검토할 수 있다. 과연 고수를 사용하지 않는 음식점의 손님이 더 행복할까?

생명과학에 관해 알고 있는 **사전** 지식으로 시작해 하나의 유전자 재료에 초점을 맞추고, 상대적으로 적은 사람들에게서 아주 철저하게 결과를 측정하는 이런 전략은 2000년대 초에 많은 심리학자와 유전학자가 활용하던 방법이다. 이런 접근법을 **후보 유전자**(candidate gene) 연구라고 부른다. 아마 가장 유명한 후보 유전자는 세로토닌(헷갈리겠지만 줄여서 5-HT*라고 한다) 수송체 연관 프로모터 부위(transporter-linked promoter region), 줄여서 *5-HTTLPR***일 것이다.[4] 개념은 비교적 간단하다. 세로토닌을 표적으로 하는 〔프로작(Prozac) 같은〕 항우울제를 투여하면 우울함이 (이따금씩) 줄어들기 때문에 이미 세로토닌이 우울증에 관여한다는 사실은 알고 있다. *5-HTTLPR* 유전자는 세로토닌이 뇌의 뉴런 사이를 이동하는 데 영향을 주는 유전체의 작은 부분으로, 아마 이 유전자에서 다른 버전을 가진 사람들은 우울증에 걸릴 취약성도 서로 다를 것이다.

한 발짝 더 나아가 우리는 스트레스를 받으면 우울증에 걸릴 가능성이 더 크다는 사실도 이미 알고 있다. 이혼, 실직, 빈곤, 어린 시절의 학대 같은 스트레스 요인은 우울증에 걸릴 확률을 매우 높인다. 그래서 어떻게든 스트레스를 받지 **않는다면** 어떤 *5-HTTLPR* 변이를 갖든 우울해지지 않을 것이다.

이 가설을 규명하는 데만 수천만 달러가 들어갔다. 연구자들은 계속 저렴해지고 있는 DNA 분석뿐만 아니라, 뇌와 정신에 관한 모든 걸 세세하

---

* 세로토닌을 5-hydroxytryptamine이라고도 하기 때문에 5-HT로 축약한다.

** 이 유전자의 공식 명칭은 *SLC6A4*이며, 세로토닌 수송을 담당하는 막단백질을 부호화한다.

게 측정하는 데에 돈을 쏟아부었다. 어떤 사람이 임상적으로 우울증이라고 진단받는지, 얼마나 빠르게 슬픈 기억을 떠올리는지, 눈이 몇 밀리초* 동안 슬픈 사진을 향해 있는지, 뇌의 어떤 부분이 슬픈 음악을 들을 때 활성화되는지 측정했다. 수백수천 번의 연구를 통해 어떻게 *5-HTTLPR* 변이가 스트레스받는 사람들을 우울하게 하는지에 대한 결과가 계속 나왔다.

문제는 이런 연구 결과가 모두 틀렸다는 것이다. 심리학자 맷 켈러(Matt Keller)는 2019년까지 끝없이 쏟아져나온 *5-HTTLPR* 유전자 연구에 대해 정중히 경고하기도 했고, 통계적으로 항의하기도 했고, 점점 더 성가심을 느끼던 끝에 상당히 직설적인 제목의 논문을 발표했다. 〈주요 우울증에 대해 여러 대표본에 걸쳐 역사적으로 제시된 후보 유전자 가설이나 상호작용에 따른 후보 유전자 가설은 아무 근거가 없다(No support for historical candidate gene or candidate gene-by-interaction hypotheses for major depression across multiple large samples)〉.[5] 과학 저널의 의례적 관습에 연연하지 않는 정신과 의사이자 블로거인 스콧 시스킨드(Scott Siskind)는 그 논문의 결론을 더 화려하게 요약했다. 시스킨드는 *5-HTTLPR*에 대한 '결과'를 보고한 연구자들이 유니콘을 이야기하는 터무니없는 사람들이라며 공개적으로 비판했다. "그런 연구자는 동양에서 돌아와 유니콘이 있다고 주장하는 탐험가에 그치지 않습니다. 유니콘의 생애 주기, 먹이 활동, 유니콘의 모든 아종, 가장 맛있는 유니콘 고기 부위, 유니콘과 빅풋**의 싸움을 매우 상세히 설명하기까지 하는 탐험가입니다."[6]

후보 유전자 접근법의 가장 큰 문제점은 우울증에 **관여하는** 유전자가

---

* millisecond: 1000분의 1초.

** Bigfoot: 북미 서부에 살고 있는 것으로 여겨지는 온몸이 털로 덮인 원숭이.

하나가 아니라는 점이다. 성공적인 음식점 경험에 필요한 재료가 하나가 아닌 것처럼 말이다. 우울증에 관여하는 유전자는 10개보다도 더 많다. 우울증, 몸 크기, 대학 졸업, 충동, 키 등은 모두 **복합적인** 특성이며, 유전자 하나로만 결정되는 헌팅턴병과는 전혀 다르다는 걸 의미한다. 복합적인 특성은 유전자 하나로 결정되지 않는다. 수천수만 개의 유전 변이에 영향을 받으며, 각 변이는 복합적인 특성에 아주 작은 영향을 미친다. 그리고 그 영향은 굉장히 미미하므로 초기 후보 유전자 연구에서 조사했던 사람보다 훨씬, 훨씬, 훨씬 더 많은 사람을 연구해야 한다.

2003년 많은 이목을 끌었던 초기 *5-HTTLPR* 유전자 연구는 847명을 조사해 발표했고, 이 논문을 완벽하게 반박한 2019년 논문은 44만 3264명을 조사했다.[7] 거의 500배나 많은 수치다. 우울증과 실제로 연관된 유전자를 모두 보고한 첫 연구에서는 48만 359명을 조사했다.[8] (이번 장 뒤에서 연구 방법을 설명할 예정이다.) 데이터가 거의 없을 때(실제로 필요한 데이터가 1%보다 적을 때) 작은 패턴을 찾으려고 하면, 실제로 존재하는 패턴을 놓칠 위험이 있을 뿐만 아니라 진짜처럼 보이지만 실제로는 노이즈(noise)인 '패턴'을 포착할 위험도 존재한다.

전체 요리책 연관 연구

자, 이제 후보 유전자 연구는 정확하지 않다는 것을 알았다. 하지만 여전히 사람 인생을 달라지게 하는 유전 변이가 있다면 무엇인지 알아내고 싶다. 음식점 경험을 달라지게 하는 작은 레시피 변화를 알아내고 싶다. 플랜 A는 요리에 대한 지식에서 시작해 그럴듯해 보이는 가설을 세우고 거기서부터 연구하는 방법이었는데, 처음에는 이것이 영리해 보였지만 가치 있는 지식을 전혀 내놓지 못했다. 플랜 B는 요리에 대한 기존 지식은 쓸모없다고 선언하며 그럴듯해 보이는 가설을 하나도 세우지 않는 방법이다. 이 방법은 과학자들이 미래를 예측하는 데 얼마나 서툰지 드러내는 증거로, 처음에는 그다지 영리하지 않은 것처럼 보였다. 그러나 마침내 결과를 내기 시작한 것은 바로 이 접근법이었다.

몇 안 되는 음식점에서 한 가지 재료를 조사하는 대신, 텍사스주 오스틴에 있는 모든 음식점에서 제공하는 모든 요리의 모든 레시피를 작은 요소로 쪼갠다고 상상해보자. 음식점마다 데이터 세트 크기가 엄청날 것이다. 이 데이터 세트에는 양, 재료, 시간, 온도, 기구, 지시 사항을 나타내는 항목이 수천 개에서 수십만 개 있을 것이다. 잘게 다지세요. 300°C로 구우세요. 1큰술. 쿠민. 소테.* 황금빛 갈색.

그리고 유전체와 마찬가지로 이 데이터 대부분이 모든 음식점에서 **완전히 똑같다고** 가정해보자. 인간의 DNA는 모든 사람에게서 99% 이상 일치한다. 마찬가지로 모든 음식점은 소금을 사용한다.

그렇다면 음식점끼리 완전히 똑같은 레시피 요소는 걸러내고, 서로 다른 요소만 남겨보자. 우리 집 근처에 있는 음식점은 이탈리아식 절임 채소인 자르디니에라(giardiniera)를 곁들인 볼로냐 튀김 샌드위치를 파는데, 어딜 가든 자르디니에라를 쉽게 찾진 못할 것이다.

각 음식점에서 제공하는 음식을 아주 작은 데이터로 세분화했으니, 이제는 음식점 자체의 측정값이 필요하다. 하지만 지금은 음식점 20곳을

---

* sauté: 버터나 샐러드유를 녹인 팬에 채소나 고기를 넣고 200°C 정도에서 살짝 굽는 요리.

집중적으로 조사했을 때보다 표본이 훨씬 커졌기 때문에 손님 만족도를 측정할 시간도 돈도 없다. 음식점 수천 곳을 쉽게 정리할 수 있는, 거칠더라도 더 빠른 무언가가 필요하다. 예를 들면 …… 옐프(Yelp) 평점은 어떨까?

모르는 이들을 위해 설명하자면, 옐프는 사람들로부터 지역 사업 정보를 인터넷으로 모으는 웹사이트다. 사람들은 여기에 후기를 남기고 1점부터 5점까지 별점을 매긴다. 옐프에서 높은 평점을 받기 위해서는 많은 사람이 댓글과 좋은 평을 남길 정도로 음식이 맛있어야 하고, 불평하는 손님은 적어야 한다. 이 글을 쓰고 있는 시점에서 텍사스주 오스틴에 있는 옐프 평점 1위 음식점은 솔티 사우(Salty Sow)라는 술집이다. 이름에서 알 수 있듯* 솔티 사우는 돼지고기의 전당으로, 설탕에 조린 삼겹살, 족발 햄을 곁들인 콜라드 그린(collard green), 베이컨을 곁들인 데빌드 에그(deviled egg) 등을 내놓는다. 2위는 치킨 스테이크로 유명한 남쪽의 한 카페이고, 3위는 숯불에 새카맣게 구운 소 앞다릿살을 먹기 위해 몇 시간씩 줄을 서야 하는 프랭클린 바비큐(Franklin Barbecue)다.

이제 첫 단계에서 정리한 레시피 요소 데이터를 옐프의 음식점 평점 데이터와 합쳐서 보기만 하면 된다! 통계 분석도 손쉽게 해낸다. 과연 자르디니에라를 파는 음식점은 높은 평점을 받을까?

그런데 잠깐! 여기저기서 반론의 목소리가 들린다. 설탕에 조린 삼겹살? 치킨 스테이크? 소 앞다릿살? 윤리적인 이유로 고기를 안 먹는 채식주의자처럼 옐프 평점은 음식이 담고 있는 특정 가치를 반영하지 않는다.

---

* sow는 '암퇘지'란 뜻.

안경 쓴 힙스터(hipster)는 대중 시장에서 만족도 순위를 매기는 일이 창조력을 떨어뜨린다며 투덜거린다. 그리고 사회학자는 익명으로 인터넷에 글을 올리는 데 많은 시간을 투자하는 사람들은 **진짜** 손님을 대표하는 표본이 아니라고 한다.

그렇다면 다른 대안을 생각해보자. 어쩌면 옐프 평점이 아니라 수익이 더 나은 척도이진 않을까? 퍼펙트 텐 멘즈 클럽(Perfect 10 Men's Club)을 보면 오스틴에서 음식과 술을 파는 다른 사업장보다 돈을 많이 벌긴 하지만, 손님들은 음식 대신 다른 걸 즐기려고 오는 듯하다. 그러면 혹시 음식점의 질을 평가할 때 전문가 의견이 더 뛰어난 측정값이진 않을까? 아무렴, 〈콘데 나스트 트래블러(Condé Nast Traveler)〉*의 톱 20 리스트에는 내가 가장 좋아하는 음식점 몇 군데가 포함되어 있다. 하지만 중년 교수의 음식 선호도를 가장 널리 일반화할 수 있는 것도 아니다.

반론의 목소리는 옳다. 측정은 **중요하다**. '최고'를 어떻게 정의하느냐에 따라 '최고' 음식점과 관계있는 요리책 단어도 달라질 것이다. 전문가를 사로잡을 수 있는 음식에는 색다른 재료(으깬 성게 같은?)가 들어갈지도 모르지만, 이윤을 끌어올릴 수 있는 음식은 기술이나 훈련 경력이 거의 없는 근로자들이 준비한 저렴하고 안정적인 음식(또는 손님이 섹시하게 차려입은 댄서를 구경하는 동안 제공받는 음식)일 것이다.

심리학에서는 이런 측정 문제를 고민하는 데 많은 시간을 보낸다. 먼저 연구에서 관심 있게 다루는 이론적 실체, 즉 **구성 요소**를 정해야 한다. (예: 사람들이 음식점에서 얼마나 즐거워했는가?) 그리고 그 구성 요소에 알맞은

* 콘데 나스트라는 글로벌 대중 매체에서 발행하는 럭셔리 라이프 스타일 여행 잡지.

숫자를 부여하는 방법을 제시해야 한다. 어떤 측정법이 가장 좋을까? 센티미터로 측정하는 키처럼 몇몇 측정 문제는 간단하다. 하지만 관심 있게 다루는 구성 요소는 묘사하기 힘들거나 제법 많은 논란을 일으키기도 한다. 행복의 단위는 무엇일까? 똑똑하다는 건 무엇을 의미할까? 좋은 음식점이란 무엇일까?

누군가는 음식점 질을 어떻게든 수치로 표현하려는 발상을 꺼릴지도 모른다. 음식은 무궁무진하리만치 다양하다. 그런데 어떻게 도시 음식점의 풍경과 감각적·문화적 경험이 담겨 있는 태피스트리를 숫자 하나로 단순화할 수 있단 말인가? 비슷한 이유로 유전학을 연구할 때 사람들은 흔히 지능이나 성격을 측정하는 데 반대한다. 사람들도 무궁무진하게 다양한데 어떻게 모든 사람의 독특함이나 재능을 숫자 하나로 단순화할 수 있단 말인가?

실제로 이건 불가능하다. 하지만 다행히도 사람이든 음식점이든 측정의 목표는 실체를 '단순화'하는 것이 **아니다**. 측정은 사건이나 특성에 수치를 부여하는 과정으로, 모든 과학에서 꼭 필요한 과정이다. 측정하지 못하면 과학 연구도 불가능하다. 옐프 평점은 음식점 가치를 측정하는 유일한 방법이 아니며, 익명의 사람들이 인터넷으로 매기는 별점은 지역 맛집만의 특색을 반영하지 않을 수도 있다. 그러나 옐프 평점으로 음식점에서 가치 있거나 흥미로운 부분을 모두 단순화하려는 발상을 전적으로 거부하더라도, 옐프 평점은 사람들이 일반적으로 특정 음식점을 얼마나 좋아하는지 나타내는, 간단하면서도 유용한 지표라고 할 수 있다.

하지만 이 평점을 유용하게 쓰려면 결점과 한계도 분명히 파악해야 한다. 옐프 후기로 음식점을 측정한 연구는 한 음식점에서 식사를 즐기는 사람 수를 불완전한 척도로 나타낼 것이다. 그리고 '좋은' 음식점 순위 목록 결과는 '좋은' 음식을 구성하는 것이 무엇인지에 관한 개인의 가치관을 반영하지 못할 수 있다.

나는 심리학개론을 가르칠 때 다음과 같은 문장을 사용해 심리학 연구를 표현하는 법을 연습시킨다. "이 연구는 구성 요소 X에 관한 것으로, Y로 측정했다." 예를 들어보면, "이 연구는 행복에 관한 것으로, 오늘 얼마나 행복했는지를 묻는 문항의 점수로 측정했다". 또는 "이 연구는 사회적 불안에 관한 것으로, 웃지 않는 심사위원 앞에서 짧게 연설할 때 침에서 코티솔*이 얼마나 증가하는지로 측정했다". 이런 표현을 연습하면 행복이나 불안 등 추상적 개념을 연구자들이 어떻게 측정하는지 익히는 데 도움을 주며, 이런 방법에 어떤 결점이 존재할 수 있는지에 대한 호기심을 불러일으킨다.

결국, 무언가를 과학적으로 연구하기 위해서는 그것을 측정해야 하고, 그렇게 하려면 시간과 돈의 제약을 받는다. 자, 이제 다시 음식점의 질에 관한, 평균적인 옐프 평점으로 측정한 '전체 요리책 연관 연구'로 돌아가 보자. 음식점마다 **다른** 레시피 요소 중 옐프 평점과 상관관계가 있는 요소는 무엇일까? 여기에는 수백만 개의 상관관계가 나타날 것이다.

그러면 마치 마구잡이로 늘어놓은 쇼핑 리스트 같은 결과 세트를 얻게 된다. 그리고 목록의 각 항목에는 작은 숫자가 함께 나열되는데, 그 숫자는 각 항목이 음식점의 옐프 평점과 얼마나 밀접한 상관관계가 있는지를 나타낸다. 레시피에서 소금이 설탕으로 바뀌는 것처럼 엄청난 영향을 주는 심각한 오류는 거의 존재하지 않을 정도로 드물 것이다. 만약 음식점

---

* cortisol: 스트레스에 반응해 분비되는 스테로이드 호르몬.

이 소금이 안 들어간 음식을 제공한다면, 데이터베이스에 남아 있을 정도로 충분히 오래 영업을 이어가지 못할 확률이 높다.

이런 분석으로 포착할 수 있는 것은 작지만 일관성 있는 패턴이다. 어쩌면 앞서 예상했던 것들과 이 패턴이 일치할지도 모른다. 어쩌면 요리사 마리오 바탈리(Mario Batali)가 말했듯 가장 잘 팔리는 음식은 '크리스피(crispy)'라는 단어가 들어간 음식일지도 모른다. 또 어쩌면 아무도 생각해보지 못한 패턴이 결과로 나올지도 모른다. 결과가 뜻밖이든 아니든 그 상관관계는 매우 작을 것이다. 왓어버거(Whataburger)와 쉐이크쉑(Shake Shack)의 차이를 한 레시피에 있는 단어 하나로 단순화하지 못하는 것처럼 말이다.

전체 요리책 연관 연구의 결과가 어떻게 나오든 몇 가지 분명한 점이 존재한다. 연구 결과는 자리, 음악, 조명, 위치, 장식 등의 음식점 환경이 사람의 경험에 중요하지 않다는 것을 의미하지 **않는다**. 분석 결과는 익명의 후기를 담은 웹사이트가 **좋은** 것인지, 또는 평점이 공정한지 알려주지 않는다. 그리고 그 평점이 윤리적·예술적 가치와 일치하는지, 또는 음식점을 어떻게 **운영해야 하는지**도 알려주지 않는다. 분석 결과로 간략하게나마 알 수 있는 것은 특정 기준을 가지고 여러 음식점을 '높음'과 '낮음'으로 분류했을 때, 어떤 레시피 요소가 더 흔하게 분포하느냐다.

CWAS에서 GWAS로

방금까지 이야기한 전체 요리책 분석은 전체 유전체 연관 연구(genome-wide association study: 줄여서 GWAS라고 하며 '지와스'라고 발음한다)가 이루어지는 원리를 쉽게 설명한 것이다.* 개개의 요리책 단어들과 측정 가능한 음식점 특징의 상관관계를 분석했던 것처럼, GWAS는 개개의 유전체 요소와 측정 가능한 사람 형질의 상관관계를 분석한다. 유전체 요리책에서 가장 흔히 분석하는 개개의 요소는 단일 뉴클레오타이드 다형태(single-nucleotide polymorphism: 줄여서 SNP이라고 하며, '스닙'이라고 발음한다)다.

DNA 분자는 나선형으로 꼬인 긴 가닥 2개로 이루어지며, 각 가닥은 뉴클레오타이드 여러 개가 일렬로 연결되어 있다. 뉴클레오타이드는 인산, 당, 염기로 구성된다. 그리고 DNA를 구성하는 뉴클레오타이드는 염기의 종류에 따라 구아닌(G), 사이토신(C), 아데닌(A), 타이민(T)의 네 종류로 나뉜다.** SNP이란 유전체의 특정 위치[유전자자리(locus)]에서 하나의 염기가 다른 염기로 바뀌어 있는 유전적 차이를 의미한다. 여러분이 G를 가질 때 나는 T를 갖는 것처럼 말이다. 서로 다른 SNP을 가지는 유전자 버전을 **대립유전자**라고 한다. 일반적으로 한 대립유전자가 다른 대립유전자에 비해 더 흔하다. 개체군에서 덜 흔한 대립유전자를 '**소수** 대립유전자(minor allele)'라고 한다. 모든 사람은 모든 유전자마다 사본을 2개씩 가지므로(하나는 어머니로부터 물려받고, 하나는 아버지로부터 물려받는다), 한 사람이 각 SNP마다 소수 대립유전자를 몇 개 갖는지 셀 수 있다(0, 또는 1, 또는 2). GWAS는 수천 명에게서 SNP 수백만 개를 측정하고 키, 신체 질량 지수, 교육 햇수처럼 사람에게서 평가할 수 있는 **표현형**과 각 SNP 사이의 상관관계를 분석한다.

---

* 이런 식으로 저자는 전체 요리책 연관 연구(cookbook-wide association study)도 줄여서 CWAS라고 썼다.

** 구아닌은 사이토신과, 아데닌은 타이민과 상보적으로 결합한다.

심지어 SNP 수백만 개는 사람들에게 존재하는 전체 유전 변이 풀 중 일부분에 불과하다. 그러나 GWAS는 유전체 일부분만 분석해도 문제없는데, 왜냐하면 측정한 각 SNP은 사람마다 다르게 가지는 수많은 유전 변이를 '태그'하기 때문이다. '후추'라는 단어가 쓰인 레시피를 읽을 때, 높은 확률로 '소금'이라는 단어도 레시피에 등장할 거라고 적절하게 추측할 수 있다('지정'할 수 있다). 마찬가지로 사람들이 한 형태의 SNP을 가지고 있을 때, 가까이 있는 다른 유전 변이 정보를 특정해서 지정할 수 있다. 누군가가 특정 위치에 'C'를 가진다면, 어떤 위치에는 'T'를 가질 것이라고 특정해서 지정할 수 있는 것처럼 말이다. (소수의 사람이나 가족에게서만 나타나는 드문 변이는 대체로 태그되지 않는다.)

변이 하나만 측정해서 많은 변이를 태그할 수 있다는 사실은 난자와 정자가 만들어지는 과정과 관련이 있다. 사람과 박테리아의 차이를 떠올려보자. 사람은 박테리아처럼 단순히 DNA를 그대로 복제하면서 증식하는 것이 아니라 유성 생식으로 번식한다. 즉, 정자나 난자를 만들고, 각 정자나 난자는 온전한 사람을 만드는 데 필요한 DNA를 **절반씩**만 가지고 있다. 그러나 감수분열 과정에서 **재조합**(recombination)이라는 것이 일어나기 때문에 정자나 난자를 만들 때 염색체 사본을 온전한 상태로 꾸리지 않는다. 어머니로부터 물려받은 염색체 23개와 아버지로부터 물려받은 염색체 23개는 각각 쌍을 이루고, 염색체 23쌍에서 각 쌍은 나란히 붙어서 부분 부분을 교환한다. 이처럼 재조합 과정은 유전 변이를 **다시 조합해**(re-combination) 사람마다 서로 다른 완전히 새로운 조합을 만들어낸다.

그레고어 멘델은 수학적 관찰을 바탕으로 독립의 법칙을 발견했는데, 재조합 과정은 생물학적으로 독립의 법칙을 가능하게 해준다. 이 법칙에 따르면, 유전자 A의 특정 버전이 유전될 확률은 유전자 B의 특정 버전이 유전될 확률과 독립적이다.

유전체에서 서로 다른 유전자 A와 유전자 B가 물리적으로 아주 가까이 위치할 때를 **제외하면** 독립의 법칙이 성립한다. 비유해보자면, 재조합이 일어날 때 아버지와 어머니 염색체 '덱(deck)'이 서로 섞이기는 하지만, 근처에 있는 카드와 서로 뭉뚱그려진 채로 섞이기 때문에 완전히 골고루 섞이지는 않는다. 유전자들이 물리적으로 가까이 위치할수록 그 유전자들 사이 공간에서 재조합이 일어날 가능성은 더 적다. 즉, 물리적으로 매우 가까운 유전자들은 재조합으로 섞여 분리되기보다는 함께 유전될 가능성이 높다. 이처럼 서로 물리적으로 가까워서 함께 유전될 가능성이 높은 유전자들을 서로 **연관**(linkage)되어 있다고 한다. 연관된 유전자들은 서로 상관관계를 갖는데, 이를 유전자들이 **연관 불평형**(linkage disequilibrium, LD)에 있다고 한다.

인간 유전체의 LD 구조를 이해하는 것은 여러 연구에 아주 유용하다. 덕분에 GWAS에서도 유전체를 더 효율적으로 측정할 수 있다. 그러나 GWAS에서 특정 SNP이 높은 학력과 연관된다는 사실을 발견한다면, 이 연관성이 그 SNP 때문에 나타난 것인지, 아니면 측정하지 **못한** 유전 변이와 그 SNP이 함께 유전되기 때문에 연관성 신호를 나타낸 것인지는 알 수 없다.

GWAS 결과는 유전자 보물 지도라고 생각하면 쉽다. 지도에는 버려진 섬 남서쪽 부분에 보물이 묻혀 있다는 뜻으로 X 표시가 되어 있다. 하지만 섬에 도착해보니 덩굴과 나무로 빽빽한 정글이 사방을 가로막고 있는 데다가, 정글 구석구석을 모두 샅샅이 열심히 조사할 방법조차 없다. 즉, 섬에서 '미세 지도 제작(fine-mapping)'을 할 수 없다.

이번 장 서두에서 한 사람의 대학 졸업 여부와 관련된 세 가지 유전 변이를 발견했다고 언급한 2013년 연구도 GWAS다. 그리고 GWAS가 사람들의 유전체 요리책을 읽어내는 굉장히 거친 방법이라고 생각한다면 그 결과를 직관적으로 이해하기 쉽다. 우선 교육에 관한 유전자 연구와 앞에서 비유한 전체 요리책 연관 연구 사이에서 눈여겨볼 만한 중요한 유사점을 살펴보자.

첫째, 한 사람이 정규 교육을 이수한 햇수로 정의되는 교육 정도는 음식점의 옐프 평점과 꽤 비슷하다. 한편으로는 둘 다 실제 결과를 갖는다. 옐프 평점이 낮은 음식점은 장사를 이어갈 가능성이 낮다. 졸업장이 없는 사람들은 고용될 가능성이 낮다. 다른 한편으로, 두 척도 모두 소중하고 가치 있게 여겨지는 모든 특징을 온전히 나타내지는 못한다. 시험 고득점자는 성격이 몹시 나쁠 수도 있다. 음식점은 쾌적한 분위기에서 맛있는 음식을 제공하기 때문에 옐프 평점이 좋을 수도 있다. 하지만 전국 체인점으로서 공장식 축산에서 들여온 고기로 여행객에게 음식을 제공하며 더 뛰어난 지역 상권을 밀어낸 것일 수도 있다. 똑똑하고 호기심 많고 열심히 공부해서 교육 정도가 높을 수도 있고, 순응적이고 위험을 회피하며 강박적이라서 교육 정도가 높을 수도 있으며, 편견 있는 사회에서 특권을 주는 생김새(예쁘고 잘생긴 얼굴, 큰 키, 마른 몸매, 밝은 피부)를 가졌기에 교육 정도가 높을 수도 있다. 교육 체계에서의 성공과 상관관계가 있는 것이 무엇인지를 탐구하는 연구로는 그 체계가 좋은 것인지, 공정한 것인지, 정의로운 것인지 알 수 없다.

둘째, 교육 체계에서 정상에 오르는 사람은 문화적·역사적으로 특정 집단하고만 관련이 있다. 전체 요리책 연관 연구로는 오스틴에서 높은 평점을 받은 음식점의 상관관계와 똑같은 상관관계를 (델리나 상하이는 말할 것도 없고) 맨해튼에서 발견하지 못할 것이다. 마찬가지로, 1970년 이후에 태어난 미국 남성의 교육 정도 GWAS는 **그 집단 안에서** 교육 정도와 관계 있는 유전 변이를 발견할 것이다. 이것과 똑같은 유전 변이가 고등 교육에서 성차별을 불법화하기 전에 성년이 된 미국 여성 집단 안에서도 교육 정도와 상관관계가 있는지는 미지수다. 하지만 이렇게 상황에 따라 결과가 일치하지 않는다는 건 옐프 평점이 음식점에 대한 호감도를 나타내는 척도로써 결점이 있다는 걸 의미하지 않으며, GWAS 결과가 쓸모없다는 걸 뜻하지도 않는다. 상황에 따라 결과가 일치하지 않는다는 건 한 번에 한 곳에서 얻은 측정치로 나온 결과가 반드시 모든 곳에서 일반화되지는 않는다는 것을 의미한다.

셋째, GWAS 결과는 환경이 교육에 미치는 영향을 **전혀** 알려주지 않는다. GWAS는 환경에 관해 그 어떤 것도 측정하지 않는다.

넷째, 요리책을 자동화해 분석하더라도 음식점에서의 사회 활동을 '음식 재료 수준에서' 증명하지 못하는 것처럼, GWAS 그 자체로는 교육을 'DNA 수준에서' 파악하지 못한다.

다섯째, GWAS가 밝히는 상관관계는 매우 매우 매우 **매우** 작다. 왓어버거와 쉐이크쉑의 차이를 한 레시피에서 하나의 단어로 단순화하지 못하듯 박사 학위를 받은 사람과 고등학교를 중퇴한 사람의 차이도 하나의 SNP으로 단순화하지 못한다. 교육 정도와 관련된 각각의 SNP은 많아봐야 몇 주 더 교육받는 정도로 영향을 주고, 대부분 SNP은 그것보다 훨씬 적은 영향을 준다.

여섯째, GWAS 결과는 요리하는 방법을 알려주지 않는다. 즉, 유전체 재료들(SNP들)의 목록은 이 재료들이 모여 복잡한 결과를 만들어내는 메커니즘을 알려주지 않는다.

악몽일까, 사소함일까

'유의미한' 연관성이 측정한 SNP 자체로 나타나는지, 아니면 그 SNP이 '태그'한 다른 변이 때문에 나타나는지는 쉽게 파악하기 어렵다. 이런 사실과 함께 어떤 표현형과 SNP 한 개와의 연관성이 얼마나 약한지 생각해 보면 교육 정도에 관한 유전학 연구는 더 이상 악몽처럼 보이지 않는다. 대신 이 연구는 음식점의 옐프 평점과 레시피 단어들의 상관관계를 찾는 것처럼 사소하게 느껴지기 시작한다. 보잘것없이 하찮게 느껴지기 시작하는 것이다. SNP rs11584700은 여러분의 유전적 운명이 아니다. 이 SNP은 1학년 첫 중간고사를 잘 보게 하지도 못한다. 그럼 도대체 왜 굳이 GWAS를 하는 걸까? 각 SNP이 교육에 영향을 주는 정도에 초점을 맞춘다면, 모든 GWAS 사업은 시간 낭비에 비용 낭비라고 무시하기 쉽다.

이처럼 어떤 사람들은 GWAS를 두렵고 우생학적일 뿐만 아니라 하찮고 헛된 연구라고 생각한다. 그중 한 사람이 내 박사 지도교수님이던, GWAS의 가치에 회의적인 것으로 유명한 에릭 터크하이머다. 에릭은 2013년 행동유전학회(Behavior Genetics Association) 연례 콘퍼런스 만찬 자리에서 회장직을 물러나며 충격적인 연설을 했다. 마르세유의 하늘은 핑크빛 금색으로 물들고, 사람들은 정장 재킷과 파티 드레스를 입고 있었다. 단상에 오른 에릭이 GWAS를 하는 것은 마치 노래가 좋은지 파악하려고 CD 홈을 연구하는 것과 같다고 말하기 전까지는 분위기가 좋았다. 하지만 GWAS에 수백만 달러를 투자하면서 오랫동안 GWAS를 해온 동료 과학자들 앞에서 에릭의 연설은 잘 받아들여지지 않았다.

나는 이전에도 에릭의 이런 주장을 여러 번 들었기 때문에 딱히 충격적이진 않았다. 그리고 아마 2013년에는 (남몰래) 에릭의 주장에 동의했었을 것이다. 그 이후 흥미로운 인생 결과와 연관된 유전자를 찾기 위해 과학이 어떤 노력을 하는지 매년 많은 이야기를 들었다. 그리고 모든 이야기는 모두 거의 똑같은 결론으로 끝났다. "아직 아무것도 못 찾았지만, 더 많은 사람을 연구할 때까지 기다려보자!"

솔직히 말해서 내가 완전히 능숙해지는 데 10년이나 걸린 기존의 행동유전학 연구 방법(쌍둥이 연구와 가족 연구)이 유전체 연구 방법에 자리를 빼앗긴 것 같아 억울하기도 했고, 비싼 실패처럼 보이는 일련의 일들을 경험해서 그런지 에릭의 주장에 쉽게 동의했었다. 사람의 행동은 진짜 **너무나 복잡하다**. CD 홈을 연구하더라도 클로드 드뷔시*에 관한 정보는 얻지 못한다. 마찬가지로 전체 요리책 연관 연구를 하더라도 무엇이 더 훌륭한 맛집이 되게 하느냐에 관해 어떤 유용한 정보도 얻지 못한다. 그리고 사람 인생과 SNP의 상관관계를 연구하더라도 실제 사람 인생에 관해 어떤 유용한 정보도 얻지 못한다.

하지만 우리는 잘못 알고 있었다.

다유전자 지수와 인생 결과의 예측 (불)가능성

GWAS의 중요성을 깨닫는 비결은 다시 앞에서 다뤘던 내용으로 돌아가는 것이다. 각 SNP과 교육 정도의 관계는 매우 매우 매우 **매우** 작다. 이런 결과는 확실하고, 어쩌면 당연해 보일 수도 있다. 하지만 이 결과는 전

* Claude Debussy: 프랑스 작곡가.

세계 과학자 수천 명의 예상에 반하는 결론이다. GWAS 방법을 처음 개발한 2000년대 초, 많은 과학자가 조현병이나 자폐증 같은 현상이 유전 변이 12개 때문에 일어난다고 예측했다.

만약 이게 사실이라면 수천 명만 연구해도 유전체의 비밀을 쉽게 파헤칠 수 있고, 각 유전자의 효과는 상대적으로 크다고 할 수 있다. 하지만 우습게도 이런 초기 예측은 지식의 부족으로 밝혀졌다. 조현병, 자폐증, 우울증, 비만, 교육 정도는 하나의 유전자와 연관되어 있지 않다. SNP 12개와도 연관되어 있지 않다. 이러한 특성은 **다유전자** 형질로, 인간 유전체의 모든 부분에 퍼져 있는 SNP 수천수만 개와 연관되어 있다.

아마 가장 잘 알려진 다유전자 형질의 예는 키일 것이다. 2장에서 다뤘던 농구 선수 숀 브래들리처럼, 키가 매우 큰 사람은 키를 크게 하는 유전변이를 아주 많이 물려받았기 때문에 그만큼 키가 커질 수 있다. 약간 지겹게 들릴지도 모르겠지만, 키는 통계유전학 분야에서 많이 연구하는 주제다. 키는 정확하게 측정하기 쉽다. 유전가능성도 크다. 거의 모든 생의학 연구가 키 데이터를 모으기 때문에 연구자들은 엄청나게 거대한 표본을 관리할 수 있다. 그리고 유전자가 키에 영향을 준다는 사실도 확실하기 때문에 과학자는 키와 유전자에 관한 수학 모델을 개발할 수 있었다.

한 수학 모델로 계산한 결과, 10만 개 이상의 SNP이 키와 작은 연관이 있는 것으로 나타났다.[9] 논문 저자는 이러한 결과를 바탕으로 모든 유전자 모델을 뜻하는 '전체 유전자(omnigenic)' 모델을 제안했다. 연구 주제와 관련된 모든 몸 조직에서 사용하는 모든 유전자 레시피 모델이라는 의미다. 키를 연구한다면, 관련 있는 몸 조직은 뇌하수체(성장호르몬을 생산하는 곳)와 뼈대 계통 조직 등이다. 교육을 연구한다면, 관련 있는 몸 조직은 뇌다.[10]

인생 결과가 더 많은 유전자와 연관될수록, 신호와 노이즈를 구별하기 위해 그만큼 더 많은 사람을 연구해야 한다. 키처럼 단순해 보이는 특성도 다유전자 형질인데, 그렇다면 사회적·행동적 결과도 똑같이 다유전자의 영향을 받는다고 예상할 수 있다. 더 많은 유전자가 관여하면 관여했지, 더 적은 유전자가 관여하진 않을 것이다. 이제 다유전자 형질의 결과를 똑바로 받아들여보자. 3장에서 처음 언급한 첫 교육 정도 연구는 12만 6559명이라는 그 당시 충격적으로 많은 사람을 검사했고, 교육 햇수와 연관된 SNP을 3개 발견했다. 같은 연구팀은 3년 뒤인 2016년에 두 번째 연구 논문을 출판했고, 이때는 29만 3723명을 검사해 유전체 전체에 걸쳐 유의미한 SNP을 74개 발견했다. 그리고 2018년에 발표한 세 번째 후속 연구에서는 110만 명을 검사해 유전체 전체에 걸쳐 유의미한 SNP을 1271개나 발견했다.[11] **그저 충분히 많은 사람을 연구하면**, GWAS가 교육 정도같이 복잡한 결과와 확실히 연관된 SNP을 발견할 수 있다는 예측은 실제 사실로 드러났다.

유전 변이 수천 개가 한 가지 특성에 관여할 때, 각각의 작은 상관관계는 모두 더해져 사람들에게서 의미 있는 차이를 만든다. 연구자가 하는 일이 바로 이렇게 모든 SNP 정보를 숫자 하나로 합치는 것이다. 더 구체적으로 설명해보면, GWAS를 수행하고 나면 측정한 SNP마다 숫자 하나씩 짝지어서 숫자들로 이루어진 긴 목록이 결과로 나온다. 각각의 숫자는 각 SNP과 연구 대상 표현형(여기서는 교육 정도) 간 관계의 세기를 의미한다. 이렇게 하면 그 숫자 목록을 새로운 사람의 DNA 점수를 매기는 데 사용할 수 있다. 각 사람은 교육과 연관된 유전 변이를 0개, 1개, 2개 중 몇 개 가질까? (사람은 모든 유전자마다 사본을 2개씩 물려받는다는 사실을 기억해두자. 하나는 어머니로부터, 하나는 아버지로부터 물려받는다.) 이후 각 SNP 사본 수

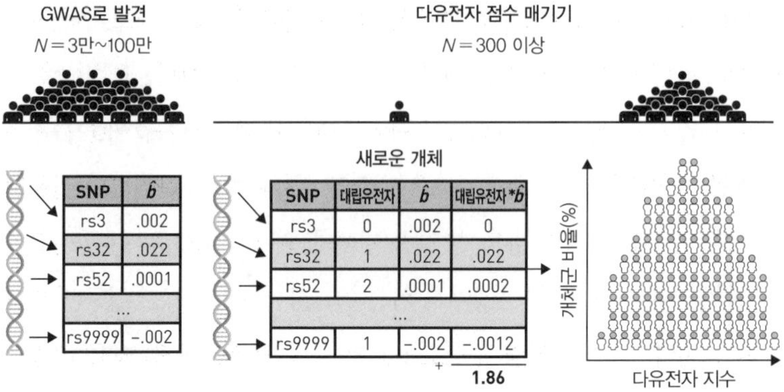

그림 3.1 다유전자 지수 계산법. 다음 논문에서 그림을 복제했다. Daniel W. Belsky and K. Paige Harden, "Phenotypic Annotation: Using Polygenic Scores to Translate Discoveries from Genome-Wide Association Studies from the Top Down," *Current Directions in Psychological Science* 28, no. 1 (February 2019): 82-90, https://doi.org/10.1177/0963721418807729. 큰 표본을 이용해 개체의 SNP과 표현형 간 상관관계를 "GWAS로 발견"해서 추정한다. 먼저 GWAS를 많이 수행해 수백만 명 넘는 사람의 표본을 조사한다. 그 이후 새로운 사람의 DNA를 측정한다. 각 SNP마다 그 사람의 유전체에 존재하는 소수 대립유전자 수(0 또는 1 또는 2)를 센 뒤, 그 SNP과 표현형 간 상관관계를 나타내는 GWAS 추정치($\hat{b}$)를 대립유전자 수와 곱한다. 이렇게 곱한 값을 다 더해 다유전자 지수를 산출한다. 이 다유전자 지수는 정규 분포를 따른다. 대부분 사람은 평균 다유전자 지수를 가지고, 몇 안 되는 사람들만 아주 낮은 점수나 아주 높은 점수를 받는다. SAGE 출판사(SAGE Publications, Inc.)의 허가를 받아 재인쇄했다.

를 SNP과 교육 정도 간 관계의 세기와 곱한 뒤, 유전체에서 측정한 모든 SNP에 걸쳐 SNP마다 곱한 값을 다 더한다(그림 3.1). 이렇게 모두 더한 값이 **다유전자 지수**(polygenic index)다.

위에서 언급한 교육 정도 GWAS를 수행한 연구자들은 새로운 참가자 표본에서 '교육 정도 다유전자 지수'를 산출했다. 참가자는 모두 1990년대에 고등학교를 다닌 백인이었다. 다유전자 지수가 가장 낮은 학생들의 대학 졸업률은 11%였다. 그에 비해 다유전자 지수가 가장 높은 학생들의 대학 졸업률은 55%였다. 대학 졸업률에서 5배나 차이 나는 이 같은 격차는 결코 사소하지 않다.

지금까지 다유전자 지수가 낮은 사람과 높은 사람 사이의 대학 교육 이수율 차이라는 측면에서 다유전자 지수와 교육 정도 간 관계의 세기를 설명했다. 똑같은 관계의 세기는 R 제곱(R^2)이라는 걸 이용해서 다르게 표현할 수도 있다. R^2은 통계학에서 '효과 크기'라고 하며, 사람들을 두 가지 변수로 측정했을 때 어떤 변수 사이의 다양함이 다른 변수로 얼마나 잘 설명되는지를 나타내는 척도다. 예를 들어보자. 사람마다 몸무게가 다르다. 키가 큰 사람은 몸무게도 더 무겁다. 여기서 사람들의 키를 아는 것으로 몸무게 차이를 얼마나 잘 설명할 수 있을까?

R^2은 0과 100 사이에서 백분율로 나타낸다. R^2이 100%라면, 오직 키에 따라서만 몸무게가 달라진다는 것을 의미하며, 키만 알고 있으면 몸무게를 알 수 있다는 것을 뜻한다. R^2이 0%라면, 키는 몸무게와 **전혀** 관계없다는 것을 의미하며, 키를 알더라도 몸무게 정보는 모른다는 것을 뜻한다. 현실에서 R^2은 0과 100 사이의 값을 가진다. 미국에서 키는 몸무게 차이를 20% 정도 설명한다. 즉, 사람들 몸무게 차이의 5분의 1 정도는 키를 아는 것으로 설명할 수 있지만, 키가 똑같은 사람들 사이에는 몸무게 차이도 존재한다.

연구자들은 R^2을 이야기할 때 복잡하고 오해의 소지가 있는 표현을 쓴다. 특히 두 단어가 문제가 된다. 첫 번째 단어는 '설명(explain)'이다. 흔히 '설명된 분산(variance explained)'이라는 표현을 써서 R^2을 나타내지만, 내가 보기에 '설명'이란 어떤 두 가지가 **어떻게** 관련 있는지에 대해 훨씬 깊게 이해하고 있다는 뜻을 담고 있다. R^2 값은 어떤 과학적 설명도 하지 않는다. R^2 값은 한 변수가 다른 변수와 얼마나 강하게 관계있는지를 나타내는 간단한 수학적 표현일 뿐이다.

문제가 되는 두 번째 단어는 '예측(predict)'이다. 평소 날씨, 선거 결과, 주식 시장 추세 등을 '예측'하는 능력을 이야기할 때면 미래의 사건을 매우 정확하게 예견한다는 뜻을 담아서 말한다. 반면 연구자들은 매우 불확실하고 곧잘 부정확하게 미래를 예견할 때 '예측(prediction)'과 '예측 변수(predictor)'라는 용어를 자주 사용한다. 이 용어로 방금 설명한 키와 몸무게 예를 표현해보면, 키 정보를 이용해서 사람들의 몸무게 차이를 이렇게 통계적으로 설명할 수 있다. "키는 몸무게의 '예측 변수'다." 만약 내가 어떤 사람의 몸무게를 추측해야 한다면, 그 사람의 키 정보를 가지고 있지 않은 것보다 가지고 있을 때 훨씬 잘 추측할 수 있을 것이다. 하지만 키가 같더라도 몸무게가 무척 다를 수 있기 때문에 내 추측은 꽤 형편없을 것이다.

이 정보를 염두에 두면서 다유전자 지수와 교육적 결과의 R^2은 얼마인지 살펴보자. 교육 정도 GWAS를 통해 고소득 국가에 사는 백인 표본에서 계산한 다유전자 지수는 학교에 다닌 햇수, 표준 학업 시험 성적, 지능 검사 점수 같은 결과에서 일반적으로 차이의 10~15% 정도를 설명한다.[12]

10~15%가 많다고 느껴질지 적다고 느껴질지는 사람의 관점에 따라 천차만별이다. 내 경험상 R^2이 10%이면 사소하고 무시할 수 있을 정도라며 덜 중요하게 다루는 경향이 있다. 반면 어떤 때는 R^2이 10%이면 다유전자 지수를 마치 사람의 미래를 정확하게 예측하는 "점쟁이"로 오해하게 만들기도 한다.[13] 그림 3.2는 다유전자 지수가 인생 결과에서의 차이를 10% 정도 설명하도록 다유전자 지수와 인생 결과 간 관계를 추정해

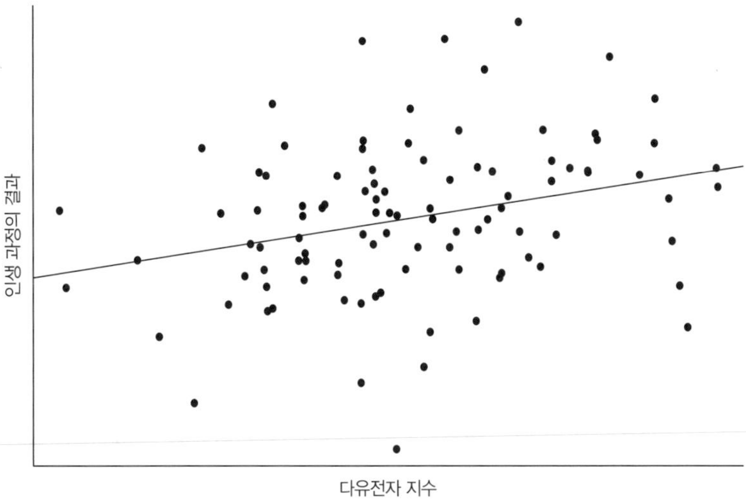

그림 3.2 인생 과정의 결과에서 차이의 10%를 설명하도록 그린 가상의 다유전자 지수. 가로축은 다유전자 지수를, 세로축은 교육 정도 같은 가상의 인생 결과를 나타낸다. 각 점은 사람 한 명을 의미한다. 각 다유전자 지수 값에서 사람들의 인생 결과는 상당히 다양하다.

그린 그래프다. 다유전자 지수를 나타내는 가로축에서 아무 지점이나 고르고, 이후 그 값을 따라 위아래로 살펴보면 사람들의 인생 결과가 굉장히 다양하다는 것을 알 수 있다. 이는 현실에 잘 들어맞는다. 사람들이 평균적인 다유전자 지수를 가지더라도, 그중 어떤 사람은 박사 학위가 있고, 어떤 사람은 고등학교를 졸업하지 못했고, 나머지 모든 사람은 그 중간에 있다.

다유전자 지수는 개인 인생을 예측하는 완벽한 "점쟁이"가 아니면서도, 사소하다며 무시할 수도 없다. 심리학자 데이비드 펀더(David Funder)와 대니얼 오저(Daniel Ozer)는 R^2 값을 일상생활에서 접하는 관계의 세기와 비교해보면 그 R^2 값이 '큰지' '작은지' 파악하는 직관을 형성할 수 있다고 주장했다.[14] 예를 들어, 항히스타민제가 알레르기 증상을 완화하는 경향이라든지($R^2 = 1\%$), 남성이 여성보다 몸무게가 더 나가는 경향이라든지($R^2 = 7\%$), 고도가 높을수록 더 추운 경향이라든지($R^2 = 12\%$), 앞에서 언급했듯 키 큰 사람이 몸무게가 더 나가는 경향($R^2 = 19\%$) 등을 비교함으로써 말이다. 여기서 사회 불평등 연구에서 밝힌 R^2 값이 어느 정도인지 가늠할 수 있다. 부유한 가정에서 태어난 자녀가 더 높은 확률로 대학을 졸업하는 경향에서의 R^2은 11%다.[15]

학생들이 돈 덕분에 유리해지는 방법은 널리고 널렸기 때문에 소득을 비교할 때면 마음이 아프다. 돈이 더 많은 부모는 아이에게 더 많은 장난감과 책을 사줄 수 있고, 아이를 더 좋은 학교에 보낼 수 있고, 방과 후 프로그램으로 미술이나 로봇 수업에 등록해줄 수 있다. 또 과외를 시키거나 SAT* 대비 강의를 들려줄 형편도 된다. 부유한 가정에서 자란 학생은 대학을 다니면서 일할 필요가 없고, 공부에 집중할 수 있는 시간이 더 많다. 물론 부잣집에서 자랐다고 해서 대학 학위를 받도록 **운명이 정해진** 건 아니다. 가족의 재정적 환경이 성인 때의 사회 계급을 완전히 **결정하지는** 않는다. 그러나 누가 미국에서 대학 교육을 받을 가능성이 가장 높거나 낮은지 파악하려면 돈은 중요하다.

이처럼 R^2끼리 비교했을 때 연구 결과로 나온 값은 생각보다 작을지도 모른다. 펀더와 오저는 일반적으로 R^2 값이 예상보다 낮은 이유를 세 가지로 설명했다. 첫 번째로 가장 간단한 이유는 사람들이 천차만별이기 때문이다. 변화를 일으키는 요인은 무궁무진하다.

---

* Scholastic Aptitude Test: 미국의 대학 입학 자격시험.

두 번째 이유는 사람의 인생은 상호 작용하는 다양한 요인의 결과이기에 인과적으로 복잡하다는 것이다. 사람의 인생과 관련될 수 있는 엄청나게 많은 요인을 고려해보면, 소득이나 유전처럼 어떤 중요한 변수도 결과 차이를 대부분 설명해주리라 기대하는 것은 현실적이지 않다. 펀더와 오저의 말을 빌리자면 "아마 모든 연구자는 기대를 조금 (또는 많이) 낮춰야 할 것이다".[16]

환경이든 유전이든 연구자가 어떤 변수에 대한 기대를 낮춰야 할 필요성은 취약 가족 챌린지(Fragile Families Challenge)라는 최근 연구에서 똑똑히 드러났다. 취약 가족 및 아동 복지 연구(Fragile Families and Child Wellbeing Study)는 출생 이후 아동 발달을 조사하기 위해서 4000가구 넘는 가족을 모집해 진행 중인 연구다. 연구자는 아이들이 1살, 3살, 5살, 9살, 15살이 될 때 수많은 변수로 아이들을 측정한다. 부모와 선생님부터 시작해서, 나중에는 자녀 스스로로부터 "아이의 건강과 발달, 부모님 관계, 아버지의 역할, 결혼에 대한 태도, 친족과의 관계, 환경 요인과 정부 프로그램, 건강과 건강을 위한 행동, 인구학적 특징, 교육과 고용 및 소득, 그리고 부모의 통제와 관계, 부모의 훈육, 형제자매 관계, 일상생활, 학교생활, 초기 범죄, 과제 완수와 행동, 건강과 안전"을 조사한다.[17] 즉, 연구자들은 아이의 환경과 발달에서 측정할 수 있는 모든 것을 조사한다.

연구자는 15살 때 측정한 데이터를 공개하기 직전에 다음과 같은 챌린지를 고안했다. 여러 과학자 팀이 원하는 만큼의 변수와 정교한 통계 방법을 사용해 15살 때 아이들의 결과를 예측하도록 하는 것이다. 총 160팀 넘는 과학자들이 이 챌린지에 참여했고, 각 팀은 아이와 그 가정에 관한 변수 1만 2000개 이상을 사용할 수 있었다. 예상외의 결과가 나왔다. 가장 훌륭한 모델에선 아이들이 태어났을 때부터 측정한 변수를 수천 개나 사용했지만, 15살 학생들의 성적 차이를 20%밖에 예측하지 못했다. 취약 가족 챌린지 주최자는 이런 결과를 설명하면서, 사람의 복잡한 인생을 연구할 때는 겸손이 필요하다는 펀더와 오저의 말을 되새겼다. "저희의 예측 능력으로 이해한 정도를 측정해본다면, 그 결과는 …… 아동 발달과 인생 과정에 대한 이해가 실제로 꽤 형편없다고 나올 겁니다."[18]

연구자가 아이들의 학교 성적처럼 복잡한 것을 연구할 때, 사람의 인생 결과와 유전적 연관성이 '강한지' '약한지' 논의하려면 변수나 변수 세트의 R^2이 모두 매력적이지 않다는 사실을 반드시 고심해야 한다. 환경에서 가능한 모든 측면을 다 측정했더라도 말이다.

하지만 R^2이 작더라도 꽤 의미가 있다. 펀더와 오저가 R^2 값이 생각보다 작다고 한 세 번째 이유는 시간이 흐르고 여러 사람에게서 반복되면서 작은 효과들이 **더해질** 수 있다는 것이다. 작은 소득이 쌓여서 전체적인 효과를 낼 수 있는 것처럼 말이다. 부유한 가정은 교육 궤적(educational trajectory)의 모든 지점에서 더 많은 혜택을 누릴 수 있고, 자녀는 특정 결과(시험에서 원하는 등급 받기, 더 고급반으로 배정받기, 더 좋은 학교에 입학하기)를 경험할 가능성이 아주 조금 더 크다. 이 과정을 수백만 가정으로 넓혀서 보면, 교육 불평등이라는 무시할 수 없는 사회 패턴이 결과로 나타난다. DNA 역시 아이 인생에서 전체적인 효과를 내며, 교육 궤적의 모든 지점에서 혜택을 줄지도 모른다. 그리고 특정 DNA 변이 조합을 가짐으로써 주어지는 혜택은 한 인구 집단에서 수백만 명에 걸쳐 축적되며, 마찬가지로 교육 불평등이라는 무시할 수 없는 패턴이 결과로 나타난다. 작은 효과로 보이는 것이 **길게 보면** 의미를 지니게 되는 것이다.

사회 불평등 연구에서 다유전자 점수가 가족 소득 등의 다른 중요한 변수들과 통계적으로 '경쟁'하는 능력을 접한 이후, 나는 GWAS의 가치에 관한 내 마음을 바꾸었다. rs11584700이라는 SNP이 학교에 이틀 더 다니는 것과 연관되어 있다는 사실을 안다고 해서 특별한 가치가 없을지도 모른다. 그러나 다유전자 점수가 가장 높은 학생과 가장 낮은 학생 사이에 벌어진 교육 결과의 기울기가 가장 부유한 학생과 가장 가난한 학생 사이에 벌어진 기울기만큼 크다는 점을 보면, 다유전자 지수는 **실제로** 가치 있다. 이런 발전은 새로운 연구 가능성을 개척하는 것과 동시에 수많은 해석상의 질문을 불러일으킨다.

앞으로는 이런 해석상의 질문을 하나씩 붙들고 씨름할 것이다. 과연 다유전자의 연관성에 인과관계가 있는지(5장과 6장), 교육처럼 복잡한 것에 유전자가 미치는 영향의 메커니즘이 무엇인지(7장), 그리고 이 결과가 사람들의 교육 궤적을 바꾸는 데 어떤 영향을 미치는지(8장) 살펴볼 것이다.

하지만 이런 질문을 다루기에 앞서, 여러분은 지금까지 설명한 연구가 모두 백인으로 분류된 사람을 표본으로 이루어졌다는 사실을 눈치챘을지도 모른다. 유전학 연구는 **개개인**이 어떻게 다른지를 동질적인 인종 집단 안에서 알려준다. 그런데 교육 결과나 소득에서 벌어진 가장 큰 격차는 인종 집단 **사이에서** 나타난다. 이미 1장에서 언급했던 것처럼 지금까지 설명한 유전학 연구 결과가 집단 간 차이의 원인을 설명한다고 생각하는 건 몹시 심각한 오류다. 그렇다면 그 이유는 무엇일까? 4장에서는 이 질문을 다룰 것이다.

04

계통과 인종

나는 심리학개론 수업에서 기억을 주제로 강의할 때 학생들에게 단어 목록을 외우도록 한다. 여기에는 '꿈' '침대' '휴식' 같은 단어가 등장한다. 그러고 나서 기억나는 단어들을 적으라고 한다. 나는 한 번도 '잠'이라는 단어를 말한 적 없지만, 학생들은 언제나 '잠'이라는 단어를 들었다고 (잘못) 기억한다. 뇌에서 '잠'이라는 생각이 활성화된 이유는 똑같은 의미 네트워크에 있는 다른 단어들, 즉 잠과 연관된 단어들이 반복해서 활성화됐기 때문이다. 한 번도 '잠'이라는 단어를 말하지 않았지만, 학생들은 진짜로 '잠'이라는 단어를 들은 것처럼 기억한다.

'침대'라는 단어를 들으면 '잠'이라는 단어가 들릴 수밖에 없는 것처럼, 특히 미국인은 '유전자'나 '지능'을 들으면 '인종'이라는 단어가 들릴 수밖에 없다. 이 주제를 처음 접하는 독자는 교육 같은 결과에서 나타나는 인종 차이를 유전학적 증거로 하나도 설명하지 못한다는 사실을 알면 놀랄지도 모른다. 현대 산업화가 이루어진 경제에서 사회 불평등과 관련 있는 복잡한 인간 특성(끈기, 성실성, 창의성, 추상적 추론 등) 중 유전학에 뿌리를 둔 인종 차이 이야기는 지금으로선 그냥 하는 이야기일 뿐이다. 막연한 이야기 말이다.

이런 점에도 불구하고 유전학을 다루는 책은 인종과 인종차별주의를 논의해야 한다. 유전 연구는 과학 발전 초창기부터 인종 차별 행위를 정당화하기 위해 인종차별주의적 발상으로 짜여 있었고, 인종차별주의자들은 21세기까지도 유전학에 엄청난 연구비를 책정해왔다.[1] 인종을 아예 언급하지 않는다면 오류로 채워질 수도 있는 공백을 남기게 된다. 그리고 과학적 인종주의를 암묵적으로 인정한다고 해석할 수 있는 공백도 남기게 된다. 동시에 계급 구조나 자원의 재분배와 관련된 유전학 논의는 수십 년 동안 인종 '과학'에 독이 되었다. 그렇기에 보통 좋은 뜻을 가진 사람들은 반인종주의의 사명을 다하고자 사회적·경제적 결과에 영향을 주는 유전학 정보를 완전히 거부해야 한다고 생각한다. 따라서 **개개인**의 사회경제적 성과 차이에 유전적 영향이 있다는 실증적 현실에서 사람 집단 간 차이에 관한 인종차별주의적 언어를 떼어내는 것은 매우 중요하다.

이번 장에서는 오늘날 과학적 인종주의가 유전학으로 바뀌어 표현되는 것이 왜 실증적으로 틀렸으며 도덕적으로 편협한 것인지를 명확히 하고자 한다. 가장 먼저 유전학자가 의미하는 **계통**이 무엇인지 설명한 다음, 인종과 계통이라는 개념을 허무는 것이 왜 잘못인지 살펴볼 것이다. 그러고 나서 유전학 연구가 어떻게 이루어졌는지 설명할 것이다. 유전학은 주로 백인 과학자들이 대부분 백인 참가자를 대상으로 연구를 진행했다. 이런 상황 때문에 인종 집단끼리 잘못 비교할 수 있는 조건이 갖추어졌고, 인종 집단 사이에서 불평등이 심해질 위험도 커졌다. 또한 인종차별주의자는 백인우월주의를 뒷받침하기 위해 흔히 통계적 오류인 집단 차이를 이유로 드는데, 나는 한 모집단 안에서 **개인 차이**의 원인을 다루는 유전학 연구가 **집단 차이**의 원인을 설명한다는 가정이 왜 잘못되었는지 설명할 것이다. 그리고 앞으로 쏟아질 다민족 유전체 데이터에서 통계적 결과가 어떻게 나오든 반인종주의와 인종 평등의 사명이 훼손된다고 두려워할 필요가 없는 이유를 밝히면서 결론을 내릴 것이다.

우리는 모두 전 세계 모든 사람으로부터 계통을 이어왔다

내 조부모님은 기독교 《성경》의 많은 부분을 줄줄 외우는 오순절주의 기독교 신자였다. 자녀와 손주에게도 《성경》을 외우게 했는데, 그때 매번 내가 가장 외우기 힘들었던 부분은 계보였다. 웃시야(Uzziah)의 아버지는 요람(Jehoram)이고, 여고냐(Jeconiah)의 아버지는 요시야(Josiah)라나. 어린 시절 나는 이렇게 많은 이름을 외우는 게 무슨 의미가 있을지 궁금했다.

지금은 왜 《성경》 저자들이 계보를 썼는지 안다. 이들은 21세기 고객이 앤세스트리(Ancestry), 패밀리트리(FamilyTree), 마이헤리티지(MyHeritage) 같은 회사의 서비스를 이용하는 동기와 똑같은 동기를 가지고 계보를 작성했다. 이 회사들은 유전자 검사를 아카이브 기록에 접목해서 세대를 거슬러 사람 가계도를 만들어준다. 그리고 그 동기는 모르몬 교회가 죽은 자들의 이름을 기록해 핵폭발에도 견딜 수 있는 유타 보관소에 저장하는 것과 똑같은 마음속 충동이다.[2] 누가 누구의 자손인지 아는 것은 정체성을 형성하고 정당화해준다. 마찬가지로 계보는 '우리는 가족'이라는 연대감과 소속감을 길러준다.

여러분은 '가족' 하면 누가 떠오르는가? 나는 내 아이들과 아이들 아빠, 남동생과 어머니, 아버지와 새어머니, 이복형제와 의붓자매, 남동생의 아내와 언젠가 태어날 아이들, 아버지의 세 형제자매와 아버지 쪽 사촌 4명과 그들의 자녀, 어머니의 세 형제자매와 어머니 쪽 사촌 4명과 그들의 자녀가 떠오른다. 이 사람들은 나와 감정적 유대 관계나 유전적 관계가 없는 사람부터 강한 사람까지 다양하다. 어쨌거나 모두 다 내 가족이다.

시간을 거슬러 올라가면 세대마다 조상 수가 2배씩 늘어나기 때문에 가족 명단은 빠르게 불어난다. 부모 2명, 조부모 4명, 증조부모 8명……. 이렇게 1000년 정도에 걸쳐 33세대를 거슬러 올라가면 조상의 수는 $2^{33}=8,589,934,592$명이 된다.

물론 그 당시에는 80억 명이 **살아 있지** 않았거니와, 누군가는 여러 번에 걸쳐 여러분의 조상이 되었다. 예컨대 나의 작은아버지 숀(Sean)과 작은어머니 크리스틴(Kristin)은 할아버지가 서로 형제인 '키스한 친척(kissing cousin)'이다. 그래서 나의 사촌 스털링(Sterling)은 고조부모가 $2^4=16$명 있는 것이 아니라, 고조부모는 14명 있으면서 그중 한 쌍이 계보에 두 번 등장한다.* 가계도의 윗부분이 저절로 무너지기 시작한 것이다.

사람이 가끔가다 사촌과 유성 생식을 한다는 사실은 사람의 짝짓기를 복잡하게 만드는 수많은 과정 중 하나일 뿐이다. 사람은 역사적으로 부모가 아이를 낳은 곳으로부터 멀지 않은 장소에서 짝을 찾고 아이를 낳았다. 특히 인류 역사상 장거리를 이동하는 경우는 드물었다. 비행기와

* '키스한 친척'은 만나면 서로 키스할 정도로 잘 알고 지내는 친척이란 뜻. 여기서는 6촌 사이인 숀과 크리스틴이 결혼했다는 의미다. 숀과 크리스틴의 자녀는 스털링이고, 스털링은 저자와 사촌 관계다.

대륙 간 고속도로가 발달한 오늘날에도 전형적인 미국인들은 어머니로부터 29km밖에 떨어지지 않은 곳에서 산다.[3] 그리고 지리적으로 가까운 이웃 사이에서도 사람들은 언어, 문화, 사회 계급을 공유하는 사람과 결혼한다.

성별은 복잡하기 때문에 약간 까다로운 수학 계산법을 사용해야 모든 인류의 가장 최근 공통 조상이 인류 역사상 어느 시점에 등장했는지 추정할 수 있다. 즉, 지금 살아 있는 모든 사람의 가계도에 등장하는 조상이 언제 살았는지 추정할 수 있는 것이다. 그렇게 계산한 결과, 그 시점은 그리 오래전 일이 아닌 것으로 드러났다. 바로 지난 몇천 년 이내였다.[4] 신중하게 추정한 계산 결과에 의하면, 그 시기는 대략 기원전 1500년 무렵으로, 히타이트족*이 철제 무기 제조법을 터득하던 시기다. 아니면 기원전 50년 무렵으로 더 최근일 수도 있는데, 그때는 로마에 큰불이 나 네로 황제의 방화설이 나돌던 시기다. 수메르인이 쐐기문자를 개발하고 고대 이집트에서 첫 왕조가 들어선 기원전 5000년부터 기원전 2000년 사이로 조금 더 거슬러 올라가면, 훨씬 더 눈여겨볼 만한 지점이 나타난다. 바로 그 당시 살아 있던 **모든 사람**은 자손을 이어오기만 했다면 지금 살아 있는 **모든 사람**의 공통 조상이라는 점이다. 각자의 가계도를 한참 거슬러 올라가면 가계도는 모두 하나로 합쳐져 똑같아진다.

이건 불가능해 보일지도 모른다. 최근에 살았던 우리의 거의 모든 조상은 지구의 나머지 지역 대부분을 돌아다닐 수 없을 만큼 멀리 떨어진 채로 한곳에서 살다가 죽었기 때문이다. 위 사실을 이해하려면 1000년 전의

---

* Hittite: 기원전 17세기부터 기원전 12세기까지 서아시아에서 살았던 히타이트 제국의 민족.

조상 수가 실제로 **얼마나 많았는지** 제대로 파악해야 한다. 장거리 이동이나 언어, 문화, 계급별로 나뉜 사람끼리의 짝짓기처럼 흔하지 않은 사건도 모든 가계도에서 한 번씩 일어나기 마련이다.

그리고 이런 흔치 않은 사건은 여러분을 전 세계 다른 사람들과 이어준다. 결국, 근본적으로 여러분 가족은 내 가족이고, 내 가족은 여러분 가족이다. 집단유전학자 그레이엄 쿠프(Graham Coop)가 강조했듯 "여러분의 가계도는 어마어마하게 거대하고 엄청나게 지저분하다. 누구도 딱 하나의 사람 그룹으로부터 계통을 이어오지 않았다". 우리는 모두 조상을 공유하는 사람 가족의 구성원으로서 우리의 정체성에 정당한 권리를 가진다. "우리는 모두 전 세계 모든 사람으로부터 계통을 이어왔다."[5]

가계도 조상 vs. 유전적 조상

조금 더 자세하게 들여다보자. 방금까지 설명한 것은 가계도 조상이다. 그러나 **가계도** 조상이 반드시 **유전적** 조상일 필요는 없다. 특히 많은 세대를 거슬러 올라가면 더더욱 그렇다. 성염색체(X나 Y)를 제외하면, 여러분은 아버지로부터 염색체 22개를 물려받는다. 여러분이 될 정자 세포가 만들어질 때, 아버지는 **자신의** 어머니와 아버지로부터 물려받은 염색체끼리 서로 유전 물질 덩어리를 교차시켜 여러분만의 독특한 새 DNA 서열을 만들어낸다. 유전체가 다음 세대로 전달될 때마다 **재조합 사건**은 평균 33번 일어난다. 따라서 여러분이 물려받은 염색체 22개는 서로 다른 덩어리 22+33=55개로 쪼개질 수 있고, 각 덩어리는 아버지 쪽 조부모 2명 중 1명에서 온 것으로 추적할 수 있다.

물론 그 전 세대 때도 똑같은 과정이 일어났기 때문에, 여러분이 물려받은 염색체는 22+33×2=88개의 덩어리로도 쪼갤 수 있고, 각 덩어리는 아버지 쪽 증조부모 4명 중 1명에서 왔다고 추적할 수 있다. 이처럼 가족 역사 앞부분에서는 가계도 조상 수(4명)보다 덩어리 수(88개)가 훨씬 많기 때문에 가계도 조상으로부터 DNA를 물려받는다는 사실은 거의 확실하다.

그러나 이 숫자는 급격하게 달라지기 시작한다. 《성경》이 예수에서 아브라함까지 거슬러 올라가는 것처럼, 42세대를 올라가면 여러분의 DNA는 2×(22+33×41)=2750개의 덩어리로 쪼개질 수 있고, 각 덩어리는 2^{41} = >2조 명 중 1명에서 왔다고 추적할 수 있다. 분명한 건 조상이 한 번에 2조 명이나 있진 않았다는 것이다. 일부 조상은 가계도에 여러 번 등장하는 조상이다. 그렇더라도 여러분의 DNA 덩어리 수보다는 조상 수가 훨씬 더 많다. 그래서 아홉 세대 이전부터는 가계도 조상의 특정 DNA 부위가 여러분의 유전체에 도사리고 있을 가능성은 매우 작다.

먼 가계도 조상 대다수로부터 아무런 DNA를 물려받지 못했다는 사실은 역설처럼 보일지도 모르는 두 가지 진실을 타당하게 만들어준다. 첫째, 몇천 년 전으로만 거슬러 올라가도 지구 어디에 살고 있든 상관없이 모든 사람의 가계도가 하나로 합쳐진다. 즉, 우리는 모두 전 세계 모든 사람으로부터 계통을 이어왔다. 그리고 둘째, 지구에서 서로 다른 지역에 사는 사람들은 유전적으로 다르며, 이런 유전적 차이는 수천 년보다도 훨씬 더 아주 오랫동안 이어져온 것일 수 있다.

여러분의 가계도 조상 중 어떤 사람은 군대에서 점령군으로 활동했을 수 있다. 만약 그 남자가 여러분의 가계도 조상 중 다른 사람을 겁탈한다면 여러분의 가계도는 지금 지구 반대편에 사는 사람들의 가계도와 이어진다. 그렇지만 그 남자의 DNA가 여러분의 유전체로 하나도 들어가지 않았을 가능성 또한 존재한다. (다시 말하지만 여기서 Y 염색체는 제외한다.) 왜냐하면 먼 가계도 조상은 누가 되었든 유전적 조상일 가능성이 작기 때문이다. 가계도 조상 DNA는 주기적으로 여러분의 DNA에서 사라진다. 그리고 먼 가계도 조상과의 유전적 연결 고리도 함께 사라진다.

여러분은 가계도 조상의 유전체 풀 중 아주 작은 부분에서 DNA를 물려받았다. 그리고 대부분 조상은 지리적으로 가까운 곳에서 살다 죽고 번식했다. 그리고 대부분 짝짓기 기회는 성관계 대상과 관련 있는 복잡한 문화 규칙이나 물리적 거리에 제한을 받는다. 이 과정의 최종 결과는 사람 유전 변이가 갖는 **구조***로 나타난다. 즉, 사람들의 유전적 구성이 서로 비슷하거나 달라지는 패턴이 나타난다. 이런 패턴 구조는 지리와 문화를 모두 담고 있다.

계통 vs. 인종

사람들에게서 유전적으로 가장 크게 나타나는 유사성 패턴과 차이점 패턴은 바다, 대양, 사막, 대륙같이 아주 큰 지리적 장벽과 경계에 영향을 받는다. 유전적 조상이 동아시아에 거주했던 사람들은 유전적 조상이 유럽에 거주했던 사람들과 비교했을 때보다 서로가 유전적으로 더 비슷하다. 따라서 유전적 유사성에 따라 사람들을 구분한 뒤, 각 그룹에 대륙의

---

* 유전 구조: 2장에서 설명한 '집단 계층화'와 동일한 개념으로, 환경이나 문화 차이에 얽혀서 집단 간 유전적 차이가 나타나는 것을 의미한다.

이름(아프리카, 아시아, 유럽 등)을 붙임으로써 유전적 유사성과 차이점을 통계 패턴으로 나타낼 수 있다. 이런 관행은 충분히 합리적이다. '아프리카 계통'이라는 말은 아프리카 대륙에 살았던 유전적 조상을 많이 공유해서 서로가 유전적으로 유사한 사람 그룹을 과학적으로 간략하게 나타내는 말이다.

하지만 과학자들이 점차 사람 집단에 걸쳐 유전적 유사성과 차이점 패턴을 잘 분석하게 되면서 일부 과학자는 사람 무리에 지리적인 이름을 붙이는 것에 문제를 제기하기 시작했다. 과연 유전학자가 인종을 사회 구조가 아니라 생물학적 실체로 재구성했을까? 인종과 관련된 생물학 개념은 오랫동안 억압을 정당화하기 위해 사용했기 때문에 이런 전망은 꽤 우려스러웠다. 도러시 로버츠(Dorothy Roberts)는 저서 《치명적 발명: 과학, 정치, 대기업은 21세기에 인종을 어떻게 재창조하는가(Fatal Invention: How Science, Politics, and Big Business Re-Create Race in the 21st Century)》에서 "인종을 생물학 개념으로 만드는 것"은 항상 "중요한 이데올로기의 기능으로 작용했다"며 "제일 소중한 이념으로 평등을 요구하는 사회의 노예에게는 …… 인종을 생물학으로 다루는 것이 유일하게 적절한 '도덕적 사죄(moral apology)'가 되어주었다"라고 지적했다.[6] 로버츠와 동료 3명은 인종과 관련된 생명과학 개념이 "잘해도 문젯거리이고, 못하면 피해를 준다"라고 주장하며, 과학자에게 '인종(race)'보다는 '계통(ancestry)'이나 '집단(population)' 같은 용어를 쓰게끔 꾸준히 요구했다.[7]

계통과 인종을 구별하는 것은 인종에서 생물학적 차이를 논할 때 차별없이 이야기하지 못하게끔 하는 궤변이라면서, 이따금씩 과학자들은 계통과 인종의 차이를 무시했다. 예컨대 《종 모양 곡선》으로 유명한 찰스 머리는 팟캐스트 인터뷰에서 "지금 유전학자들은 인종 대신 '집단'이란 단어를 더 즐겨 사용하는데, 저는 이분들을 탓하진 않습니다"[8]라고 했다. 이 같은 여러 논평 때문에 인종과 유전 계통은 구분이 허물어져서 하나의 개념이 되었다. 그리고 이렇게 함으로써 결과에서 나타나는 인종 불평등이 선천적인 생물학적 차이 때문에 발생한다는 관념이 이어졌다. 따라서 이 두 개념의 차이가 허물어진 것이 왜 잘못되었는지 파악하는 건 굉장히 중요하다.

1995년 영화 〈클루리스(Clueless)〉의 주인공 셰어 호로위츠(Cher Horowitz)는 자신의 사회적 라이벌 중 한 명을 "완전 모네 스타일"이라고 했다. "모네 그림은 멀리서 보면 괜찮지만 가까이서 보면 엉망이지." 사람 집단의 유전 구조 분석 결과는 "완전 모네 스타일"이다. 줌 아웃 해서 보면 각 대륙에 대응하는 상위 집단 패턴이 무척 선명하게 드러난다.

줌 인을 하면 패턴이 지저분해지기 시작해도 보이긴 보인다. 유럽에서 '유전자가 얼마나 지리를 반영하느냐'에 관한 연구에서는 자신의 조부모가 모두 지금의 프랑스에 사는 사람들은 자신의 조부모가 모두 지금의 스웨덴에 사는 사람들과 비교했을 때보다 서로가 유전적으로 더 유사하다는 사실을 실제로 발견했다. 그러나 일부 이탈리아인은 다른 이탈리아인들과 유전적으로 동떨어져 있었고, 이들은 조부모가 모두 스위스인인 사람들과 겹쳤다. 그리고 유대인은 표본 어디에도 없었다. 조부모가 모두 똑같은 지역 출신이 아닌 사람들도 마찬가지였다.

줌을 더 당겨서 한 사람씩 살펴보면 멀리서 보이던 선명함이 사라진다. 경계가 있는 곳에는 그 경계를 가로질러 자신들의 역사를 이어온 사람들이 있다. 특히 가족의 역사가 식민지·노예·점령·이주·전쟁으로 형성된 사람들이나, 이전에 분리되었던 이들이 강제로 합쳐져 가족의 역사를 형성한 사람들은 멀리서도 선명한 패턴으로 범주화되지 않는다.

그런데도 모네 그림의 한 부분을 '하늘'이라고 할 수 있는 것처럼, 사람 집단의 한 부분을 '유럽 계통'이라고 할 수 있다. 아니면 조금 더 좁혀서 '북유럽 계통'이라고 하거나, 아니면 조금 더 많이 좁혀서 '백인 영국 계통'이라고도 할 수 있다.

사람들의 유전적 조상 패턴이 "완전 모네 스타일"이라면, 인종을 구분하는 것은 원색이 선명하게 대조되어 경계가 뚜렷한 몬드리안의 그림에 더 가깝다. 인종 범주는 서로 양립하지 않으면서 따로따로 나뉘어 있다. 1790년에 시작된 미국의 인구 조사는 2000년까지 인종을 하나만 고를 수 있도록 했다. 그리고 인종 분류 과정은 권력, 부, 물리적 공간으로의 접근 기회를 제한하도록 작용하므로 인종 범주는 기본적으로 계층의 성질을 띠고 있다. 오드리 스메들리(Audrey Smedley)와 브라이언 스메들리(Brian Smedley)는 인종을 인류학과 역사학의 관점에서 정리하며 "인종은 사람과 사람의 사회적 지위, 사회적 행동, 사회적 순위를 정형화하고 여기에 특징을 부여한다"고 적었다.[9]

내가 인종과 계통이 완전히 독립적이라고 주장하는 것은 결단코 아니다. 물론 인종 그룹은 유전 계통에서 차이가 나며, 이런 관련성은 인종 분류의 사회적·법적 역사에 따라 형성된다. 이를테면 미국의 인종 분리 정책(예: '백인 전용' 학교, 음수대, 기차 칸, 수영장 등)을 의무화했던 법은 누가 백인이고 누가 백인이 아닌지 구분하는 뚜렷한 정의가 필요했었다. 20세기 초 여러 미국 남부 주들은 '한 방울 규칙(one-drop rule)'을 적용해 인종 분류법을 통과시켰다. 그래서 조상 중 비백인 비율이 조금이라도 있으면 미국 인종 계층의 최고 지위를 박탈당하기 십상이었다. 1924년 버지니아주의 '인종보전법(Racial Integrity Act)'은 "백인(Caucasian)이 아닌 사람의 피가 하나도 안 섞인" 사람만 백인(White)으로 정의했다. 한 방울 규칙은 '하위 혈통(hypodescent)' 규칙의 극단적 예인데, 하위 혈통 규칙이란 서로 다른 인종 부모에게서 태어난 아이를 부모 인종 중 사회적으로 더 낮은 인종으로 분류하는 원칙이다.

인종 분류 과정에 적용된 하위 혈통 규칙의 사회적·법적 역사 때문에 현재 미국에서 백인으로 분류되는 사람들은 비유럽 유전 계통을 **조금이라도** 가질 가능성이 매우 낮다. 한 연구에서는 스스로 백인이라고 한 사람 중 0.3%만이 아프리카 계통을 조금이라도 가진다고 추정했다. 그와 동시에 아프리카 사람은 미국으로 강제 이주를 당해 노예가 되었고, 그 후손들은 '흑인'으로 분류되었다. 따라서 사회적으로 흑인으로 분류되는 사람은 거의 모두(한 연구에 따르면 99.7%)가 '아프리카' 유전 계통을 최소 어느 정도는 가지고 있다.[10]

이처럼 유럽 유전 계통과 백인 인종으로 분류되는 사람은 거의 완벽하게 1:1로 대응하고, 아프리카 유전 계통과 흑인 인종으로 분류되는 사람도 거의 1:1로 대응한다. 이런 사실에도 인종과 계통을 똑같은 개념으로 다루는 건 아래의 네 가지 이유 때문에 **여전히** 잘못된 것이라 할 수 있다.

첫째, 사람을 여러 인종으로 분류하면 사람들 사이의 일부 차이만 중요시되고 나머지 차이는 무시된다. 이런 인종 구별은 문화와 역사 조건에 따라 달라진다. 20세기 초반 우생학 사상가들이 했던 일을 되돌아보면, 이들을 사로잡았던 '인종' 질문이 괴상하게 느껴질지도 모른다. 프린스턴 대학교의 심리학과 교수이자 지능 검사의 선구자인 칼 브리검(Carl Brigham)은 "인종 질문"을 읽고 각 유럽 국가로부터 온 이민자가 북유럽, 알프스, 지중해의 "피"를 얼마나 많이 가졌는지 알아내려 했다.[11] 이탈리아인, 아일랜드인, 유대인 등 미국으로 쏟아져 들어온 유럽 이민자는 처음부터 지배적인 '백인' 계급으로 받아들여진 것은 아니다.[12] 인종은 (계통과 다르게)

기본적으로 공간과 사회 권력에 접근할 수 있는 **사람**을 계층으로 구조화하기 때문에 인종의 정의가 사회적으로 결정되는 현상은 불가피하다.

둘째, 사회적 인종 분류는 계통에서 유전적으로 다른 정도와 전혀 일치하지 않는다. 특히 아프리카 계통 집단의 유전적 다양성을 눈여겨볼 만한데, 일부 아프리카인 집단끼리는 유럽인과 동아시아인이 차이 나는 것보다 훨씬 더 다르다. 그러나 미국에서는 모든 아프리카 계통을 똑같이 '흑인'으로 분류한다. 마찬가지로, 남아시아 유전 계통은 동아시아 유전 계통과 뚜렷하게 구별되고, 보통 남아시아인이 아시아에서 상위 집단으로 여겨진다.[13] 하지만 미국 인구조사국은 아시아인이라는 인종 범주를 "극동, 동남아시아, 또는 인도 아대륙의 원주민 기원을 갖는 사람"으로 정의하고 있다.[14]

셋째, 하나의 인종 집단에는 대륙의 계통 배경에 다양성이 있을 수 있다. 그래서 인종밖에 모른다면 한 사람의 계통을 신뢰성 있게 알아내는 것이 거의 불가능하다. 앞서 살펴본 것처럼 자신을 흑인 미국인이라고 한 사람은 거의 100%가 (그 자체로 매우 이질적 상위 범주인) 아프리카 계통을 일부 가지고 있다. 동시에 미국에 사는 흑인 90% 이상은 유럽 계통도 일부 가지고 있다.[15] 그리고 미국에서 백인으로 분류되는 사람은 유럽 유전 계통을 가질 것이라고 꽤 확신할 수 있겠지만, 그 반대는 참이 아니다. 요컨대 유럽 계통을 **일부** 가지는 사람은 거의 서로 다른 인종 범주로 분류된다.

넷째, 계통은 아주 세밀하게 정량화할 수 있지만, 일반적인 인종 표현으로는 계통처럼 세밀하게 구별해서 나타내지 못한다. 앞에서 얘기했듯 '한 방울' 사회 규칙 때문에 백인으로 분류되는 미국인은 비유럽 유전 계통을 가질 가능성이 매우 낮다. 따라서 이 경우에는 자신이 생각하는 인종과 유전 계통이 하나로 일치하는 것처럼 보인다. 하지만 하나의 유럽 계통 사람 집단 내에서도 더 미세한 지리적 차이를 반영하는 유전 구조가 **여전히** 존재한다. 언어와 문화 그리고 계급에서 나타날 수 있는 모든 차이는 짝짓기를 무작위적이지 않게 해주기 때문이다.

유전학자는 '난해'하거나 숨어 있는 이 구조를 포착하기 위해 주로 '주성분 분석(principal component analysis, PCA)'이라는 방법을 사용한다. PCA는 사람들의 유전적 유사성 패턴(공통으로 갖는 조상을 반영함)을 분석하고, 계통 정보를 주는 주성분들의 집합을 생성한다.[16] 주성분은 줄여서 'PC'라고 한다. 이 각각의 변수는 이분법적인 범주가 아니라 연속적인 범주다.(큰 값과 작은 값 사이에서 어떤 값이든 가질 수 있다는 의미다.) 그리고 연구자가 이미 꽤 동질적인 듯한 사람 그룹(예: 모두 '백인 영국인'으로 분류되는 사람들)에만 초점을 맞추더라도, 계통 정보를 주는 PC를 40개 이상 포함시키는 일이 흔하다.[17] 이 방법을 통해 모두 하나의 인종 범주로 묶이는 사람 그룹의 특징이 세밀하게 나뉘며, 각 계통 정보를 주는 PC가 인종 용어로 해석되는 일은 불가능해진다.

로버츠와 그녀의 동료들은 이 모든 것을 종합해서 인종과 계통의 차이를 이렇게 정리했다. "계통은 **과정**에 기반한 개념이며, 가계도 역사에서 한 사람과 다른 사람의 관계를 서술한 것이다. 따라서 계통으로는 한 사람의 유전체 유산을 매우 개별적으로 파악할 수 있다. 반면, 인종은 **패턴**에 기반한 개념이며, 과학자나 일반인이 사람의 계층을 조직화해 결론을 도출하게끔 만든다. 사람 계층 조직은 지리적으로 나뉘었거나 사회적으로 구성되어서 이미 존재하는 더 큰 그룹에 개개인을 연결한다"(저자가 직접 강조함).[18]

GWAS에서 계통이 중요한 이유

과거의 과학적 인종주의자는 인종마다 다른 두개골 차이에 주목했었다. 현대의 과학적 인종주의자는 선천적 인종 차이를 뒷받침하기 위해 유전 계통의 패턴을 이야기할 가능성이 크다. 그러나 지금까지 이번 장에서 설명했듯 유전 계통의 과학을 자세히 들여다보면 "인종은 과학적으로 아무런 근거가 없다"라는 사실이 명백해진다.[19] 유전자 데이터는 지금껏 인종의 생물학적 실체를 '증명'하지 못했다. 대신 사회적으로 정의된 인종 그룹이 유전 계통과 어떻게 다른지 이해한다면, 역설적이게도 현대의 '인종 과학(race science)'이 실제로 거짓된 과학인 이유를 알 수 있다. 이제부터는 GWAS에서 발견한 집단 **내** 개인 차이를 가지고 집단 **간** 차이의 근원을 결론으로 도출하는 것이 서로 다른 집단 간 유전적 차이로 인해 어떻게 악의적일 정도로 복잡해지는지 설명할 것이다.

집단끼리 서로 다른 첫 번째 이유는 각 집단에 존재하는 유전 변이가 다르고, 그 유전 변이들이 흔한 정도도 다르기 때문이다. 한 집단에서 드문 유전 변이가 다른 집단에 흔하게 존재하기도 한다.[20] 유전 변이의 약 75%는 단 하나의 대륙이나 아대륙 그룹에서만 발견되며, 이때 아프리카 계통 집단이 가장 큰 유전적 다양성을 보인다. 결과적으로, 한 집단에서 표현형에 가장 중요한 유전 변이가 다른 집단에서도 반드시 가장 중요한 것은 아니다. 예를 들어 *CFTR** 유전자에 있는 특정 돌연변이는 유럽 계

---

* 낭성섬유증 막횡단 전도도 조절기(cystic fibrosis transmembrane conductance regulator)라는 단백질을 부호화하는 유전자. 척추동물의 상피세포 막에서 음이온을 확산시키는 통로 단백질이다.

통 집단에서 발생하는 낭성섬유증 사례의 70% 이상에 관여하지만, 아프리카 계통 집단의 사례에서는 30% 미만에만 관여한다.[21] 따라서 세계의 유전적 다양성을 더 많이 연구한다면 유럽 계통 집단에만 초점을 맞춘 것으로는 절대 발견하지 못할 새로운 유전 변이를 발견할 가능성이 엄청나다. 이를테면 에티오피아, 탄자니아, 보츠와나에 사는 아프리카인을 대상으로 한 연구는 피부 색깔에 영향을 주는 새로운 유전 변이를 여럿 발견했는데, 피부가 밝은 산족*부터 피부가 아주 검은 동아프리카의 나일사하라어족(Nilo-Saharan languages)까지 아프리카 대륙 전체에 걸쳐 변이가 매우 다양하게 존재했다.[22]

집단끼리 서로 다른 두 번째 이유는 유전체에 나타나는 연관 불평형(LD)의 패턴, 즉 유전 변이끼리 갖는 상관관계가 서로 다르기 때문이다. 여기서도 아프리카 계통 집단을 특별히 눈여겨볼 만한데, 아프리카 계통 집단의 LD는 아프리카 계통이 아닌 집단의 LD보다 낮으며 서로 다른 아프리카 집단에 걸쳐 LD가 이질적이다.[23] GWAS가 모든 DNA 문자를 하나하나씩 측정하는 게 아니라 SNP의 작은 부분집합을 측정한다는 사실을 다시 떠올려보자. 그렇다면 GWAS 결과는 측정한 SNP 자체와의 연관성 **또는** 측정한 SNP과 LD에 있는 유전 변이와의 연관성에 따라 나타난다. 골칫거리는 기술적인 부분에서 발생한다. 정확히 똑같은 유전 변이는 여러 집단의 인생 결과와 연관이 있을 수 있다. 하지만 실제로 측정한 SNP은 다른 집단에서가 아니라 하나의 집단 안에서 다른 원인 변이를 '태그'한다. 그래서 한 집단에서만 수행한 GWAS 결과는 **여전히** 다른 집

* San people: 부시먼족이라고도 하며, 지구에서 가장 오래된 문화를 이어온 남아프리카 토착민이다.

단에 적용되지 않을 것이다.

따라서 핵심은 유전 계통 또는 사회적으로 정의된 인종에 걸쳐 GWAS 결과를 '여기저기 적용'할 수도 없고 그래서도 안 된다는 것이다. 한 그룹에서 발견한 것은 다른 그룹에 적용되지 않을 것이며, 다른 그룹을 연구하면 다른 유전자를 발견하게 될 것이다. 데이터가 이런 점을 명백하게 보여준다. 고밀도 지질단백질(HDL) 콜레스테롤부터 조현병까지 다양한 표현형을 살펴보면, 유럽 계통 집단의 분석에 기반한 다유전자 지수는 다른 집단에서, 특히 아프리카 계통 그룹에서 측정한 표현형과 덜 강하게 관련이 있다.[24] 연구자들이 교육 정도 GWAS를 수행해 영국이나 위스콘신주, 뉴질랜드에서 백인으로 분류되는 유럽 계통 사람들 표본으로 다유전자 지수를 계산했더니, 이 점수는 그 표본 안에서 교육 정도의 차이를 10% 넘게 설명하면서 '제대로 기능'했다. 하지만 아프리카 계통을 모두 최소 얼마큼 가질 거라고 예상되는 아프리카계 미국인 표본을 똑같은 다유전자 지수로 검사했더니, 이 표본은 교육 정도와 훨씬 덜 강하게 연관되어 있었다.[25] 낭성섬유증이나 피부색같이 유전적으로 단순한 표현형 연구에서도 살펴봤듯 앞으로 아프리카 사람이나 아프리카 출신 이주자를 대상으로 교육 정도 같은 사회적·행동적 표현형을 연구한다면 유럽 집단과 관련이 적은 색다른 유전자를 발견할 수 있을 것이다.

유럽에 치우친 GWAS 연구

그러나 지금으로선 거의 모든 GWAS 연구가 오직 유럽 유전 계통을 가진 사람들에게만 집중되고 있다. 2019년 기준 유럽계 후손은 세계 전체 인구의 16%밖에 안 되지만, GWAS 참가자로는 거의 80%를 차지했다. 이런 상황은 유전자형 분석 비용이 낮아졌음에도 개선되지 않고 있다. 유전자형을 분석한 전체 사람 수는 5년 전부터 계속 폭발적으로 증가해왔지만, 유럽 계통 사람들에게 초점을 맞춘 유전학 연구 비율은 꾸준히 유지되고 있다.[26]

하나의 계통 그룹에서 수행한 유전학 연구 결과가 다른 계통 그룹에 적용되거나 일반화될 거라고 예상되지 않기 때문에 현재 유전학 연구에서 나타나는 유럽중심주의는 기존의 의료 격차를 악화시킬 가능성이 있다.[27] 의학유전학(medical genetics) 연구에서는 미래에 암, 비만, 심장마비, 당뇨병이 발병할 것을 예측하기 위해 다유전자 위험 점수를 개발하고 있다. 이 연구의 목표는 고위험자를 일찍 찾아내 더욱 빠르게 효과적인 치료법을 적용하는 것이다. 하지만 이런 만성 질병은 미국 유색인에게 불균형한 영향을 준다. 따라서 다유전자 지수를 이용하면 오직 유럽 계통을 가진 사람들의 건강 결과만 개선하므로 의료 격차가 더욱 벌어질 가능성이 있다.

이 문제를 극복하는 유일한 방법은 전 세계 나머지 집단의 유전학 연구에 우선해서 투자하는 것이다. 하지만 백인을 주로 연구한다는 점만 불균형한 것이 아니다. 주로 백인이 유전학 연구를 수행한다는 점 또한 불균형하다. 그렇기에 유럽 계통이 아닌 집단에서 유전자 데이터를 수집하고 분석하는 것은 딜레마다. 세계 전체 집단을 대상으로 유전학 연구를 수행하지 않으면, 유전학 지식은 이미 혜택받은 사람들에게만 이익을 줄 위험이 있다. 그러면서도 백인이 소수 집단에서 얻은 DNA를 백인의 이익을 위해 또 다른 귀중한 자원으로 만들 수 있다는 타당하면서도 고질적인 우려가 존재하고, 동시에 참가자는 감시와 차별 등 다른 더 큰 피해에 취약해질 것이다. 이처럼 유전학 연구에서 나타나는 유럽중심주의는 인종차별주의 체계가 어떻게 서로 영향을 주고받으며 강화되는지 보여주는 사례이며, 고립된 체계는 변화하기 어렵다는 것을 알려준다.

생태학적 오류와 인종차별주의자의 사전 확신

이제 지능이나 교육 정도, 범죄성 등 모든 행동 특성에서 '유전적' 인종 차이가 존재한다는 주장은 아무런 과학적 근거가 없다는 사실이 뚜렷해졌다. 기존의 대규모 GWAS는 유럽 계통 집단에 기초하고 있기 때문에, 인생 결과의 불평등과 유전자의 관련성에 관한 지식은 유럽 계통만 지니고 있으면서 자신을 백인이라고 하는 사람들 사이의 개인 차이하고만 전적으로 관련이 있다. 우리는 유전 계통이 다른 사람들에게서도 똑같은 방식으로 유전적 연관성이 적용될 거라고 추정할 수 없는데, 이는 유전체를 측정하고 조직하는 방법과 관련된 기술적인 이유 때문이기도 하다. 그리고 서로 다른 계통 그룹의 다유전자 지수를 사용해 서로의 유전을 '비교'할 수도 없다. 또한 같은 인종에 속하는 모든 사람이 똑같은 유전 계통을 공유한다고도 추정할 수 없다. 교육같이 복잡한 사회적 표현형을 이야기하든, 키같이 비교적 논란거리가 없는 신체적 표현형을 이야기하든, 오랜 쌍둥이 연구 같은 현대 분자유전학 연구는 많은 성과를 내왔음에도 인종 불평등의 원인에 관해선 아무것도 밝혀내지 못했다.

이처럼 유전적 인종 차이에 대한 유전적 '증거'가 전혀 없음에도 불구하고, 사람들은 표면적으로 타당하게 들릴 법한 주장을 곧잘 펼친다. (1) 백인 집단 **내** 교육에서의 개인 차이가 유전적 차이 때문에 발생한다면, (2) 그리고 미국의 흑인이 평균적으로 낮은 수준의 교육을 받는다면, (3) 그룹 차이도 최소한 어느 정도는 유전자 때문에 발생한다는 것이 직관적으로 타당하지 않을까?

"X가 그룹 **내** 개인 차이를 일으킨다"에서 "X의 평균 수준 차이가 그룹 **간** 평균 차이를 일으킨다"로 비약하는 것은 간단해 보일지도 모른다. 그러나 통계적 관점에서는 그룹 내 상관관계가 그룹 간 차이의 원인을 설명한다고 추정하는 것은 바보나 저지르는 논리의 비약이다. 이를 생태학적 오류*라고 한다.

생태학적 오류를 이해하려면 유전학과 관련 없는 예를 드는 게 도움을 준다. 그렇게 하면 인종 그룹 차이가 '유전적'이라는 결론이 단순히 불편하다는 이유만으로 개인 차이와 그룹 차이의 연결을 반대하는 게 아니라는 점을 분명하게 해줄 것이다. 이건 정치적 의도가 아니라 통계적 관점에서 주장하는 것이다. 그리고 이 통계적 사실은 유전자와 인종이라는 자극적인 주제를 다룰 때뿐만 아니라, 한 수준의 집합체에서 다른 수준의 집합체로 도약하려고 할 때면 **언제나** 적용된다.

사회학자 로빈슨(W. S. Robinson)은 1950년 처음으로 생태학적 오류에 관한 논문을 내면서 두 가지 상관관계를 제시했다.[28] 먼저 로빈슨은 외국 출신 대 국내 출신(미국 출신)과 영어 문맹률 사이의 개인적 상관관계를 보

* ecological fallacy: 통계 데이터를 해석할 때, 어떤 그룹에 관한 추론으로 그 그룹에 포함된 개인의 추론을 도출함으로써 범하는 형식적 오류를 의미한다. 예를 들어, 그룹 점수 평균이 0보다 크다고 해서 임의의 개인 점수가 음수일 확률보다 양수일 확률이 더 크다고 해석하는 것은 생태학적 오류다. 점수 분포가 −1, −3, −2, −1, +10일 수 있기 때문이다.

어줬다. 이는 양의 상관관계(~0.12)를 형성했으며, 미국에서 태어난 사람보다 외국에서 태어난 사람이 성인 때 영어로 매끄럽게 읽고 쓰기를 더 어려워했다. 이후 로빈슨은 어떤 한 주에서 태어난 외국 출신 거주자 비율과 그 주의 문맹률 간 상관관계를 계산했고, 이 상관관계를 '생태학적' 상관관계라고 일컬었다. 생태학적 상관관계는 개인적 상관관계와 차이가 났을 뿐만 아니라 관계의 **방향까지 바꾸었다**(~−0.5). 이런 역설적인 상황은 미국으로 오는 이민자들이 국내 출신 거주자가 영어를 잘할 가능성이 높은 주에 정착하려는 경향이 있다는 사실로 설명할 수 있다. 즉, 여러 주 사이에서 영어 문맹률이 차이 나는 이유는 개인적 상관관계를 계산했을 때 측정했던 변수 때문이 아니라 **다른** 수많은 이유 때문이다.

이제부터 우리가 로빈슨이 알았던 정보 중 **일부**만 알고 있다고 생각해보자. 이 시나리오에서 우리는 외국 출신 신분과 영어 문맹률 사이에서 양의 개인적 상관관계를 관찰할 수 있지만, 미국의 **일부** 주에서만 양의 개인적 상관관계를 관찰할 수 있다. 다른 주에서도 개인적 상관관계가 똑같다고 생각하는 것은 그럴듯해 보이지만, 막연한 추측일 뿐이다. 그리고 이 시나리오에서 우리는 미국 주끼리 서로 문맹률이 다르다는 것을 관찰할 수 있다. 하지만 여러 측정 문제 때문에 각 주에서 외국 출신 거주자 비율을 비교한 방법에 관해서는 데이터가 하나도 없다고 하자. 그렇다면 인생 결과에서 그룹 차이를 파악할 수는 있지만, 추정된 설명 변수로 그룹 차이를 측정할 수는 없다.

이렇게 정보가 부분적으로 주어지면 생태학적 상관관계가 개인적 상관관계와 똑같을 것이라고, 최소한 방향은 같을 것이라고 부정확하게 추정할 수 있다. 그래서 문맹률이 높은 주에는 외국 출신 거주자가 더 많다고 결론지을 수도 있다. 그러고는 모호하게 얼버무릴지도 모른다. "글쎄, 미시시피주가 캘리포니아주보다 문맹률이 더 높은 이유는 **단지** 미시시피주에 이민자가 더 많아서 그런 게 아니야. 아마 이건 전체 이유에서 절반 정도를 차지하겠지."

물론 완전히 반대일 수도 있다. 실제로 문맹률이 더 높은 주에 외국 출신 거주자가 더 적을 수 있는 것이다.

이런 상황은 불완전한 정보와 잘못된 가정으로 인해 발생한다. 사람들은 키, 지능 검사 점수, 교육 정도 등 거의 모든 특성에 대해서도 정확히 똑같은 상황으로 집단 간 차이를 파악한다. 이를테면 한 그룹(유럽 계통) 내에서 유전 변이와 교육 정도 사이에 양의 상관관계를 관찰할 수 있다고 해보자. 그리고 여러 계통 그룹 사이에서 교육 결과의 차이도 관찰할 수 있다. 하지만 추정된 설명 변수인 유전자에서 그룹 간의 차이를 확실하게 측정할 수는 없다. 한 그룹 내에서는 유전자와 교육 정도 사이에서 개인적 상관관계를 관찰할 수 있다. 이때 어떤 계통 그룹의 교육 결과가 더 안 좋은 이유는 교육에서 더 좋은 결과를 달성하게끔 하는 유전 변이가 드물기 때문이라고 추론하는 것이 논리적으로 보일지도 모른다.

하지만 완전히 반대로 생각해보면, 실제 상황에서는 교육에 중요한 유전자들이 교육 결과가 **더 안 좋은** 계통 그룹에서 **더 흔할** 수도 있다. 개인적 상관관계와 생태학적 상관관계는 그냥 다르기만 한 것이 아니다. 각 **상관관계는 다른 상관관계에 관한 정보를 주지 않는다.** 로빈슨이 반세기도 더 전에 생태학적 상관관계 논문에 간단명료하게 쓴 결론은 여기에 아주 잘 들어맞는다. "생태학적 상관관계는 상응하는 개인적 상관관계와 거의 확실히 같지 않다는 것이 유일하게 논리적인 추정이다."

그렇다면 인생 결과에서 '과학이 말하는' 인종 격차가 인종 간 유전적 차이 때문이라는 주장에 어떻게 대처할 수 있을까? 더군다나 사회적으로 형성된 인종 차이는 유전 계통과 체계적으로 관련이 있다. 어디 그뿐인가. 유럽 계통 집단 내에서 사람들의 유전적 차이는 사회적으로 중요한 인생 결과의 차이와 연관이 있다. 하지만 이 중 어떤 단편적인 정보도 인종 격차의 원인이 무엇인지 설명하지 않는다.

베이즈 통계학*에서는 (사전에) 증거를 설명하기에 앞서 어떤 것을 확신할 때, 그 확신이 얼마나 불확실한지를 수학적으로 **사전**(prior)이라는 표현을 써서 나타낸다. 아무 정보도 없을 때 무엇을 알고 있다고 확신하는가? 이게 바로 우리가 교육같이 복잡한 인생 결과에서 집단 간 유전 차이를 설명하려고 할 때 처해 있는 상황이다. 한 발짝 더 나아가보자. 사전 확신(prior belief)이 과학적 증거에 기반한 게 아니라면 도대체 무엇에 근거했다는 걸까?

백인이 유전 덕분에 더 나은 인생 결과를 누린다는 사전 확신은 계속해서 안 좋은 영향을 주었다. 1960년대에는 교육심리학자 아서 젠슨(Arthur Jensen)이 흑인 초등학생은 유전으로 정해진 한계 때문에 일정 수준 이상으로 지식을 함양할 수 없으며, 분명 백인 초등학생 수준을 못 넘을 것이라고 짐작했다.[29] 1990년대에는 헌스타인과 머리가 미국에 사는 흑인과 히스패닉의 평균 IQ 검사 점수가 백인보다 낮은 이유엔 적어도 인종 사이에 유전적 차이가 있기 때문이라는 가설을 태평스럽게 제시했다.[30] 오늘날에는 '인종현실주의자'와 '사람 생물 다양성(human biodiversity)' 커뮤니티가 〈네이처 제네틱스〉 논문을 공유하면서 지능 검사 점수, 충동 행동, 경제적 성공에서 차이를 일으키는 유전적 차이가 인종 사이에 존재한

---

* Bayesian statistics: 베이즈 확률 해석에 기초한 통계학 분야로, 어떤 사건에서 확신하는 정도를 확률로 표현한다.

다는 것을 이 논문들이 입증해준다고 믿는다.

이런 커뮤니티는 "평균 인생 결과에서 차이를 일으키는 유전적 차이가 유전 계통 그룹 사이에 있을까?" 같은 실증적 질문을 "단순히 물어보는 것뿐"이라고 고집한다. 그러나 커뮤니티의 가설이 타당한 과학적 증거에 전혀 근거하지 않는다는 것을 한 번 알아차리고 나면, 이런 질문이 특정 인종 그룹의 우월성을 따지는 인종차별주의적 사전 확신에 바탕을 둔 것이라는 점을 알 수 있다.

반인종차별주의와 포스트 유전체 시대의 책임

지금까지 유전을 바탕으로 인종 차이를 추측하는 것은 오늘날 과학에 기반을 두지 않았다는 점을 설명했다. 그렇다면 미래에는 어떻게 될까? 사람유전학 분야는 엄청난 속도로 발전하고 있다. 이미 집단유전학 연구자는 GWAS 결과를 이용해서 시간 흐름에 따라 사람들의 차이가 어떻게 진화했는지 파악하려고 하는 중이다.[31] 2018년 유전학자 데이비드 라이크(David Reich)는 〈뉴욕 타임스〉에 이런 견해를 밝혔다. "수많은 특성이 유전 변이의 영향을 받으면서, 사람 집단에 걸쳐 이런 특성이 평균적으로 달라진다는 게 앞으로의 유전학 연구에서 밝혀진다면, 우리는 이를 어떻게 대비해야 할까? 아마 그런 차이를 거부하는 것은 확실히 반과학적이고 어리석고 터무니없어 불가능할 것이다."[32]

2020년 여름, 내가 작가 샘 해리스(Sam Harris)의 팟캐스트에 출연했을 때 그도 비슷한 이야기를 했다. 그때 내가 왜 인종 그룹 간 지능의 '유전적' 차이가 과학적으로 뒷받침되지 않는지를 설명하자(이번 장에서 설명한 것과 같은 이유를 들었다), 해리스는 내 생각이 "유전학이나 다른 과학이 발전하면서 사그라들 것"이라며 반론을 내놓았다. 해리스는 이렇게 예측했다. "만약 사람에게서 가장 관심 있는 부분을 100가지 나열한다면, 그중 하나는 지능일 겁니다. ……존재할 수 있는 모든 사람 그룹에서 이 100가지의 평균이 다 똑같게 나온다면 그건 기적이겠죠. ……그래서 저는 정치적으로 그 사실을 받아들일 수 있어야 한다고 생각합니다."[33]

나는 여러 가지 이유로 라이크나 해리스의 전제에 회의적이다. 교육 같은 사회적·행동적 특성의 그룹 간 차이를 유전자 분석 수준에서 파악할 수 있는지에도 회의적이다. (7장에서 분석 수준을 설명할 예정이다.) 그리고 백인이 노예 제도나 억압에 공들여 '도덕적 사죄'를 하면서도 백인이 말하는 '꼭 그래야 하는' 이야기가 과학적 결과와 반드시 일치해야 한다는 점에도 회의적이다. 지금까지 놀라움의 연속이었던 사람유전학이 앞으로 무엇을 밝힐지 예측하는 사람에게는 훨씬 더 회의적이다.

이처럼 나는 유전체 데이터 분석이 미래에 무엇을 발견할지에 관한 사전 확신에 회의적이면서도, 라이크나 해리스와 더불어 한 가지 주장에는 동의한다. 바로 사람 집단끼리 유전적으로 완전히 같다는 사실에 의존한다면, 인종 평등의 도덕적 사명은 불안정한 기반 위에 설 거라는 사실이다. 한 예로 이브람 켄디(Ibram X. Kendi)의 베스트셀러 《안티레이시즘(How to Be an Antiracist)》을 살펴보자.[34] 켄디는 '생물학'이라는 장에서 "생물학적 반인종차별주의자"란 "인종은 생물학적으로 똑같고, **유전적인 인종 차이가 없다**고 생각하는 사람"이라고 주장했다(저자가 직접 강조함).

앞에서도 설명했듯 인종은 타당한 생물학적 범주가 아니다. 하지만 다른 인종으로 분류되는 사람 그룹 사이에 유전적 차이가 없다는 주장은 사실이 아니다. 이번 장에서 설명한 것과 같이 인종 그룹은 유전 계통이 서로 다르고, 따라서 각 인종에 존재하는 유전 변이의 종류나 그 변이의 빈도가 서로 다르다. 반인종차별주의와 인종 평등의 사명을 이렇게나 위태로운 기반 위에 세워야만 할까? 내가 해리스에게도 말했지만 "유전적 차이가 없다는 걸 전제하고 …… 형평성이나 포용, 정의를 요구하는 것은 중대한 실수다". 이렇게 전제한다면 앞으로 〈네이처 제네틱스〉에 실릴 논문은 도덕적 사명을 근본적으로 불안정하게 만들면서 무너뜨릴 것이다.

포스트 유전체 세계에서 반인종차별주의의 사명을 안정되게 다잡으려면, 받아들이기 쉽지 않더라도 과학이 무엇을 발견하든 거기에 어떻게 대비해야 하느냐는 라이크의 질문을 생각해봐야 한다. 시나리오가 최악이어도 한 번 생각해보자. 만약 갑자기 내년에 유럽 계통 집단이 인지 능력이 발달하도록 진화해서 평균적으로 학교에서 높은 시험 점수를 받는다는 과학적 증거가 나오면 어떨까? 이 사실을 어떻게 '받아들여야' 할까?

라이크는 "각 사람을 개개인으로 대하고" "차이와 상관없이 〔각 사람에게〕 동등한 자유와 기회를 부여"하라고 자신의 질문에 진지하게 대답했다. 집단 정체감에 바탕을 둔 고정관념을 피하고 평등한 기회를 제공하자는 것은 나도 동의하는 목표이지만, 이는 라이크의 물음을 해결할 만큼 충분하지 않다. '기회균등'이라는 표현은 너무나 자주 기피 대상이 되었고, 그렇게 함으로써 인생 결과에서 나타나는 심각한 불평등을 고려하지 않을 수 있었다. 지금 모든 사람을 완전히 똑같이 대한다면 과거의 불평등은 세상에 다시 나타날 수밖에 없다.

그 대신 "유전학적으로 증명된" 인종 평등의 사명을 다잡고 싶다면 "사회가 해결해야 할 책임이 있는 불평등"과 "생물학적 차이로 인한 불평등"이 잘못 구분되지 않도록 해야 한다.[35]

유전적 원인이 사회적 책임의 한계로 작용한다는 잘못된 생각은 팟캐스트 대화가 끝날 때쯤 샘 해리스의 논평에서 분명히 드러났다. 우리는 조지 플로이드(George Floyd)와 브레오나 테일러(Breonna Taylor)가 경찰에 의해 살해된 사건이 세상을 뒤흔들고, 세계 도시 곳곳에서 '흑인 목숨도 소중하다(Black Lives Matter)' 시위가 벌어지고 있는 한여름 날 이야기를 나누었다. 《백인의 취약성(White Fragility)》과 《인종 토크(So You Want to Talk About Race)》는 〈뉴욕 타임스〉에서 베스트셀러 1·2위를 차지했는데,[36] 이는 미국의 치안, 주택 공급, 의료, 교육, 재산, 정치권력에서 나타나는 인종 격차가 전국적 쟁점으로 떠올랐다는 의미다. 해리스는 이렇게 질문했다.

> 이 모든 격차의 **원인**은 진짜 무엇일까요? 지금 미국 사회에서 백인과 흑인의 격차를 정치적으로 이야기할 때 …… 흔히 사람들은 백인우월주의나 제도적 인종 차별만을 유일한 원인이라고 받아들여요. 그중에는 노예 제도나 짐 크로가 남긴 영향도 있죠. ……언젠가 그룹 간의 차이점이 밝혀질 것이므로 이렇게만 받아들이는 것은 매우 불안정합니다.

이런 해리스의 논평은 격차의 원인을 양자택일하게끔 한다. 제도적 인종 차별이 원인이라서 백인이 도덕적 책임을 져야 할까, **아니면** 생물학적으로 정해져 있고 결정론적 측면이라고 여겨지는 유전학이 원인이라서 아무도 책임감을 느낄 필요가 없을까. 페미니스트 철학자 케이트 만(Kate Manne)은 성차별주의 연구에서 이렇게 말했다. "여기서 숨겨진 전제는 '의무는 능력을 함의한다'라는 원칙에 해당한다. 그리고 이 원칙은 '무능력은 무관심을 함의한다'와 같이 약화되었다."[37] 인종 격차의 원인이 인종 차별이 **아니라** 유전학이라고 할 때, 숨겨진 전제는 격차를 바꾸게끔 도덕적으로 무엇을 **해야** 한다고 강요받는 느낌을 받지 않아도 된다는 것을 의미한다. 특히 인종 계층의 꼭대기에 있는 백인에게 그렇다.

이런 생각의 중심에 있는 결정적인 허점은 인종 집단 사이의 유전적 차이를 사실로 받아들인다는 것이 **아니다**. 앞서 살펴보았듯 인종은 유전 계통을 제대로 못 나타내긴 하지만, 유전 계통과 관련이 없는 것은 아니다. 또한 유전적 차이를 인생 결과의 차이와 연결하는 것도 결정적인 허점이 아니다. 나중에 설명하겠지만 유전자가 신체 특징뿐만 아니라 각자의 본성을 형성하는 데 중요하다는 과학적 증거는 넘쳐난다.

이런 생각의 결정적인 허점은 유전자가 사람의 차이를 일으킨다는 사실이 불평등 해소라는 사회적 책임을 지지 않아도 된다고 하는 것이다. 사회적으로 정의된 그룹에 걸쳐 유전적 영향이 어떻게 분포하는지와 상관없이, 유전적 영향이 존재한다는 사실은 사회적 메커니즘에 따라 사회가 변할 수 있다는 사실에 큰 걸림돌이 되지도 않으며, 사회적 책임에서 '감옥 탈출' 카드*로 작동하지도 않는다. (이 부분에 대해서는 앞으로 차차 설명할 것이다.)

결국에 여러 계통 집단에서 쏟아져 나올 유전체 데이터는 인지 능력 같은 심리적 형질과 관련된 유전 변이가 집단끼리 다르다는 사실을 보여줄 가능성이 크다. 그러나 사람이 유전적으로 어떻게 다르든, 그들의 유전적 차이가 사회적으로 정의된 인종 그룹에 따라 어떻게 분포하든, 그런 유전적 차이가 사람의 형질 발생에 얼마나 큰 영향을 주든, 그런 형질이 생

* 'get out of jail free' card: 원치 않는 상황에서 벗어나도록 해주거나 처벌을 피할 수 있도록 해주는 것을 의미한다. 모노폴리(monopoly)라는 보드게임에서 유래한 표현이다.

리적이든 심리적이든, 우리는 **계속해서** 전 세계의 유전적 다양성에서 아주 작은 부분인 유럽 계통 사람뿐만 아니라 모든 사람에게 이익이 되도록 사회를 조정해야 할 책임이 있다. 그리고 우리의 정책은 그 책임을 반영해야 한다. 즉, 우리의 정책은 진화생물학자 테오도시우스 도브잔스키(Theodosius Dobzhansky)가 서술했던 사실을 반영해야 한다. "유전적 다양성은 인류에게 최고로 귀중한 자원이지, 단조로운 동일성이라는 이상적인 상태에서 못마땅하게 벗어난 것이 아니다. ……인류의 잠재력을 발휘하지 않는 것은 인적 자원을 낭비하는 일이다."[38]

전체 요약하고, 미래 내다보기

여기서 이번 장의 핵심을 요약해보겠다. 유전 계통은 과정에 기반한 개념이며, 사람들을 각자의 가계도 역사와 연결한다. 반면, 인종은 패턴에 기반한 개념이며, 계층 권력관계를 유지하기 위해 사람들을 사회적으로 형성된 그룹에 연결한다. GWAS 연구는 모두 '유럽' 계통만 가지고 있거나 미국에서 사회적으로 백인을 정의하는 방식 때문에 백인으로 분류될 가능성이 큰 사람들 표본 내에서만 지능, 행동, 성취도의 개인 차이를 검사하고 있다. GWAS 결과는 다른 계통 집단에서 반드시 일반화되지 않으며, 계통 집단 사이를 비교할 때 쓰이지도 못한다. 인종 그룹 사이나 계통 집단 사이에서 지능 검사 점수가 유전적으로 차이 난다는 과학적 증거는 없다. 미국 흑인이 자신의 유전 때문에 더 안 좋은 사회적 결과를 경험한다는 생각은 과학적 증거에 기반하기보다는 수백 년에 걸친 인종차별주의 사고에 기반하고 있으며, 이 인종차별주의 사고는 백인을 꼭대기에 두는 인종 계층에서 사람 사이의 차이를 보여준다. 그리고 가장 중요한 점은 특정 유전 형질의 조합을 가진 사람뿐만 아니라 모든 사람에게 이익이 되도록 사회를 조정할 책임은 어떤 유전학적 사실로도 사라지지 않는다는 것이다.

유전학과 사회 불평등의 관계를 논할 때 이런 개념을 확실하게 알고 있는 것은 무척 어려울 수 있다. 이런 어려움은 갑자기 나타난 것이 아니다. 수십 년 동안 인종 계층을 정당화하기 위해 이데올로기의 도구로서 생명과학을 꾸준히 이용해온 인종차별주의적 사고의 결과다. 다음 장에서는 개인 차이의 원인이 유전자라는 걸 왜 똑바로 받아들여야 하는지 설명할 것이다. 그때도 이번 장의 내용을 스스로 기억하면서 왜 개인 차이가 인종 차이와 **같은 것이 아닌지**, 그리고 왜 유전적 차이의 존재는 사회적 책임을 없애지 않는지 되새기는 게 도움을 줄 것이다.

또한 이번 장에서는 유전적 원인이 사회적 메커니즘을 지닐 수 있다는 개념(7장)과 유전적 영향이 사회 변화의 가능성에 큰 걸림돌이 되지 않는다는 개념(8장과 9장)같이 조금 더 천천히 전개했어야 할 몇 가지 중요한 주제를 다뤘다. 하지만 그 전에 우리는 더 기본적인 주제를 붙들고 씨름해야 한다. 유전적 원인이란 무엇인가? 3장에서 GWAS는 DNA의 작은 부분과 인생 결과의 상관관계를 보여준다고 설명했지만, 상관관계는 인과관계와 같지 않다. GWAS의 상관관계 결과로부터 어떻게 유전자가 특정 역사적·문화적 체계에서 사회 불평등의 **원인**이 될 수 있는지 파악할 수 있을까? 이 질문에 대답하려면 '원인'이라는 용어의 엄밀한 정의가 필요하다. 다음 장에서는 이 부분을 집중적으로 살펴볼 것이다.

05

인생 기회의 로또

심리학 입문 수업을 듣는 학생은 모두 "상관관계는 인과관계와 같지 않다"는 사실을 안다. 모든 음식에 으깬 성게를 더 많이 넣는 음식점은 옐프에서 높은 평점을 받을지 모르지만, 이 상관관계는 모든 음식에 성게를 넣는 것이 음식점을 더 좋아하게 만드는 원인이라는 것을 의미하지 **않는다**. 마찬가지로 전체 유전체 연관 연구로 유럽 계통 아이들에게서 학교생활을 더 잘하게 해주는 특정 유전 변이를 발견했다면, 그 유전 변이가 교육 결과의 **원인**이라는 뜻일까?

이 질문은 얼핏 보기보다 더 복잡하다. 이 질문에 답하려면 더 큰 문제와 씨름해야 하기 때문이다. 원인이 된다는 것은 무엇을 의미할까? 이번 장에서 설명하겠지만 '원인'이라는 단어는 한 번도 하나의 의미로 정의된 적이 없다. 그리고 '원인'의 정의는 유전자와 관련될 때 특히 더 변덕스럽다. 이리저리 쑤셔보면 사람들은 필요에 따라 단어의 정의를 확장하거나 축소하면서 인과관계로 받아들이고 싶은 것은 포함하고 다른 것은 제외한다. 유전자가 소득·교육·건강·행복에서 나타나는 사회 불평등의 **원인**이라는 근거를 보이려면, 원인이란 무엇이고 원인이 알려주지 않는 것은 무엇인지 구체적으로 짚어야 한다.

입양 실험

1966년 루마니아의 공산당 정부는 45살 미만이거나 5명보다 적은 자녀를 둔 여성의 낙태와 피임을 법으로 금지했다.[1] 여성들은 원치도 않았거니와 먹이지도 못하는 아이를 강제로 낳을 수밖에 없었기에 양육을 포기했고, 정부가 운영하는 고아원에는 버려진 아이들이 밀려들었다. 50만 명 넘는 아이들이 정부가 운영하는 기관에서 성장했다. "잃어버린 세대"가 "영혼의 도살장"에서 자란 것이다.[2] 독재 정부 붕괴와 함께 루마니아가 서유럽에 개방된 이후, 그 고아원을 방문한 사람들은 크나큰 충격을 받았다. 아이들 수백 명이 척박한 금속 침대 위에 섬뜩할 정도로 조용하게 앉아 있었기 때문이다. 양육자의 꾸준한 애착도 없었고, 아이들은 늘 폭력과 굴욕감에 시달렸다. 그리고 다른 사람들로부터 경험했어야 할 감정이나 지식은 사라진 채 침묵 속으로 뒷걸음질 쳤다.

루마니아의 고아들이 정부 운영 기관에서 극단적으로 방치된 것을 본 미국의 한 과학자 단체는 사람의 심리학적 의문을 해결할 절호의 기회를 발견했다고 생각했다. 심리가 평범하게 발달하는 데 충분히 좋은 환경이 필요한 결정적 시기가 존재할까? 20세기 중반, 심리학자인 해리 할로(Harry Harlow)는 이 질문을 해결하기 위해 어린 원숭이를 어미로부터 떼어놓는 잔인하고도 비윤리적인 실험을 진행했다. 믿기 힘들 정도로 부적절한 이 실험은 어린 영장류가 잘 자라기 위해선 음식이나 젖뿐만 아니라 양육자의 육체적 친밀감까지 필요하다는 사실을 증명해주었다.[3] 영국의 정신분석학자 존 볼비(John Bowlby)와 그의 제자이자 심리학자 메리 에인스워스(Mary Ainsworth)는 이후 수십 년 동안 할로가 발견한 지식을 "애착"이라는 이론으로 확장했다.[4] 어린 영장류의 인지와 정서가 성숙하려면 양육자와 육체적 친밀감뿐만 아니라 따뜻하고 관심 어린 관계도 형성되어야 한다는 것이다.

자, 루마니아에는 애착 관계를 박탈당한 어린이 집단이 있었다. 과연 애착 이론은 사실이었을까? 만약 아이들이 애착 관계를 박탈당한 환경에서 벗어난다면 회복할 수 있을까? 얼마나 일찍 개입했는지도 중요할까?

이런 질문의 실마리를 찾기 위해 과학자들은 루마니아에 없었던 수양 돌봄 시스템을 만들었다. 그러곤 아이들의 이름을 무작위로 뽑아 고아원에 계속 머무를 아이와 수양 가족과 함께 살 아이를 결정했다. 이는 과학적 질문을 해결하고자 만든 인생 기회의 로또였다.[5] 수양 가족 밑에서 자랄 아이와 고아원에서 자랄 아이를 가른 건 순전히 무작위인 배정이었다. (연구자들은 이 실험을 수행하기 전에 그에 적합한 승인을 받았고, 그 연구에서 제기된 윤리적 쟁점을 적어도 한 쪽이 넘는 분량으로 고찰했다. 그러나 취약한 집단을 대상으로 한 실험을 윤리적으로 용인할 수 있는지와 관련해서는 여전히 논란이 많다.[6])

연구자들은 무작위로 나눈 두 그룹의 아이들을 계속 관찰하면서 몸과 뇌, 감정, 마음, 인생이 어떻게 달라졌는지 검사했다. 그리고 2007년 이 획기적인 연구 논문이 〈사이언스〉에 실렸다.[7] 54개월 때 수양 돌봄을 받도록 무작위로 뽑혔던 아이들의 평균 IQ는 81이었다. 고아원에 머물도록 무작위로 뽑혔던 아이들의 평균 IQ는 73이었다. (IQ 점수는 집단 평균 점수가 100, 표준편차는 15가 되도록 설계했다. 이 기준에 따르면 IQ 81은 90%의 사람들보다 낮다는 의미이고, IQ 73은 96%의 사람들보다 낮다는 의미다.) 이 차이는 '유의미'했다. 즉, 이런 차이가 우연히 일어날 법하지는 않았다는 뜻이다.

이 연구의 결론은 간단했다. 아무도 안아주지 않고, 말을 걸어주지 않고, 책을 읽어주지 않고, 밖에 데려가지 않는 척박한 침대에서 자라는 아이보다, 가족 품에서 자라는 아이가 더 똑똑해진다는 것이다. 또한 시기도 중요하다. 가장 어린 나이에 고아원에서 벗어난 아이들은 평균 IQ가 가장 높았다. 반면, 30개월 이후에 수양 돌봄을 받도록 무작위로 뽑힌 아이들은 어린 시절 내내 고아원에 남아 있던 아이들과 평균 IQ가 다르지 않았다. (30개월은 진짜로 어린 나이다. 30개월 된 수많은 아이가 여전히 기저귀를 찬다.)

여러분은 내가 환경의 질, 특히 **초기** 환경의 질이 유아기의 인지 능력 발달에 영향을 미친다는 점을 설명한다고 생각할지도 모른다. 물론 초기 환경은 인지에 영향을 준다. 하지만 여기서 핵심은 그게 아니다. 나는 여러분에게 다른 질문을 던지려 한다. 과연 고아원에서 벗어나 수양 돌봄 가족과 함께 사는 것이 IQ 증가의 **원인**일까?

연구자들은 틀림없이 그러하리라고 생각했다. 논문에서는 이렇게 표현했다. "수양 돌봄 개입에서 비롯된 [IQ의] 차이는 **틀림없이 개입의 결과**라고 확신한다"(1940쪽, 저자가 직접 강조함). 연구자들은 수양 돌봄이 높은 IQ와 **연관되어** 있다거나, **상관관계가 있다**고 주장하지 않았다. 고아원 돌봄과 비교해봤을 때, 수양 돌봄은 IQ 증가의 **원인**이라고 주장했다.

사회과학에서 원인과 결과를 검사했다는 주장은 특별히 논란될 부분이 없다. 대부분 사람은 이렇게 제대로 수행한 실험 결과를 인과관계의 증거로 해석할 것이다. 그리고 이 '원인'이라는 단어는 인과관계란 **무엇인지**에 관해 구체적인 정의를 담고 있다. 원인은 차이를 일으키는 어떤 것이다.

원인과 반사실

1748년에 스코틀랜드 철학자 데이비드 흄(David Hume)[8]은 '원인'을 다음과 같이 정의했으며 하나의 정의 안에 두 가지 정의가 있다.

> 원인이란 **다른 대상이 뒤따르는 한 대상으로, 첫 번째와 비슷한 모든 대상들 뒤에 두 번째와 비슷한 대상들이 뒤따르는 경우**에 정의할 수 있다. 또 다르게 말하면, **첫 번째 대상이 있지 않았다면 두 번째 대상도 존재하지 않았을 경우**에 정의할 수 있다.

흄의 첫 번째 정의는 **규칙성**에 관한 것이다. 어떤 것이 일어나면, 항상 다른 특정한 것이 일어날까? 전등 스위치를 켜면 규칙적으로 거의 예외 없이 불이 들어온다. 지금부터 우리가 원인이라고 생각하는 것(전등 스위치를 켬)을 X로 나타내고, 그 결과(빛이 들어옴)를 Y로 나타내겠다.

흄이 원인을 정의한 후 2세기 동안 인과관계를 설명하는 규칙성은 철학자의 관심을 끌었지만, 두 번째 정의인 "**첫 번째 대상이 있지 않았다면 두 번째 대상도 존재하지 않았을 경우**"는 상대적으로 등한시되었다. 1970년대 들어서야 철학자 데이비드 루이스(David Lewis)[9]가 흄의 두 번째 정의에 가까운 원인의 정의를 공식화했다. 루이스는 원인을 "**차이를 일으키는 무언가**로, 그 무언가가 일으키는 차이는 무언가 없이 **일어났을 일**과 반드시 달라야 한다"라고 썼다(저자가 직접 강조함).

루이스의 원인 정의는 모두 **반사실**(counterfactual)에 관한 것이다. X가 일어났지만, 만약 X가 일어나지 **않았더라면** 어땠을까? 수양 가족에게 입양된 아이가 만약 수양 가족 품으로 가지 **않았더라면** 어땠을까? '원인'이라는 단어의 반사실적 정의에서 X가 Y의 원인이라고 하는 것은, 만약 X가 일어나지 않았더라면 Y가 일어날 확률은 달라졌을 것이라고 말하는 셈이다. 수양 돌봄이 더 높은 IQ의 원인이라고 하는 것은, 만약 아이가 수양 가족에게 입양되지 않았더라면 IQ가 더 낮아질 가능성이 있다고 말하는 것이다.

루이스의 논문은 철학 분야에서 참신하다고 칭송받았을지 모르지만, 원인이 **차이를 일으키는 것**이란 관념은 여러 차례에 걸쳐 다소 독립적으로 진화했다. 이를테면 존 스튜어트 밀(John Stuart Mill, 1843)은 이렇게 말했다.

> 어떤 사람이 특정 음식을 먹고 그 결과 죽는다면, **그 음식을 먹지 않았더라면 죽지 않았을 것**이라는 의미이고, 사람들은 그 음식을 먹는 것이 죽음의 원인이라고 말하는 경향이 있다(저자가 직접 강조함).[10]

그리고 루이스가 1973년 논문을 발표하고 1년 만에 통계학자 도널드 루빈(Donald Rubin)[11]은 인과관계를 굉장히 비슷한 용어로 정의했다.

> 특정 단위와 t_1에서 t_2까지의 시간 구간이 주어졌을 때, 직관적으로 어떤 처리 C에 대해 다른 처리 E가 원인이 된다는 것은, 그 단위가 t_1에 시작된 E에 노출되었을 시 t_2에 일어났을 일과 t_1에 시작된 C에 노출되었을 시 t_2에 일어났을 일 사이에 **차이**가 발생하는 것이다. "만약 한 시간 전에 물 한 잔이 아니라 아스피린 2개를 먹었다면, 내 두통은 지금 사라졌을 것이다"*(저자가 직접 강조함).

---

* C는 대조군(control group), E는 실험군(experimental group)을 뜻한다.

일어날 수 있었던 일 관찰하기

1998년 영화 〈슬라이딩 도어즈(Sliding Doors)〉는 시작부터 이런 질문을 떠오르게 한다. "그때 이랬더라면 어땠을까?" 기네스 팰트로(Gwyneth Paltrow)가 구프* 창업 이전에 연기한 주인공은 영화 초반에 가까스로 전철을 타고 집에 도착해서 다른 여자와 침대에 함께 있는 남자 친구를 발견한다. 그다음 장면에서 기네스는 아쉽게 똑같은 전철을 놓치고, 남자 친구의 불륜을 알아내지 못한 채 그녀가 "불쌍한 색마"라고 저주한 사람과 매우 실망스러운 관계를 이어간다. 영화는 기네스가 전철을 탔을 때와 타지 못했을 때 펼쳐지는 두 가지 다른 인생, 두 가지 잠재적 결과 사이를 왔다 갔다 한다.

반사실이란 **실제로 존재하지 않는** 세상에 관한 조건문이다. 반사실이 바로 "인과 추론의 핵심 문제"라는 것이다.[12] 우리는 한 개인이 겪었을지도 모르는 일을 거의 관찰하지 못한다. 나 역시 〈슬라이딩 도어즈〉와 비슷하게 다른 직장에 합격했다거나 다른 사람에게 청혼을 받았으면 어땠을지 내 고유한 삶의 또 다른 현실을 볼 수 없다.

또한 우리는 과학자로서 이해하고 싶은 인생의 반사실도 볼 수 없다. 연구자는 같은 아이를 고아원에 계속 지내게 하면서 수양 가족 품으로 보낼 수 없다. 따라서 한 아이 인생에서 또 다른 현실을 비교하지 못한다. 사람의 인생은 한 번뿐이다. 똑같은 케이크를 두 번 구울 순 없다. 우리는 X와 Not-X를 함께 경험하지 못한다.

---

* Goop: 기네스 팰트로가 설립한 라이프스타일 콘텐츠 기업.

인과 추론의 핵심 문제를 해결하는 주된 해법은 X를 경험한 사람들과 Not-X를 경험한 다른 사람들 **사이의** 결과를 비교하는 것이다. 고아원 지옥에서 구출된 후의 **여러분** 인생은 내가 구출되었다면 **내** 인생이 어떠했을지를 알려준다.

하지만 우리가 모두 수양 가족에 입양되었다고 해도 여러분의 삶은 내 삶과 다를 것이라는 난제가 분명 존재한다. 여러분은 여러분이고, 나는 나다. 그렇다면 어떻게 해야 우리 인생에서 나타나는 차이를 여러분은 경험하면서 나는 경험하지 못한 한 가지 요소로 분리할 수 있을까?

루마니아 고아원 연구 같은 실험은 한 개인의 결과보다는 여러 **그룹**을 연구하고 그 **평균** 결과를 비교함으로써 이 난제를 해결한다. 입양 실험에서는 아이 68명을 수양 가족에게 보냈고, 다른 68명은 고아원에 남았다. 모두 수양 돌봄 또는 기관 돌봄이라는 한 가지 공통점을 갖는 68명을 평균하면 각자 고유한 인생 결과의 모든 '노이즈'를 평균 낼 수 있다는 발상에서다. 나머지 부분은 모두 그룹의 공통점에서 나온 '신호(signal)'다.

하지만 이 해법은 사람들이 갖는 공통점이 연구에서 관심 있는 것일 **때에만** 들어맞는다. 가령 모든 남자아이를 고아원에 남겨두고 모든 여자아이를 수양 가족한테 입양 보낸다면, 통계 신호가 수양 돌봄을 받아서 감지되는 것인지 아니면 여자라서 감지되는 것인지 알 방법이 없다. 모든 1학년 학부생이 어느 시점에선가 "상관관계는 인과관계와 같지 않다"고 배우는 이유는 바로 이런 점 때문이다. 어떤 도시에서 아이스크림 판매량과 살인율에는 양의 상관관계가 있을 수 있지만, 아이스크림을 많이 먹는 것만 그 도시들의 공통점은 아니다. 기후가 온화하다는 공통점도 있다. 반사실의 세계를 들여다보려고 사람 그룹을 비교하는 것은 사람들 사이에서 차이 나는 모든 것으로부터 X를 분리할 수 있을 때에만 가능하다.

추정된 원인 변수를 다른 모든 변수에서 분리해야 하는 것은 실험을 설계할 때 **무작위성**이 아주 중요한 이유이기도 하다. 우리의 인생 경험은 서로 엮이기 마련이다. 무작위 배정은 연구자들이 우주에 개입해서 **누가 무엇을** 경험하는지 결정할 때 다른 모든 인생 특징과는 완전히 독립적으로 엮인 부분을 풀어준다. 수양 가족 품으로 간 아이들은 그럴 자격이 있거나, 가장 키가 크거나, 가장 예쁘거나, 가장 품성이 뛰어나거나, 사랑스러운 집이 가장 필요해서 입양된 게 아니다. 무작위로 이름이 뽑혔기 때문에 입양된 것이다. 운은 아이들 삶에 불어닥쳤고, 그 운은 **운이라는 이유로** 아이들 인생 결과의 다른 모든 원인의 그물에서 분리되었다.

루마니아 고아원 연구에서 수행한 통계 분석은 실제로 꽤 간단했다. 수양 가족에게 입양된 아이들의 평균 IQ와 고아원에 남은 아이들의 평균 IQ는 얼마였고, 이 두 평균값의 차이는 순전히 우연으로 예상되는 값보다 컸는가? 집단 사이의 차이가 얼마나 커야 하는지, 그리고 수양 돌봄이 실제로 IQ를 높이지 않는데도 IQ를 '높인다고' 잘못 결론짓는 일이나 수양 돌봄이 실제로 IQ를 높이는데도 IQ를 높이지 않는다고 잘못 결론짓는 일을 얼마나 고심해야 하는지는 모두 과학에서 중요한 고려 사항이다. 그러나 이런 사항은 지금의 요점에서 벗어난다. 중요한 점은 바로 이것이다. 서로 다른 X값(여기서는 수양 돌봄 대 고아원 돌봄)에서 실험 참가자를 **무작위로 뽑는** 실험은 X가 Y(여기서는 IQ의 증가)의 **원인**인지를 검사하는 보편적 방법으로 받아들여지는데, 왜냐하면 그룹 간 비교는 **X일 때 일어났던 일**과 Not-**X일 때 일어났을 일**의 차이를 관찰하는 방법이기 때문이다.[13]

여러분의 환경에 따라 이 모든 게 당연해 보일지도 모른다. 그리고 지금까지 설명한 것 중 실제 심리학개론 수업에 알맞지 않은 내용은 하나도 없었다. 이것이 당연하게 느껴진다면 인과관계의 반사실적 분석이나 잠재적 결과 분석을 과학적으로 완벽하게 숙지하고 있다는 뜻이다. 컴퓨터 과학자이자 〈인과 추론 저널(Journal of Causal Inference)〉을 창간한 편집장 주디아 펄(Judea Pearl)은 반사실적 추리를 "과학적 사고의 초석"이라고 부르기까지 했다.[14] 개입이 아이들의 학교생활을 더 잘하게 해주는 원인인지, 또는 약이 증상을 감소시키는 원인인지, 또는 광고가 매출을 증대시키는 원인인지 물어볼 때, 우리는 보통 "이 세상에서 벌어진 일들의 평균 차이는 얼마인가?"라고 묻는다.

원인이 알려주지 않는 것

인과관계의 반사실적 분석이 의학과 사회과학의 모든 분야에서 흔하게 쓰인다는 점을 고려하면, 이 인과관계를 유전적 원인에 똑같이 적용하는 것은 충분히 타당해 보인다. 유전적 원인도 데이비드 루이스의 정의에 따라 "차이를 일으키는 무언가로, 그 무언가가 일으키는 차이는 무언가 없이 일어났을 일과 반드시 달라야 한다".

이건 아무리 반복해도 지나치지 않다. 유전자를 원인이라고 하는 것은, 즉 **어떤 것**을 원인이라고 하는 것은 그 원인이 일어나지 않은 어떤 다른 현실과 비교한다는 것(X 대 Not-X)을 의미한다. 유전자가 결과를 일으킨다고 하는 것은 유전자가 **차이**를 일으킨다고 하는 것이다.[15]

하지만 이런 사고의 흐름을 따라 더 나아가기 전에, 인과관계를 이해하는 데 이런 반사실적 틀에는 어떤 한계가 있는지 미리 파악해두면 도움이 된다. 비교적 간단하게 무작위 실험으로 인과관계를 추론한 루마니아 고아원 연구를 예로 들어 이 한계를 생각해보자. 그러면 유전적 원인에서

'원인'이라는 단어가 어떻게 적용되는지 더 명확하게 알 수 있다.

첫째, 수양 돌봄이 아이들 IQ 증가의 **원인**이라는 결론은 수양 돌봄이 IQ 증가에 **어떻게** 작용하는지 그 **메커니즘**을 안다는 것을 의미하지 않는다. 수양 돌봄의 영향을 설명할 수 있는 메커니즘에는 이를테면 다음과 같은 것들이 있을 수 있다. 따뜻하고 관심 어린 양육자의 친밀감이 생리적 반응성을 하향 조절해 글루코코티코이드*가 학습과 기억에 필요한 시냅스** 연결의 발생을 방해하지 못하도록 한다는 것이 하나의 메커니즘일 수 있다. 또는 수양 가족은 아이오딘(iodine, 요오드) 수치가 충분한 식단으로 아이들에게 밥을 줄 가능성이 더 높다는 것도 하나의 메커니즘일 수 있다. 또는 아이들 뇌는 '경험이 필요한' 기관이며, 유아기 때 언어에 충분히 노출되지 않으면 아동의 대뇌 겉질(대뇌 피질)에서 시냅스가 불충분하게 형성된다는 것도 하나의 메커니즘일 수 있다.

이런 각각의 메커니즘 이야기는 마트료시카***처럼 '어떻게?'라는 하위 메커니즘 집합으로 쪼개진다. 뇌가 어떻게 양육자의 친밀감에 관한 정보를 부호화하는지, 글루코코티코이드가 어떻게 앞뇌(전뇌) 뉴런에 영향을 주는지, 몸이 어떻게 아이오딘으로 물질대사를 하는지 등등. 수양 돌봄이 인지 발달에 일으키는 결과를 **이해한다**고 말하려면 이런 메커니즘을 알아야 한다.

---

* glucocorticoid: 스테로이드 호르몬의 한 종류.

** synapse: 두 뉴런 사이, 뉴런과 샘 또는 뉴런과 근육세포 사이에서 자극이 전달되는 연결 부위로, 여기서 신경전달물질이 확산해 다음 세포로 신호를 전달한다.

*** matryoshka: 하나의 큰 목각 인형 안에 크기순으로 점점 작은 목각 인형이 들어 있는 러시아 전통 인형.

그러나 메커니즘을 이해하는 것은 인과관계를 설정하는 행위와 **구분되**는 별개의 과학 행위다. 보통 과학 담론에서는 원인을 설명하는 메커니즘을 거의 송두리째 모르더라도 **원인**이라는 단어를 쓰는 것이 더할 나위 없이 편하다. 고아원에서 벗어나는 것은 IQ 증가의 원인이지만, 어떻게 해서 그렇게 될까? **정말 아무도 모른다.**

둘째, 반사실적 틀에서 무언가를 원인이라고 한다면, 그 원인은 결과를 **결정한다**는 걸 의미하는 게 아니라 오로지 결과를 일으킬 **확률**을 높인다는 걸 의미한다. 우리는 과학에서나 일상생활에서 굉장히 자주 결정론적이지 않은 원인을 주장한다. 그리고 그 주장은 순전히 상관관계만 있다는 내용을 넘어선다. 실험 결과에 근거한 주장은 무작위로 배정되어 무언가를 경험하는 것이 특정 결과를 경험할 확률을 높인다는 뜻이지, 무언가를 경험하는 것이 특정 결과를 결정한다는 뜻은 아니다. 정신요법과 항우울제 복용을 병행하면 우울증에 걸린 10대가 자살 생각을 그만둘 확률이 높아진다. (그러나 모두에게 효과가 나타나지는 않는다.[16]) 운동하면 몸무게가 증가할 확률이 낮아진다. (그러나 어떤 사람은 운동하더라도 몸무게를 유지하는 것조차 힘들다.[17]) 임신 중 폴산을 충분히 섭취하면 아기가 신경관 결함을 갖고 태어날 확률이 낮아진다. (그러나 결함이 나타날 확률이 완전히 없어지지는 않는다.[18]) 자살 생각, 몸무게 증가, 신경관 결함은 모두 불확실한 사건이지만, 그렇다고 원인과 결과라는 표현을 쓰지 못하는 것은 아니다. 우리는 원인과 결과라는 표현을 사용해 사람들의 기회를 변화시키는 힘에 대해 이야기한다.

루마니아 고아들의 IQ를 다시 살펴보면, 고아원에 남아 있는 아이들의 평균 IQ는 73이었지만 여전히 다양성이 존재했다. 심지어 어떤 아이들은 고아원에 남겨졌는데도 수양 가족에게 입양된 아이들보다 IQ가 더 높았다. '평범한' IQ를 70 이상이라고 정의해 임의로 구간을 나눠보자. (임의로 이 구간을 정한 것이긴 해도, 70 이상은 의미 있는 수치다. 한 예로, 미국에서 범죄를 저질러 사형 선고를 받을 수 있는지 없는지도 IQ 70을 기준으로 나뉜다.) 수양 돌봄을 받도록 뽑히면 각 아이의 인지 능력이 '평범하게' 발달할 **확률**이 높아지긴 하지만, 반드시 다 그런 것은 아니다. 아이가 무엇을 먹는지, 어디서 자는지, 어떻게 학습하는지, 누가 보살펴주는지, 얼마나 사랑스럽게 꾸준히 돌봐주는지 등 환경에 관한 모든 부분을 변화시키는 것만큼이나 급격한 개입은 특정 인지 능력 수준을 **결정**하기에 충분하지 않다. 그러나 일반적으로 이런 비결정론은 원인이라는 자격을 박탈하지 않는다.

셋째, 결정론적 인과관계가 없는 상태에서는 **특정 개인에게서** 무엇이 결과의 원인인지에 관해 어떤 확실한 주장도 할 수 없다. 루마니아 고아원에서 입양 갔던, IQ가 82인 아이 한 명을 생각해보자. 그 아이의 IQ 중 얼마만큼이 입양 때문일까? **아무도 모른다.** 입양된 아이들의 IQ는 그렇지 않은 아이들의 IQ보다 평균 8점이 더 높았다고는 말할 수 있다. 그러나 입양되었다는 이유, 아니면 아이의 IQ 82점 중 8점만이 입양 때문이라는 이유로, 입양된 한 특정 아이가 고아원에 남겨진 한 특정 아이보다 IQ가 높았다고는 말할 수 **없다.**

마지막으로, 원인의 **적용 가능성**은 제한적이거나 밝혀지지 않았을 수 있다. 루마니아 고아원 연구 결과를 보면 수양 돌봄이 고아원 돌봄보다 더 혜택을 준다고 이해할 수 있지만, 과연 이런 결과가 모든 시간과 장소에서 **모든** 고아원이나 **모든** 수양 가족에서도 참일까? 이 연구가 2019년 뉴저지주에서 이루어졌더라면 어땠을까? 이 연구가 16세기 프랑스에서 이루어졌더라면 어땠을까?

발달심리학자 유리 브론펜브레너(Urie Bronfenbrenner)는 사람의 인생을

"생물생태학적" 모형으로 나타냈다.[19] 이 모형에서는 모든 사람이 중심이 같으면서 크기가 다른 여러 체계의 원 안에 포함되어 있고, 각 체계는 다른 체계와 상호 작용한다. 한 개인과 가장 가까운 체계는 미시 체계로, 가족, 친구, 학교, 이웃, 일상적인 사회 등 아주 가까운 주변의 관계나 환경을 포함한다. 여러분은 매일 누구와 어떤 대화를 주고받는가? 또 어떤 공기를 들이쉬고, 어떤 물을 마시고, 어떤 음식을 먹는가? 이런 미시 체계는 정치 체계나 경제, 문화 등으로 이루어진 거시 체계 내부에 존재한다. 그리고 미시 체계와 거시 체계 사이에는 (학교나 직장 같은) 다양한 사회로 이뤄진 중간 체계가 존재한다.

사람 행동의 원인을 다른 조건에 적용하려 할 때 브론펜브레너의 생물생태학적 모형을 사용하면 도움이 된다. 여러 체계의 원 중 어떤 체계가 얼마나 바뀌어야 인과관계가 더는 참이 아니게 될까? 여기서 메커니즘을 알면 적용 가능성을 더 잘 알 수 있다. 메커니즘을 잘 이해하고 있으면 한 번도 관찰한 적 없는 조건에서도 원인-결과 관계가 어떻게 일어날지 예측할 수 있기 때문이다. "소듐-포타슘 펌프*의 작용은 뉴런이 형성하는 막전위의 원인이다"라는 주장은 브론펜브레너의 체계가 어떻게 바뀌든 상관없이 어디에나 적용되는 인과관계다. 이는 아주 오래전에 살았던 수렵·채집인에게서도 참이고, 21세기 초의 북한 사람들에게서도 참이다. 한편 "아이를 수양 가족에게 입양시키는 것은 높은 IQ의 원인이다"라는 주장은 생물생태학적 체계가 달라지면 다른 조건에서도 똑같이 적용

---

* sodium-potassium pump: 나트륨-칼륨 펌프라고도 한다. 모든 동물 세포의 세포막에 존재하는 운반 단백질이자 효소로, 에너지를 써서 Na^+ 이온을 세포 밖으로, K^+ 이온을 세포 안으로 운반한다.

될 가능성이 낮다.

다른 시간이나 다른 장소에서 정확히 어떻게 유전적 연관성이 적용되는지는 이제 막 데이터로 다루기 시작한 실증적인 질문이다. 예컨대 연구자들은 교육에서 더 많은 사회적 장애를 겪은 이전 세대의 여성보다는 교육 기회가 더 많은 최근 세대의 여성에게서 다유전자 지수가 교육 정도와 더 강하게 연관된다는 사실을 발견했다.[20] 나중에 8장에서 이런 예시를 더 다룰 예정이다. 여기서는 제한된 적용 가능성이 그 자체로 인과관계와 양립할 수 없다는 것을 간단하게 살펴보자.

인과관계가 성립하려면 다른 조건에서도 완벽하게 적용되어야 한다는 주장은 행동유전학 분야에서 가장 오랫동안 이어진 비판이다. 진화생물학자 리처드 르원틴(Richard Lewontin)은 사람 행동을 다룬 행동유전학 연구를 소리 높여 비판하며 "역사적(즉, 시공간적) 한계"가 있으면서 "기능적 관계"(즉, 메커니즘)의 정보를 제공하지 않는 과학적 결과는 "완전히 쓸모없다"고 주장했다.[21]

인지 행동 치료가 폭식증 증상을 감소시키는지, 또는 공립 학교의 성 건강 교육이 매독 비율을 감소시키는지, 또는 아이폰이 10대의 자살률을 증가시키는지를 과학자가 검사할 때, 비판적 입장과는 반대로 이 모든 것이 명백하게 사회적·역사적으로 특별한 현상이라고 생각해보자. 유전자가 원인이라는 데 초점을 맞춘 상태에서 한 발짝 물러난 뒤, 광각 렌즈를 가지고 역사학·경제학·사회학·정치학·심리학 등 **모든 사회과학 분야**에서 주로 연구하는 모든 다양한 형태의 원인을 따져보면, 원인이 다른 조건에서도 반드시 완벽하게 적용되어야 한다는 주장은 이상하게 들리기 시작한다. "이것은 비 오는 날 화요일 실험실에서만 일어난다"부터 "이것은 모든 시간과 장소의 사람에게서 사실이라고 기대할 수 있는 자연법칙이다"에 이르기까지, 적용 가능성에 차등을 주어 등급을 매기는 것이 훨씬 더 유용하다.

굵은 인과관계와 얇은 인과관계

보통 사회과학이나 의학 과목에서는 (a) 원인이 결과를 일으키는 메커니즘을 모르거나, (b) 원인이 결정론적으로가 아니라 확률론적으로 결과와 연관되거나, (c) 시간과 공간에 따라 원인의 적용 가능성이 불확실하더라도, 무언가를 **원인**이라고 부르는 것이 상당히 편하다. 원인을 밝히는 데 필요한 것은 Not-X 대신 X를 경험했더라면 사람 그룹의 평균 결과가 **달라질 수 있다**는 증거를 보여주는 것이 '전부'다. 그리고 일어날 수 있었던 일을 알려주는 가장 확실한 증거는 X나 Not-X에 사람을 **무작위로** 배정하는 것이다. (사람행동학자나 사회학자가 모두 알고 있듯이 실제로 관심 변수를 가능성의 그물에서 따로 떼어내는 일은 굉장히 까다롭다. 그래서 인과관계를 추론하려면 몹시 난해하고 섬세한 작업이 필요하다. 이런 이유로 '전부'라는 단어에 특별히 주의를 환기하고자 작은따옴표를 사용했다.) 나는 이런 인과관계를 '얇은' 인과관계 모델이라고 부르려 한다.[22]

우리는 '얇은' 인과관계 모델을 단일 유전자 유전 질환이나 염색체 이상에서 나타나는 '굵은' 인과관계 모델과 견주어볼 수 있다. 다운증후군을 예로 들어보자. 다운증후군은 결정론적이면서 다른 곳에 적용 가능한 하나뿐인 원인으로 **정의된다**. 21번 염색체를 2개 대신 3개 갖는 것은 다운증후군을 일으키는 필요충분하면서도 유일한 원인이다. 21번 염색체 사본을 3개 갖는 것과 다운증후군의 인과관계는 일대일로 대응하며, 따라서 순방향 추론과 역방향 추론은 동등하게 참이 된다. 다운증후군의 원인은 21번 세염색체증이다. 21번 세염색체증의 결과는 다운증후군이다. 21번 염색체 사본을 3개 갖는 것은 단순히 다운증후군에 걸릴 **확률**을 높이지 않는다. 21번 염색체 사본이 3개이면 다운증후군에 걸리도록 결정된다. 그리고 21번 세염색체증과 다운증후군의 관계는 개개인이 태어난 사회 환경과 관계없이 거의 똑같은 방법으로 작용할 거라고 예상된다는 점에서 이 인과관계는 '자연법칙'으로 작용한다.

교육 정도같이 복잡한 사람 결과에 유전적 원인이 있는지 없는지를 많은 사람이 왈가왈부하는 이유는 과학자나 일반 대중 모두 유전자는 항상 '굵은' 원인이 되어야 한다고만 생각하기 때문이다. 즉, 사람들은 유전자가 항상 다운증후군의 경우처럼 작용해야 한다고 생각한다. 사회과학자로서 내가 행동의 원인이 여러 유전자라고 말할 때, 나는 이를 반사실에 관한 확률적인 문장으로 표현한다. **만약** 여러분의 유전자가 달랐다면, 인생이 달라졌을 확률은 0이 아니다. 이는 어떤 특정한 DNA 서열이 한 사람의 인생 결과가 나타나는 데 필요하거나 충분한 원인이라고 주장하는 것이 **아니다**. 즉, DNA가 인생에서 무언가를 결정한다거나, 이 반사실이 시간과 장소에 상관없이 완벽하게 적용된다거나, 인생의 원인이 유전자들이었다며 과거에서부터 추론할 수 있다거나, 아니면 심지어 어떤 DNA 부분이 어떻게 작용하는지 안다고 주장하는 것이 **아니다**.

무작위 유전자?

X 대 Not-X가 무작위로 배정될 때, X 대 Not-X와 확률적으로 연관된

인생 결과의 차이를 관찰하는 것은 X가 그 인생 결과의 '얇은' 원인이라는 증거로 충분하다. 내 설명이 이 내용을 잘 이해시켜주었길 바란다. 그러나 (현재) 유전학자는 사람을 무작위로 하나의 유전자형이나 다른 유전자형에 배정해 실험하고 있지 않다. 그럼 과연 유전자를 **원인**이라고 말하려면 어떻게 해야 할까? 다음 장에서 이 질문을 집중적으로 다룰 것이다.

06

자연의 무작위 배정

세상의 기원을 그려낸 《성경》의 창세기 이야기에는 초반에 서로 다른 직업을 선택한 두 형제가 등장한다. "아벨은 양 치는 자였고 가인은 농사하는 자였더라. ……여호와께서 아벨과 그의 제물은 받으셨으나 가인과 그의 제물은 받지 아니하신지라"(〈창세기〉 4장 2~5절). 우리는 **이 이야기**가 어떻게 끝나는지 안다. 창조가 이루어진 이후 단 한 세대 만에 형제는 각자의 노동에서 불평등한 보상을 받았고, 불평등으로 들끓은 분노는 인류 최초의 살인으로 이어졌다.

농사짓기 대 양 떼 돌보기, 그리고 폭력 저지르기 대 폭력의 피해자 되기. 왜 가인과 아벨 형제는 이렇게 다른 삶을 살게 되었을까? 5장에서 설명한 것처럼 직업 선택이나 공격성에서 환경 원인을 검사하고자 한다면 실험을 해야 한다. 무작위로 여러 가족을 배정한 뒤, 한 그룹은 양질의 유치원을 이용하게끔 해주고, 다른 비교 그룹은 도움 없이 원하는 대로 살게끔 내버려둔다고 가정해보자. 첫 번째 그룹 아이들이 자라면 노동 시장에서 다른 선택을 할까? 그리고 폭력적인 범죄를 덜 저지를까? 실험을 정확하게 수행하더라도 유치원 경험이 공격성에 어떤 영향을 미치는지 그 메커니즘은 여전히 모른다. 그리고 그 결과가 사회정치적·역사적 체계에 따라 얼마나 잘 적용되는지도 모른다. 그러나 양질의 유치원이 **평균적으로** 폭력 감소의 원인인지 아닌지는 확실하게 말할 수 있다.

그렇다면 환경 원인 대신 유전적 원인을 검사하려면 어떻게 해야 할까? 유전적 변화가 인생 결과의 원인이 되는지 검사하기 위해 어린이 그룹을 무작위로 선택하거나 자궁에서 유전체를 편집하는 실험은 (지금으로선) 근본적으로 불가능하며 분명히 비윤리적이다. 하지만 다행히 과학자는 아이들에게 유전자를 무작위로 배정하는 실험을 할 필요가 없다. 자연이 그 실험을 대신 해주고 있기 때문이다.

사람은 모든 유전자 사본을 2개씩 가지고 있지만 그중 하나만 부모로부터 자손에게 전달된다는 사실을 기억하자. 아이가 만들어질 때마다 부모의 두 유전자 중 아이가 물려받는 유전자는 무작위로 배정된다. 바로 이 방법을 통해 유전자의 유전은 5장의 루마니아 고아원 연구와 똑같은 효과를 낸다. 루마니아 고아원 연구에서 고아원에 남겨진 아이들과 수양가족에게 입양된 아이들이 다른 삶을 살게 된 이유는 운 때문이다. 그 운은 실험자가 무작위로 아이들 이름을 뽑아서 만들어졌다. 일상생활에서 부모로부터 유전 변이 X를 물려받은 아이들과 X를 물려받지 **않은** 형제자매가 다른 삶을 살게 되는 이유도 운 때문이다. 이때는 실험자가 운을 결정하지 않는다. 자연이 운을 좌우한다.

유전자는 주어진 부모 유전자형 집합에서 무작위로 아이들에게 유전된다. 따라서 유전적으로 서로 다른 형제자매를 비교하면, 사람 인생 결과에 영향을 주는 유전자의 평균 결과에서 인과관계를 도출할 수 있다. 한 그룹의 사람들이 모두 X 변이를 물려받고 그 형제자매가 모두 Not-X 변이를 물려받았다면, 이 두 그룹의 교육 정도를 비교해 교육 정도에서 X 변이의 평균 결과를 추정할 수 있다. 형제자매를 비교하는 논리는 의약품의 '무작위 대조 시험(randomized controlled trial, RCT)'이나 환경 개입 연구와 정확히 같은 논리다.

바꿔 말해, 유전적으로 다른 형제자매가 건강이나 행복·교육에서도 똑같이 차이를 나타낸다면, 이는 유전자들이 사회 불평등의 **원인**이라는 증거다. 우리는 형제자매의 유전적 차이라는 자연 로또를 이용해 사람들이 얼마나 추상적인 정보를 능숙하게 다루는지, 얼마나 체계적이거나 충동적인지, 얼마나 높은 교육 수준에 도달하는지, 얼마나 돈을 많이 버는지, 얼마나 인생이 행복하고 만족스러운지 등을 검사할 수 있다. (이렇게 말할 때는 5장에서 설명한 '얇은 인과관계'의 주의 사항을 기억해야 한다. 이는 어떤 특정한 DNA 서열이 한 사람의 인생 결과가 나타나는 데 필요하거나 충분한 원인이라고 주장하는 것이 **아니다**. 즉, DNA가 인생에서 무언가를 결정한다거나, 유전적 원인이 모든 사회적·역사적 체계에 상관없이 똑같이 적용된다거나, 인생의 원인이 유전자였다며 과거에서부터 추론할 수 있다거나, 아니면 어떤 DNA 부분이 어떻게 작용하는지 안다고 하는 것이 **아니다**.)

따라서 이번 장에서는 유전자 로또가 인생 결과에서 차이를 일으키는지 검사하기 위해 형제자매나 생물학적 친척을 비교한 연구를 설명할 것이다.

불행한 가족 구성원은 각자 나름대로 불행하다

내 남동생 마이카(Micah)는 나보다 3년 늦게 태어났다. 우리는 분명 형제자매다. 똑같이 갈색 머리와 초록색 눈을 가지고 있고, 새어머니 말마따나 누가 성가시게 하면 몇 초 동안 눈을 "뻣뻣하게 천천히 깜빡"이는 성향까지 똑같다. 가끔 마이카는 내게 R* 부호로 만든 함수를 보내주는데, 난 그럴 때마다 사랑받는다고 느낀다.

이렇게 닮은 점이 많은데도 우리 인생은 서로 다르다. 나는 정규 교육을 6년 더 받았고, 실직해본 적이 없고, 돈을 더 많이 벌고 있고, 아이를 2명 낳았다. 마이카는 결혼을 했고, 우리 가족이나 어릴 적 친구들과 가까이 살고 있고, 다행히도 내 일상을 들들 볶는 신경질과 ADHD 증상이 없고, 아직도 헐떡거리지 않고 축구장을 뛰어다닐 수 있다.

우리에게 무작위로 일어난 유전적 차이가 각자의 인생 결과에서 우리를 얼마나 다른 삶의 길로 몰고 가는지 물어볼 수 있다. 먼저 쉬운 예로 키부터 시작해보자. 마이카는 미국 남성의 평균 키보다 작은 175cm이고, 나는 미국 여성의 평균 키보다 큰 170cm다. 우리 키가 다른 이유는 서로 다른 유전자를 물려받았기 때문일까? 답이 명확해 보일 수도 있지만, 과학자들이 이 질문에 어떻게 답하는지 살펴보는 것도 좋다.

마이카와 내 키가 다른 이유가 서로 다른 유전자를 물려받았기 때문이냐고 과학자에게 물어본다면, 많이들 잘못된 질문이라고 지적할 것이다. 앞 장에서 설명했듯 (교육 따위의 더 복잡한 사회적 결과는 말할 것도 없고) 키 같은 결과는 표현형과 **확률론적으로** 관계있는 수많은 유전자의 영향을 받는다. 우리는 일반적으로 특정 시간과 장소에 살았던 사람 **그룹**에서 특정 결과의 빈도를 연구해 확률을 관찰한다. 그 결과 개개인의 인생에서 유전

* 통계 계산이나 그래픽을 다룰 때 쓰는 프로그래밍 언어.

자가 무언가를 일으켰는지 알지 못한다. 2장에서 소개한 특출나게 키가 큰 NBA 선수 숀 브래들리같이 극단적인 사례에서는 이런 추론이 가끔 들어맞기도 한다. 하지만 대개 과학자가 복잡한 사람의 표현형과 유전자를 연결하기 위해 연구를 설계하면, 유전자가 키 차이를 일으키는지 평균적으로 검사할 수는 있지만, 특정한 어떤 한 사람의 유전자 때문에 그 사람의 키가 다른 한 사람보다 큰지는 검사하지 못한다.

그렇다면 질문을 약간만 바꾸어보자. 유전자가 평균적으로 사람들의 키 차이를 일으킬까?

이를 검사하는 데에는 '기원에 따른 일치'*라는 것을 조사하는 방법이 있다. 내 어머니의 몸이 장차 내가 될 난자를 만드는 과정에서, **어머니의** 아버지 염색체와 **어머니의** 어머니 염색체는 서로 유전 물질 덩어리를 교환했다. 그래서 내가 어머니로부터 물려받은 염색체는 각 부분이 번갈아가며 섞인 100% 독특한 DNA 서열로 이루어져 있다. 거슬러 올라가면 이 DNA 부분들은 각각 내 외가 쪽 할머니나 외가 쪽 할아버지 DNA 중 하나에서 온 것이다. 내 동생 마이카가 될 난자를 만들 때도 어머니 몸에서 똑같은 과정이 일어났다. 그리고 위에서 말한 모든 과정은 아버지에게서도 똑같이 일어난다.

그렇다면 우리가 어머니로부터 물려받은 염색체 중 어떤 한 부분을 관찰할 때, 거기서 마이카와 내가 똑같은 DNA 부분을 물려받았을 확률은 50:50이다. 내가 마이카와 똑같은 DNA 부분을 물려받았다면, 그 부분에서 '기원에 따라 일치'한다고 말한다. 우리는 2명의 부모가 있고 모든 염

---

* identical by descent, IBD: 둘 이상의 개체가 공통 조상으로부터 똑같은 DNA 부분을 물려받았을 때, 그 DNA 부분을 기원에 따라 일치한다고 한다.

색체도 사본 2개씩 갖고 있기 때문에, 우리는 기본적으로 어떤 한 DNA 부분에서 서로 클론*이 될 수 있다. 즉, 우리는 아버지와 어머니로부터 물려받은 DNA 중 기원에 따라 일치하는 DNA 부분을 공유할 수 있다. 또는 부모님에게서 물려받은 DNA 중 기원에 따라 일치하는 DNA 부분을 공유하지 않아 우리는 처음부터 서로 관련이 없을 수도 있다. 또는 어떤 DNA 부분이 부모님 중 한쪽하고만 일치하고 다른 쪽하고는 일치하지 않을 수도 있다.

마이카는 이 책에 들어갈 내용을 위해 23앤드미**를 통해 유전자형을 분석하는 데 동의했다. (그러고는 진짜 남동생답게 비용 200달러를 바로 벤모***해달라고 했다.) 23앤드미는 우리가 서로 어떤 DNA 부분을 공유하고 어떤 DNA 부분을 공유하지 않는지 분석해서 자동으로 인포그래픽을 만들어준다(그림 6.1). 마이카와 나는 11번 염색체가 거의 쌍둥이 수준으로 비슷했지만, 13번 염색체는 대부분 관련이 없었다.

마이카와 나는 DNA 구역들을 평균 50% 공유할 것으로 예상된다. 그러나 이것은 **평균**일 뿐이다. 동전을 1000번 던질 때 앞면이 나올 기댓값은 50%인 500번이다. 하지만 실제로는 앞면이 501번 나올 수도 있다. 아니면 조금 유별나게 앞면이 545번 나올지도 모른다. 동전 던지기처럼 생식도 확률적인 과정이다. 두 형제자매는 DNA를 서로 50% 공유할 거라

* clone: 유전적으로 똑같이 복제된 DNA 구역이나, 세포 또는 개체의 무리. 클론을 생성하는 과정을 클로닝(cloning)이라고 한다.

** 23andMe: 사람들의 유전자형을 분석해주는 생명공학 회사.

*** venmo: 미국의 신조어. 모바일 결제 서비스인 '벤모'로 비용을 분담하거나 돈을 거래한다는 의미.

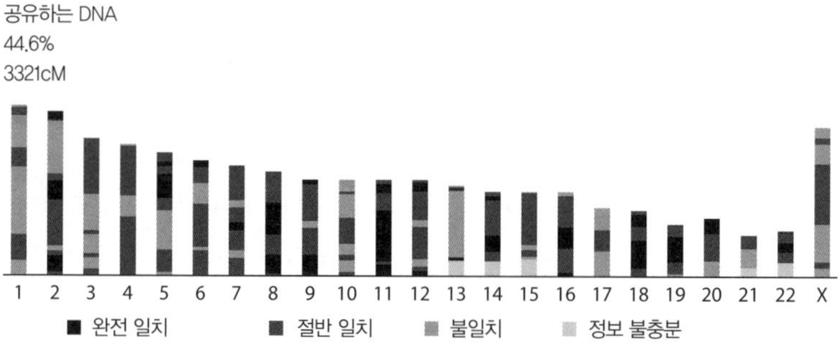

그림 6.1 염색체 23개의 각 구역에서 친형제자매 2명이 공유하는, 기원에 따라 일치하는 DNA 부분. 이미지 출처는 저자의 23앤드드미® 프로필이다. 저자와 저자의 남동생은 총 3321센티모건(cM)만큼의 DNA 구역을 공유하는데, 이는 저자 유전체의 44.6%다.

고 기대되지만, 실제로는 약간 더 많이 공유할 수도 있고 약간 더 적게 공유할 수도 있다. 마이카와 나는 DNA를 기댓값보다 약간 더 적게 44.6% 공유한다.

2006년 통계유전학자 피터 비셔(Peter Visscher)와 그의 동료들은 형제자매가 기원에 따라 일치하는 DNA 부분을 공유하는 비율이 50%보다 낮거나 높은 식으로 무작위 변이가 존재한다는 사실을 이용해 연구를 수행했다.[1] 이들은 각각 2명의 형제자매에게서 유전체를 **센티모건**(centimorgan, cM)* 단위로 구역을 나누고, 그 형제자매가 공유하는 1센티모건 구역의 실제 수를 계산했다. (마이카와 나는 3321센티모건을 공유한다.) 연구 표본의 형제자매들은 DNA 구역을 평균 49.8% 공유했는데, 이는 이론적 기댓값

* DNA의 재조합 빈도에 대한 척도를 나타내는 단위. 한 세대에서 염색체의 두 위치 사이에 일어나는 교차 횟수의 기댓값이 1%일 때 그 두 위치 사이의 거리로 정의하며, 실제 염색체의 물리적 거리와는 다르다.

인 50%에 굉장히 가까운 수치다. 더 나아가, 어떤 두 사람은 DNA 구역을 더 많게 혹은 더 적게 공유할 수 있는데, 이때 기원에 따라 일치하는 DNA 부분에서 그 비율의 **범위**는 37%부터 62%까지였다.

다음으로, 비셔와 그의 동료들은 유전자형을 더 **다르게** 물려받은 형제자매일수록 키 역시 더 달라지진 않을까 의문을 가졌다. 앞 장에서 설명했듯 유전자가 키 **차이**를 일으키느냐는 질문은 근본적으로 인과관계 질문이다. 그리고 이 질문에 대한 답은 아마 말할 것도 없이 '그렇다'는 것이다.

물론 형제자매는 유전적 이유 말고 다른 이유로도 키가 달라진다. (마이카는 1989년에 라이스 크리스피즈*를 빼고 거의 아무것도 먹으려 하지 않았다. 이는 분명 남동생의 성장을 방해했다.) 형제자매는 유전자를 더 다르게 물려받아서 키가 달라질지도 모르고, 키에 관여하는 다른 요인들과 비교하면 유전적으로 일어나는 차이는 새 발의 피일지도 모른다. 그렇기에 유전자가 주는 상대적 효과는 비율로 표현한다. 이는 형제자매가 다른 유전자를 물려받아서 키가 달라진 정도를, 일반적으로 사람들의 키가 다른 정도로 나눈 값으로 나타낸다. 이 비율을 키의 **유전가능성**(heritability)이라고 한다. 익숙한 용어일지도 모르겠다. 연구자들은 이 키 연구에서 키의 유전가능성이 약 80%라고 결론지었다. 즉, 키의 전체 차이 중 약 80%가 사람들이 다른 유전자를 물려받았다는 사실 때문에 나타난다.

* Rice Krispies: 켈로그에서 만든 시리얼.

유전가능성은 차이에 관한 것이다

마치 구렁이 담 넘어가듯 우리는 논란거리가 안 되는 전제에서 매우 논란이 많은 전제로 넘어왔다. 그렇기에 여기서 앞선 두 장에서 다뤘던 내용을 간추려보면 도움 될 것이다. 바로 앞 장에서는 논란거리가 안 되는 전제를 살펴보았다. 무작위로 X 또는 Not-X에 배정한 두 피험자 그룹의 평균 결과를 비교하는 건 X가 원인인지를 검사하는 것이란 전제 말이다. 이어서 나는 형제자매가 부모 유전자에서 무작위로 유전 변이를 배정받는다고 언급했다. 따라서 유전적으로 다른 형제자매를 비교하는 건 그 변이가 원인인지 검사하는 것이며, 이는 자연이 수행하는 가장 자연적인 실험이다. 이러한 인과관계 검사는 다음과 같이 반사실에 의존하는 용어로 서술할 수 있다. **어떤 사람의 유전자형이 달랐다면, 그 사람의 인생 결과가 달라졌을까?**

이번 장 앞부분에서는 연구자들이 이러한 인과관계 검사를 실제로 어떻게 수행했는지 설명했다. 비셔의 키 연구는 형제자매 사이의 유전자형 차이를 이용했다. 어떤 사람과 그 형제자매의 유전자형이 **더** 다르다면, 이 두 사람의 키는 더 달라질까? 이 인과관계 시험의 결과는 **유전가능성 계수**라는, 이제는 익숙하게 들릴 법한 통계학적 용어로 표현하기도 한다.

이렇게 우리는 몇몇 독자가 분명 동의하지 않을 다음의 결론에 도달한다. 유전자형 차이로 인한 인생 결과 차이의 정도를 정량화해 유전가능성을 추정하는 건 유전자가 인생 결과의 **원인**이 되는지를 검사하는 것이다.

아마 유전학 개념 중 유전가능성만큼 헷갈리는 개념도 없을 것이다. 유전가능성(heritability)은 전문 용어이지만 공교롭게도 평범한 영어 단어처럼 생겼다. 'heritability'라는 단어의 뿌리는 DNA가 밝혀지기 수천 년도 더 전에 시작되었다. 헤레스(hēres)는 'heir(상속자)'라는 뜻을 지닌 라틴어인데, 이는 누군가가 죽으면 그 사람의 재산과 사회적 지위를 가질 자격이 주어지는 (남성) 사람을 의미한다. 'hereditary(세습적인/유전적인)' 귀족 사회는 부, 지위, 벼슬, 권력, 특권을 대대로 대물림하는 사회다. 'inheritance〔상속(되는 것)/유전(되는 것)〕'는 부모에서 자녀로 전해지는 자산이다. 우리가 'heritability(유전가능성)'라는 단어를 접할 때, 수천 년 동안 이어진 문화의 영향을 배제하고 해석하는 것은 거의 불가능하다. 상속/유전은 충실한 사회 계층의 재생산에 관한 것이자, 부모로부터 자식까지 끊이지 않는 연속성에 관한 것이다.

그러나 2장에서 설명했듯 사람은 '순수 교배'를 하지 않는다. 유전 가능한 특징이 부모로부터 자녀에게 온전하게 유전된다고 생각하는 것은 잘못이다. 왜냐하면 이런 사고방식은 유전 변이의 절반만 가족 **내**에 존재한다는 사실을 무시하기 때문이다. 나는 모든 유전자를 사본 2개씩 가지고 있고, 나에게 내재한 이 유전적 다양성은 내 자녀의 유전적 차이로 드러난다.

다시 키에 대한 설명을 이어가자면, 유전가능성이 80%라는 뜻은 **연구되고 있는 집단 내**(중요한 부분이라 이번 장 마지막에서 다시 설명할 것이다) 키 차이의 대부분 원인이 사람들의 유전적 차이라는 의미다. 그러나 이러한 키 차이를 일으키는 유전적 차이는 가족 **내**에서뿐만 아니라 가족들 사이에서도 존재한다. 어떤 모집단에서 성인 남성의 키 평균이 177.8cm이고 표준편차가 7.62cm라고 할 때, 그 집단에서 키의 분포는 그림 6.2의 윗부분처럼 나타날 것으로 기대된다. 이 분포를 평균보다 키가 약간 더 큰(180.3cm) 아버지 한 명에게서 태어날 수 있는 모든 남자 자손에게서 기대할 수 있는 키 분포(그림 6.2의 아랫부분)와 비교해보자. 약간 키가 더 큰 부

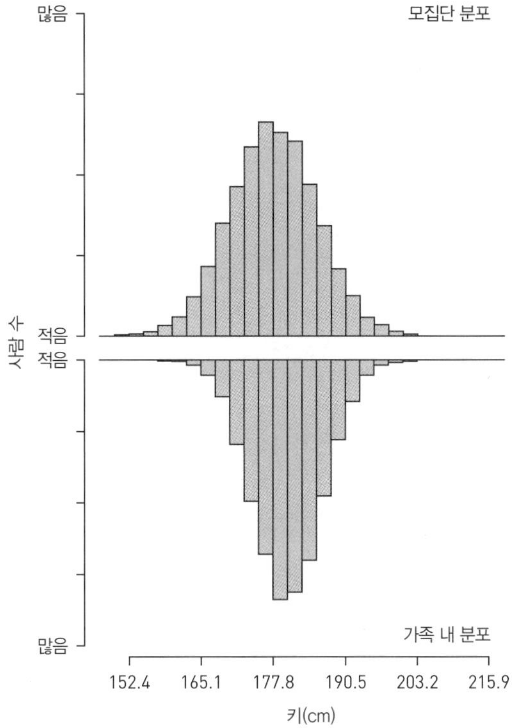

그림 6.2 일반적인 모집단에서 기대되는 키 분포(위)와 부모 한 쌍으로부터 태어날 수 있는 자손 내에서 기대되는 키 분포(아래). 모집단 분포는 평균 177.8cm(70인치)와 표준편차 7.62cm(3인치)를 기준으로 했다. 가족 내 분포는 부모 한 쌍에게서 태어날 수 있는 모든 자손의 키 분포를 나타낸 것으로, 유전가능성 0.8을 기준으로 했다. 예시와 계산 결과는 아래 논문에서 변형해 가져왔다. Peter M. Visscher, William G. Hill, and Naomi R. Wray, "Heritability in the Genomics Era—Concepts and Misconceptions," *Nature Reviews Genetics* 9, no. 4 (April 2008): 255-266, https://doi.org/10.1038/nrg2322.

모의 자녀는 키가 매우 작을 가능성이 낮다는 점에서 일어날 수 있는 결과의 범위가 어느 정도 좁아진다. 그러나 이 자녀들의 키가 매우 작을 가능성이 완전히 사라지지는 않는다.

따라서 유전가능성이 높다는 것은 사람들 사이의 불평등이 세대에 걸쳐 온전하게 대물림된다는 것을 의미하지 **않는다**. 키가 큰 부모는 가끔 키가 작은 자녀를 가질 수 있다. 실제로 유전가능성이 높다는 것은 같은 부모에게서 태어나더라도 인생 결과가 서로 달라진다는 의미를 담고 있다. 유전가능성은 유전적으로 다른 사람들이 표현형 차이를 나타내는지에 관한 것이자, 형제자매가 유전적으로 다른지에 관한 것이다.

일곱 가지 불평등 영역의 유전가능성

지금까지 기원에 따라 일치하는 형제자매의 DNA 차이가 키의 유전가능성을 추정하는 데 어떻게 사용되는지 논의했다. 이 접근법은 사람들의 DNA를 측정해야만 사용할 수 있는데, 유전가능성이라는 개념은 DNA를 측정하는 기술보다 먼저 나왔다. 그래서 지난 세기부터 오늘날까지 유전가능성을 추정하는 가장 일반적인 방법은 일란성 쌍둥이와 이란성 쌍둥이를 비교하는 것이었다.

쌍둥이나 세쌍둥이를 다룬 뉴스는 태어난 시점에 헤어진 뒤 서로 다른 집에서 자란 아이들에게 초점을 맞춰 보도하는 경우가 많다.[2] 영화 〈어느 일란성 세쌍둥이의 재회(Three Identical Strangers)〉에 나오는 형제처럼 말이다.[3] 하지만 어마어마한 수의 쌍둥이 연구는 대부분 친부모(들)와 같은 집에서 계속 함께 자란 쌍둥이를 대상으로 이루어졌다. 지금부터는 딱 집어서 '떨어져서 자란' 쌍둥이라고 언급하지 않는다면 같은 집에서 함께 자란 쌍둥이를 의미한다. 이런 쌍둥이 연구의 기본 논리는 아마 익숙할 수도 있다. 《해리 포터》의 위즐리(Weasley) 쌍둥이나, 마크 저커버그(Mark

Zuckerberg)의 페이스북에 소송을 제기한 윙클보스 쌍둥이* 같은 일란성 쌍둥이를 생각해보자. 모든 일란성 쌍둥이는 접합자** 하나에서 생명이 시작된다. 그런데 발생 초기에 세포 분열에서 뜻밖의 요행이 일어나 하나의 접합자가 2개로 나뉜다. 일란성 쌍둥이는 100%의 시기에서 유전적으로 100% 똑같지 않은데, 그 이유는 발생 초기 접합자가 나뉜 이후에 일어나는 유전자 돌연변이가 일란성 쌍둥이 사이에서 유전적 차이를 일으키기 때문이다. 심지어 발생 초기에 일어나는 돌연변이는 같은 한 사람 몸의 서로 다른 부위에서 유전적 차이를 일으키기도 한다. 그리고 일란성 쌍둥이는 유전자 **발현**에서도 서로 다르다. 유전자 발현이란 몸의 각 부위에서 시기에 따라 유전자가 '켜'지거나 '꺼'지는 것을 의미한다.

하지만 이런 차이에도 불구하고 일란성 쌍둥이는 역사 내내 사람들의 마음을 사로잡는 동경의 대상이자 소름 돋는 호기심의 대상이었다. 그리고 계속해서 자연이 수행하는 가장 흥미로운 자연 실험이 되어왔다. 누군가가 여러분과 **정확히** 똑같은 위치에서 삶을 시작한다면, 그 누군가가 처음 몇 시간 동안 완전히 여러분과 **똑같다**면 무슨 일이 일어날까?

반면, 이란성 쌍둥이는 조금 더 평범하게 시작한다. 이란성 쌍둥이는 각각의 고유한 정자와 난자가 합쳐져서 형성되며, 이 과정은 일반적인 형제자매와 똑같다. 유일한 차이점은 그 난자들이 같은 월경 주기에 배란되

---

* 캐머런 윙클보스(Cameron Winklevoss)와 타일러 윙클보스(Tyler Winklevoss) 쌍둥이는 주커버그가 자신들의 아이디어를 도용해 페이스북을 만들면서 구두 계약을 파기했다며 2004년에 소송을 제기했다.

** zygote: 두 생식자가 수정해 형성된 진핵생물 세포. 사람에서는 난자와 정자가 수정해 접합자가 만들어진다.

어서 한 번 임신할 때 태아 둘이 함께 발생한다는 것이다.

'태어날 때 떨어지지' 않고 서로 다른 집으로 입양 가지 않은 모든 쌍둥이는 일란성이든 이란성이든, 우편번호와 가족 소득 그리고 학군같이 특히 사회과학의 핵심 변수 대부분으로 정의되는 초기 사회적 위치의 모든 것을 공유한다. 그래서 우리는 쌍둥이가 자라면서 서로 비슷해질 거라고 예상한다. 쌍둥이 연구의 핵심은 바로 이런 질문이다. 일란성 쌍둥이는 이란성 쌍둥이보다 얼마큼 **더** 비슷할까?

똑같은 집에서 자란 모든 쌍둥이는 부모의 약점이 똑같고, 주변 환경도 똑같고, 똑같은 학교에 다닌다. 일란성 쌍둥이는 **더 많이** 공유한다. 일란성 쌍둥이는 유전 부호도 (거의) 모두 같다. 달리 말하면, 이란성 쌍둥이는 **더 적게** 공유한다. 이란성 쌍둥이는 일란성 쌍둥이보다 유전적으로 서로 더 다르다. 이번 장 초반에 설명했던 형제자매의 키 연구처럼, 유전자가 인생 결과에 원인이 되는지 검사하기 위해 던지는 핵심 질문은 다음과 같다. 사람들이 유전적으로 더 다르다면(여기서는 이란성 쌍둥이와 일란성 쌍둥이를 비교한다), 표현형도 더 달라질까? 키 같은 특정한 특성에서 일란성 쌍둥이와 이란성 쌍둥이를 비교했을 때 차이가 더 많이 날수록 그 특성의 유전가능성은 더 높다.*

---

* 이해를 돕기 위해 덧붙이자면, 일란성 쌍둥이는 서로 유전자를 거의 모두 공유하지만, 이란성 쌍둥이는 유전자를 50% 정도 공유한다. 그리고 같은 집에서 자란 일란성 쌍둥이나 이란성 쌍둥이가 받는 환경 요인은 어느 정도 비슷할 것이다. 이처럼 일란성 쌍둥이와 이란성 쌍둥이가 노출되는 환경 요인은 비슷하나 유전적 차이는 50% 정도 나는 조건에서 둘을 비교했을 때, 어떤 특성에서 두 쌍둥이 유형의 차이가 더 작게 난다는 것은 그만큼 비슷한 환경 요인이 작용한 것이라고 추론할 수 있고, 따라서 유전가능성도 더 낮다는 것을 의미한다.

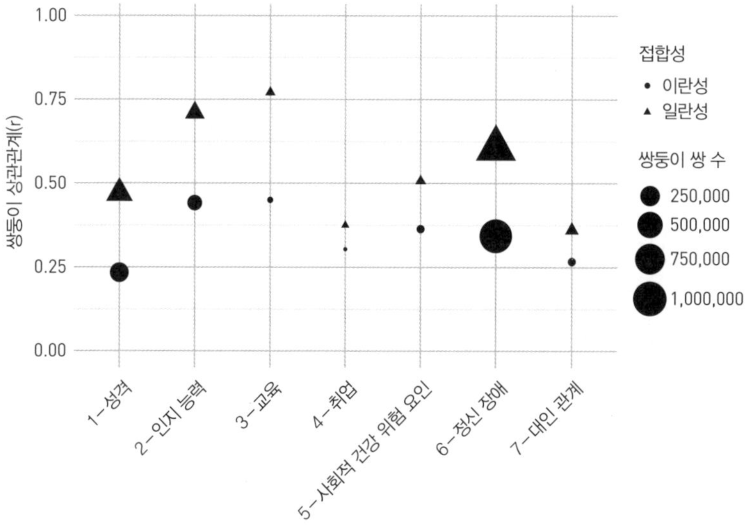

그림 6.3 일곱 가지 불평등 영역에서 일란성과 이란성 쌍둥이 상관관계. 아래 논문의 데이터를 저자가 분석한 것이다. Tinca J. C. Polderman et al., "Meta-Analysis of the Heritability of Human Traits Based on Fifty Years of Twin Studies," *Nature Genetics* 47, no. 7 (July 2015): 702-709, https://doi.org/10.1038/ng.3285.

2015년, 50년 동안의 쌍둥이 연구를 요약한 논문이 〈네이처 제네틱스〉 저널에 실렸는데, 이 논문은 무려 200만 쌍 넘는 쌍둥이에게서 1만 7000개 이상의 특성을 측정한 2000편 넘는 과학 논문을 간추렸다.[4] 나는 이 논문 데이터를 인생의 일곱 가지 영역으로 나누어 정리한 뒤, 그림 6.3으로 나타냈다.

처음 두 영역은 사람의 심리에 관한 것으로, 각각 성격 형질과 인지 능력이다. 이 두 심리적 특성은 세 번째 결과인 교육에서의 성공과 가장 상관관계가 강하기 때문에 중요한 영역이다.[5] 그리고 교육은 네 번째 영역인 노동 시장에서의 성공을 결정짓는 강력한 요인이다. 실업자 그리고/

또는 저소득자는 오염과 폭력이 더 빈번한 가난한 환경에서 살아갈 확률이 높으므로 사회적 건강 위험 요인이라는 다섯 번째 영역에서 어려움을 겪는다. 마지막 두 영역 중 하나는 우울증이나 알코올 중독 같은 정신 장애의 위험도이고, 나머지 하나는 결혼이나 이혼, 외로움, 친구 만나기 같은 대인 관계다.

그림 6.3의 도형 크기를 보면 알 수 있듯 100만 쌍 넘는 쌍둥이 덕분에 정신 장애에 관한 쌍둥이 연구는 산더미처럼 쌓여 있다. 그리고 원과 삼각형 사이의 간격을 보면 알 수 있듯 모든 영역에서 이란성 쌍둥이가 일란성 쌍둥이보다 더 다르다. 이란성 쌍둥이 상관관계와 일란성 쌍둥이 상관관계 사이의 거리가 멀수록 유전가능성이 더 커진다.

인지 능력, 성격, 교육, 취업, 사회적 건강 위험 요인, 정신 장애, 대인 관계라는 모든 일곱 가지 불평등 영역에서 이 그래프가 보여주는 것은 DNA 서열 차이로 인한 변이의 약 4분의 1에서 2분의 1 정도가 사실상 유전 가능하다는 점이다. 50년 동안 100만 쌍 넘는 쌍둥이에게서 나온 압도적인 결론은 바로 **사람들이 서로 다른 유전자를 물려받으면 인생이 달라진다**는 것이다.

익숙한 반론

이 글을 쓰는 도중에도 사람들이 익숙한 반론을 노래하는 소리가 들려온다. "유전가능성은 집단마다 다르게 추정돼요." 즉, 측정된 특정 그룹의 사람들에게서 이런 불평등의 영역이 유전 가능하다고 하더라도, 이 유전 가능성은 모든 시대와 장소와 사람 그룹에 걸쳐 사실로 정해진 자연법칙이 아니라는 것이다. GWAS 연구처럼 쌍둥이 연구도 대부분의 연구 대상자는 미네소타·콜로라도·텍사스·위스콘신·버지니아·네덜란드·노르웨이·덴마크·핀란드·스웨덴·영국·오스트레일리아에서 20세기부터 21세기 초반을 살았던 백인 성인으로, 확실히 유럽 중심으로 치우쳐 있다. 만약 다른 시간과 장소에 살면서 다른 사회 구조를 경험한 다른 사람들을 연구했다면, 인생 결과의 유전가능성도 달라질 수 있다. 딱 한 가지 예를 들어보자면, 내가 1982년이 아니라 1782년에 여성으로 태어났다면 박사 학위를 취득하기는커녕 대학을 다니는 것조차 허용되지 않았을 것이다. 하지만 교육받을 수 있는 환경의 기회가 바뀌면서 내가 물려받은 유전자들의 관련성도 바뀌었다. 다음 장에서는 유전가능성이 사회적·역사적 체계에 따라 어떻게 달라지는지를 지금과 같이 실증적 사례를 토대로 논할 것이다.

유전가능성이 집단에 따라 다를 수 있다는 (그리고 다르다는) 사실은 그런 관념을 지지하는 행동유전학 평론가들에게 큰 걸림돌이 되어왔다. 그리고 이런 관념은 전부 될 대로 되라는 식으로 평가받았다. 생물학자 리처드 르원틴은 1974년에 이렇게 썼다. "나는 우리가 쓸모없는 양(quantity)을 추정하려고 끝없이 더 좋은 방법을 찾는 걸 그만두길 제안한다."[6] 심리학자 리처드 러너(Richard Lerner)는 2004년에 이렇게 한탄했다. "우리는 왜 계속 행동유전학을 다시 파헤쳐야 하는가?"[7] 경제학자 찰스 맨스키(Charles Manski)는 2011년에 이렇게 물었다. "유전가능성 연구를 계속하는 이유가 무엇인가? ······연구는 계속되고 있는데, 왜 하는지 모르겠다."[8]

하지만 특정 시간과 특정 장소마다 달라진다는 이유 때문에 집단의 불평등 통계를 중요하지 않은 것으로 취급하지는 않는다. 예를 들어, 지니계수(Gini coefficient)는 소득 불평등의 척도다. 모든 사람의 수입이 정확히 똑같은 나라에서는 지니계수가 0이고, 한 사람이 돈을 다 벌면서 나머지 사람들 전부가 아무것도 갖지 못하는 나라에서는 지니계수가 1이다. 어떤 특성이 유전가능성 값을 하나만 갖지 않는 것처럼, 어떤 국가도 지니계수 값을 하나만 갖지 않는다. 국가는 시간에 따라 경제적·정치적으로 변화한다. 만약 누가 역사상 특정 순간에 특정 사회의 사람들이 경험했던 불평등을 묘사하기 위해 지니계수를 사용했다면, 우리는 그 정보가 집단에 특이적일 '뿐'이라며 성급히 일축하려 들지 않을 것이다.

유전가능성이나 다유전자 지수의 연관성은 지니계수와 비슷하게 역사적으로나 지리적으로 특이적이지만, 이에 못지않게 흥미롭거나 가치 있다.[9] 유전가능성 추정이 집단에 완전히 특이적이더라도, **그 집단에서의** 유전자 로또 결과가 인생 결과에서 불평등을 얼마나 많이 일으키는지에 중요한 요지를 남겨둔다. 이런 관념을 포기하라는 꾸준한 요구에도 굴하지 않고, 유전가능성 연구가 계속될 것이라 예상하는 데에는 타당한 이유가 있다. 유전가능성 연구는 유전자라는 통제 불가능한 출생의 우연이 우리가 실제로 살아가는 사회의 교육과 소득 그리고 행복과 건강 등의 관심거리에서 사람들의 차이를 일으키느냐는 질문에 답을 해주고 있기 때문이다.[10]

사라진 유전가능성의 사례

헌스타인과 머리가 《종 모양 곡선》을 낸 이후 유난히 쌍둥이 연구의 가정(assumption)만 철저한 정밀 조사를 받았다. 그리고 정치적 동기가 있든 없든 쌍둥이 연구의 가정을 꼼꼼히 검토해야 할 마땅한 이유가 있다. 실제로 쌍둥이 연구에서는 많은 것을 가정하는데, 그중 대부분이 특별히 타당하다는 느낌이 들지 않기 때문이다. 이를테면 쌍둥이 연구에서는 **단순히** 일란성 쌍둥이가 똑같다는 이유만으로 이란성 쌍둥이보다 서로 더 비슷한 경험을 하는 건 아니라고 가정한다. 이를 '동일한 환경 가정'*이라고 한다. 양말부터 머리핀까지 옷차림이 완전히 똑같은 쌍둥이를 한 번이라도 본 적 있다면, 이런 가정이 살짝 과장되었다고 느낄지도 모른다.[11] 더 나아가 유전자와 환경은 측정이나 통계로 설명하기 까다로운 복잡한 상관관계를 이루고 있는데, 이는 쌍둥이 연구가 유전자에서 원인을 찾을 게 아니라 환경에서 진짜 원인을 찾아야 하는 것 아니냐는 의심을 계속해서 받게 만든다.

초창기의 GWAS 결과는 쌍둥이 연구에서 무언가가 근본적으로 잘못되어 있다는 의심을 부채질했다. 3장에서 설명했듯 100만 명 넘는 사람을 대상으로 수행한 교육 정도 GWAS가 가장 잘 '적중'한 것은 기껏해야 학교를 몇 주 더 다니는 정도밖에 안 됐고, 이는 교육 수준에서 나타나는 사람들 간 차이의 1%에 불과한 수치다.[12] 만약 GWAS에서 확인한 모든 유전자를 다유전자 지수의 형태로 종합한다면 교육 정도의 차이를 ~13% 정도 설명할 수 있다. 이는 다른 사회과학 변수에서 나타나는 효과 크기(예: 가족 소득에서는 11%)와 비교할 때 상당히 높은 값이다.[13] 그런데도 이 수치는 교육 정도에서 차이의 약 40%가 유전자 때문이라는 쌍둥이 연구의

* equal environments assumption: 일란성 쌍둥이와 이란성 쌍둥이가 비슷한 정도로 환경 요인을 공유한다는 가정. 하지만 실제로는 일란성 쌍둥이가 더 비슷한 환경을 공유한다. 따라서 일란성 쌍둥이가 특정 특성에서 일치율이 크다면, 그 이유는 유전적 유사성과 더불어 높은 환경 유사성 때문일 수도 있다. 따라서 이 가정을 따르면 유전자의 효과를 높게 추정할 가능성이 있다.

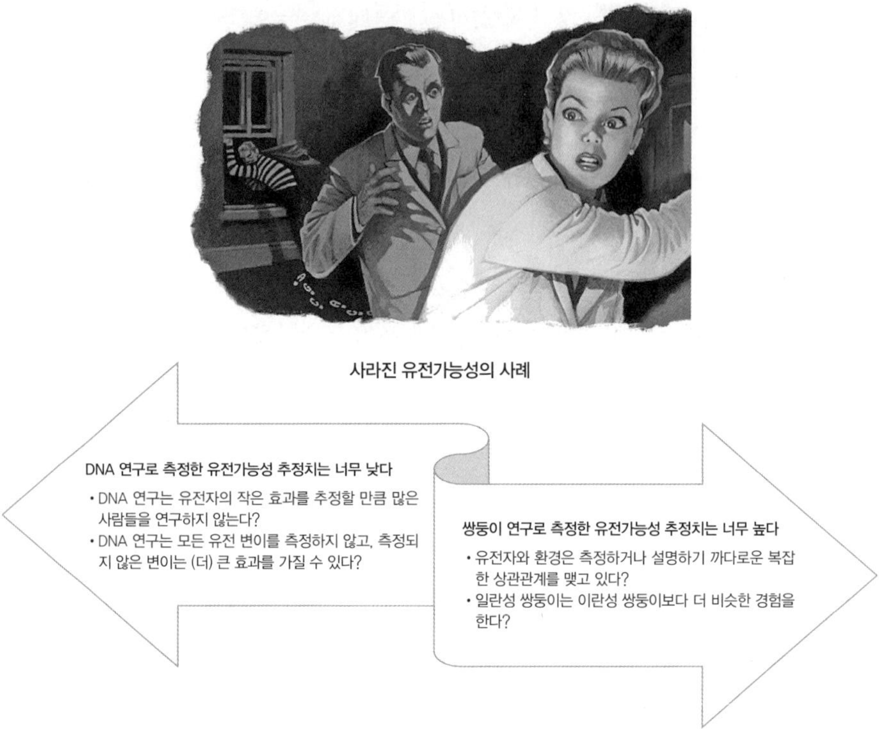

그림 6.4 사라진 유전가능성의 사례. 스프링어 네이처 출판사의 허락을 받아 다음 논문에서 그림을 복제했다. Brendan Maher, "Personal Genomes: The Case of the Missing Heritability," *Nature* 456, no. 7218 (November 1, 2008): 18-21, https://doi.org/10.1038/456018a.

추정치와 여전히 큰 차이가 난다.[14]

GWAS에서 찾은 유전자로 설명한 차이와 쌍둥이 연구에서 추정한 유전가능성 사이의 공백을 '사라진 유전가능성(missing heritability)' 문제라고 한다(그림 6.4).

하지만 '사라진 유전가능성' 현상으로 쌍둥이 연구의 결론을 곧바로 일축하기 전에, GWAS와 다유전자 지수 연구가 최소 두 가지 이유로 유전자의 효과를 **낮게** 추정할 가능성이 있다고 의심받는다는 사실을 기억하는 것도 중요하다.[15] 첫째, 이 두 방법은 모든 유전 변이를 측정하지 않기 때문에 특히 효과가 크게 나타날지 모를 드문 유전 변이를 놓칠 수 있다. 그리고 둘째, 100만 명 넘는 사람들로 GWAS를 수행하더라도 효과가 아주 약하지만 0은 아닌 각 유전자를 감지하기엔 여전히 사람 수가 부족한 것일지도 모른다.

쌍둥이 연구의 유전가능성 추정치가 너무 높고 GWAS의 유전적 효과 추정치가 너무 낮다면, 교육 같은 인생 결과에서 유전되는 DNA 변이의 영향을 가장 잘 추정하는 방법은 무엇일까? 통계유전학자 앨릭스 영(Alex Young)은 그 방법을 이렇게 설명했다. "사라진 유전가능성 문제의 가장 완벽한 해결책은 인과관계가 있는 모든 유전 변이를 밝히고, 그 변이가 특성 차이를 얼마만큼 설명하는지 측정하는 것이다."[16]

물론 우리는 아직 교육 같은 복잡한 표현형은 고사하고 사람의 어떤 표현형도 명확하게 밝히지 못하고 있다. 한편, 유전가능성의 (너무 크지도 않고 너무 작지도 않은) 골디락스* 추정치를 얻는 방법은 이번 장 앞부분에서 설명한 형제자매 회귀 방법인데, 이는 여러 형제자매 쌍이 기원에 따라 일치하는 DNA 부분을 공유하는 비율에 무작위적 차이가 나타난다는 사실을 이용하는 방법이다. 이 방법을 관계성 불평형 회귀(relatedness disequilibrium regression, RDR)라는 방법으로 확장하면 다른 생물학적 친척

* 골디락스(Goldilocks)는 영국의 전래 동화 《골디락스와 곰 세 마리》에 등장하는 금발 머리 주인공 이름. 이 이야기에서 유래한 '골디락스'는 너무 과하지도 부족하지도 않은 적당한 정도를 비유하는 표현으로 쓰인다.

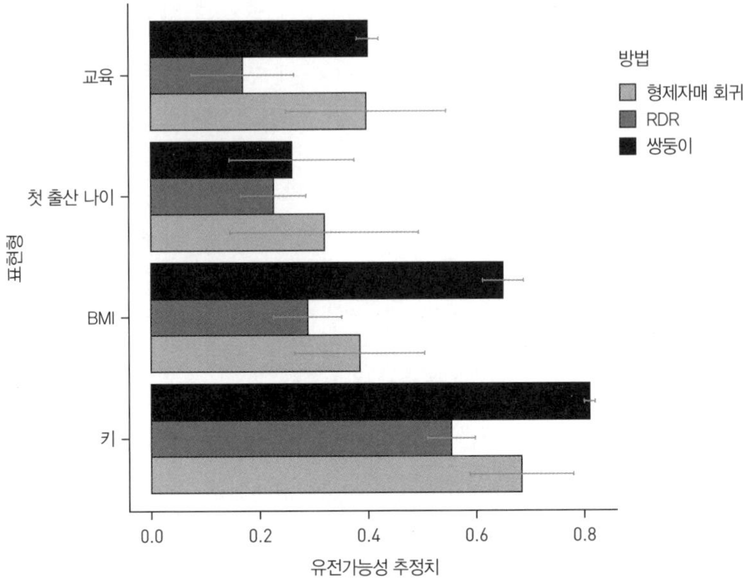

그림 6.5 네 가지 사람 표현형에서 세 가지 다른 방법으로 추정한 유전가능성. '교육'=교육 정도(정규 교육을 받은 햇수). '첫 출산 나이'=여성이 처음 출산했을 때의 나이. 'BMI'=신체 질량 지수. '키'=성인의 키. '쌍둥이' 방법은 함께 자란 일란성 쌍둥이의 유사성과 함께 자란 이란성 쌍둥이의 유사성을 비교해 유전가능성을 추정한다. '형제자매 회귀' 방법은 기원에 따라 일치하는 DNA를 공유하는 비율에 무작위적인 차이가 난다는 사실을 이용해 유전가능성을 추정한다. 'RDR'(관계성 불평형 회귀) 방법은 형제자매 회귀 방법을 다른 친척 쌍으로까지 확장한 것으로, 이때 그 쌍의 관계성은 부모의 관계성에 따라 좌우된다. 오차 막대는 표준오차를 나타낸다. 아래의 두 추정치를 제외한 나머지 유전가능성 추정치는 다음 논문에서 가져왔다. Alexander I. Young et al., "Relatedness Disequilibrium Regression Estimates Heritability without Environmental Bias," *Nature Genetics* 50, no. 9 (September 2018): 1304-1310, https://doi.org/10.1038/s41588-018-0178-9. 교육 정도의 유전가능성에서 쌍둥이 추정치는 다음 논문에서 가져왔다. Amelia R. Branigan, Kenneth J. McCallum, and Jeremy Freese, "Variation in the Heritability of Educational Attainment: An International Meta-Analysis," *Social Forces* 92, no. 1 (2013): 109-140. 그리고 여성의 첫 출산 나이의 유전가능성에서 쌍둥이 추정치는 다음 논문에서 가져왔다. Felix C. Tropf et al., "Genetic Influence on Age at First Birth of Female Twins Born in the UK, 1919-68," *Population Studies* 69, no. 2 (May 4, 2015): 129-145, https://doi.org/10.1080/00324728.2015.1056823.

에게도 적용할 수 있다.[17]

그림 6.5는 (1) 키, (2) 신체 질량 지수(BMI), (3) 여성의 첫 출산 나이, (4) 교육 정도라는 네 가지 결과에서 각각 형제자매 회귀, RDR, 쌍둥이 방법을 사용해 얻은 유전가능성 추정치를 나타낸 것이다. 교육의 경우 유전자가 사람들 결과에서의 차이를 40% 일으키는지, 아니면 17% 정도 일으키는지 비교적 불확실하다. 하지만 그에 비해, 미국에서 백인으로 분류되는 사람들에게서 가족 소득은 교육 정도에서 나타나는 차이의 고작 11%만 설명한다는 사실을 떠올려보자.[18] 이렇게 비교해보면 쌍둥이 연구에서 논란이 되는 가정을 기각하더라도, 교육 정도의 유전가능성은 여전히 0이 아니다. 유전자는 교육 결과에서의 차이를 일으키고, 그 유전적 차이의 효과는 적어도 가족 소득 같은 변수에서 차이를 설명하는 데 중요하다.

가족 내 다유전자 지수 연구

쌍둥이나 형제자매를 이용한 유전가능성 연구는 유전체 전체가 사람들의 인생 결과에 전반적으로 미치는 효과를 알려주지만, 어떤 특정 유전 변이가 그런 효과를 나타내는지는 알려주지 않는다. 반면, GWAS의 목표는 특정 유전 변이를 확인하는 것이지만, 보통 GWAS 연구는 서로 다른 가족에 속한 사람들끼리 비교하기 때문에 유전적 차이와 이따금씩 상관관계가 있는 것처럼 보이는 환경 효과를 골라낼 위험이 매번 존재한다. 이 두 접근법을 함께 녹여내려면 GWAS 결과로 다유전자 지수를 만든 다음, 가족 구성원 표본으로 그 다유전자 지수를 검사하면 된다. 유전자 로또가

한 세대에서 펼쳐지는 방식을 보면, 가족 구성원 간 유전적 차이는 계통과 지리 그리고 문화에서의 가족 간 차이와 함께 엮이지 않고 무작위적이다. 이처럼 가족 내 접근법은 다유전자 지수로 포착한 특정 유전자가 인생 결과에서 나타나는 차이의 원인인지를 검사하기 위해 자연의 실험*을 이용한다.

연구자가 유전자 로또의 효과를 조사하기 위해 사용하는 가족 내 연구에는 (1) 형제자매 비교 연구, (2) 입양자와 비입양자 비교 연구, (3) 부모-자식 트리오(trio) 연구의 세 가지 유형이 있다.

가장 간단한 연구는 아마 형제자매 비교 연구일 것이다. 다유전자 지수가 서로 다른 형제자매는 인생 결과가 서로 다를까? 한 형제자매 비교 연구에서는 영국의 이란성 쌍둥이 2000쌍 이상을 12살부터 21살까지 추적했다.[19] 연구자들은 각 사람의 키, BMI, 스스로 평가한 건강 상태, ADHD 증상, 정신병 경험, 신경질, 지능 검사 점수, GCSE(General Certificate of Secondary Education: 16살 즈음에 치르는, 미국의 SAT와 비슷한 영국의 표준 시험) 점수로 평가한 학업 성취도를 측정했다. 이후 다유전자 지수가 더 다른 형제자매일수록 각 인생 결과가 더 달라지는지 검사했다.

실제로 더 달라졌다. 유전적으로 가장 큰 차이를 보인 쌍둥이는 실제 키에서 거의 9cm나 차이가 났다. BMI에서도 $3kg/m^2$만큼 차이를 보였는데, 이는 170cm 여성이 9kg 늘어나는 것과 같은 정도다. GCSE 점수에서는 표준편차가 0.5만큼 차이 났다.

이 영국의 쌍둥이 연구는 쌍둥이를 21살까지만 추적했지만, 21살에게

* 생식자를 만들 때 염색체가 무작위적으로 나뉜다는 사실을 비유한 표현.

는 아직 살날이 많이 남아 있다. 결혼하고 대출을 받는 '진짜' 성인이 되면 사람들은 어떻게 지낼까?

이 궁금증을 파헤친 연구는 컬럼비아 대학교 사회유전체학 연구원인 댄 벨스키와 그의 동료들이 수행한 연구로, 2장에서 잠깐 언급했었다.[20] 이들은 교육 정도 GWAS로 만든 다유전자 지수를 사용해 형제자매 중 한 사람의 다유전자 지수가 **다른 사람보다** 높을수록 교육 정도가 더 높고, 더 명성 높은 회사에 취직하고, 직장 생활을 마감할 때 더 부유하다는 사실을 발견했다. 이 같은 형제자매의 유전 변이 차이는 완전히 무작위적인 멘델 로또의 결과이므로, 이 연구는 어떤 한 사람의 유전자들이 교육과 부에서 차이를 **일으킨다**는 가장 강력한 증거를 제시한다. (물론 사회과학에서 수행하는 무작위 대조 시험의 수많은 인과관계 추론처럼 이런 유전적 효과가 **어떻게** 나타나는지는 아직 모른다. 이 주제는 다음 장에서 다룰 것이다.)

영국 바이오뱅크(UK Biobank) 데이터를 이용한 한 독창적인 연구에서는 유전자 로또를 연구하는 데 입양자를 이용했다.[21] 당연히 입양자는 생물학적 부모 밑에서 자라지 않는다. 이는 입양자의 유전자가 수양부모의 유전자와 관련이 없다는 것을 뜻한다. 그래서 입양자 자신의 유전자는 수양부모의 유전자와 상관관계가 있는 계통, 지리, 사회적 위치, 문화의 복잡한 그물과 더 적게 얽혀 있다. 치즈먼(R. Cheesman)과 그의 동료들은 6000명 넘는 영국인을 대상으로 다유전자 지수가 입양자의 교육 정도와 확실히 연관되어 있다는 것을 보여주었지만, 그 관계의 세기는 비입양자보다 약했다. 따라서 이 연구는 한 사람의 유전자가 교육 정도에 미치는 '직접적인' 효과에 대한 증거를 제시하는 동시에, 다유전자 지수가 왜 생물학적 부모 밑에서 자란 아이들의 인생 결과와 더 강하게 관련 있는지에 관한 의문도 품게 한다. (이 의문은 9장에서 다룰 것이다.)

가족 내 연구의 마지막 유형은 부모-자식 트리오(생물학적 부모 2명과 자녀 한 명)의 DNA를 측정하는 것이다. 각 부모의 유전체는 자녀에게 전달된 유전자와 전달되지 않은 유전자 두 부분으로 나눌 수 있다. 다시 말하지만, 어떤 유전자가 자녀에게 전달되거나 전달되지 않을지는 **무작위적**이며, 유전자 로또의 결과다. 여기서 유전자가 원인이 되는지를 검사하려면, 전달된 유전자가 전달되지 않은 유전자보다 자녀의 인생 결과와 더 강하게 관련되는 정도를 살펴보면 된다. 부모에게서 전달된 유전자와 전달되지 않은 유전자는 모두 부모의 계통·환경·지리·문화와 상관관계가 있지만, 그중 전달된 유전자만이 (무작위로) 생물학적으로 유전된다.

이 방법을 사용한 연구 중 가장 눈길을 끄는 연구가 아이슬란드에서 이뤄졌다.[22] 연구자들은 유전자형 분석을 받은 2만 명 이상의 사람과 이들의 부모를 연구했고, 형제자매 비교 연구나 입양자 연구와 비슷한 결론을 얻었다. 다유전자 지수와 교육 정도의 연관성은 가족 내에서 비교할 때 약해지긴 하지만, 확실히 없어지지는 않는다. 따라서 이 세 가지 방법을 통해 나온 결과는 모두 유전자 로또의 결과가 최고 학력의 원인이 된다고 세 번에 걸쳐 똑같이 결론 내린다.

50년 동안의 쌍둥이 연구 결과와 몇 년밖에 안 된 DNA 측정 연구를 줌 아웃 해서 함께 놓고 보면, 사람들의 유전적 차이는 사회 불평등의 원인이라는 필연적인 결론이 나온다. 이 불평등은 교육 정도의 불평등뿐만 아니라 BMI 같은 신체적 건강 결과, ADHD나 다른 정신 장애 같은 심리적 결과, 첫 출생 때의 나이 같은 생식 능력 결과의 불평등도 포함한다.

진화생물학자 테오도시우스 도브잔스키[23]는 1962년에 이렇게 썼다. "사람은 능력, 에너지, 건강, 성격 등 사회적으로 중요한 특성에서 다양하다. 그리고 이런 모든 특성의 다양성이 어느 정도 유전적으로 좌우된다는 데에는 완전하진 않더라도 좋은 증거가 있다. 여기서 좌우된다는 말은 정해져 있다거나 운명 지어진다는 뜻이 아님을 명심하라." 도브잔스키가 옳았다. 이 글을 발표한 후 몇십 년 동안 쌓인 증거는 이러한 주장을 더 확실하게만 만들어주었다.

유전자가 사회 불평등의 원인이라는 사실을 알아내는 건 어쩌면 연구 프로젝트에서 가장 쉬운 부분일 테고, 그래서인지 반세기도 전에 도브잔스키를 비롯한 다른 사람들은 이 사실을 확실하게 인지하고 있었다. 그런데도 이런 사실을 논의하는 데 대단히 많은 에너지를 낭비했다는 점은 아쉬운 부분이다. 다음 장에서는 '어떻게?'라는 훨씬 더 어려운 질문을 다룰 것이다.

07

신비로운 원리

나는 1998년, 예전에 작은 침례교 인문대학이던 사우스캐롤라이나주의 퍼먼 대학교(Furman University)에 우수 장학금을 받으면서 입학했다. 덕분에 런던으로 유학 간 한 학기를 포함해 4년 동안 수업료와 각종 수수료를 100% 지원받으며 학교에 다녔다. 현재 퍼먼 대학교의 수업료는 연간 거의 5만 달러에 달한다. 나는 한 푼도 내지 않았다. 지금도 그렇지만 그때 나는 운동 신경이 아예 없었다. 학교 밖 다른 활동에 흥미도 없었다. 특별히 고난을 극복한 경험이 없어 시험대에 오르거나 난관에 부닥쳤을 때 남달리 회복하지도 못했다. 나에게서 유일하게 우수했던 점이라면 미국 고등학생이 의례적으로 치르는 대학 입학시험인 SAT에서 거의 만점에 가까운 점수를 받은 것이 다였다.

6장에서 설명했듯 우리는 유전자가 교육 정도의 원인이 된다고 상당히 확신할 수 있다. 그리고 5장에서 설명했듯 인과관계는 메커니즘이 아니다. 루마니아의 고아를 구조하는 것이 어떻게 IQ 검사 점수를 높이는지 잘 모르는 것처럼, 한 사람의 유전자가 교육에서의 성공에 근본적으로 어떤 영향을 미치는지도 잘 모른다.

하지만 교육 체계가 어떻게 작동하는지는 알고 있다. 내가 대학에 입학하기까지 어떤 여정을 거쳤는지 살펴보자. 내 부모님은 두 분 다 대학을 졸업했고, 확실히 나도 대학에 다닐 것이라 기대하셨고, 입학 과정을 어떻게 밟아나가야 하는지 어느 정도 알고 계셨다. 전년도에 퍼먼 대학교에 입학한 친구나, 내가 갈 수 있는 학교들을 제시해준 고등학교 진로 선생님처럼 나도 다른 형태의 사회 자본에 접근할 수 있었다. 제도 수준에서 살펴보면, 퍼먼 대학교는 다른 수많은 작은 인문대학처럼 '우수' 장학금으로 성적이 높은 학생을 끌어들인다. 이는 〈U. S. 뉴스(U. S. News)〉의 '최고' 대학 리스트에서 대학 순위를 높여주고, 높은 순위는 등록금을 전액 지급받을 미래의 학생들에게 학교가 더 좋아 보이게끔 해준다.

사람들이 교육 같은 복잡한 결과를 일으킬 수 있는 '유전적' 효과의 메커니즘을 생각할 때면 부모의 기대, 유리한 사회 연결망, 상품화된 교육 시장에서의 제도적 충돌 같은 사회적 과정을 가장 먼저 떠올리진 않는다. 대신, 유전적 원인은 피부 안에서 완전히 생물학적 메커니즘으로 일어나야 한다고 지레짐작하기 쉽다.

그러나 '어떻게'라는 질문에 답하려면 분자와 세포 사이의 상호 작용뿐만 아니라 사람과 사회 제도 사이의 상호 작용도 연구해야 한다. 나는 우리가 알고 있는 것이나, 적어도 안다고 생각하는 것을 이번 장에서 설명하려고 한다. 특히 유전체와 교육적 성공 사이의 경로에 초점을 맞출 것이다. 왜냐하면 이 분야는 내 연구 그룹이 폭넓게 탐구한 분야이기도 하고, 다른 불평등을 구조화하는 교육의 중심이기도 하기 때문이다.

4장에서 언급한 것처럼 여기서 설명하는 모든 것이 그룹 내 개인 차이를 이해하는 데 적용된다는 점을 기억하는 게 중요하다. 여기서 설명하는 연구 방법(주로 쌍둥이 연구와 다유전자 지수 분석)은 그룹 간 평균 차이의 원인에 대해서는 아무것도 알려주지 않는다.

빨간 머리 어린이와 가능한 대안 세계

1972년 사회학자 샌디 젠크스(Sandy Jencks)는 유전적 효과가 나타내는 사회적 메커니즘에 관해 가장 오래 지속되는 사고 실험을 제안했다.[1]

> 예컨대 만약 국가가 빨간 머리 아이들을 학교에 다니지 못하게 한다면, 빨간 머리의 원인 유전자는 독해 점수를 낮춘다고 할 수 있다. ……빨간 머리 아이들의 무지함이 유전자 때문이라고 한다면, 이런 상황에서 아마 대부분의 독자는 터무니없다는 느낌을 받을 것이다. 그러나 바로 이것이 유전가능성을 추정하는 전통적인 방법이다.

젠크스가 옳았다. 유전가능성 추정은 유전자가 표현형의 원인인지에 관한 정보를 **준다**. 그러나 이런 발상은 유전자형과 표현형을 연결하는 메커니즘에 관한 정보를 **주지 않으며**, 알맞은 메커니즘은 직관적으로 '생물학적' 과정이 아닐지도 모른다.

젠크스의 빨간 머리 어린이 사고 실험은 유전학 논의에서 하나의 밈*이

* meme: 한 문화에서 사람 대 사람으로 모방을 통해 전달되는 아이디어, 행동, 스타일 따위를 의미한다.

되었고, 그러면서 더 자세히 파헤쳐볼 만한 세 가지 개념, 즉 (1) 인과 사슬, (2) 분석 수준, (3) 가능한 대안 세계를 직관적으로 포착해왔다. 나는 이러한 점 때문에 이 사고 실험이 오래 지속되고 있다고 생각한다.

첫째, 빨간 머리 어린이 예시에서 유전자가 기다란 **인과 사슬**을 통해 표현형과 연결될 수 있다는 점은 명백하다.[2] 이 예시에서 *MC1R* 유전자의 한 변이는 사람 머리카락을 빨갛게 만드는 페오멜라닌(pheomelanin) 합성에 관여한다. 그다음, 이런 표현형 형질은 다른 사람들에게 문화적·역사적으로 특이적인 사회적 편견으로 인식되고, 이런 편견은 특정 아이들이 학교 다니는 것을 금지하는 사회 정책으로 뿌리박힌다.

둘째, 이러한 인과 사슬은 여러 **분석 수준**에 걸쳐 존재할 수 있다. 과학 탐구를 조직하는 방법에는 과학자가 연구하는 현상을 레이어 케이크(layer cake)처럼 층층이 배열하는 것이 있는데, 여기서 각 층의 개체는 위에 있는 다음 층 개체의 일부분이다.[3] 쿼크(quark) 같은 아원자(subatom, 亞原子) 입자는 원자의 일부이고, 각 개개인은 사회의 일부다(그림 7.1). 젠크스의 빨간 머리 어린이 사고 실험에서 인과 사슬이 여러 분석 수준으로 위로 뻗어 나갈 수 있다는 점은 명백하다. *MC1R* 유전자는 DNA 분자의 일부분이다. 이 유전자는 세포 안에서 페오멜라닌을 합성하는 단백질을 부호화한다. '빨간 머리 사람'은 개개인을 의미하고, 빨간 머리 사람이 학교 다니는 것을 금지하는 결정은 사회 현상이다.

젠크스가 "빨간 머리 아이들의 무지함이 유전자 때문이라고 한다면, 이런 상황에서 아마 대부분의 독자는 터무니없다는 느낌을 받을 것이다"라고 주장했을 때, 그는 어떤 분석 수준으로 그 현상을 설명하고 이해해야 **가장 좋은지** 어느 정도 의견을 내비치고 있는 셈이다. 젠크스의 견해로 봤을 때, 학교에 다니는 현상을 분자 수준으로 다루는 것은 비록 인과 사

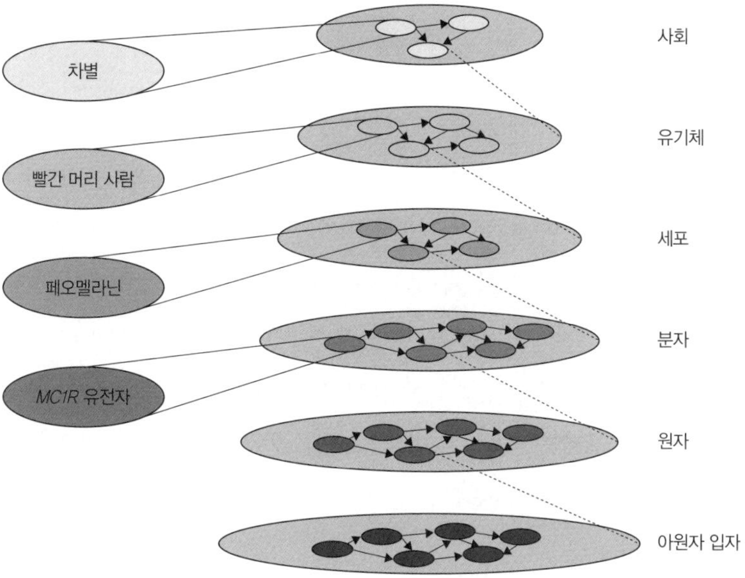

그림 7.1 과학의 분석 수준. 그림은 다음에서 아이디어를 종합한 것이다. Carl F. Craver, *Explaining the Brain: Mechanisms and the Mosaic Unity of Neuroscience* (Oxford: Oxford University Press, 2007); Paul Oppenheim and Hilary Putnam, "Unity of Science as a Working Hypothesis," 1958, http://conservancy.umn.edu/handle/11299/184622; Christopher Jencks et al., *Inequality: A Reassessment of the Effect of Family and Schooling in America* (New York: Basic Books, 1972).

슬이 DNA 분자를 포함할지라도 터무니없는 것이다.[4]

그리고 셋째, 젠크스의 예시에서는 유전자에서 무지함으로 이어지는 인과 사슬이 끊겨 있는 **가능한 대안 세계**가 또렷이 존재한다. 빨간 머리 어린이 예시를 접하고 나면 머리카락 색깔에 상관없이 모든 아이가 학교에 다닐 수 있는 대안 사회를 바로 떠올릴 수 있다. 이렇게 사회 정책이 변하면, 직접 아이들의 유전자나 유전자 생성물을 전혀 조작하지 않고도 유전자형과 표현형 사이의 인과 사슬이 끊긴다. 즉, 교육에서 '유전적' 효과를 개선하려고 배아의 DNA를 편집하거나, 생물학적 성질을 바꾸려고 아이들에게 약을 줄 필요가 없다.

빨간 머리 어린이 예시를 *HTT*와 헌팅턴병 사이의 관계와 비교해볼 수 있다. 첫째, *HTT*와 헌팅턴병 사이의 인과 사슬은 비교적 짧다. 즉, 처음부터 마지막까지 일어나는 사건을 설명하는 데 그리 많은 단계가 필요하지 않다. 둘째, *HTT*와 헌팅턴병 사이의 인과 사슬은 모두 명백히 '생물학적' 분석 수준에서 일어난다. 즉, 인과 사슬을 설명하려면 세포 안 분자의 작용을 설명하면 된다. 그리고 셋째, *HTT*가 헌팅턴병의 원인이 아닌 가능한 대안 세계를 떠올리기 어렵고, *HTT*에서 헌팅턴병까지의 사슬을 끊으려면 유전자 편집이나 약물 등으로 개인의 생물학적 성질을 직접 조작해야 한다.

헌팅턴병의 엄격한 생물 결정론이나 빨간 머리 가설의 완전한 사회 의존성이 둘 다 없는 인과 사슬도 떠올릴 수 있다. 예를 들어, ADHD 어린이의 학업 기능을 향상시키기 위해 자극제 약물을 사용하거나(세포 속 분자 변화), 해야 하는 과제를 완수하자마자 보상을 주는 행동 전략을 사용하거나(개개인의 행동 변화), 그리고 교실 편성 방식을 바꿈(사회 조직 변화)으로써 개입할 수 있다. ADHD는 완전히 생물학적이지도 않고 완전히 사회적이지도 않다. ADHD는 누군가의 특정 신경생물학적 성질과 특정 사회 체계의 기대가 교차하는 지점에서 발생하는 경험 및 행동 패턴이다.

유전가능성 분석이나 가족 내 다유전자 지수 분석 자체만으로는 낮은 교육 수준의 원인이 되는 유전자가 '빨간 머리 학교 못 감' 유전자와 더 비슷한지, 아니면 *HTT* 유전자와 더 비슷한지 전혀 알 수 없다. 만약 유전자가 사회 불평등의 원인이 된다는 사실을 알고 있다고 하더라도, 그런 효과의 메커니즘에는 중요한 의문들이 남는다. 인과 사슬이 얼마나 길고,

인과 사슬의 연결 고리는 무엇이고, 인과 사슬이 얼마나 많은 분석 수준에 걸쳐 있는가? 그리고 어떻게 하면 인과 사슬이 가장 잘 끊어지거나 가장 튼튼해질 수 있는가? 마지막 질문은 사회 정책 논쟁에서 아마 가장 결정적일 것이다.

우생학의 아버지 프랜시스 골턴이 19세기에 쓴 《천재의 유전》[5]부터 보수주의의 대표 주자 찰스 머리가 21세기에 쓴 《사람의 다양성(Human Diversity)》[6]까지, 우생학 사상가들은 여러 책에서 위 질문에 구체적인 답변을 넌지시 드러냈다. 첫째, 유전자와 사회 불평등 사이의 인과 사슬은 짧으며, 주로 지능의 발달을 통해 연결된다고 한다. 둘째, 지능은 사회 체계 안에서 발달하는 것이기보다 사람 뇌에 내재하는 특성인 듯하므로, 유전자와 사회 불평등 사이의 인과 사슬은 분석 수준이 세포와 유기체일 때 **가장 잘** 이해할 수 있다고 한다. 그리고 셋째, 이 인과 사슬이 끊긴 가능한 대안 세계는 국가가 사람들의 가정생활을 대규모로 침해하거나 유전공학이 광범위하게 필요한 디스토피아라고 한다. 간단히 말해, 우생학에서는 보편적이고, 직관적으로 생물학적이고, (불가능하지 않다면) 변형되기 어려운 메커니즘을 통해 유전자가 헌팅턴병의 원인이 되는 방식으로 사회 계급의 원인이 된다고 말한다.

유전학과 사회 불평등의 연결을 짧고, 생물학적이고, 보편적인 인과 사슬로 개념화하면 불평등을 해결하려는 정치적 의지가 약해진다. 철학자 케이트 만이 말했듯 사회 불평등을 "자연법칙에 따라 설명"하는 것은 "사회 불평등을 불가피한 것처럼 보이게 하거나, 사회 불평등에 저항하려는 사람들을 승산 없는 싸움을 하는 것처럼 표현하는" 기능을 가진다.[7] 정부가 불평등을 바로잡기 위해 무언가를 해야 한다고 말하는 것은 변화할 수 있다는 걸 암시한다. 반면 엄격한 유전자 결정론은 변화할 수 없다는 것을 암시하는데, 굳이 그래야 할까? 그리고 저마다 조직된 사회 수준에서가 아니라 각 사람의 세포생물학 수준에서 유전자와 사회 불평등의 관계를 가장 잘 이해할 수 있다는 견해는 어떤 사람이 선천적으로 다른 사람보다 **더 낫다**는 우생학 관념을 떠오르게 한다. 진화생물학자 테오도시우스 도브잔스키가 1960년대에 말했듯 "보수주의자가 언제나 가장 좋아하는 주장은 사회적·경제적 지위가 오로지 선천적 능력만 반영한다는 주장이다".[8]

이렇게 이념적으로 만들어진, 유전자와 사회 불평등을 연결하는 메커니즘에 관한 논점은 과학 자체를 이해하기 어렵게 만들 수 있다. 결국, 사람의 우월함과 관련된 우생학 관념이나 빨간 머리 어린이 사고 실험은 둘 다 실증적 결과를 대체할 수 없다. 유전자와 사회 불평등, 특히 교육 결과의 불평등을 연결하는 메커니즘에 관해 우리는 **정말** 무엇을 알고 있을까?[9]

이 분야는 빠르게 발전하고 있으나, 지금으로선 유전학과 교육 불평등을 연결하는 메커니즘에 관해 말할 수 있는 사실은 아래의 다섯 가지라고 생각한다.

1. 교육과 관련된 유전자는 머리카락이나 피부나 간이나 지라가 아니라, 뇌에서 활성화된다.
2. 유전자와 교육을 연결하는 메커니즘은 아이가 태어나기도 전 아주 초기의 발생 단계부터 시작된다.
3. 교육적 성공에 미치는 유전자 효과는 표준검사로 측정한 지능 유형의 발달과 관련이 있다.
4. 교육적 성공에 미치는 유전자 효과는 지능뿐만 아니라 '비인지' 능력의 발달

과도 관련이 있다.

5. 유전자 효과의 메커니즘을 이해하려면 사람과 사회 제도 사이의 상호 작용을 이해해야 한다.

자, 이제 이 다섯 가지 사실에 대해 자세히 살펴보자.

어디서: 유전자는 뇌에 영향을 준다

3장에서 설명한 것처럼 교육 정도 GWAS나 다른 표현형 GWAS로는 SNP 목록과 각 SNP이 인생 결과와 얼마나 강하게 연관되었는지에 대해 비교적 아주 적은 결과 집합만 얻을 수 있다. 이 결과만으로는 메커니즘에 관해 많은 것을 알 수 없다. 하지만 《탈무드》 지은이가 율법 본문 중 부족한 부분에 주석을 달아둔 것처럼, **생물주석**(bioannotation) 분석은 GWAS에서 얻은 불충분한 결과를 가지고 유전체와 세포생물학에서 밝혀진 사실을 근거로 설명 주석을 단다. 유전자에는 SNP이 하나씩 표시되고, 유전자의 기능이나 생성물에는 유전자가 표시되며, 세포나 조직 안 생물 시스템에는 유전자 생성물이 표시된다.

생물주석 도구 상자에서 가장 중요한 도구는 인생 결과와 연관된 유전자가 몸 안의 어떤 부위나 어떤 종류의 세포에서 선택적으로 **발현되는지** 검사하는 것이다. 몸에 있는 모든 세포는 똑같은 DNA 부호를 가지고 있지만, 서로 다른 세포는 필요한 것이 서로 다르므로 각 세포는 특유의 유전자 발현 패턴으로 서로 다른 유전자를 켜거나 끈다. 따라서 분석가는 주어진 GWAS 결과 집합에서 교육 정도나 주관적 안녕감* 또는 비만 같은 특성과 가장 많이 연관된 유전자가 몸의 다른 부위보다 특정 부위에서 더 많이 발현되는지 검사할 수 있다.

과학자들은 이 유전자 발현 연구로 중요한 사실을 밝혀냈다. 교육 정도와 연관된 유전자들은 뇌에서 선택적으로 발현되며, 뇌 안에서도 뉴런에서 선택적으로 발현된다는 것이다. 교육 정도와 '가장 많이' 연관된 유전자에 초점을 맞춰보면, 이 유전자는 뉴런끼리 소통하는 능력에 필요한 핵심 과정에 관여한다. 이러한 과정에는 뉴런끼리 신호를 전달해주는 신경전달물질 분비하기, 뉴런이 새로운 정보를 받는지 안 받는지에 따라 뉴런의 연결망 바꾸기, 이온 통로를 유지해 뉴런의 막 전위 조절하기 등이 있다. 주관적 안녕감과 우울증, 알코올 소비와 흡연, 비만과 소득 같은 사회 불평등과 관련된 다른 모든 표현형에서도 마찬가지로 이들 특성과 연관된 유전자들은 뇌를 중심으로 발현된다.

다시 젠크스의 빨간 머리 어린이 예시로 돌아가보자. 이 예시에서 교육 정도의 유전가능성은 유전적으로 발생한 신체의 겉모습 차이를 알려주고 있으며, 겉모습 차이 때문에 사람들은 서로 다른 대우를 받는다. 그러나 여기선 교육 정도와 연관된 유전자들이 뇌에서가 **아니라** 몸의 다른 부위에서 발현될 것이다. 하지만 우리가 지금 보고자 하는 것은 이런 경우가 아니다. 어떤 사람에게서 교육적으로 성공할 가능성에 영향을 주는 유전자는 머리카락이나 간이나 피부나 뼈가 아니라, 사람들의 뇌에서 작용한다.

---

* subjective well-being: 스스로 얼마나 행복하고 건강하며 만족한다고 느끼는지를 나타내는 척도.

언제: 유전자는 발생의 아주 초기부터 효과를 내기 시작한다

생물주석 분석으로 얻을 수 있는 또 다른 정보는 발생 과정 중 **언제** 인생 결과와 연관된 유전자가 발현되느냐다. 서로 다른 유전자는 우리가 살아 있는 시간 중 서로 다른 시기에 작용한다. 예를 들어, 성장과 관련 있는 유전자는 몸 크기가 빠르게 커질 때는 필요하지만 성인이 되고 나면 크게 관련이 없어진다. 이 분석 방법을 통해 교육 정도와 관련 있는 몇몇 유전자가 출생 전 아이의 뇌와 신경계가 계속 형성되는 동안 선택적으로 발현된다는 사실이 밝혀졌다.[10]

시간 간격을 두고 쌍둥이를 측정해서 그 데이터를 분석하는 전략으로도 유전자가 **언제** 관련되는지 파악할 수 있다. 예컨대 나는 동료들과 함께 10개월과 2살이라는 아주 어린 나이에 인지 능력을 측정한 쌍둥이 표본을 들여다보았다.[11] 이렇게 어린 나이에 인지 능력을 검사할 때는 반복해서 소리를 내라고 하기, 컵에 주사위 3개를 넣으라고 하기, 줄을 잡아당겨서 종 울리게 하기 같은 것을 시킨다. 10개월 때는 측정한 인지 능력의 차이에 뚜렷한 유전적 효과가 없었지만, 2살 때쯤에는 유전적 효과가 나타났다.

다른 연구에서는 교육 정도 GWAS로 만든 다유전자 지수를 이용해 **어떤** 표현형이 다유전자 지수와 상관관계가 있는지, 그리고 발생 중 **언제** 이런 상관관계가 뚜렷해지는지를 관찰했다. 여기서 교육 다유전자 지수는 3살 미만의 아이들이 말하기 시작하는지 및 5살 때의 IQ 검사 점수와 각각 상관관계가 있다는 사실을 보여주었다.[12] 즉, 다유전자 지수 분석 결과는 생물주석 분석과 쌍둥이 연구에서 관찰한 것과 일관되게, 교육 불평등에 영향을 주는 유전자들이 명백히 어린이들이 학교에 다니기도 전인 삶의 초반에 작용하고 있다는 사실을 보여주었다.

무엇을: 유전자 효과는 기본 인지 능력과 관련이 있다

내가 텍사스 대학교에서 공동 지도하고 있는 쌍둥이 연구에서는 **집행 기능**(executive functions, EF)이라고 하는 한 세트의 인지 능력을 측정한다. 여기서 아이들은 몇 시간 동안 12가지 다른 검사를 수행한다(그림 7.2 참조).

'집행 기능'에는 여러 가지 인지 기능이 있는데, 한 검사를 잘 치르는 아이들은 다른 모든 검사도 잘 치르는 경향이 있다. 이처럼 검사 점수 사이에 양의 상관관계가 있다는 점을 가지고 모든 검사 점수를 통계적으로 종합하면 **종합 EF**(general EF)라는 총점 하나로 나타낼 수 있다. 종합 EF가 더 높은 아이들은 주의를 더 잘 조절한다. 스스로 절제도 잘한다. 한 규칙에서 다른 규칙으로 전환할 수도 있다. 또한 정보를 실시간으로 업데이트하고, 적은 양의 정보를 작업 기억에 보관한 뒤 정보에 접근할 수 있다.

내가 종합 EF에 사로잡힌 이유는 두 가지 때문이다. 첫째, 종합 EF의 유전가능성은 거의 100%다.[13] 즉, 모두 학교에 다니는 아이들 그룹 내 종합 EF에서 나타나는 거의 모든 차이는 아이들 간 유전적 차이 때문이라고 추정할 수 있다. 우리는 8살부터 15살 사이의 쌍둥이 수백 쌍에게서 EF 능력을 검사한 뒤, 측정 오류(무작위성 때문에 검사 점수가 약간 변하는 경향)를 바로잡았다. 그 결과, 일란성 쌍둥이는 기본적으로 종합 EF 능력이 **정확히 일치**했다. 이란성 쌍둥이는 상관관계가 0.5만큼 있었다. 즉, 이란성 쌍둥이끼리는 유전적 차이가 나는 만큼, 그리고 서로 비슷한 만큼 절반씩 공유했다. 다른 어떤 행동 특성에서도 거의 완벽한 유전가능성은 찾아보기 힘들다. 특히 어린이로부터 측정한 행동 특성에서는 더 드물다. 종합 EF는 눈 색깔이나 키처럼 유전되며, BMI나 사춘기 시기에서보다 더 유전가능성이 크다.[14]

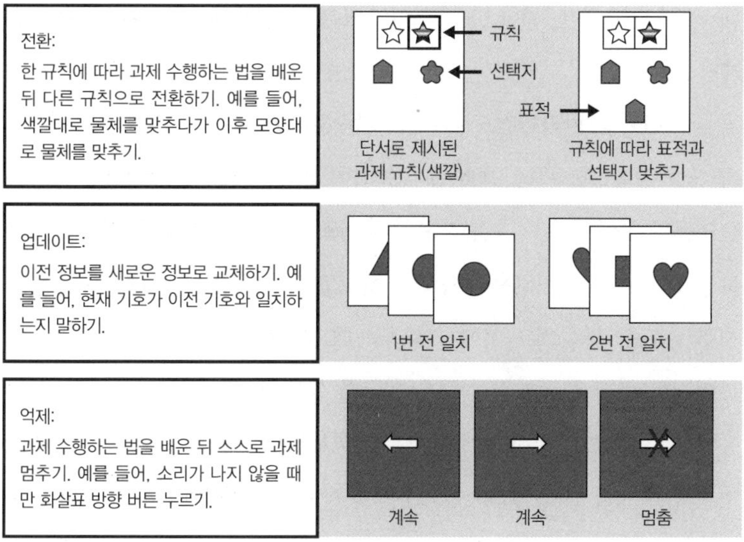

그림 7.2 아이들의 집행 기능 검사 예시. 자세한 설명은 다음 논문에 있다. Laura E. Engelhardt et al., "Genes Unite Executive Functions in Childhood," *Psychological Science* 26, no. 8 (August 1, 2015): 1151-1163, https://doi.org/10.1177/0956797615577209.

둘째, 거의 완벽하게 유전되는 이 특성은 국가에서 실시하는 학업 성취도 시험에서 학생들의 성적을 기막히게 예측하는 좋은 예측 변수다. 미국 전역의 공립 학교 학생과 마찬가지로 텍사스주 학생도 3학년부터 학년이 끝날 때마다 수학과 독해 능력 표준 시험을 치러야 한다.* 우리는 연구에 참여한 아이들의 학교 성적표를 받은 뒤, 연구실에서 치른 아이들의 EF 검사 성적이 학교에서 치르는 중요한 시험 성적을 예측하는지 확인했는

* 미국의 학년제는 초등학교 5년(1~5학년), 중학교 3년(6~8학년), 고등학교 4년(9~12학년)으로 이루어져 있다.

데, 실제로 그랬다. 종합 EF는 학생들의 시험 점수와 0.4~0.5만큼 상관관계가 있었다.

이는 한층 보편적인 패턴을 보여주는 하나의 연구일 뿐이다. 과학자들은 쌍둥이 연구를 통해 기본 인지 능력이 유전적 영향을 받는다는 증거를 오랫동안 찾아왔다.[15] 고도로 통제된 실험실에서 기본 인지 능력을 측정하면, 국가에서 실시하는 초등학교 성취도 검사나 대학 및 대학원의 입학시험 등 모든 종류의 시험에서 성적을 더 잘 예측한다.

이러한 패턴은 유전적 영향을 연구한 쌍둥이 연구에서뿐만 아니라 다유전자 지수를 이용한 연구에서도 뚜렷하게 나타난다. 앞에서 설명했듯 성인에게서 교육 정도 GWAS를 수행한 뒤 그 결과로 다유전자 지수를 만든다면, 이 다유전자 지수는 5살 정도로 어린 아이들의 IQ 검사 결과와도 연관된다. 또한 교육 다유전자 지수는 10살 아이들의 읽기 능력, 13살 아이들의 IQ 점수, 17살 아이들의 대학교 입학시험 점수와도 연관된다.

정규 교육의 모든 단계에서 지식을 빨리 외울 수 있고, 주의를 쉽게 전환할 수 있으며, 머릿속에서 추상적인 정보를 다룰 수 있는 사람이 **시험을 더 잘 본다**. 그리고 시험을 잘 보는 능력은 학교에서 그다음 단계로 나아가게 해주는 주요인이다.

무엇이, 다시 살펴보기:
유전자 효과는 지능 이상의 무언가와 관련이 있다

도스토옙스키(F. M. Dostoevsky)는 "지능적으로 행동하려면 지능 이상의 무언가가 필요하다"[16]고 말했다. 저널리스트 폴 터프(Paul Tough)는 자신의 베스트셀러 《아이는 어떻게 성공하는가: 뚝심, 호기심, 자제력 그리고 숨겨진 성격의 힘(How Children Succeed: Grit, Curiosity, and the Hidden Power of Character)》에서 "어떤 아이들은 성공하지만 다른 아이들은 실패한다"라면서, 그 이유는 성공하는 아이들이 "끈기, 호기심, 성실성, 낙천성, 자기 통제" 같은 "성격" 특성이 있기 때문이라고 주장했다.[17] 노벨상 수상자 제임스 헤크먼(James Heckman)도 "인생에서 성공하려면 동기 부여, 끈기, 집념 또한 중요하다"라면서 비슷한 특성을 제시했다.[18] 이런 특성을 통틀어서 흔히 사회·정서적 기술이라고 일컬으며, 더 보편적으로는 '비인지(non-cognitive)' 기술이라고 부른다.

행동 조절과 대인 관계 기술은 명백히 뇌를 기반으로 인지가 필요한 표현형이기 때문에 '비인지'라는 말은 부적절한 용어로 보일지도 모른다. 여기서 '비인지'의 '비(非)'는 동기 부여 특성, 행동 특성, 정서 특성이 표준 인지 능력 검사 성적이나 학업 성취도와 똑같지 **않다**는 점을 강조하는 역할을 한다.

비인지 기술을 다룬 심리학 연구는 《아이는 어떻게 성공하는가》와 앤절라 더크워스(Angela Duckworth)의 《그릿: IQ, 재능, 환경을 뛰어넘는 열정적 끈기의 힘(Grit: The Power of Passion and Perseverance)》 같은 책(둘 다 〈뉴욕 타임스〉 베스트셀러), 그리고 사고방식에 관한 캐럴 드웩(Carol Dweck) 박사의 TED 강연(조회 수 1200만 회 이상) 덕분에 사람들에게 널리 알려졌다.[19] 사람들이 '그릿'이나 '성장 사고방식' 같은 어휘를 대중적으로 사용하기 시작했고 수많은 논평가가 그런 비인지 기술은 유전되지 않는다고 재빨리 정형화하면서, 비인지 기술이 유전의 영향을 받는지 추측하는 일은 과학을 빠르게 앞질러 섰다. 예를 들어, 터프는 "어린 사람들의 성공에

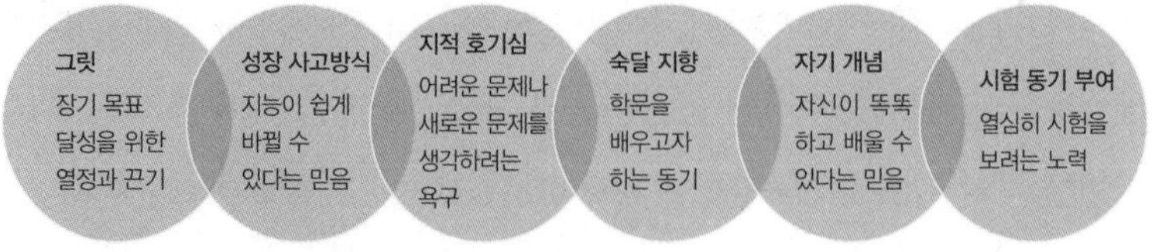

그림 7.3 여러 종류의 비인지 기술. 자세한 설명은 아래 논문에 있다. Elliot M. Tucker-Drob et al., "Genetically Mediated Associations between Measures of Childhood Character and Academic Achievement," *Journal of Personality and Social Psychology* 111, no. 5 (2016): 790-815, https://doi.org/10.1037/pspp0000098.

매우 중요한 성격의 힘"은 "좋은 운이나 좋은 유전자의 결과"가 아니라고 적었다.[20] 마찬가지로, (지금은 표절과 위조로 불명예를 떠안은) 조나 레러(Jonah Lehrer)는 〈와이어드(Wired)〉에 "그릿의 중요성"에 관한 기사를 쓰면서 "재능의 본질은 과대평가되어 있다. 우리 유전자는 특별한 선물을 주지 않는다. ……재능이란 바로 꾸준한 노력으로 얻는 것이다"라며, 그릿은 유전적 영향과 상반되는 균형을 잡아준다고 표현했다.[21]

대중이 비인지 기술에 열광하는 이유는 인지 능력에서 지긋지긋하게 논했던 유전적 영향이 비인지 기술에는 없을 것으로 추정하기 때문이다. 그러나 이 추정은 틀렸다. 비인지 기술의 발달이 유전자와 교육 결과를 연결하는 경로의 일부라는 점을 보여주는 증거가 세 가지 존재한다.

첫째, 쌍둥이로 비인지 기술을 연구할 수 있다. 나는 텍사스 대학교에서 쌍둥이 연구를 공동으로 지도하며 학창 시절과 그 이후의 성공에 중요하다고 여겨지는 다양한 특성을 포착하기 위해 검사 세트를 하나 고안했다(그림 7.3). 여기에는 지난 수십 년 동안 사회심리학과 교육심리학에서 '최고 히트'를 친 그릿, 성장 사고방식, 지적 호기심, 숙달 지향, 자기 개념, 시험 동기 부여가 포함되어 있다. 비인지 기술은 우리의 쌍둥이 표본에서 중간 정도로 유전 가능했고(약 60%), 이 추정치는 대부분 그룹에서 밝힌 IQ의 유전가능성(50~80%)에 들어맞았다.

둘째, 연구자들은 교육 정도 GWAS로 생성한 다유전자 지수를 가지고 인지 검사 성적 **외에** 어떤 표현형의 다유전자 지수가 아동기 및 청소년기와 상관관계가 있는지 살펴보았다. 다음은 이 연구가 '교육' 다유전자 지수와 상관관계가 있다고 밝힌 것들이다.[22]

- 9살 아이들이 어른들과의 대인 관계("친근함, 자신감 있음, 협동성, 또는 말을 잘함")에 얼마나 능숙한지.
- 11살 아이들이 학교에 얼마나 자주 무단결석했는지.
- 12살 아이들이 선생님들에게서 ADHD 증상이 있다고 들을 가능성이 얼마나 되었는지.
- 15살 청소년들이 훗날 의학이나 공학 등의 지식으로 높은 지위의 전문직을 갖길 얼마나 간절히 바랐는지.
- 아동기와 성인기 사람들이 얼마나 긍정적이면서 새로운 경험에 개방적이었는지.

비인지 기술의 유전학을 연구하는 세 번째 방법은 인지 능력 검사 결과가 서로 비슷하면서 교육 정도는 다른 사람들을 연구하는 것이다. 이때 교육 정도에서 인지 능력을 제외하고 나면 무엇이 남느냐는 의문을 품을 수 있다. 나는 동료들과 이 전략을 GWAS에 적용했고, 어떤 SNP이 인지 검사 성적과의 연관성 **이상으로** 정규 교육 이수 햇수(교육 정도)와 연관되는지 검사했다.[23] 여기서 얻은 GWAS 결과 집합에는 교육 정도에 다양한 '비인지' 변이가 존재했다.

이후 빠르게 이루어진 후속 연구에서는 '비인지 기술' 다유전자 지수가 서로 다른 형제자매를 비교했고, 여기서 우리 GWAS가 교육적 성공과 인과적으로 관련된 유전자를 실제로 밝혀냈다는 증거를 발견했다.[24] 또한 우리는 이 GWAS 결과를 이용해 다른 다양한 특성과의 '유전자 상관관계'라는 것도 계산했다. 유전자 상관관계 분석이란 서로 다른 두 특성의 GWAS 결과를 이용해 각 특성에 영향을 주는 유전자들 사이에서 관계의 세기를 추정하는 방법이다.[25]

우리는 더 높은 교육 정도와 관련된 비인지 기술의 유전이 매우 다양한 유형과 연관되어 있다는 사실을 알아냈다.[26] 성격 영역의 경우, 비인지 기술의 유전은 호기심 많고, 배움을 열망하고, 새로운 경험에 개방적이라는 의미를 담고 있는 '경험에 대한 개방성'이라는 특성과 가장 강하게 관련되어 있었다. 또한 비인지 기술의 유전은 만족감을 미루는 능력, 늦은 출산, 대체로 위험을 덜 감수하는 행동과도 상관관계가 있었다. 이때 만족감을 미루는 능력은 눈앞의 작은 보상보다 나중의 큰 보상을 얼마나 선호하는지로 측정한다. 우리의 결과는 전반적으로 비인지 기술은 하나가 아니라 실제로 **여러** 기술이라는 점을 알려주며, 유전적으로 연관된 수많은 특성과 행동이 학교에서 더 나아갈 수 있게 해준다는 점을 보여준다.

약간 의외인 점도 있었다. 비인지 기술하고 상관관계가 있는 SNP들은 조현병, 양극성 장애, 신경성 식욕 부진, 강박 장애 등 여러 정신 장애에 걸릴 위험성의 **증가**와도 상관관계가 있었다. 이런 결과는 현재 정규 교육 시스템에서 더 나아가는 것과 연관된 유전 변이를 선천적으로 '좋은' 것으로 생각하지 말라고 경고한다. 하나의 유전 변이는 누군가가 학교에 더 다니게 할 가능성을 아주 약간 더 높일 수 있겠지만, 바로 그 변이는 조현병이나 다른 심각한 정신 장애를 발달시킬 위험도 높일 수 있다.

불평등과 관련된 특성이 유전적 영향을 받는다는 사실과 씨름할 때, 이 세 가지 연구 방식은 비인지 기술이 감옥 탈출 카드가 **아니라는** 점을 종합적으로 보여주었다. 어떤 한 사람의 유전자형이 그 사람의 최종 교육 정도와 상관관계가 있는 **이유는** 동기 부여, 호기심, 대인 관계 기술, 끈기가 그 자체로 유전적인 영향을 받기 때문이라는 점이 한몫하며, 이런 특성들은 학교에서 더 잘 성공하도록 해준다.

누가: 유전자 효과는 사람들 사이의 상호 작용과 관련이 있다

내가 두 번째 메커니즘 '언제' 부분에서 설명한 것처럼 유전자 효과는 인생에서 매우 일찍 드러난다. 교육 정도 GWAS에서 확인한 유전자는 출생 전에 일찍이 발현되며, 5살이라는 이른 나이에 IQ 검사 성적과 연관이 있다. 동시에 우리는 인지 능력이 받는 유전자 효과가 특히 시간이 지날수록 더 강력해진다는, 직관적이지 않아 보이는 패턴도 관찰했다. 한 메타 분석(수많은 개별 연구의 데이터를 종합하고 정리하는 연구 방법)에서는 태어난 이후부터 10살 전후로 아동기가 끝날 무렵까지 인지 능력이 받는 유전자 효과가 급격히 강해진다는 사실을 발견했다.[27] 질서 의식과 새로운 경험에 대한 개방성 같은 성격 특성이 받는 유전자 효과의 세기도 긴 시간에 걸쳐 30살 즈음까지 비슷하게 증가했다.

시간이 흐르면서 어린이들은 환경 경험을 점점 더 많이 쌓아가는데, 왜 유전자 효과는 더 강해질까? 이 분명한 역설을 이해하는 비결은 **사회 환경과의 상호 작용은 유전자에서 심리적·사회적 결과까지 이어지는 인과 사슬에 핵심 부분**이라는 점을 이해하는 것이다.[28] 지능, 호기심, 동기 부여, 자기 훈련 따위는 외부와 단절된 채로 사람 신경계에서 '선천적'이거나 '타고난' 특성으로서 드러나지 않는다. 도리어 이런 특성은 아이들과 다른 사람들 사이에 일어나는 상호 작용의 일부로서 시간에 따라 서서히 드러난다.

우리는 먼저 4살짜리 쌍둥이 아이들과 이들 부모의 표본을 조사해 이 사실을 연구했다.[29] 부모 양육 행동은 부모(주로 어머니)가 장난감이 든 봉투 2개로 10분 동안 자녀와 상호 작용하는 모습을 촬영해 측정했다. 평가자는 부모가 아이의 언어나 지각이 발달하도록 가르치려 했는지, 그리고 아이가 알맞게 발달할 수 있도록 아이의 관심을 좇아 가르치려 했는지를 살펴보며 부모의 **인지 자극** 수준을 평가했다.

여기서 우리는 두 가지 중요한 결과를 발견했다. 첫째, 과거의 부모 양육 행동을 통제하더라도, 2살 때 인지 기능이 더 발달한 아이들일수록 4살 때 부모로부터 인지 자극을 **더 많이** 받았다. 둘째, 과거 아이들의 인지 기능 수준을 통제하더라도, 2살 때 부모에게서 인지 자극을 더 많이 받은 아이들일수록 4살 때 독해 능력이 더 뛰어났다. 우리는 이 연구를 통해 원인 사슬의 앞부분을 깊이 이해할 수 있었다. 부모는 2살 때 소리를 더 잘 따라 하고 장난감을 더 잘 분류하는 아이와 그렇지 않은 아이에게 **다른** 반응을 보인다. 그리고 부모가 주는 인지 자극은 4살 아이들의 독해 능력에 차이를 일으킨다. 즉, 초기 유전자의 혜택을 받아 일찌감치 소리를 따라 할 수 있는 능력은 부모가 아이들에게 주는 양육 행동을 통해 인과 사슬이 이어진다.

쌍둥이가 아니라 다유전자 지수를 사용한 또 다른 연구에서는 어린아이들의 가정 환경에서 여러 가지 측면을 조사했고, **부모의** 유전자를 교육 다유전자 지수로 측정해 어떤 측면이 부모의 유전자와 연관되어 있는지 검사했다.[30] 상담사는 각 가정을 방문해 부모가 얼마나 따뜻하고 애정이 많은지, 집이 얼마나 안전하고 정돈되어 있는지, 집이 얼마나 어수선하고 흐트러져 있는지, 부모가 얼마큼 인지 자극을 주는지 측정했다. 이때 인지 자극은 장난감이나 퍼즐, 읽을 수 있는 책, 그리고 동물원이나 박물관에 가는 것 등 부모와 함께하는 활동으로 가늠했다. 이 여러 가지 측면 중에서 오직 인지 자극만이 부모의 유전자와 아이들의 최종 교육 정도 둘 다와 연관되어 있었다.

사람이 사회 환경과 상호 작용하는 것은 아동기 초기에만 중요한 것이 아니다. 나는 동료들과 1994~1995년에 고등학생이었던 미국인 약 3000명을 대상으로 연구를 수행했다.[31] 이 표본이 흥미로운 이유는 유전자형을 분석할 수 있도록 연구 대상자들이 DNA를 제공해주었고, 또 매년 어떤 과목을 이수했는지 알 수 있도록 고등학교 성적표를 공개해주었기 때문이다. 우리는 이렇게 서로 다른 정보 자료를 종합해, 미국 고등학교에서 어떻게 교육 과정을 밟느냐가 학생들의 유전적 차이에서 최종 교육 결과로 이어지는 인과 사슬의 한 부분일 수 있다는 사실을 알아냈다.

대부분 학생은 고등학교에 입학하면 어떤 수학 수업을 들을지 선택한다. 8학년 때 어떤 수학 수업을 들었는지, 얼마나 수학을 좋아하고 그 분야에 관심 있는지, 선생님과 입시 상담사가 어떻게 생각하는지, 부모가 대학 입학에 필요한 교과목을 얼마나 잘 알고 있는지 등 수많은 요인에 따라 학생들은 대수학(미국 9학년 학생이 가장 많이 듣는 수학 과목)이나 기초 대수학 같은 보충 수업, 기하학 같은 '고급' 수업을 수강한다.

내가 다른 교수님들에게 고등학생의 수학 성취도를 주제로 강연할 적이면, 고등학생 때 미적분을 수강한 사람은 손을 들어보라고 한다. 그러면 거의 예외 없이 그 자리에 있는 모든 사람이 손을 든다. STEM* 분야에서 최종적으로 박사 학위를 취득한 사람 대부분은 고등학생 때 상당히 고급 수준의 수학을 배웠던 이들이다.

하지만 실제로 고등학교에서 미적분을 배우는 사람은 꽤 드물다. 2018년에는 12학년 학생 중 약 15%만 미적분을 이수했고, 대부분 주(州)에서 수학을 2년만 배워도 고등학교를 졸업할 수 있었던 1990년대에는 미적분을 이수한 학생이 훨씬 더 적었다.[32] 우리 연구 표본에서는 9학년 때 기하학을 들었던 학생 중 44%가 최종적으로 미적분을 이수했는데, 9학년 때 대수학을 들었던 학생 중에서는 고작 **4%**만이 미적분을 이수했다. 14살 학생들이 어떤 수학 수업을 들을지 결정할 때, 더 어려운 수업을 고르면 미래에 STEM 분야에서 중요한 수학 기량을 갖출 기회가 **18배나 더 많아진다**는 사실은 아마 모를 것이다.

미국은 빨간 머리 아이들이 학교에 다니는 것을 금지하지는 않는다. 하지만 사실상 9학년 때 기하학을 듣지 않은 학생이 고등학교에서 미적분 배우는 것을 **금지**하고 있다. 또한 (많은 미국 주에서) 대수학2를 이수하지 않은 학생이 고등학교를 졸업하거나 주요 공립 대학교에 입학하는 것을 금지하고 있다.

그림 7.4는 학생들이 이수하는 고등학교 수학 과정의 흐름을 유전자들의 기능에 따라 표현한 것이다. 아래쪽에서 위쪽까지는 기초/중급 수학부터 미적분까지 서로 다른 수준의 수학 과목을 난이도별로 나열했다. 왼쪽에서 오른쪽까지는 고등학교(중등 교육 기관) 4년과 학생의 최종 교육 결

---

* 과학(science), 기술(technology), 공학(engineering), 수학(mathematics)을 통틀어 이르는 용어.

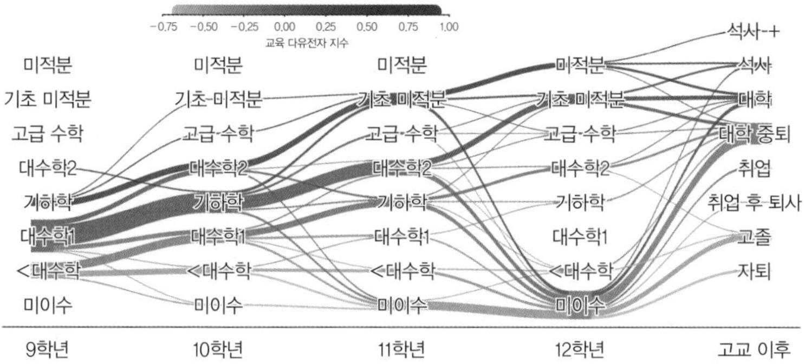

그림 7.4 고등학교 수학 교육 과정에서 교육 정도 다유전자 지수에 따른 학생들의 흐름. 선의 너비는 고등학교(중등 교육 기관) 학년마다 각 수학 과목에 등록한 학생 수를, 선의 명암은 그 과목에 등록한 학생들의 평균 교육 정도를 나타낸다. 다유전자 지수 값은 표준편차 단위다. 1990년대 중반, 미국 고등학교에 등록한 유럽 계통 학생들의 데이터로, 이 데이터는 청소년 건강에 대한 국가 종단 연구(National Longitudinal Study of Adolescent Health)에서 가져왔다. 그림은 다음 논문에서 복제했다. K. Paige Harden et al., "Genetic Associations with Mathematics Tracking and Persistence in Secondary School," *Npj Science of Learning* 5 (February 5, 2020): 1-8, https://doi.org/10.1038/s41539-020-0060-2.

과를 표시했다. 한 학년에서 다음 학년으로 이어지는 곡선의 너비는 그 교육 과정의 궤적을 따르는 학생 수를, 곡선의 명암은 교육 정도 GWAS로 얻은 학생들의 다유전자 지수를 나타낸다.

이 그림은 학생들이 각자 유전적 영향을 받는 특징에 따라 배움의 기회가 다르게 나뉜다는 것을 보여주며, 고등학교를 시작할 때 교육의 유전자 계층화로 이어진다. 이는 다유전자 흐름이 이미 기초 미적분보다 기하학을 듣는 학생에게서 더 진하다는 사실로도 알 수 있다. 앞으로 들을 과목이 이전에 들은 과목에 의존적이므로 경로 의존성도 눈여겨볼 만하다. 동시에, 다유전자 지수가 낮은 학생일수록 매년 수학을 중도 포기할 가능성이 더 높으며, 이는 고등학교 학년이 높아질수록 유전자 계층화를 심화시킨다.

여기서 우리는 다시 한번 '메커니즘'이라는 단어를 논의해야 한다. 전문 대학이나 종합 대학은 학생들이 지원할 때 DNA를 보지 못한다. 그러나 학생들의 성적표는 볼 수 있고, 성적표는 학생들이 입학에 꼭 필요한 대수학2 같은 '대학 수학(修學) 능력' 과목을 이수했는지에 관한 정보를 준다. 학생들의 유전자형에 따라 교육 과정을 다르게 밟는 것이 대학교 입학처가 관심을 두고 보는 누적된 (또는 누적되지 않은) 특정 수학(數學) 실력과 상관관계가 있다고 나타난다면, 교육 과정을 밟아가는 단계와 대학교에 입학하는 과정은 유전자 효과의 메커니즘이 된다. 제도에 따라 학생들이 배정되고 진급하고 입학하는 방법은 눈에 보이지 않는 DNA를 눈에 보이는 학업 자격으로 탈바꿈시켜준다.

다시 빨간 머리 어린이로

젠크스가 1970년대에 빨간 머리 어린이 사고 실험을 처음 제안했을 때, 유전자가 학업 성취도, 지능, 소득, 정신병, 건강, 행복에 효과를 나타낸다는 사실은 분명해지고 있었다. 그리고 젠크스는 그런 유전자 효과가 다양한 메커니즘을 통해 전달될 수 있다고 정확하게 짚었다. 그러나 감사하게도 그 이후 50년 동안 우리는 몇 가지 사실을 배웠다. 유전 변이 수천 개는 교육 정도나 다른 복잡한 사람 표현형에 중요하다. 이 유전자들은 뉴런이나 다른 뇌세포에서 대체로 알려지지 않은 세포 수준의 과정을 통해 효과를 드러낸다. 출생 전 발생 과정에서 이미 이런 세포 효과가 나며, 각 유기체가 받는 유전자 효과는 초기의 좋은 어휘력, 높은 집행 기능, 뛰어난 비인지 기술의 측면에서 이미 아동기 때 뚜렷하게 나타난다. 부모와 교육자는 초기에 이런 능력에서 큰 강점을 갖는 아이들에게 다르게 반응한다. 이런 아이들은 집에서 더 많은 인지 자극을 받고 학교에서 더 어려운 수업에 도전하는데, 이는 둘 다 초기 강점으로 합쳐진다. 그리고 이 모든 과정은 시험 위주의 정규 교육 시스템에서 수년에 걸쳐 이어진다.

그렇다면 빨간 머리 어린이 예시가 담고 있는 다른 질문은 무엇일까? 어떤 가능한 대안 세계에서 인과 사슬이 끊기고, 이 가능한 대안 세계는 우리가 살고 싶은 세계일까? 이 책 후반부에서는 이런 질문을 다룰 것이다.

지금까지의 내용 중 세 가지를 잘 이해했으면 한다. 첫째, 유전학 연구는 가족 구성원, DNA 측정, 그리고 두 방법의 조합을 이용하는 등 다양한 방법을 개발해 복잡한 사람 결과에서 유전자의 효과를 추정한다. 둘째, 유전학 연구에서 대다수가 압도적으로 동의하는 결론은, 수많은 형태의 불평등이 구조화되는 정규 교육에서 성공하는 데 사람들의 유전적 차이가 중요하다는 사실이다. 셋째, 유전이라는 생물학적 특성은 여전히 대체로 미궁에 빠져 있지만, 유전자에서 교육적 성공으로 연결해주는 심리적·사회적 매개자를 이해하는 데에서 진전이 이루어지고 있다. 자, 이제 정책과 교육 현장에서 능력주의라는 신화를 재조명할 때 이러한 통찰력을 어떻게 사용해야 하는지 살펴보자.

2부

평등 똑바로 이해하기

08

가능한 대안 세계

궁극적으로 유전학 연구는 다음과 같이 하나의 가능한 대안 세계에 대한 질문에 답하려고 한다. 특정 시간과 장소에서 태어나 자란다고 할 때, 만약에 다른 유전자를 물려받았다면 어땠을까? 그에 비해 7장에서 설명한 샌디 젠크스의 빨간 머리 어린이 사고 실험은 다른 하나의 가능한 대안 세계에 대한 **다른** 질문을 던진다. 만약에 유전자형은 같지만, 사회적·역사적 체계가 바뀌었다면 어땠을까?

이건 단지 말로만 하는 질문이 아니다. 1989년 베를린 장벽이 무너졌을 때, 3장에서 만났던 레몬 치킨을 사랑하는 경제학자 필리프 쾰링거는 14살이었다. 쾰링거는 그때까지 평생을 동베를린에서 보냈다. 하지만 베를린 장벽이 무너진 이후 쾰링거와 동독일 학생들은 완전히 새로운 교육 기회의 세계를 접했다. 정부가 무너지고, 국경이 허물어지고, 경제가 변하고, 법이 통과되고, 정책 입안자들이 생각을 바꾸었다. 사람들은 사회를 다시 그리기 시작했고, 사회는 새로 만들어졌다.

프랜시스 골턴 이후 우생학 사상가들은 사회를 다시 그리는 것이 소용없는 짓이라고 널리 퍼뜨리면서 잘못된 정보를 가지고 꾸준하고도 성공적으로 캠페인을 벌여왔다. 그러면서 이렇게 선전했다. 사람들의 유전적 차이가 인생 결과에 차이를 일으킨다면, 사회 세계를 바꾸는 것만으로는 사회가 변할 수 없고 사람들의 유전자를 편집해야만 사회가 변할 수 있다고 말이다. 이는 1960년대 말 심리학자 아서 젠슨이 쓴 충격적인 논문에 등장한 명제였다. 젠슨은 "우리는 IQ와 학업 성취도를 얼마나 끌어올릴 수 있는가?"라고 질문하며, 학업 성취도의 유전가능성을 다룬 초창기 논문을 사용해 그 질문에 매우 부정적으로 답했다.[1]

작가 찰스 머리는 수십 년 동안 줄곧 유전주의적 비관론을 견지해왔다. 머리는 《사람의 다양성》에서 "외부 개입이 성격, 능력, 사회적 행동에 미칠 수 있는 효과는 본디 제한적이다"[2]고 했다. **왜냐하면** 이런 측면은 유전적으로 영향을 받기 때문이다. 이 관점으로 보면 사람들은 본래 유전적인 '설정값'을 가지며, 그 설정값 주변에는 환경에 의해 만들어진 작은 차이가 있다고 한다. 머리는 사회 변화가 유전적인 설정값 주변에 있는 작은 차이에 영향을 줄 수는 있지만, 사회 변화 자체로 그 설정값을 바꿀 수는 없다고 생각했다.

그러나 이런 유전주의적 비관론은 유전적 원인과 환경 개입 간 관계를 근본적으로 잘못 이해한 채로 사회 변화의 가능성을 논한다. 1970년대 후반, 경제학자 아트 골드버거(Art Goldberger)는 사람의 유전이 시력을 나빠지게 만들었지만, 안경은 계속 잘 기능한다고 재치 있게 말했다.[3] 안경은 시력을 악화시키는 환경 원인에서만 도움을 주는 게 아니다. 안경은 유전이나 환경 원인에 상관없이 모든 시력에 도움을 준다. 안경은 이런 방식으로 누군가의 근시 유전자와 제대로 기능하는 시력 사이의 연관성을 끊어버리는 외부 개입으로 기능한다.

안경 예시는 더 일반적인 관점도 설명해준다. 서로 다른 '만약에'라는 질문을 두 가지 살펴보자. "만약에 다른 모든 조건이 똑같은데, 부모로부터 다른 유전자 조합을 물려받았다면 어땠을까?"라는 질문의 답은 "만약에 여러분의 유전자형은 완전히 똑같은데, 사회와 경제 세계가 바뀌었다면 어땠을까?"라는 질문의 답에 대해 어떤 부분도 제대로 설명해주지 않는다.[4] 쾰링거가 다른 유전 변이의 조합을 물려받았다면 박사 학위를 딸 확률이 달라졌을까? 그렇다. 다유전자 지수로 형제자매를 비교했고, 쌍둥이 연구와 DNA 측정 연구로 유전가능성을 파악했기에 우리는 이것이 사실이라는 점을 알고 있다. 그러나 만약 교육 결과에 유전적 원인이 존재한다고 하더라도, 베를린 장벽이 무너지지 않았다면 쾰링거가 박사 학위를 받을 확률이 달라졌을까? 이 또한 그렇다. 유전되는 표현형은 사회 변화의 영향을 받는다.

유감스럽게도, 불평등을 자연 현상으로 생각하는 사람들뿐만 아니라 이를 이념적·정치적으로 반대하는 사람들마저 유전적 영향은 사회 변화를 방해하는 큰 걸림돌이라는 잘못된 관념을 널리 지지하고 있다. 제2차 세계대전 이후 스탈린이 유전학자를 박해할 거라고 경고한 러시아 출신 진화생물학자 테오도시우스 도브잔스키는 1962년에 이런 모순적인 상황을 이렇게 논평했다. "사람들이 유전적으로 다양하다는 사실이 증명되면 이상하리만치 일부 자유주의자들은 강경 보수주의자들과 생각이 비슷해진다. 그러면서 사회·경제·교육을 보완하면서 사람들의 운명을 개선하려는 시도는 무의미해지고, 심지어 이런 시도는 '자연에 반하는 것'으로 취급받기까지 한다."[5]

사람들이 유전학에 어떻게 반응하는지를 서술한 도브잔스키의 선견

지명은 굉장히 뛰어났다. 이를테면 인류학자 아구스틴 푸엔테스(Agustin Fuentes)는 다큐멘터리 영화 〈위험한 관념(A Dangerous Idea)〉[6]에 대해 인터뷰하면서 이런 사고방식을 간략하게 보여주었다. "만약 여러분이 업계에서 지도자가 될 수 있는 능력을 믿는다면 …… 그리고 만약 그 능력이 어떻게든 DNA에 쓰여 있다고 믿는다면, 여러분에겐 아무런 책임이 없으며 이 상황은 계속 그 상태로 유지될 겁니다." 푸엔테스는 사람들이 더 평등한 사회를 위해 행동해야 할 도덕적 책임이 있다고 했다. 그리하여 푸엔테스는 사회 변화에 대한 지지나 투자가 방해받지 않도록 사회 불평등이 "어떻게든 DNA에 쓰여 있다"는 견해를 거부한다.

하지만 두 경우 모두 동시에 참이 될 수 있다. 즉, 유전은 사회 계층화의 원인이 될 수 있고, **더불어** 체계적으로 사회를 움직이는 정책은 사회 변화를 일으키는 데 효과적일 수 있다. 일단 여러분이 이 같은 이중적인 사실을 확실히 이해하고 나면, 행동유전학을 둘러싼 논쟁은 대거 사라진다. 그러면서 훨씬 더 흥미로우면서도 복잡한 두 가지 질문을 다룰 수 있는 기회가 생긴다. 첫째, 어떻게 사회적·역사적 체계가 안경을 쓰는 것처럼 유전자형과 표현형 간 관계를 바꾸는 쪽으로 변해**왔는가**? 둘째, 사람들의 유전과 인생 결과 간 관계가 정책 현안에서 어떻게 다뤄지길 **원하는가**? 8장에서는 이 두 가지 질문에 대해 다룰 것이다.

하향 평준화: 최악의 환경에서 가장 평등한 결과가 나올 때

소비에트연방이 몰락한 이후 교육 기회의 변화를 경험한 사람에는 퀼링거 같은 동독일 아이들만 있었던 게 아니다. 에스토니아는 제2차 세계대전이 끝난 후부터 1991년까지 소비에트에 점령당했던 발트 국가다. 소비에트가 에스토니아를 점령하던 시기에는 학생들의 선택권이 자유롭지 못했다.[7] 8학년이 끝나면 학생들은 세 유형의 학교 중 한 군데에 배정받았으며, 다른 학교로 전학 가는 경우는 드물었다. 정해진 교육을 다 받고 나면 바로 직장에 배치되어 최소 3년 동안 일해야 했다. 딱히 대학 학위가 값진 것도 아니었고, 대학교 입학 경쟁도 거의 없었다.

소비에트 시대가 막을 내리자 사람들은 교육과 직업 세계에서 자유롭게 선택하고 경쟁할 수 있게 되었다. 경제협력개발기구(OECD)의 말을 빌려보면, 현재 에스토니아는 "공평함과 우수함을 갖춘" "높은 성과를 내는 교육 시스템"을 누리는 중이다. 에스토니아는 몇 안 되는 다른 OECD 국가(예: 핀란드, 노르웨이, 한국, 아이슬란드)처럼 읽기 시험에서 평균 이상의 점수를 받으며, 이때 에스토니아 국내 학생 간 차이의 적은 부분만이 학생들의 사회경제적 배경 때문에 나타난다.[8]

우수하고 공평한 교육 시스템이 발달한 것과 더불어 세계에서 내로라하는 최고의 국립 생물 은행(biobank)도 에스토니아의 자랑거리다. 에스토니아 유전체 센터는 에스토니아인 집단에서 건강 정보나 유전자 정보 등을 조사해 대규모 데이터베이스를 쌓아왔다. 에스토니아 생물 은행에 등록된 사람 중에는 소비에트 정권 때 성년이 된 사람도 있고, 공산주의가 몰락한 이후 성년이 된 사람도 있다. 이를 본 영국 유전학자들은 2018년에 의문을 제기했다. 사회가 변할 때 유전적 원인에는 어떤 일이 벌어질까?

이 유전학자들은 교육 정도 GWAS로 다유전자 지수를 만든 뒤, 소비에트 점령이 끝날 당시 10살 미만인 사람들(즉, 중등 교육 기관에 배정받기 전 사람들)을 표본의 나머지 사람들과 비교해 교육 정도와 다유전자 지수의 관계를 검사했다. 여기서 발견한 사실은 이 다유전자 지수가 소비에트 시대에 교육받은 그룹에 비해 소비에트 몰락 이후 교육받은 그룹에서 더 유의미한 차이를 나타낸다는 것이다. 선택이나 경쟁이 거의 없는 상황에서 학교를 배정받을 때는 아이들의 유전적 차이가 최종 교육 결과와 더 약하게 관련되어 있었다.

미국 여성에게 더 많은 교육 기회를 허용한 역사적 변화를 전후로 다유전자 지수와의 연관성을 조사해보아도 확실히 비슷한 결과가 나타났다.[9] 나의 할머니 나이대인 1939~1940년생 코호트*의 경우, 이 다유전자 지수와 교육 정도의 관련성은 남성보다 여성에게서 더 약했다. (1972년 내가 졸업한 버지니아 대학교가 성별에 상관없이 학생들을 받기 시작했을 때 이 여성들은 이미 30대였다.) 그러나 이런 성별 차이는 시간이 지나면서 점차 좁혀졌고, 여성의 교육 기회가 증가함에 따라 이 다유전자 지수는 여성의 교육 결과와 더 강하게 연관되었다. 내 나이대 여성 코호트(1975~1982년생)의 경우, 이 다유전자 지수는 남성에게서만큼이나 여성에게서도 교육과 강하게 연관되어 있었다. 아이러니하게도 유전학이 양성평등의 실마리가 된 것이다.

선택과 경쟁이 많은 사회 체계일수록 유전적 연관성이 더 높다는 패턴은 쌍둥이 데이터를 분석할 때도 똑같이 나타난다. 노르웨이의 초창기(1985년) 쌍둥이 연구[10]는 고등 교육의 기회를 늘린 교육 개혁을 전후로, 늦게 태어난 코호트가 일찍 태어난 코호트보다 특히 남성에게서 교육 정도의 유전가능성이 더 높다는 사실을 발견했다.

한 국가 내에서 시간에 따라 쌍둥이의 유전가능성을 비교할 수도 있지

* cohort: 나이 따위의 어떤 통계 요인을 공유하는 개체 집단.

만, 세대 간 사회 이동*이 서로 다른 여러 국가에 **걸쳐서**도 유전가능성을 비교할 수 있다.[11] 이때 세대 간 사회 이동은 부모와 자녀가 각각 학교에 다닌 햇수 사이의 상관관계로 구했다. 미국은 '기회의 땅'이라는 신화에도 불구하고 다른 수많은 나라보다 사회 이동이 적다. 반면, 덴마크는 사회 이동이 많은 나라에 속한다. 미국이나 이탈리아처럼 사회 이동이 적은 나라들은 실제로 교육 정도의 유전가능성이 더 **낮다**. 이 연구는 유전가능성이란 차이와 관련된 것이고, 가족 구성원조차 유전적으로 다르다는 사실을 되새겨준다. 부모로부터 아이에게 교육이 되풀이되어 위아래로 계층 이동이 거의 일어나지 않는 정적인 사회에서는 유전자 로또가 아이의 인생 결과에 더 적은 차이를 일으킨다. 그에 비해, 인생 기회가 가족의 재정적·문화적 자원 수준에 영향을 덜 받는 사회에서는 유전자가 더 많은 차이를 만들어낼 수 있다.

마지막으로, 아동 인지 능력의 유전가능성은 가난한 환경에서 자란 아동에게서 **가장 낮고** 부유한 가정에서 자란 아동에게서 가장 높다는 사실이 쌍둥이 연구를 통해 밝혀졌는데, 특히 가난한 가정을 보호해줄 사회 안전망이 다른 나라보다 취약한 미국에서는 그런 경향이 더 컸다.[12] 아이들 집에 물적 자원이 거의 없으면, 유전자에서 높은 지능 검사 성적으로 이어지는 인과 사슬은 완전히 끊어지지는 않더라도 약해진다.

이런 연구는 일제히 **하향 평준화** 과정을 보여준다. 사람들은 가난이나 성차별 또는 억압적인 정부 때문에 유전자가 크게 관련 없어진 채로 교육을 이어나가지 못했다. 유전자형과 학교 진학 사이의 인과 사슬은 진학할

---

* social mobility: 개인이나 가족 등이 한 사회 계층 안에서 이동하거나, 한 계층에서 다른 계층으로 이동하는 현상.

학교가 있느냐에 달려 있다. 따라서 교육에 미치는 유전자 효과가 최소화된 사회 체계는 박탈, 차별, 그리고/또는 권위주의적 사회 통제를 수반하기 때문에 가장 바람직하지 **않은** 사회임을 곧잘 알 수 있다.

이처럼 나쁜 환경보다 좋은 환경에서 유전가능성이 더 높게 나타나는 결과의 패턴은 직관과 상반되게 느껴질 수도 있다. 그럴 때 생물학자 리처드 르원틴의 대표적인 사고 실험을 살펴보면 이 패턴에 관한 직관을 정립하기 좋다.[13] 두 가지 정원을 상상해보자. 한쪽 정원은 토양이 비옥하고 햇빛이 잘 비치며 물도 풍부하다. 반면, 다른 쪽 정원은 바위투성이에 어둡고 무척 건조하다. 이제 두 정원에 유전적으로 다양한 옥수수 씨앗을 뿌린다고 상상해보자. 자원이 풍부한 정원에서 자라는 식물은 모두 키가 최대치까지 성장할 기회가 주어진다. 더군다나 정원 환경이 식물 전체에 걸쳐 완전히 균일하므로, 식물 사이에서 나타나는 키 변이는 대부분 씨앗의 유전적 차이 때문일 것이다.

4장에서 설명했듯 유전적 차이는 그룹 내 차이를 일으키는데, 왜 오직 환경 요인만이 (인종 집단 같은) 그룹 간 차이를 일으킬 수 있는지 설명할 때 르원틴의 예시가 자주 언급된다.[14] 또한 이 정원 예시는 학생들의 교육 "격차 해소"라는 표현에서 놓치기 쉬운 핵심도 설명해준다.[15] 즉, 자원이 풍부해 모든 식물한테 똑같은 환경을 제공하는 정원에서는 식물들의 키가 평균적으로 더 클 수도 있지만, 키가 더 고르지도 않다. 마찬가지로, 일상적인 성차별, 비싼 등록금, 엄격한 추적 시스템 등의 구조적 장벽을 제거한다면, 집단의 **평균** 교육 수준이 높아질 수 있으면서도, 동시에 사람들 간 유전적 차이와 연관된 교육 결과의 **불평등**이 커질 수도 있다.

평등 vs. 공평

지금까지 살펴보았듯 교육 결과의 유전가능성은 억압적이고 가난한 환경에서 낮고, 개방적이고 자원이 풍족한 환경에서 높다는 사실이 실증적 연구에서 줄곧 관찰되었다. 이런 관찰을 바탕으로 일부 과학자들은 높은 유전가능성이 실제로 좋은 것이라고 제안했다. 즉, 높은 유전가능성은 극도로 불리한 환경 조건이 개선되었다는 신호이자, 각자 고유의 유전자에 따라 재능과 성향이 밝게 빛나면서 유전자가 인생 결과에 영향을 줄 수 있도록 사회가 개개인을 한 사람 한 사람으로 대하고 있다는 신호라는 것이다. 1970년대에 리처드 헌스타인은 《IQ와 능력주의》에서 높은 유전가능성은 사회가 환경 불평등을 어느 정도 제거했다는 긍정적 신호라고 언급했다. "거대한 학급, 열악한 도서관, 허름한 물리적 환경, 바글바글한 게토*, 교육받지 못한 교사, 불충분한 식사 등등을 제거하면 …… 유전가능성이 높아지는 필연적 결과가 나타난다."[16] 더 최근에 사회과학자 돌턴 콘리(Dalton Conley)와 제이슨 플레처(Jason Fletcher)는 사회가 높은 유전가능성을 "공정함의 척도"로 다룰 수 있다고 제안하면서, 높은 유전가능성은 "기회균등의 유토피아 사회에서 필요조건이지만 충분조건은 아닌 요소"라고 했다.[17]

어떤 독자는 유토피아 사회가 되려면 인생 결과의 유전가능성이 높아야 한다는 이 제안이 대단히 불쾌할 것이다. 가난과 억압에서 비롯된 삶의 불평등은 제거되었으나 유전에서 비롯된 삶의 불평등은 남아 있는 "유전적 샹그릴라**"[18]가 과연 우리의 진정한 이상향일까?

---

* ghetto: 미국에서 소수 민족이 모여 사는 슬럼가.

** Shangri-La: 제임스 힐턴의 소설 《잃어버린 지평선》에 등장하는 가상의 장소. 세상과

왜 우리는 출생 때의 사회 환경에 뿌리를 둔 불평등보다 유전자와 관련된 불평등을 더 잘 받아들일까? 이 책 전체에 걸쳐 주장했듯 결국 두 불평등 모두 출생 때의 우연이자, 사람이 통제할 수 없는 형태의 운이다.

1980년대 초, 행동유전학을 거세게 비판하던 심리학자 리언 케이민(Leon Kamin)은 인생 결과의 불평등이 환경으로 비롯되었을 때보다 유전으로 비롯되었을 때 사람들이 도덕적으로 더 잘 수용한다는 직관을 반박했다. 케이민이 예로 든 것은 페닐케톤뇨증(phenylketonuria, PKU)이다. PKU는 단일 유전자 돌연변이 때문에 페닐알라닌이라는 단백질 구성 성분을 대사하지 못해서 드물게 발생하는 질병이다. PKU를 치료하지 않으면 지적 장애가 유발된다. 그러나 고소득 국가들은 신생아에게서 PKU를 정기적으로 검사하고, 페닐알라닌 함량이 낮은 제한된 식이 요법으로 PKU를 치료한다.

안경으로 근시를 치료하듯 식이 요법으로 PKU를 치료하는 것은 이번 장 앞부분에서 다뤘던 요점, 즉 **유전적 원인을 환경으로 해결할 수 있다**는 점을 다시 일깨워준다. 사실, PKU는 단순하면서 병의 원인이나 메커니즘이 잘 알려져 있는데도 불구하고, 지금까지 **유일한** 해결책으로 남아 있는 것은 환경적인 해법뿐이다. PKU를 해결하기 위한 유전자 치료는 (아직) 실현되고 있지 않다.[19] 우리는 PKU의 단순한 원인과 메커니즘을 지능 검사 점수나 교육 정도같이 매우 다양한 요인이 관여하는 다유전자 결과의 유전적 구성과 비교해볼 수 있는데, 수천수만 개의 유전 변이가 아직 잘 모르는 메커니즘을 통해 미미한 효과를 내면서 이런 다유전자

단절된 영원히 행복한 지상 낙원, 그중에서도 신비로운 히말라야 유토피아를 비유적으로 의미한다.

결과가 나타난다.[20] 문제를 더욱 복잡하게 만드는 것은 이러한 변이 중 많은 부분이 사회에서 정반대로 평가하는 표현형과도 관련이 있다는 사실이다. 예를 들어, 높은 교육 정도와 연관된 수많은 똑같은 유전 변이가 조현병에 걸릴 위험과도 연관되어 있다.[21] 그렇기에 아이들의 유전체를 편집해서 IQ를 높일 수 있다는 일부 보수적인 학자들의 제안은 과학적으로 실행 불가능할 뿐만 아니라 어처구니없기까지 하다.[22]

그리고 케이민은 PKU 예시를 통해 유전에서 비롯된 불평등은 제쳐둔 채, 환경에서 비롯된 불평등에만 우려를 표하는 것은 터무니없는 일이라고 지적했다.[23]

> 자손의 인생 기회가 가족에게서 장기간 **유전적** 영향을 받는다면, 왜 자유주의자는 불쾌함을 느끼지 **말아야** 하는가? '유전적으로' 만들어진 차이가 '환경적으로' 만들어진 차이보다 더 공정하거나, 타당하거나, 옳은가? ……'유전적' 차이가 '환경적' 차이보다 더 결정적이고 비가역적인가? 유전적으로 결정된 (그러나 쉽게 예방 가능한) PKU는 냉큼 받아들이면서 문화와 가족이 만들어주는 장애물에는 불쾌함을 느껴야 한다고 주장하는 것은 명백히 터무니없는 것이다.

"왜 자유주의자는 불쾌함을 느끼지 **말아야** 하는가?"라는 케이민의 표현은 정치철학자 존 롤스의 주장을 잘 반영한다. 롤스는 만약 환경 운에서 비롯된 불평등이 못마땅할 정도로 불공정하게 느껴진다면, 유전자 운에서 비롯된 불평등도 못마땅하게 느껴질 수 있다고 지적했다.[24]

> 분배할 몫을 결정할 때 사회의 가능성이나 자연의 우연 중 하나의 영향에 골머리를 앓기 시작하면, 다른 한쪽의 영향도 신경 쓰이게 될 것이다. 도덕적인 관

점에서 보면 이 둘은 똑같이 그 가치와 상관없는 것으로 보인다.

불평등은 통제할 수 없는 요인으로 일어나고, 따라서 당연하다고 할 수 없는 이 불평등을 우리가 신경 써야 한다는 관념은 철학의 추상적인 세계에만 머물러 있지 않았다. 오히려 이 관념은 현재 전 세계의 교육 정책으로 굳어지고 있다. OECD가 교육에서의 **공평함**을 어떻게 정의하는지 살펴보자.[25]

> 공평함이란 모든 학생이 똑같은 교육 결과를 얻는 것을 의미하는 게 아니다. 공평함이란 **학생들의 결과 차이가 학생들이 조절할 수 없는 배경이나 경제나 사회 환경과 관계없다**는 것을 의미한다(저자가 직접 강조함).

논리는 간단명료하다. 사회 계급이 다른 학생들의 불평등은 어떤 것이라도 불공평하다고 여겨진다. 그리고 불평등이 불공평한 **이유**는 학생의 선택이나 통제로 불평등이 만들어지는 것이 아니라, 제비뽑기의 운으로 불평등이 만들어지기 때문이다.

공평함이 지닌 가능성은 미국 교육학자들의 생각을 깊게 파고들었다.[26] 공평과 평등의 차이점을 그린 삽화는 키가 서로 다른 세 사람이 야구장 울타리 너머를 들여다보려 하는 모습을 보여준다(그림 8.1). '평등'은 세 사람이 모두 완전히 똑같은 높이의 발판을 받아서 세 사람의 차이가 계속 유지되는 것이다. 반면, '공평'은 키가 작은 사람일수록 높은 발판을 받아서(더 집중적으로 지원받아서) 세 사람 모두 울타리 너머를 볼 수 있는 것이다.

교육에서의 공평함은 모든 사람을 똑같이 대하는 것이 아니다. 교육에서의 공평함은 (사회의 환경 배경 때문이나 '자연의 우연' 때문에) 학교에서 가장

그림 8.1 평등 대 공평. 이미지 출처: 사회 변화를 위한 교류협회(Interaction Institute for Social Change). 아티스트: 앵거스 매과이어(Angus Maguire).

힘들어할 가능성이 높은 아이한테 알맞게 집중적으로 지원해서 더 혜택 받은 또래가 쉽게 도달하는 수준까지 최대한 학습을 끌어올리는 것이다. 내 딸아이의 유치원 반 포스터에는 공평함의 개념이 무지개색 방울 모양 글자로 다섯 살 아이가 이해할 수 있게끔 적혀 있다(그림 8.2). "공평함은 모든 사람이 똑같은 것을 받는 게 아니야. 공평함은 모두가 성공하는 데 필요한 것을 받는 거야."

공평함의 관점을 옹호하는 사람들은 미국 정치 담론을 지배하고 있는 '기회의 평등'이라는 표현을 반대한다. 기회의 평등은 실제로 여러 가지 다양한 방법으로 정의할 수 있지만,[27] 가장 단순명료한 정의는 모든 사람을 완전히 똑같이 다루는 것이다. 하지만 당연하게도 사람들은 유전적으로나 환경적으로 완전히 똑같지 않다. 울타리를 180cm 높이로 만든 뒤 그 너머를 보도록 키와 상관없이 모든 사람에게 완전히 똑같이 15cm 높이의 발판을 주는 상황과 마찬가지로, 완전히 획일적인 교육 환경과 교육

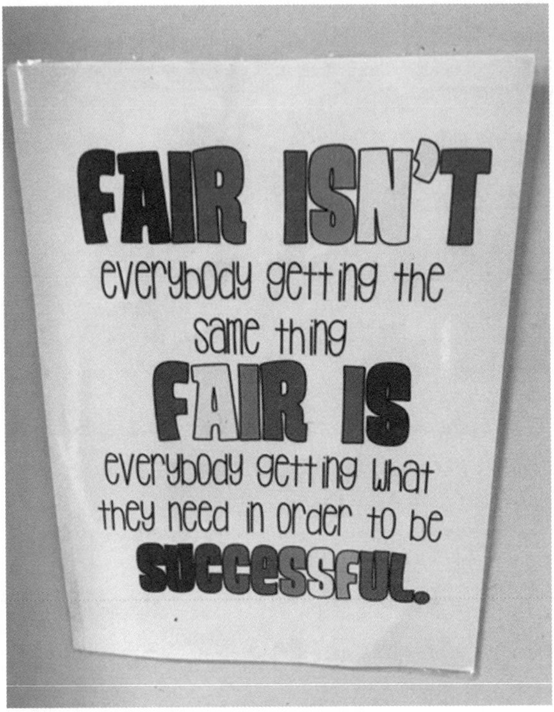

그림 8.2 공평함을 표현한 유치원 교실 포스터. 사진: 저자.

방식으로 모두에게 기회의 평등을 제공하는 교육 체계는 필연적으로 심각한 결과의 불평등을 유발할 것이다.

기회균등은 필연적으로 자연의 무작위성에서 비롯된 불평등을 일으키기 때문에 어떤 이들은 기회균등이란 관념을 포기하기도 했다. 철학자 토머스 나겔(Thomas Nagel)은 다음과 같이 논했다. "평등한 대우에 관한 자유주의적 견해에 따르면 …… 사회 질서는 자연과 과거에서 비롯된 초기의 차이를 반영하면서 높은 확률로 그 차이를 넓힐 것이라고 한다. …… 일반적으로 친숙하게 얘기하는 평등한 대우의 원칙은 차이와 관련된 능력주의 개념이나 자연이 내놓은 불평등과 싸우기에는 턱없이 빈약해 보인다."[28] 작가 프레디 드보어는 더 신랄하게 표현했다. "기회의 평등은 시대에 뒤떨어진 관념이자, 기만적이고 정직하지 못한 속임수다. 기회의 평등은 진보적인 사람들이 불평등을 축복하는 방법이다."[29]

상향 평준화: 개입이 공평함을 장려할 때

다시 골드버거의 안경 예시로 돌아가보자. 이 사고 실험이 오래 지속되는 이유는 안경이 공평함을 장려하는 개입이기 때문이다. 시력이 좋은 사람은 시력을 더 예리하게 만들고자 시력 개선 수술을 받지 않는다. 반대로, 시력이 안 좋은 사람은 선별적으로 자원을 받아 시력 좋은 사람들이 누리는 일상 수준까지 시각 기능을 최대한 끌어올리고 있다.

그러나 더 부정적으로 보면, 공평함을 장려하는 행동 개입의 실제 사례가 거의 없는 것도 골드버거의 안경 예시가 오래 지속되는 이유라고 생각한다. 거의 없다는 것이지 아예 없는 것은 아니다. 특히 최근 몇 년 동안 GWAS를 제대로 수행한 뒤 다유전자 지수를 만들면서, 드디어 풍족해진 환경 사례가 나타나기 시작했다. 풍족해진 환경은 안 좋은 결과가 나타날 위험이 가장 큰 사람들에게 차등적으로 혜택을 주어 평균 결과를 나아지게 했고, **더불어** 유전적으로 연관된 불평등을 좁혀주었다.

그중 한 가지 사례는 영국에서 20세기 중반에 교육 개혁을 시행한 이후 건강 결과를 조사한 연구다.[30] 1957년 9월 1일 이후 태어난 모든 영국인은 16번째 생일이 되는 해까지 학교에 다녀야 했다. 이날 바로 직전에 태어난 사람들은 이날 바로 직후에 태어난 사람들과 체계적인 면에서 어떤 차이도 없을 것이다. 그렇기에 생일은 정부가 의무적으로 학교에 1년 더 다니게 하는 효과를 검사할 수 있게 해준 자연 실험의 기반이 되어주었다.

교육을 추가로 받은 사람들은 평균적으로 더 건강했다. 교육 개혁을 겪은 사람들은 성인 때 신체 질량 지수가 더 작고 폐 기능이 더 좋았다. 하지만 모든 사람에게서 똑같은 결과가 나온 것은 아니다. 비만 GWAS에서 만든 다유전자 지수로 측정했을 때, 유전적으로 과체중일 경향이 가장 높은 사람들에게서 교육 개혁의 효과가 가장 컸다. 가장 위험한 환경에 놓인 사람들에게서 가장 큰 교육 개혁의 효과가 나타났기 때문에 교육 개혁은 유전적으로 연관된 불평등을 좁힌 것이다. 개혁을 겪지 않은 사람들에게서는 유전적 위험이 가장 높은 사람들의 3분의 1이 유전적 위험이 가장 낮은 사람들보다 과체중이나 비만에 걸릴 위험이 20% 더 높았다. 교육 개혁 이후 이 격차는 6%까지 확 줄어들었다.

또 다른 사례는 가족 검진(Family Check-Up)이라는 개입 프로그램이다.[31] 여기서 10대 자녀를 둔 부모는 심한 간섭 없이 자녀의 행방을 살피는 방법이나, 합리적 제한(통금 등)을 설정하고 이를 따르게 하는 방법 따위의 '가족 운영' 전략을 배웠다. 연구자들은 미국에서 무작위 대조 실험으로 이런 개입을 받은 가족과 받지 않은 대조군을 비교했고, 그 결과 이런 개입을 받으면 평균적으로 10대의 음주가 줄어들고 그에 따른 알코올 문제가 덜 일어난다는 사실을 발견했다. 후속 연구에서는 알코올 의존성 GWAS로 만든 다유전자 지수에 유전자 데이터를 도입했다. 대조군 가족에 속한 사람들에게서는 다유전자 지수와 알코올 문제 사이의 연관성이 원래 GWAS 결과에서 예상할 수 있는 것처럼 나타났다. 즉, 다유전자 지수가 높은 사람일수록 평균적으로 알코올 문제를 더 많이 일으켰다. 그러나 개입을 받은 가족에 속한 사람들에게서는 유전자 효과가 사라졌다. 유전적 위험과 알코올 문제 사이의 연관성이 없어진 것이다.

마지막 사례는 앞 장에서 설명했던 연구로, 이수한 수학 과목의 경로와 미국 고등학교에서의 끈기 간 연관성을 다유전자 지수로 분석한 결과에서도 상향 평준화라는 비슷한 패턴을 관찰할 수 있었다. 전반적으로, 다유전자 지수가 더 높은 학생들은 수학 수업을 평균적으로 더 많은 학년 동안 들었다. (이 연구는 대부분 미국 주에서 수학을 2~3년만 들어도 되었던 1990년대 중반의 데이터를 사용했다.) 그러나 대학 학위를 보유한 가정이 더 많이 있는, 혜택받은 고등학교에서는 학생의 다유전자 지수가 낮더라도 수학을 도중에 덜 포기하는 경향이 있었다.

아직 왜 그런지는 확실하지 않다. 혜택받은 고등학교는 어려움을 겪는 학생들에게 추가로 개인 지도나 멘토링을 해줄 수도 있다. 아니면 부모가 대학 교육을 받은 가정에서는 학생들이 들었으면 하는 수학 과목의 사회적 기준이 높을지도 모른다. 어쨌거나 다유전자 지수가 똑같은 두 학생은 특히 둘 다 다유전자 지수가 낮을수록 학교 체계에 따라 서로 다른 결과를 보였다.

이 세 가지 사례는 공평함과 질이 반드시 서로 반대되는 것이 아니라는 한층 더 보편적인 핵심을 보여준다. 세 가지 사례 모두 비만, 알코올 문제, 수학 포기라는 안 좋은 결과에서 유전적 위험이 가장 높은 사람들의 결과가 긍정적인 환경 차이에 의해 차등적으로 향상되었고, 이에 따라 사람들의 결과는 유전자형에 걸쳐 평등해졌다.

뒤처짐: 부자가 더 부유해질 때

그러나 공평함을 장려하는 결과에서 어떤 것도 필연적인 것은 없다. 개입은 결과를 평균적으로 나아지게 한다는 점에서 성공적일 수 있지만, 동시에 사람들의 유전적 차이를 심화시킬 수도 있다. 예컨대 담배에 세금을 부과하면서 1960년대 이후 흡연을 절반으로 줄이는 데 성공한 적이 있다. 그러나 보건경제학자 제이슨 플레처를 비롯한 다른 학자들은 세금 부과가 유전적으로 담배에 중독될 위험이 가장 적은 사람들에게만 가장 효과적이었다고 했다.[32] 반면, 유전적 위험이 가장 큰 사람들은 담배 때문에 치명적인 건강 결과 (그리고 가혹한 경제적 비용) 속에서 계속 허우적거리며 갈수록 더 뒤처지고 있었다.[33]

이전에 혜택을 받았던 사람들이 정책이나 개입으로 가장 많이 혜택받는 이런 현상을 〈마태복음〉(25장 29절)에 나오는 예수의 말을 빌려 마태 효과(Matthew effect)라고 한다. "무릇 있는 자는 받아 풍족하게 되고 없는 자는 그 있는 것까지 빼앗기리라." 교육 연구원들은 아이들의 예전 시험 점수나 사회경제적 지위 같은 요소와 관련해 마태 효과를 조사했고, 항상 그런 건 아니지만 누구나 개입이나 프로그램을 이용할 수 있을 때 마태 효과가 널리 나타난다는 사실을 발견했다.[34] 이를테면 가난한 가정의 아이들보다 중산층 가정의 아이들이 여름 학교 프로그램으로 더 많은 혜택을 받는 경향이 있다.[35]

누가 도움을 받고 있는가? 더 명료해져야 할 필요성

이번 장에서 우리는 지금까지 사회가 현재와 달라질 수 있는 세 가지 방법을 논의했다. 하나, 모든 사람을 억압하고 빈곤하게 만들어 하향 평준화시킴으로써 결과의 불평등을 최소화할 수 있다. 둘, 유전적으로 안 좋은 결과가 나타날 위험이 가장 큰 사람에게 차등적으로 투자함으로써 결과의 불평등을 최소화할 수 있다. 그리고 셋, 개입과 프로그램을 시행함으로써 이미 혜택받았지만 다른 사람들의 결과까지 올라오지 못한 (또는 그와 비슷한 정도로 올라오지 못한) 사람들의 결과를 최대한 끌어올릴 수 있다.

모든 사람을 더 못살게 만들면서 아무도 더 나아지지 않는 첫 번째 가능한 대안 세계는 분명코 바람직하지 않다. 한편 다른 두 대안 중 어떤 선택지가 나은지는 아직 명확하지 않다.

나는 이런 대안 환경을 그림 8.3의 그래프에 담았다. 그림에는 각 대안 환경에서 개개인에 따라 나타날 수 있는 결과의 분포를 그렸으며, 이 분포는 사람들의 **평균**뿐만 아니라 사람들의 **범위**(즉, 불평등이 나타나는 정도)에 따라 다르다. 또한 가상의 두 유전자형 A(동그라미)와 B(세모)로 서로 다른 유전자를 갖는 두 사람의 결과도 표시해두었다. 어떤 특정 유전자형을 갖는 사람들이 대안 환경에 따라 예상되는 표현형 결과가 달라지는 정도를 **반응 양식**(reaction norm)이라고 한다.[36]

반응 양식의 변화라는 개념은 똑같은 사회에서 개개인이 다른 사람들과 어떻게 다른지를 다루지 않고, 다른 질문을 강조한다. 사람들끼리 서로 비교하는 대신, 이번 장 앞머리에서 강조했던 '만약에?' 질문으로 돌아가보자. 만약에 여러분의 유전자형은 완전히 똑같지만, 사회 체계가 바뀌었다면 어땠을까? 즉, 하나의 세계 안에서 사람들끼리 비교하는 것이

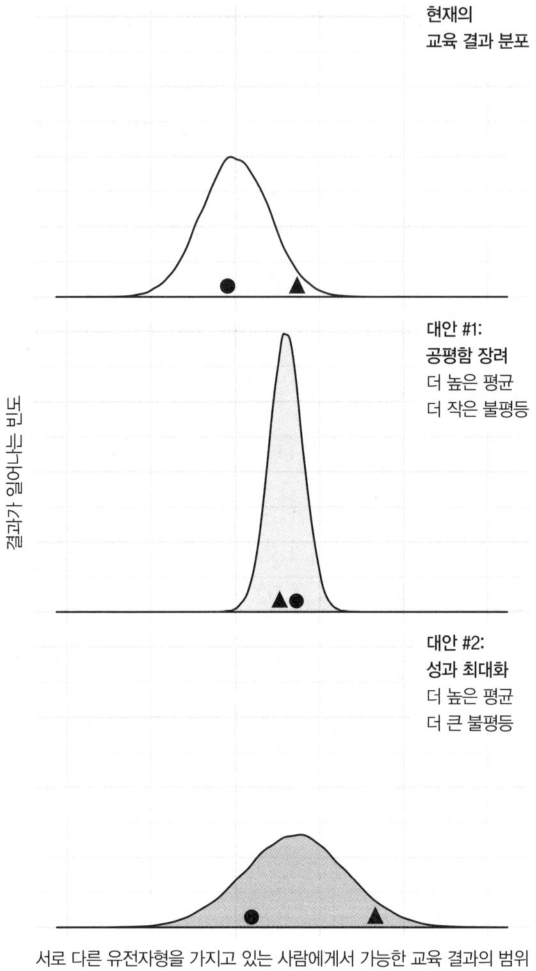

그림 8.3 여러 대안 환경에서 서로 다른 유전자형을 가지고 있는 사람의 교육 결과 분포. 동그라미와 세모는 서로 다른 두 유전자형을 갖는 가상의 사람을 나타낸다. 현재 상황과 비교했을 때, 공평함을 장려하는 환경(대안 #1)에서는 동그라미로 표시한 사람의 교육 결과가 나아졌지만, 세모로 표시한 사람은 거의 달라지지 않아서 결과의 불평등이 줄어들었다. 반면, 성과를 최대화하는 환경(대안 #2)에서는 세모로 표시한 사람의 교육 결과가 나아졌지만, 동그라미로 표시한 사람의 교육 결과는 나아지지 않아서 이들 사이에 결과의 불평등이 증가했다. 하지만 이 환경에서는 세모로 표시한 사람처럼 가장 좋은 결과를 달성하는 사람이 나오기도 한다.

아니라, 여러 가능한 대안 세계에 걸쳐서 각 사람을 그 사람 스스로와 비교하자는 것이다. 이런 식으로 생각했을 때 가장 중요한 질문은 어떤 세계가 어린아이들에게서 결과의 불평등을 최소화하느냐가 아니라, 어떤 세계가 개개인의 결과를 최대화하느냐다.

그렇다면 누구의 결과를 우선시해야 할까? 예를 들어, 어떤 학교가 두 가지 새로운 수학 교육 과정 방안 중에서 하나를 골라 채택한다고 해보자. (a)와 (b) 중 어떤 것이 더 나을까?

(a) 새 교육 과정은 유전적으로 '취약한' 아이들에게 특별히 도움이 된다. 따라서 특정 유전 변이의 조합을 물려받은 아이들과 그렇지 않은 아이들 사이의 교육 결과 격차를 줄여준다.

(b) 새 교육 과정은 어떤 식으로든 성공할 가능성이 가장 높은 아이들에게 특별히 도움이 된다. 따라서 소수 학생의 수학 실력을 훨씬 더 높은 수준으로 길러준다.

분별 있는 사람들은 (a)와 (b)에 관한 실증적 주장을 다양하게 펼칠 수 있다. 이를테면 비용-편익 분석을 다양한 측면에서 해볼 수 있다. (a)나 (b)로 도움을 받는 학생이 얼마나 많이 있을까? 새 교육 과정을 도입하면 학생당 얼마큼의 비용이 들어갈까? 수학 실력이 특정 기본적인 수준에 도달한 사람이 더 많은 사회가 만들어지는 경우와 수학 실력이 매우 높은 수준에 도달한 사람이 더 많은 사회가 만들어지는 경우, 각각 어떤 영향(경제적 생산성, 기술 혁신, 사회 응집성, 정치 참여 등)이 나타날까?

어떤 교육 과정이 더 나을지 선택할 때면 위와 같은 실증적인 질문 말고도 사람들의 **가치**에 관한 질문도 함께 따라다닌다. 교육 결과의 평등을 그 자체로 추구해야 하는 좋은 목적으로서 가치를 둘 것인지, 아니면 경제적 결과의 평등처럼 단순히 어떤 다른 목표의 수단으로서 가치를 둘 것인지 말이다.

하지만 현재 정책 입안자나 교육자는 이런 가치에 관해 투명할 의무가 없는 데다, 정책이나 개입의 실현 효과가 그러한 가치에 부합하는지 증거를 댈 의무도 없다. 교육이나 정책 연구에서는 사람들의 유전적 차이를 거의 볼 수 없다. 연구원들이 사람의 유전에 관해서 아무것도 측정하려고 하지 않기 때문이다. 영국의 교육 개혁이 특별히 유전적으로 비만에 걸릴 위험이 높은 사람들에게 어떻게 혜택을 주었는지 보여준 연구처럼, 제대로 수행된 개입 및 유전자 상호 작용 연구는 교육 정도나 심리적 건강 연구에서 거의 없다시피 드물다.[37]

개입을 개발하고 시험하는 과학자들과 대화해본 내 경험에 비추어보면, 이들은 대체로 유전 정보를 이용해서 연구하길 꺼린다. 그러고는 현실적인 부분에서 반대 이유를 댄다. "비싸진 않을까요? DNA 정보를 요구하면 참여율이 줄어들진 않을까요? 현장에 저온 냉동고를 갖춰둬야 할까요?" (대답: 아니요, 아니요, 아니요. 유전자형 분석은 비교적 저렴하게 할 수 있어 한 사람당 75달러도 들지 않는다. 소비자의 유전자형을 직접 분석해주는 회사의 성공 사례가 증명하듯 사람들은 유전학 연구에 꽤 호기심을 가지고 있고 열정적으로 참여한다. 그리고 침 표본은 몇 달, 몇 년까지도 실온에서 보관할 수 있다.)

그러나 이러한 현실적인 반대 이면에는 깊은 두려움도 도사리고 있다. 이는 교육이나 정신 건강 결과를 연구할 때 단순히 DNA를 **수집함**으로써 연구자가 끔찍이 싫어하는 우생학 이데올로기를 처음부터 받아들여야 한다는 두려움이자, 유전자 지니(genie)를 병 밖으로 꺼내는 돌이킬 수 없는 위험이 항상 혜택보다 더 커질 거라는 두려움이다. 물론 유전 정보를 잘못 사용할 가능성이 있다는 점은 맞다. 다유전자 지수를 이용해 경쟁력 있는 학문 위치에 올라갈 학생을 개별적으로 선발하는 것처럼 말이다. 유전 정보의 잘못된 사용과 반우생학적 대안은 12장에서 살펴볼 것이다.

그렇지만 타조가 모래 속에 머리를 파묻고서 현실을 외면하는 것처럼 우리 스스로 유전자 데이터에 눈멀게 한다고 해서 유전적 차이가 사라지는 것은 아니다. 연구자가 불평등을 일으키는 효과를 관찰하든 안 하든, 유전적으로 교육 결과가 안 좋을 위험이 가장 큰 아이들을 내버려두는 개입은 이들을 더더욱 뒤처지게 만든다. 도리어 유전학을 무시하면 지금의 개입에서 누가 도움을 받고 있고 누가 그렇지 못한지도 파악할 수 없다.

무엇이 공평해야 하는가? 긴 인과 사슬 기억하기

교육 개입이나 정책으로 공평함을 장려**하고 있느냐**는 질문과 교육 개입이나 정책으로 공평함을 장려**해야 하느냐**는 질문은 특별히 더 중요한데, 그 이유는 사람들의 차이가 다른 수많은 형태의 불평등과 아주 밀접하게 얽혀 있기 때문이다. 특히 미국에서는 대학 학위를 소지한 사람들과 그렇지 않은 사람들 사이에서 소득, 부, 신체 건강, 심리적 행복의 격차가 이미 큰 상태인데, (1장에서 설명한 것처럼) 이것이 점점 더 커지기까지 하고 있다. 이렇게 넓은 불평등 덩어리를 풀어낼 유일한 해결책으로 너무나도 흔하게 제시되는 방안은 대학 졸업자 수를 늘리고 유전적으로든 사회경제적으로든 출생 환경에 덜 의존적인 대학을 구성함으로써 더 공평한 교육 결과를 만들자는 것이다.

그러나 교육 결과의 격차를 줄이는 것만이 대학 교육을 받지 않은 미국인이 마주하고 있는 경제 위기나 건강 위기를 해결할 유일한 선택지는 아니다. 나는 틀림없이 교육은 그 자체로 추구해야 할 좋은 것이라고 믿는다. 그리고 몇 년 동안 예술이나 문학, 과학, 철학을 공부할 수 있는 현실적인 기회를 제공한다면 사람들의 삶이 풍요로워지리라고 믿는다. 이때 우리는 건강하고 안정적이고 만족스러운 삶을 꾸려가는 데 고등 교육만이 유일한 길이라는 데 매달리지 않으면서도, 무언가를 배우고자 하는 사람들에게 교육이 좋은 것이라는 주장을 이어나갈 수 있다. 경제학자 앤 케이스(Anne Case)와 앵거스 디턴(Angus Deaton)은 이렇게 썼다. "우리는 학사 학위가 없는 사람들이 경제에 쓸모없다고 하는 기본 전제를 받아들이지 않는다. 그리고 분명코 우리는 학사 학위가 없는 사람들이 어떻게든 무시당하거나 2등 시민으로 대우받아야 한다고도 생각하지 않는다."[38]

이번 장 앞머리에서 설명했듯 우생학 사상가들은 한 세기 넘게 유전주의적 비관론을 내세우며 사회 정책을 통한 사회 변화의 가능성에 회의적이었다. 이런 비관론은 인지, 성격, 행동 같은 사람들의 특성이 DNA 내부에 아예 정해져 있다는 잘못된 유전자 결정론에서 비롯된 것이다. 앞에서 설명한 수많은 연구가 보여주듯 유전자 결정론은 거짓된 것이다. 게다가 뿌리 뽑아야 할 거짓에는 유전자 결정론만 있는 것이 아니다. 사회 정책을 통한 사회 변화의 가능성에 회의적인 유전주의적 비관론은 교육에서 성공하지 못한 사람들이 아예 열악한 일자리, 저임금, 형편없는 건강관리(또는 셋 다 결핍된 상태)에 처할 거라는 잘못된 **경제적** 결정론에서도 비롯된다.

그러나 우리는 사회를 조정하는 다른 방법을 생각할 때 그리 멀리 내다볼 필요까지는 없다. 예컨대 케이스와 디턴은 대학 교육을 받지 않은 미국인이 궁핍해지는 데 따른 책임이 대부분 다른 고소득 국가와 다르게 터무니없이 비싼 미국의 의료 제도 때문일 수 있다고 주장했다.[39] 나는 이 책 1부에서 사람들의 유전적 차이가 사회 및 행동 결과에서 차이를 일으키며, 유전자의 인과관계는 분자 작용에서부터 사회 작용에 이르기까지 여러 수준의 분석을 아우르는 길고 복잡한 인과 사슬로 이해해야 한다고 주장했다. 인과 사슬이 길고 복잡하다는 것은 유전자형에서 복잡한 표현형으로 이어지는 연결 사이사이에 개입할 수 있는 틈이 여러 군데 존재한다는 걸 의미한다. 고용주가 내는 막대한 의료 보험 비용 때문에 '저숙련' 근로자의 임금이 떨어지지 않도록 의료 제도를 바꾸더라도 사람들의 DNA는 하나도 바뀌지 않을 것이다. 하지만 의료 제도를 바꾸면 사람들의 유전적 차이와 소득 차이를 연결하는 긴 인과 사슬 중에서 연결 고리 하나를 약하게 만들 수는 있다.

또한 인과 사슬의 연결 고리마다 공평함의 비중이 달라지게 할 수도 있다. 예를 들어, 누군가는 유전자 편집으로 사람들의 DNA 서열 자체를 동등하게 만들려는 노력이 파괴성, 비용, 부정적 결과를 낼 위험 때문에 굉장히 무시무시할 것이라고 선뜻 생각할지도 모른다. 또 누군가는 STEM 분야에서 박사 학위를 받을 가능성을 동등하게 만드는 것이 수학적 흥미와 수학 실력이 높은 일부 사람들의 생산성을 최대화하는 것보다 덜 중요하다고 생각할지도 모른다. 그 수학적 흥미와 실력이 사회에서 '승리'하는 것이거나 자연 로또의 산물이라고 할지라도 말이다. 또 누군가는 교육 수준이 아니라 깨끗한 물과 영양가 있는 음식, 건강 관리, 신체적 고통 없는 일상에 대한 접근을 동등하게 만드는 것이 중요하다고 생각할지도 모른다. 유전자 로또에서 사회 불평등까지 연결되는 인과 사슬이 길다는 것은 공평함에 관한 생각, 즉 우리가 원하는 세상에 대한 판단이 인과 사슬의 모든 연결 고리에서 이루어져야 한다는 것을 의미한다.

다른 인간 사회를 희망하며

생물학이 진보적인 사회 변화를 방해한다는 관념은 수많은 사람이 생물학과 사회적 행동 사이의 연결 고리를 받아들이지 못하게끔 하는 거대한 장애물로 작용해왔다. 이는 우연이 아니다. 이번 장 앞부분에서 말한 것처럼 정치 극단주의자들은 지난 세기 내내 이 관념이 사실이라고 선언했었다. 만약 사회적 행동이 유전된다면, 극단주의자들은 계속 똑같은 추론을 이어갈 테고, 사회를 바꾸려고 하지도 않을 것이다. 철학자 피터 싱어(Peter Singer)의 말마따나 "아주 다른 인간 사회"를 그려보지도 않는다.[40] 이제 나는 왜 유전적 원인이 사회 변화의 장애물이 아닌지 설명하려고 한다. 유전적 원인의 중요성을 인정하면서 유전학 연구 도구의 사용을 받아들이는 평등주의 사례는 여기서 그치지 않는다.

09

선천성 이용해서 후천성 이해하기

나는 바로 앞 장에서 유전적 원인이 사회 불평등을 일으킨다고 해서 사회가 변화할 수 없는 것은 아니라는 걸 논증했다. 그러면서 소비에트연방의 몰락 같은 세계적인 정치 변화에서부터 가족 치료 같은 개인적인 변화까지, 다양한 환경 변화가 사람들의 DNA와 인생 결과 사이의 관계를 바꿀 수 있다는 증거를 충분히 찾았다. 과학자는 유전과 사회 불평등을 연결하는 긴 인과 사슬에서 이해하기 힘든 복잡한 부분과 씨름하다가 좌절하기도 하지만, 그 과정에서 부모나 정책 입안자는 긴 인과 사슬 사이사이에서 개입할 기회를 많이 얻기도 한다.

유전적 영향이 사회 변화를 못 일어나게 하지 않는다는 점을 생각하면, 사회 변화에 관심 있는 사람들은 유전학을 무시해도 괜찮다는 결론에 솔깃해질 수도 있다. 확실히 내 동료 학자 대부분은 행동유전학이라는 분야가 잘 해봐야 자기 일과 무관한 정도이고, 최악의 경우에는 사회 현상의 사회적 원인을 곧바로 찾지 못하게 방해한다고 생각한다. 하지만 이는 잘못된 생각이다. 이번 장에서는 유전학이 사람들의 삶을 개선하려는 노력을 방해하는 적군이 아니라, 포기한다면 막대한 손실만 입히는, 실제로는 없어선 안 될 아주 중요한 동맹군인 이유를 설명할 것이다.

우리는 무엇을 해야 하는지 아직 모른다

에릭 패런스(Erik Parens)는 유전학이 사회 불평등의 '진짜' 원인을 이해하지 못하도록 방해한다고만 믿는 생명윤리학자다. 패런스는 〈사이언티픽 아메리칸(Scientific American)〉에서 유전학에다 갖다 바치는 연구 자금에 대해 이렇게 불평했다. "지금 우리는 유전학에 우리 희망을 계속 과다하게 투자하고 있다. ……유전학 연구 도구는 …… 불공평한 사회 조건 때문에 나타나는 건강 격차를 없애지도 못할뿐더러 줄이지도 못할 것이다."[1]

패런스같이 유전학을 불평등의 사회 결정 요인을 해결하지 못하게 방해하는 존재라고 생각하는 사람들은 교육, 건강, 부의 불평등을 해결하기 위해 **우리가 무엇을 해야 하는지 이미 알고 있기 때문에** 유전학 지식과 도구는 불필요하다고 곧잘 주장한다. 예컨대 교육학자 존 워너(John Warner)는 내가 쓴 논평을 읽은 뒤 '인사이드 고등 교육'*에서 유전자 데이터는 방해물이기도 하지만 위험하기까지 하다고 주장했다.[2] 워너는 "아이들이 가장 잘 배우는 환경보다 더 좋은 방법이 무엇인지 상상할 수 없다. ……우리는 학생들에게 무얼 해주어야 하는지 알고 있다. ……잘 모

* Inside Higher Education: 대학교 관련 주제를 다루는 미국의 온라인 뉴스 웹사이트.

르고 있는 게 아니다"라고 썼다.

사회학자 루하 벤저민(Ruha Benjamin)은 워너의 주장에서 한층 더 나아가 자신의 책 《기술 이후의 인종(Race After Technology)》[3]에다 어린이의 삶을 개선하려는 사람들이 마주하고 있는 문제는 "지식 부족이 아니다!"라고 주장했다. 그러면서 "우리가 달성하지 못한 것은 진실이 아니라 정의에 대한 강렬한 사명이다"라고 했다. 벤저민은 새로운 데이터 자료를 통합해 환경을 연구하고자 하는 유전학자들이 "더욱더 많은 데이터를 뒤져서 우리가 이미 아는 것을 가로막는 **불공평의 데이터화**"에 일조한다고 생각했다.

이런 주장을 읽다 보면, 현재 교육 및 건강에서 사회 불평등을 해결하는 데 효과적이라고 입증된 정책이나 개입이 꽤 많이 쌓여 있으므로 우리가 정치적 의지만 충분히 모을 수 있다면 언제든지 이런 정책이나 개입을 개발할 수 있을 거라고 생각할 수 있다. 하지만 실제로 교육 분야나 행동 개입, 사회 정책 분야의 전문가들은 좋은 의도로 사람들의 삶을 개선하고자 하는 노력은 어떤 변화도 일으키지 못하며, 때로는 상황을 더 악화시킨다고 우리에게 줄곧 반복해서 말해왔다.

미국 교육부의 연구·평가 부서인 교육과학연구소(Institute of Education Sciences, IES)는 왓 워크스 클리어링하우스(What Works Clearinghouse, WWC)라는 교육 연구 조직을 설치했다. WWC를 꼼꼼하게 살펴보면 교육계에 성공적인 개입 연구가 부족하다는 사실을 곧바로 알아차릴 수 있다.[4] IES가 수행한 여러 '무작위 대조 시험(RCT)'을 정리한 총설 논문은 이렇게 결론지었다. "IES 연구 결과, 일반 학교에 실제로 개입을 적용한 뒤 평가했을 때 대부분의 개입이 긍정적인 효과를 전혀 내지 못하거나 약한 효과를 낸다는 명백한 패턴이 나타났다."[5] 이와 비슷하게, 미국과 영국에서 이루어진 141차례의 RCT를 정리한 2019년 총설에서는 평균 효과 크기(표준편차 0.06)가 한 표준편차의 10분의 1보다 작다는 사실을 발견했다. 저자들은 이 결과를 계산해낸 뒤, 유력한 설명을 하나 제시했다. "교육 개입에 근거한 기초 연구는 신뢰할 수 없다. ……개입을 잘 설계하고, 성공적으로 시행하고, 적절하게 검사하더라도 신뢰할 수 없는 기초 연구를 바탕으로 한다면 효과가 있을 확률은 낮다."[6]

로라 앤드 존 아널드 재단(Laura and John Arnold Foundation)〔지금은 아널드 벤처(Arnold Ventures)〕은 "증거에 기반한 해결책"을 찾아 사회 문제를 해결하는 데 투자하는 자선 단체인데, 이 재단에서 낸 보고서도 비슷한 내용을 간추렸다. "여러 연구에서 실제로 효과가 있는 개입은 조금밖에 없었다. ……여기서 효과가 있었던 개입은 훨씬 큰 표본으로 검사해서 발견한 예외다. 초기 연구에서 유망하다고 여겨졌던 것들을 비롯한 대부분의 개입은 효과가 미미하거나 전혀 없는 것으로 밝혀졌다."[7] 개입 연구자이자 텍사스 대학교의 내 동료 교수인 데이비드 예거(David Yeager)는 이렇게 적었다. "개인 지도 프로그램, 학교 재설계 등 과거에 시행한 고등학교 프로그램은 객관적인 결과에서 거의 다 유의미한 이점을 보이지 않았다."[8]

대부분의 개입이 효과가 없었다는 점이나 아무도 이런 개입이 효과 있는지 연구조차 하지 않았다는 점은 학업 성취도에만 국한되는 것이 아니다. 발달심리학자 래리 스타인버그(Larry Steinberg)는 10대의 알코올 및 마약 남용, 콘돔 없는 섹스 등 행동적 위험 요소를 줄이기 위해 고안한 학교 기반 개입 프로그램의 효과를 검토했다. 약 90%의 미국 청소년이 그런 프로그램 중 최소 한 가지에 의무적으로 참석해야 했다. 스타인버그는 "최고의 프로그램조차 청소년의 지식을 바꾸는 데만 성공했을 뿐, 행동을 바꾸는 데는 실패했다"라고 결론지었다. 그리고 실패는 공짜가 아니라면서 다음과 같이 적었다. "고작 효과적이지 않거나 …… 효과가 증명되지 않았거나 연구가 미흡한 프로그램에 …… 막대한 세금을 투자한다는 것을 알게 된다면 납세자 대다수는 경악과 분노를 금치 못할 것이다."[9]

개입주의자들이 진심으로 세계를 긍정적으로 변화시키고자 한다면 이런 결론에 더 겸손해져야 한다. 사람들의 삶을 개선하기 위해 우리가 무엇을 해야 하는지 이미 알고 있다고 주장하기 전에 우리로 하여금 두 번은 생각하도록 만들어야 한다. 부족한 지식과 불충분한 데이터가 문제라는 점을 우리가 깨닫도록 해야 한다. 그리고 사람의 행동을 이해하는 것은 물론이거니와 사람의 행동을 바꾸고자 개입하는 것은 해결하기 어려운 문제라는 사실을 우리가 알도록 해야 한다.

왜 사회과학이 가장 어려운 과학인가

심리학자 산자이 스리바스타바(Sanjay Srivastava)는 '가장 하드한 과학(The Hardest Science)'이라는 블로그를 운영한다.[10] 블로그 이름에서 언어유희를 엿볼 수 있다. 일반적으로 자연과학(물리학, 화학, 생명과학 등)을 '하드' 과학이라고 한다. 인간 사회의 기능과 사회 내 개개인의 행동을 연구하는 '소프트' 과학(심리학, 사회학, 경제학, 정치과학 등)보다는 하드 과학이 더 순수하고 엄격하다. 〈네이처〉에 실린 한 사설은 "사람들은 소프트를 …… 보들보들하다 또는 어리석다(soft-headed)는 의미로 받아들이는 경향이 있는데" 실제로 "사회과학은 방법론적으로나 지적으로나 가장 어려운 학문 분야 중 하나다"라고 표현했다.[11] 스리바스타바는 심리학 연구를 다루는 블로그 이름을 '가장 하드한 과학'이라고 지음으로써 심리학이 '하드' 과학의 방법론(예를 들어, 대조 시험)을 공유한다는 특징과 심리학이 다른 사회과학처럼 어려운(hard) 문제에 초점을 맞춘다는 사실을 동시에 드러냈다. 예를 들어보면, 왜 어떤 아이들은 다른 아이들보다 학교에서 가르치는 내용을 훨씬 더 쉽게 익힐까? 그리고 학교생활을 힘들어하는 아이들을 도우려면 무엇을 바꾸어야 할까? 성공할 것으로 예상했던 교육 개입도 실제 변화를 일으키지 못하고 곧잘 실패했다. 즉, 이런 질문은 결코 쉽게 답할 수 있는 가벼운 질문이 아니라는 것이다.

스리바스타바는 심리학 문제를 특히 해결하기 어렵게 만드는 세 가지 특징을 제시했다. 첫째, 사람의 행동은 여러 분석 수준을 갖는 복잡한 시스템 안에서 일어난다. 뇌는 복잡한 시스템이다. 사회도 마찬가지다. 우리는 복잡한 시스템에서 어떤 특성의 효과를 하나만 분리하는 데 관심이 있다. 내가 오로지 x만 바꾼다면 어떤 일이 일어날까? 이는 무작위 실험을 할 수 있을 때(5장의 루마니아 고아원 연구처럼)조차 쉬운 일은 아니지만, 윤리적·실질적인 이유로 실험하는 것이 불가능할 때는 훨씬 더 복잡해진다. (실험이 불가능한 상황 예시를 곧 제시할 것이다.) 둘째, 모든 장소와 시간에서 참인 자연법칙과 달리, 사회의 기능과 사회 내 사람 행동에 관여하는 규칙은 장소나 시간에 따라 다르다. (실제로 생물학자들은 심리학자나 다른 사회과학자가 언제 어디서나 참인 인과 규칙을 제시하지 못하는 것을 몹시 불만족스러워한다.) 마지막으로, 사람의 심리와 행동은 정량화하기 어렵다. 행복을 측정할 때 적절한 기준은 무엇일까? 삶의 만족도나 지능은 어떤 기준으로 측정해야 할까?

사람의 행동이나 사회 구조는 복잡하다. 그래서 사람들의 삶에 중요한 부분이 유전적으로 다르지 않다고 하더라도 사회과학 연구를 잘하기란 어려울 것이다. 그런데 실제로 사람들은 유전적으로 다르기까지 하다. 게

다가 모든 사람에게서 사회적으로 중요한 특성과 관련해 유전적 차이가 나타나기 때문에 심리학이라는 '하드' 과학은 더욱 어려워진다.

스리바스타바가 심리학이 어렵다고 한 첫 번째 이유를 떠올려보자. 사람의 행동은 여러 부분이 상호 작용하는 복잡한 시스템 안에서 일어난다. 우리는 그중 한 부분을 분리한 뒤 그것을 바꾸었을 때 어떤 일이 일어날지 파악하는 데 주로 관심이 있다. 예를 들어, 다른 모든 것은 바꾸지 않으면서, 어린 자녀의 부모가 출생 직후 첫 3년 동안 아이에게 더 많이 말을 걸어준다면 어떤 일이 일어날까? 환경 변화라는 레버를 하나 당긴다면 인지 발달이나 학업 성취도에서 아이들 삶에 긍정적인 변화가 일어날까? 이런 질문에 답하기란 쉬운 일이 아니다. 어린 자녀에게 말을 더 많이 걸어주는 부모는 그렇지 않은 부모와 수많은 부분에서 다를 것이기 때문이다. 말을 많이 걸어주는 부모는 더 부유할지도 모른다. 업무 일정이 더 규칙적일 수도 있다. 자녀들을 다른 부류의 유치원에 보낼지도 모른다. 그리고 아이들에게 물려주는 DNA도 다를 것이다. 이처럼 여러 요인이 함께 엮여 있기 때문에 어린 자녀에게 말을 더 많이 걸어주는 부모는 자녀가 학교생활을 얼마나 잘하는지와 **상관관계**가 있을 수는 있다. 그러나 그 상관관계는 부모가 자녀에게 말을 거는 횟수를 **바꾼다**고 해서 자녀가 학교생활을 얼마나 잘하는지에 차이를 일으킨다는 것을 의미하지 않는다. 우리는 다시 상관관계와 인과관계는 똑같지 않다는 개념으로 돌아온 셈이다.

사회과학자들이 이해하고 바꾸고자 하는 환경 차이가 사람들의 유전적 차이와 함께 엮여 있다는 개념을 굳세게 반대하는 사람도 있다. 나는 〈뉴욕 타임스〉에 변화를 일으키는 환경 레버를 이해하는 데 교육에 관한 유전학 연구가 도움을 줄 것이란 내용의 글을 투고한 적이 있다.[12] 이 글을 본 사회학자 루하 벤저민은 내가 "우생학 창시자들을 자랑스럽게 만들, 유전 요인과 환경 요인 사이에서 나타나는 잘 알려진 슬리피지*"에 관여했다며 나를 비판했다.[13] 그러나 유전 요인과 환경 요인 사이의 "슬리피지"는 우생학 이데올로기에서 꾸며낸 이야기가 아니다. 이 차이는 오히려 사람이 자연과 사회 세계의 경계에 존재한다는 사실로부터 나타나는 현상이다. 유전 요인과 환경 요인이 함께 엮여 있다는 건 그저 현실을 보여주는 것일 뿐이다.

한 세기 동안 이어진 '선천성-후천성 논쟁' 때문에 사람들은 유전자가 환경과 상반된 존재라고 생각하는 데 익숙해졌다. 그래서 생물학에 관심이 쏠리면 필연적으로 사회에 관심이 줄어드는 제로섬 게임이 되어버렸다. 그러나 사람들의 삶을 개선하기 위해 사회 개입과 정책을 설계하는 것은 "만약 사람들의 환경에서 오로지 x만 바꾼다면 어떤 일이 일어날까?"라고 묻는 것과 같다. 이 질문에 답하려면 DNA를 비롯해 평상시에 사람들 삶에서 x와 함께 나타나는 수많은 특징을 모두 함께 살펴보아야 한다.

성교육 예시

구체적인 예를 들면 도움이 될 것이다. 일반적인 사람의 발생 과정에서

---

* slippage: 거래할 때 기대한 가격과 실제 이루어진 거래 가격 사이의 차이를 일컫는 경제학 용어로, 벤저민은 유전 요인으로 기대되는 표현형과 환경 요인의 영향을 받아 실제로 나타나는 표현형 사이의 차이를 '슬리피지'라고 표현했다.

어떻게 환경 요인과 유전 요인이 함께 작용할까? 그리고 유전학 연구가 어떻게 **환경** 경험의 영향을 이해하는 데 도움을 줄 수 있을까?

내가 태어난 텍사스주의 교육법에서는 "사람의 성생활과 관련한 모든 수업 자료"를 "지속적이고 올바르게 사용하려면, 성적 활동을 자제하는 것이 …… 청소년기 성적 활동과 연관된 정서적 외상을 …… 100% 효과적으로 예방할 수 있는 유일한 방법임을 강조"해야 한다고 규정하고 있다.[14] 그렇다. 텍사스주 학생들은 법적으로 결혼하지 않은 10대의 섹스가 정서적 외상을 일으킨다고 배워야 한다.

얼핏 보면 이 주제를 다룬 발달심리학 문헌은 텍사스주 교육법이 주장하는 내용을 뒷받침하는 것처럼 보인다. 더 어린 나이에 섹스를 경험하는 청소년일수록 학교를 더 오래 다니지 못하고, 심리적 고통과 우울증을 더 많이 겪고, 술과 마약을 사용할 가능성이 더 높고, 비행과 범죄 행동에 가담할 가능성이 더 크고, 여학생은 섭식 장애를 일으킬 가능성이 더 높다.[15] 즉, 평균적으로 더 이른 나이에 첫 섹스를 경험하는 것은 10대가 겪는 안 좋은 결과와 **상관관계**가 있다. 텍사스주는 이런 상관관계를 근거로 삼아 다음과 같은 인과관계 결론으로 비약했다. 즉, 섹스는 우울증 등 정신 건강 문제의 **원인**이고, 섹스를 자제하면 이런 안 좋은 일을 예방할 수 있다는 점을 텍사스주에 있는 모든 공립 학교의 10대에게 법적으로 가르쳐야 한다고 말이다.

물론 여기에는 상관관계에서 인과관계로 비약했다는 문제점이 있다. 14살 때 섹스를 한 10대들은 22살 때까지 섹스를 하지 못한 사람들과 섹스 경험에서 다르기도 하지만, 그 이외에도 수많은 점에서 **다르다**. 우리는 여기서 "유전 요인과 환경 요인 사이의 슬리피지"라는, 사람의 특징을 볼 수 있다. 성적 접촉은 이후의 발생 과정에 인과적인 영향을 줄 수 있는 사회 **환경**이다. (여러분은 언제 첫 경험을 했는가? 만약 여러분이 더 늦은 나이까지 섹스를 안 했거나 더 이른 나이에 섹스를 했더라면 인생이 달라졌을까?) 또한 성관계의 시작은 수년에 걸쳐 아이를 생식적으로 성숙한 성인으로 변화시키는 발생 과정의 일부이며, 생식적으로 성숙하는 시기나 속도는 유전자를 비롯해 다른 수많은 요인의 영향을 받는다. 그리고 어떤 사람이 생식적으로 더 일찍 혹은 더 빠르게 발달하도록 하는 유전자들은 정신 건강 문제에 취약해지게 만들 수도 있다. 한 예로 영국 바이오뱅크가 남성과 여성 모두를 대상으로 대규모 연구를 수행한 결과, 이른 나이에 처음 섹스를 하는 것과 연관된 유전자는 ADHD에 걸리거나 담배를 피우게 할 가능성도 높인다는 사실을 발견했다.[16]

그렇다면 더 일찍 섹스를 경험한 10대가 정서 문제와 행동 문제를 나타낼 확률이 더 높다는 결과는 어떻게 해석해야 할까? 간단하게 두 가지 설명에 초점을 맞춰보자. 첫째, 섹스 경험은 인과적으로 이후의 심리 발달에 영향을 줄지도 모른다. 아니면 둘째, 10대의 생식 발달을 빠르게 촉진하는 유전자는 정신 건강 문제를 일으킬 위험성을 높일지도 모른다.

5장에서 논의했듯 인과관계 가설을 검사하는 방법에는 무작위 대조 시험이 있다. 하지만 우리는 10대의 섹스 시기를 무작위로 직접 정할 수 없다. ("안녕하세요. 방금 무작위 추출로 학생 이름이 뽑혔는데, 이제 25살이 될 때까지 기다려야 첫 경험을 할 수 있어요.") 우리는 모든 성 활동을 자제하도록 설계한 성교육 프로그램을 가지고 10대에게 무작위 대조 시험을 **할 수는 있다**. 그러나 이런 프로그램에는 근거가 하나도 없다. 미국은 이런 프로그램을 개발하고 배포하는 데 20억 달러 넘는 연방 자금을 쏟아부었지만, 실제 10대의 성 행동에는 아무런 변화가 없었다.[17] 아니면, 실험실 동물로 첫 섹스 나이에 따라 대조 시험을 수행할 수 있다. 그러나 동물 실험 결과가 사람에게도 적용되리라는 보장은 없다. (쥐는 잠수를 탈 수 있을까?) 사회과학자는 이렇게 어려운 상황에 너무나도 익숙하다. 검사하고자 하는 인과관계 가설("청소년기의 섹스가 정서적 외상을 일으킨다")은 있지만, 이를 검사하기 위한 명확한 실험 방법이 없는 게 현실이다.

나는 대학원에서 처음 연구할 때, 쌍둥이 데이터로 이 문제를 해결하려 했다.[18] 일란성 쌍둥이는 유전자도 서로 일치하고, 성 행동과 정신 건강 문제에 영향을 줄 수 있는 수많은 환경 변수(예: 이웃의 빈곤, 성에 대한 부모의 태도, 성적으로 활발한 반 친구들의 비율, 쉽게 접할 수 있는 성 건강 관리자와의 거리)도 서로 일치한다. 이때의 핵심 질문은 다음과 같다. 즉, 첫 섹스 경험 나이가 서로 **다른** 일란성 쌍둥이는 정신병에 걸릴 위험도 달라질까? 텍사스주의 성교육 정책이 주장하는 대로 일찍 섹스하는 것이 정신병을 **일으키는** 환경 경험이라면, 일란성 쌍둥이 중 더 어린 나이에 섹스한 한 명이 다른 한 명보다 정신병에 걸릴 위험이 평균적으로 더 높아야 한다. 그에 반해, 일찍 섹스하는 것이 정신병의 **유전적** 위험을 알려주는 표지자라면, 유전적으로 똑같은 일란성 쌍둥이는 언제 섹스했는지와 상관없이 정신병에 걸릴 위험이 똑같아야 한다.

나는 동료들과 미국, 스웨덴, 오스트레일리아에서 연구를 잇달아 수행하면서 똑같은 질문을 던졌다.[19] 그리고 마찬가지로 우리는 첫 섹스 나이가 서로 다른 일란성 쌍둥이의 경우 이후의 인생 결과도 달라지는지 검사했다. 그 답은 일반적으로 …… 달라지지 않는다는 것이었다. 연구자가 일란성 쌍둥이끼리 비교함으로써 사람들의 유전적 차이를 통제했을 때, 어릴 때 처음 경험하는 섹스와 약물 사용, 우울증, 범죄 전과, 행동 장애, 청소년 비행, 성인 때의 위험한 성적 행동 사이의 상관관계는 **모두** 사라졌다. 이 결과 패턴에 가장 잘 들어맞는 설명은 성관계를 처음 경험한 나이가 청소년기의 정신 건강 및 행동 문제와 상관관계는 있지만, 이런 문제의 **원인**은 아니라는 것이다.

이 분석을 통해 우리는 더 일반적인 핵심을 세 가지 살펴볼 수 있다. 첫째, 청소년기의 특정 시점에 성관계를 하거나 특정 부모 유형의 보살핌을 받거나 특정 유형의 이웃과 살아가는 등의 환경 경험은 인생 결과와 **상관관계**가 있을 수 있지만, 그 **원인**이 될 수는 없다.

둘째, 실제로 어떤 환경이 인과관계에 놓여 있는지 제대로 파악하지 않은 채로 수립한 정책은 비경제적이고 악영향을 미칠 수 있다. 이 구체적인 성교육 예시에서 텍사스주가 10대의 성 활동을 늦추는 데 성공한다고 하더라도, 그 변화는 10대의 정신 건강을 실제로 개선하지 못할 것이다. 게다가 이런 프로그램을 부각하면 도움이 **될 법한** 다른 교육 프로그램이 충분한 투자를 받지 못할 가능성이 있다. (10대의 금욕에 찬성하는 사람들은 금욕이 그 자체로 가치 있는 목표라고 주장할지 모른다. 하지만 이는 금욕이 청소년을 더 행복하게 해준다는 것같이 실증적 근거는 전혀 없는 상태로 정책을 정당화하는 것이다.)

셋째, 일란성 쌍둥이를 비교하든 다유전자 지수가 비슷한 사람들을 비교하든, 유전자 데이터는 연구자가 일차적인 문제를 해결하는 데 도움을 주고, 그렇게 함으로써 이차적인 문제를 예방할 수 있게끔 해준다. 유전자 데이터는 환경을 더 쉽게 볼 수 있도록 사람의 차이를 일으키는 원인 하나를 **해결해준다**.

실패에 공짜란 없다

물론 뭐가 무엇의 원인인지도 정확하게 알려주지 않는 상관관계를 가지고 아무렇게나 펼친 정책에 성교육 정책만 있는 것은 아니다. 많이들 알고 있는 '단어 격차'를 예로 들어보자. 단어 격차란 고소득 가정의 아이들에 비해 저소득 가정의 아이들이 3살 이전에 듣는 단어 수의 차이를 추정한 것이다. 처음 수행한 단어 격차 연구에서는 42가구 표본의 대화를 수년 동안 일주일에 한 시간가량 녹음한 뒤, 가난한 어린이는 부유한 어린이보다 3살이 되기 전까지 3000만 개나 적은 단어를 듣는다고 결론지었다.[20]

단어 격차는 학자와 정책 입안자 모두의 이목을 사로잡았다. 2013년 클린턴 재단(Clinton Foundation)은 어머니가 된 스타 영화배우들을 광고에 출연시키는 등 대중적인 캠페인을 벌이면서 단어 격차를 좁히는 데 집중했다. "우리는 아동 기아 못지않게 어휘력 빈곤을 논의해야 합니다."[21] 뒤이어 2014년 버락 오바마 대통령도 여기에 일조했다. 오바마는 "단어 3000만 개"라는 수치를 언급하면서 단어 격차를 해소하는 것이 "최우선 순위" 중 하나이며, "모두의 기회라는 약속을 진정으로 되찾으려면" 꼭 필요한 목표라고 선언했다.[22] 그리고 비슷한 시기에 블룸버그 재단(Bloomberg Philanthropies)은 수백만 달러의 보조금을 지원해주며 '프로비던스 토크(Providence Talks)' 프로그램을 개발하도록 했다.[23] 로드아일랜드주에선 프로비던스 프로그램에 참여한 부모는 청력계를 지급받아 자녀에게 얼마나 많이 말하는지 측정했고, 자녀한테 직접 말을 더 많이 걸도록 지도받았다.

단어 격차도 그렇지만, 사람들은 이미 잘 안다고 생각하는 문제에 뛰어들기 전에 더 많은 데이터를 둘러보지 않았다. 게다가 잘 안다고 생각하는 것을 진실로 받아들일 사람이 아무도 없다는 점도 문제다. 단어 격차 연구가 도출한 결론이나 단어 격차에 개입이 필요한지는 거의 모든 측면에서 과학적으로 논란이 많다. 어떤 이들은 처음의 연구를 똑같이 재현할 수 있는 연구가 몇 안 된다는 이유로 단어 격차는 실제로 존재하지 않는다고 주장한다.[24] 또 어떤 이들은 서로 다른 그룹의 아이들이 듣는 단어 수에 차이가 있다는 점은 인정하지만, '격차'라고 표현하는 데는 반대한다. 왜 우리는 미국 중산층 백인이 일반적으로 사용하는 언어를 다른 모든 사람이 선망하는 표준이라고 가정하는가? 어쩌면 이는 가난한 가족에게 결함이 있다는 식으로 불공평하게 낙인찍는 또 다른 방법일지도 모른다. 단지 문화가 서로 다른 것일 수 있는데도 말이다.

여기에 더불어 부모와 자녀는 유전적으로 관련되어 있다는 명백한 문제도 존재한다. 그리고 이는 몇 안 되는 사람만 고심하는 문제이기도 하다. 부모의 교육 정도, 소득, 종사상 지위와 연관된 유전자들은 아이들이 얼마나 일찍 말을 시작하는지와 7살 때 얼마나 잘 읽는지하고도 연관되어 있다.[25] 자녀에게 직접 말을 더 많이 걸었을 때 나올 법한 결과가 부모의 교육 정도나, 소득, 종사상 지위가 높을 때도 나타난 것이다. 하지만 지금까지 수행한 영유아기의 언어 연구는 턱없이 부족해서 말을 많이 걸어주는 부모의 자녀가 왜 더 말을 많이 하는지조차 유전적으로 설명하지 못하고 있다.

'단어 격차' 개입이 효과가 있을지는 아직 미지수다. 게다가 단어 격차 개입의 전제도 몹시 불안정하다. 단어 격차 개입은 부모가 만든 환경이 부모와 자녀 간 상관관계의 원인이 될 거란 가정을 전제로 삼는다. 만약 이 전제가 틀렸다면 어떻게 할 것인가? 아이들의 결과를 개선한다는 희망을 품고 부모 행동을 바꾸는 개입을 설계하는 데 수백만 달러를 쏟아붓기 전에, 부모와 자녀가 유전자를 공유한다는 사실을 통제했을 때도 여전히 부모 행동과 자녀 결과 사이에 상관관계가 남아 있는지를 최소한 검토는 해보는 것이 현명하다고 생각한다. 예를 들어, 수양부모가 아이들에게 말을 많이 걸어줄수록 그 입양아는 어린 나이에 글을 더 잘 읽을 수 있을까? 이 결과가 '그렇지 않다'라고 나온다면, 아이들이 듣는 단어 수가 읽기·쓰기 능력 차이의 **원인**이라는 생각은 물론, 단어 격차 개입이 아이들의 인생 결과를 개선하는 데 효과가 있을 것이라는 생각에 심각한 의문이 제기될 것이다.

모든 정책 결정에는 대가가 있으면 희생도 따른다. 단어 격차같이 한 부분에 투자가 이루어지면, 거기에 쓰이는 시간과 돈은 필연적으로 다른 목표를 이루는 데 더 효과적일 수 있는 곳에 쓰이지 못하게 된다. 결국, **모든** 개입과 정책은 세계가 작동하는 방식, 즉 "*x*를 바꾼다면, *y*가 일어날 것이다"라는 모델에 기반을 두고 있다. 사람이 모두 유전적으로 똑같다고 가정하는 세계 모델이나, 부모로부터 물려받는 것이 환경밖에 없다고 하는 세계 모델은 잘못된 것이다. 그리고 세계 모델이 더 자주 틀릴수록, 설계한 개입과 정책은 더 자주 의도와 달라지고, 더욱 효과적인 곳에 투자하지 않음으로써 더 자주 의도치 않은 결과에 직면할 것이다.

유전학을 무시하는 '암묵적 담합'

실망스럽게도 교육학, 심리학, 사회학 분야에 종사하는 수많은 과학자가 이 문제를 해결하려고 하기보다는 그저 자신에게는 이 문제가 해당하지 않는다고 생각한다. 사회학자 제러미 프리즈(Jeremy Freese)는 이런 상황을 아래와 같이 간추렸다.

현재 많은 사회과학 분야에서는 여전히 일종의 인식론적인 암묵적 담합이 벌

> 어지고 있다. 유전학을 왜곡함으로써 추론에 중대한 문제가 발생할 수 있지만, 사회과학자는 자신의 연구에서 이 문제를 다루지 않거나 다른 연구를 평가할 때 이 문제를 제기하지 않는 것이다. 만약 우리가 '모든 것이 유전 가능한' 세계에 살고 있다면, 이런 관행에는 희망적인 가정이 뒤따를 것이다.[26]

프리즈가 이 글을 쓴 시기는 2008년이지만, 지금 상황도 별반 다르지 않다. 교육학이나 발달심리학, 사회학 분야에서 아무 과학 저널이나 펼쳐 보면 부모의 형질과 자녀의 발생 결과 사이의 상관관계를 알리는 논문만 잔뜩 나올 것이다. 부모 소득과 자녀의 뇌 구조 간 상관관계. 어머니의 우울증과 자녀의 지능 간 상관관계. 이런 논문 하나하나가 의미하는 것은 연구 과정에서 연구자의 시간과 공적인 투자가 엄청나게 들어갔다는 점이다. 그리고 이런 논문 하나하나는 프리즈의 말마따나 아이들의 환경 차이는 유전적 차이와 얽혀 있으나 이를 푸는 데 아무런 진지한 노력도 하지 않는 "예리하고, 중대하고, 간단명료한 결점"을 지니고 있다.

수많은 사회과학자가 암묵적 담합으로 유전학을 무시하는 것은 좋은 의도에서였을지 몰라도 궁극적으로는 잘못된 판단에서 비롯된 두려움으로부터 시작되었다고 생각한다. 이 두려움은 유전적 영향의 가능성을 고려하는 것마저도 사회과학자가 혐오스럽게 여기는 생물결정론이나 유전적 환원론을 품고 있다는 두려움이자, 유전자 데이터가 사람들을 분류하면서 권리와 기회를 빼앗는 데 끊임없이 남용될 것이라는 두려움이다. 유전자 데이터의 오남용은 확실히 경계해야 하기에 이 문제는 12장에서 다시 다룰 것이다. 연구자들은 좋은 의도로 그랬을 수도 있지만, 대부분의 사회과학 연구에서 유전학을 무시하는 관행에는 상당한 비용이 뒤따른다.

지난 몇 년 사이 심리학 분야는 '재현성 위기'로 요동쳤다. 심리학 분야 톱 저널에 실려 화제가 되었던 연구 중 상당수가 그 결과를 재현하지 못했고, 따라서 연구 결과가 잘못되었을 수 있다는 게 명백해졌기 때문이다. 심리학자 조지프 시먼스(Joseph Simmons)와 그의 동료들은 환상에 불과한 연구 결과를 대량으로 쏟아내게끔 한 연구 관행(p 해킹*이라는 관행)에 관한 글을 쓰면서 "모두가 〔p 해킹이〕 잘못되었다는 것은 알았지만, 무단횡단급인 줄만 알았다"고 적었다. 하지만 실제로는 "은행 강도급으로 잘못된 것이었다".[27]

p 해킹처럼 일부 사회과학 분야에서 사람들의 유전적 차이를 무시하는 암묵적 담합은 무단 횡단 정도로만 잘못된 것이라고 할 수 없다. 연구자가 자신의 연구와 살짝 관련된 것(유전학)을 무시하는 행위는 아무 피해자를 내지 않으면서 지름길을 택하는 것과는 다르다. 이런 암묵적 담합은 은행 강도만큼이나 잘못된 것이다. **도둑질**이나 다름없다. 이는 연구자들

* 관찰하려는 대상을 전부 조사할 수 없을 때, 그중 일부만 조사한 뒤 전체가 어떠할 것이라고 가설을 세워 통계적으로 추론한다. 이때 거짓이라고 기각하고 싶은 귀무 가설과 참이라고 검증하고 싶은 대립 가설을 하나씩 세운 뒤, 귀무 가설이 거짓이라는 것을 증명해서 대립 가설을 참이라고 추론한다. 여기서 p 값을 사용하는데, p 값이란 귀무 가설을 참이라고 가정할 때 얻은 결과보다 더 극단적인 결과가 실제로 관찰될 확률, 쉽게 말해 관찰한 결과가 귀무 가설을 참이라고 지지해주는 확률을 말한다. p 값이 작을수록 귀무 가설이 참일 확률이 낮아지고 대립 가설이 참일 확률은 높아진다. p 값의 기준값으로 유의 수준이란 걸 설정한 뒤(보통 5%나 1% 또는 0.5%로 설정), p 값이 유의 수준보다 낮으면 귀무 가설을 기각하고 대립 가설이 유의미하게 참이라고 추론한다. 그러나 p 값이 유의 수준보다 살짝 높아져서 원하는 결과가 나오지 않으면 가설을 바꾸거나 데이터를 선별하는 방법으로 유의 수준보다 낮은 p 값을 얻어내기도 하는데, 이런 관행을 p 해킹(p-hacking)이라고 한다.

이 중대한 결함이 있는 과학 논문을 잇달아 내게 하고, 다른 연구자들이 아무 쓸모도 없는 잘못된 선례를 뒤따르게 만들면서 사람들의 시간을 훔치는 것이다. 그리고 납세자와 민간 재단이 불안정한 인과관계를 전제로 한 정책을 지원하게 만들면서 사람들의 돈을 훔치는 것이다. 유전학을 똑바로 받아들이지 않는 이 과학적 관행은 사회를 개선하고 이해하려는 목표를 완전히 훼손하고 있다.

또 다른 위험도 존재한다. 프리즈가 사회과학이 유전학을 무시하는 관행을 어떻게 평가했는지 다시 살펴보자. "어떤 분야는 '수많은 연구가 x를 보여준다'라고 간추릴 수 있는 문헌을 꽤 생산적으로 낼 수 있을지도 모른다. 그러나 그 분야는 다른 분야로부터 고질적으로 광범위하게 배척당할 위험이 커진다."[28] 자신의 전문 분야가 사회과학인 프리즈는 다른 학문 분야가 사회과학을 광범위하게 배척할 것을 걱정했다. 그런데 나는 정치적 극단주의자가 사회과학 연구를 광범위하게 배척하진 않을지 더 걱정스럽다.

계속해서 사회과학자가 유전학을 자신의 사람 발달 모델에 통합시키지 못하면, 유전학이 "금단의 지식"[29]이라는 판도라의 상자로 잘못 인식될 여지가 남는다. 즉, 이러한 사고방식에서는 유전적 차이에 관한 연구 자료가 인생 결과는 DNA의 산물로만 정해진다는 결정론적 관념을 반드시 증명할 것이기 때문에, 사회과학자는 갈수록 유전적 차이에 관한 연구를 의도적으로 검열하거나 '무효화'한다고 인식한다.

게다가 지금의 사회 불평등을 유지하려고 하는 사람들은 대부분 연구가 환경과 사람들의 유전적 차이가 얽혀 있다는 사실을 엄격히 통제하지 않는다고 지적한다. 그러면서 환경 조건이 부정적이라고 하는 연구를 손쉽게 비판하곤 한다. 왜 사회 연구를 할 때 간단하게 해결할 수 있는 결점을 이리저리 드러내면서 사회 평등에 반대하는 이들에게 강력한 무기를 넘겨주려고 하는가? 사회과학자가 유전학을 똑바로 받아들이기만 한다면 환경 조건이 주는 부정적 영향을 훨씬 더 명확하게 입증할 수 있다.

오래된 문제를 해결할 새로운 도구

오로지 '유전적' 요인 때문에 불평등이 발생한다고 생각하는 학자가 없다는 것은 아무런 의미가 없다. 이 책 전반부에서 살펴보았던 연구가 우리에게 주는 교훈은 환경이 사람의 인생에 영향을 **미친다**는 것이다. 그 연구가 우리에게 준 교훈은 바로 그러한 환경 대부분이 사람들의 유전적 차이와 함께 얽혀 있기 때문에 어떤 특정 환경이 삶의 어떤 점에서 누구에게 차이를 만드는지를 알아내는 게 보기보다 어려운 문제라는 것이다.

수많은 연구자가 쌍둥이 연구, 입양 연구, GWAS, 다유전자 연구에 몰두하는 이유도 바로 이 문제를 해결하기 위함이다. 연구자들은 유전적인 부분을 **해결하기 위해** 유전학을 다룰 수 있는 도구를 원한다. 나는 동료들과 대화하면서 유전학을 연구하게 된 동기를 손쉽게 알아차릴 수 있었다. 이들을 사로잡은 용어는 '배아 선택'이나 '맞춤형 교육' 같은 자극적인 용어가 아니다. 이 분야의 과학자들이 계속 사용하는 용어는 딱딱하게 들리는 '통제 변수'라는 통계 개념이다.

사회과학유전학회 컨소시엄이 2018년에 교육 정도 GWAS를 발표하면서 함께 작성한 방대한 분량의 FAQ를 예로 들어보자.[30] 이 FAQ는 교육과 연관된 다유전자 지수가 "특정 개인이 갖는 위험을 평가하기에 충분하지 않기" 때문에 이 다유전자 지수를 "**어떻게든** 다른 곳에 적용"하는 것에 무척 부정적이었다. 이 FAQ에서 유일하게 다유전자 지수를 적용할 수 있다고 인정한 방법은 무엇일까? "우리 연구 결과는 사회과학자한테 유용하게 쓰일 것이다. 예컨대 이 결과를 가지고 다유전자 점수를 구성한 뒤 통제 변수로 사용할 수 있다."

이와 비슷하게, 스탠퍼드 대학교의 교육학 연구자 샘 트레조(Sam Trejo)와 벤 도밍그(Ben Domingue)는 다유전자 지수가 지니는 '큰 가능성'에 대한 과학 논문을 냈다. 그 가능성이 큰 이유는 무엇일까? 그 이유는 다유전자 지수를 "환경 효과 연구에서 통제 변수로 사용할 수 있기" 때문이다.[31] 여기에 더해 프린스턴 대학교의 사회학자 돌턴 콘리의 웹사이트도 살펴보자. 통계 분석을 할 때 다유전자 지수를 통제 변수로 포함하면 "〔환경〕 변수에 대해 더 구체적이고 더 편향이 적은 매개 변수 추정치를 얻을" 수 있다는 이유로, 콘리는 다유전자 지수에 특별히 몰두하고 있다고 말한다.[32]

교육 같은 특성으로 다유전자 지수를 만들고 연구하는 이들이 통제 변수와 편향이 적은 매개 변수 추정치에 미친 듯이 몰입하고 있는 사이, 언론은 맞춤 아기(designer baby)나 감시자본주의* 등으로 행동유전학 연구를 논의하고 있었다. 통제 변수를 논하는 것은 맞춤 아기를 논하는 것만큼 마력이 크지 않다. 하지만 유전학 연구가 사람의 삶을 개선하는 데 지니는 대부분의 잠재력은 바로 더 나은 사회과학 연구를 궁리하는 데 있다.

댄 벨스키와 동료들은 환경을 다룰 때 유전자 데이터의 힘을 보여주는 중요한 연구를 수행했다. 나는 앞에서 이 연구 결과를 일부분 설명한 적이 있다. 형제자매보다 교육과 연관된 유전 변이를 더 많이 물려받은 아

* surveillance capitalism: 온라인으로 수집한 개인 정보를 상품화해 수익을 창출하는 자본주의 시스템.

이들일수록 커서 더 부유해지고 더 명성 높은 직업을 얻는다.[33] 이렇게 형제자매끼리 비교하면 가정 환경이 똑같으면서 유전적으로 다른 사람들에게 초점을 맞출 수 있다. 게다가 교육과 연관된 다유전자 지수가 똑같으면서 사회 계급이 다른 가정에서 태어난 사람들도 엿볼 수 있다. 이때는 가정 환경이 갖는 힘에 초점을 맞춘다. 다유전자 지수는 높은데 부모의 사회경제적 지위가 낮은 아이들은 성인이 되어서도 계속해서 다유전자 지수는 낮은데 부모가 부유한 아이들보다 결과가 좋지 않다.

경제학자 케빈 톰과 니컬러스 파파조지는 대학 졸업률을 분석해 비슷한 결론을 내렸다.[34] 다유전자 지수가 제일 낮으면서 부유한 아이들은 27%가 대학을 졸업한 데 비해, 다유전자 지수가 제일 높으면서 가난한 아이들은 24%가 대학을 졸업했다(그림 9.1).

유전학과 사회 이동에 관한 이런 연구 결과는 얼굴/꽃병 착시*와 유사하다. 그림의 한 부분에 집중하면 다른 부분은 우리의 지각에서 멀어지지만, 초점을 바꾸면 멀어진 부분이 다시 앞으로 나온다. 특정 유전 표지자 집합을 갖는 아이들은 그 표지자를 물려받지 않은 다른 아이들보다 모든 사회 계층 수준에서 높은 쪽으로 이동할 가능성이 높다. 그러나 이 아이들이 가난하게 태어난다면 유전적으로 가장 혜택받은 아이들조차도 유전자 혜택은 못 받았으나 부유하게 태어난 아이들보다 성인 때 계속해서 사회경제적 지위가 더 낮을 것이다. 사회과학자 벤 도밍그는 다음과 같이 간추렸다. "유전학 메커니즘은 배경이 상대적으로 비슷한 사람들이 왜 달라지는지를 이해하는 데 유용하다. ……그러나 유전학은 명백히 출

* 1915년 덴마크 심리학자 에드가르 루빈(Edgar Rubin)이 개발한 착시 그림으로, 꽃병과 사람의 옆얼굴이 번갈아 보인다.

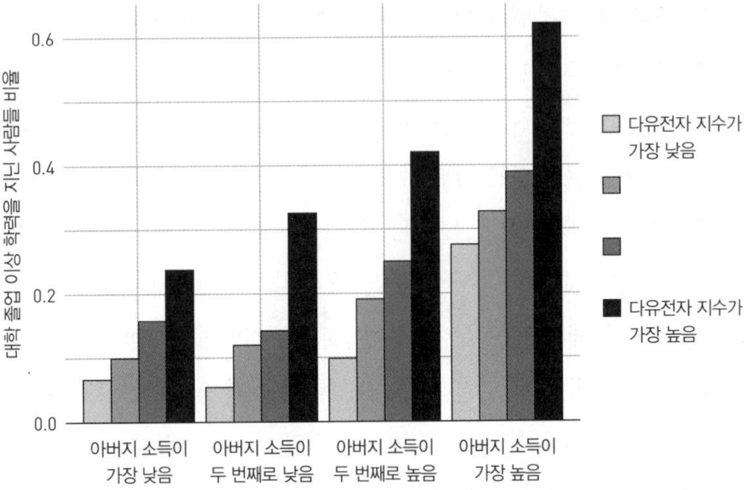

그림 9.1 교육 정도 GWAS로 만든 다유전자 지수 및 아버지 소득에 따른 1905~1964년생 백인 미국인의 대학 졸업률. 니컬러스 파파조지와 케빈 톰이 데이터를 제공했으며, 결과는 다음 논문에 설명되어 있다. Nicholas W. Papageorge and Kevin Thom, "Genes, Education, and Labor Market Outcomes: Evidence from the Health and Retirement Study," NBER Working Paper 25114 (National Bureau of Economic Research, September 2018), https://doi.org/10.3386/w25114.

발점이 다른 사람들이 왜 똑같아지지 않는지 이해하는 데에는 형편없는 도구다."[35]

한편 또 다른 연구에서는 아이들과 부모의 유전 정보를 재치 있게 사용해 환경 효과를 집중 조명했다. 모든 부모는 각 유전자 사본을 2개씩 가지고 있고, 그중 하나만 자녀에게 전달된다는 사실을 떠올려보자. 그렇다면 모든 부모 자녀 쌍에서 부모의 유전체는 **전달된** 대립유전자(자녀에게 물려준 유전 변이)와 **전달되지 않은** 대립유전자(자녀에게 물려주지 않은 유전 변이)의 두 부분으로 나눌 수 있다. 근본적으로 보면, 이는 부모의 유전체를 수양부모 같은 부분(자녀와 전혀 안 닮은 부분)과 일란성 쌍둥이 같은 부분(자녀와 정확히 똑같은 부분)으로 나누는 것이다.

그러고 나면 다음과 같이 중요한 검사를 할 수 있다. 부모로부터 **전달되지 않은** 유전자도 자녀의 인생 결과와 관련이 있을까?[36] 만약 그렇다면 부모 유전자와 자녀 표현형 사이에는 부모에서 자녀로의 유전 때문이라고 **할 수 없는** 연관성이 있다는 뜻이다. 그리고 그 연관성은 반드시 어느 정도 부모가 형성하는 **환경** 때문에 나타나야 한다.

아이슬란드가 이런 식으로 실험을 설계한 뒤 대규모로 연구를 수행했다.[37] 아이슬란드는 계통이 동질적이고, "정교한" 의학 기록과 가계도 정보를 가지고 있으며, 전체 인구 3분의 1 이상의 유전자형을 분석했으므로 작은 나라임에도 유전학 연구에서는 큰 비중을 차지하고 있다. 이 연구는 BMI나 키 같은 신체 특성의 경우, 부모로부터 키가 커지게 하거나 살을 찌우게 하는 유전자를 물려받지 않는다면 실제로 그렇게 되지 않는다는 것을 밝혔다. 즉, 전달되지 않은 대립유전자는 자녀의 표현형과 상관관계가 없었다. 반면, 교육의 경우 관련된 유전자를 물려받지 않더라도 부모의 유전자는 계속해서 자녀의 최종 교육 정도와 연관이 있었다. 생물학적 유전 메커니즘을 제외하고 나니, 부모의 형질과 자녀의 결과가 상관관계를 나타내는 이유는 **반드시** 부모가 형성한 환경 때문일 수밖에 없다는 점이 밝혀진 것이다. 그리고 그 환경은 자녀가 교육 궤적을 만들어가는 데 작용한다. 우생학은 '실제로' 측정하지 못하는 유전적 차이가 불평등을 결정한다고 주장한다. 그러나 우리가 유전학을 똑바로 받아들이고 나니, 우생학이 하는 주장은 힘을 잃었고, 환경 특혜가 가져다주는 효과는 더 선명하게 보이기 시작했다.

도구 상자에서 모든 도구 꺼내 쓰기

정책이나 개입 연구에 유전자 데이터를 다유전자 지수 형태로 더 자주 통합하기 전에 극복해야 할 현실적인 문제가 있다. 이 책 앞부분에서도 설명했지만, 지금까지 마주했던 가장 큰 현실적인 문제는 유럽 유전 계통이 아닌 사람들로 건강이나 학력 결과를 연구할 때 통계적으로 유용한 다유전자 지수가 없다는 것이다. 미국에서는 공립 학교 학생의 절반 이상이 백인으로 분류되지 않는다. 따라서 비유럽 유전 계통을 갖는 학생이 적어도 어느 정도 있다고 기대하는 게 타당하다. 그렇다면 효과적인 교육 개입이 가장 필요한 아이들은 유전학 도구 상자에서 쓸 수 있는 도구가 가장 없는 아이들인 셈이다. 통계유전학자 앨리셔 마틴(Alicia Martin)은 이 문제를 다음과 같이 표현했다. "〔다유전자 지수가〕 지니는 풍부하고 공정한 가능성을 실현하려면, 우리는 유전학을 연구할 때 반드시 큰 다양성부터 가장 먼저 해결하여 …… 이미 가장 취약한 사람들에게서 건강 격차가 벌어지지 않도록 해야 한다."[38]

이 문제는 유전학 연구가 점차 세계적으로 이루어지면 해결될 가능성이 있다. 나는 과학자들이 백인 학생의 학업 성취도만큼이나 흑인 학생의 학업 성취도와 통계적으로 강하게 연관된 다유전자 지수를 개발할 것이라고 기대한다. 그리고 수학을 힘겨워하는 청소년의 고등학교 졸업률을 확실히 높이거나 ADHD를 앓는 청소년의 교통사고를 줄여주는 더 좋은 정책과 개입 도구를 개발하기에 훨씬 앞서 이 문제에서 상당한 진전을 이루어낼 거라고 기대한다. 4장에서 설명했듯 다른 인종 그룹끼리 비교하기 위해 이런 다유전자 지수를 이용하는 것은 과학적·윤리적으로 잘못된 일일 것이다. 더구나 어떤 유전자가 학업 성취도와 연관되어 있는지,

그리고 그 유전자가 학업 성취도와 얼마나 강하게 연관되어 있는지는 유전 계통이 다른 사람들에 따라 다를 수 있다. 그럼에도 불구하고 유럽 계통 집단 외에 다른 그룹으로까지 GWAS 혁명을 확장한다면, 연구자들은 중요한 발생 과정의 결과에서 특정 환경 원인을 확인하는 능력을 각 그룹 **안에서** 비슷한 정도로 엄격하게 발휘해 연구를 수행할 수 있다.

사람들의 삶을 개선하기 위해 개입과 정책을 만드는 데 어마어마한 장애물이 있다는 점을 생각하면 우리는 어떤 연구 방법 하나에 너무 많은 것을 기대해서는 안 된다. 분명 사회과학에서 유전자 데이터를 더 폭넓게 사용하더라도 모든 문제가 해결되지는 않을 것이다. 그러나 유전자 데이터는 사람들의 삶을 개선하려는 노력에 **도움**을 줄 수 있다. 이미 앞에서 설명했듯 모든 개입과 정책은 세계가 작동하는 방식의 모델을 반영한다. 교육이나 아동 발달을 다룬 기초 연구에 결함이 있거나 이를 신뢰할 수 없다면 사람들의 결과를 개선하려는 개입과 정책은 더 설계하기 어려워진다. 과거에는 DNA라는 변수를 측정하거나 통계적으로 통제하기 굉장히 어려웠지만, 지금은 측정하기도 쉽고 통계적으로도 손쉽게 다룰 수 있다. 이처럼 유전학이 기초 연구를 수행할 도구 세트를 갖추게 해주었다는 점은 유전학이 사회과학에 크게 이바지한 부분이다. 유전 정보가 갈수록 값싸지면서 폭넓게 적용되고 있는 만큼, 아이들의 삶을 개선하는 방법에 관해 알아야 할 모든 것을 이미 알고 있다거나 도구 상자에 있는 모든 도구를 사용할 준비가 되어 있다는 식으로 더는 거짓되게 선언하지 않길 바란다.

10

개인의 책임

"저는 그냥…… 저세상에서 신이 데려다주는 곳으로 갔으면 좋겠어요."

아모스 웰스(Amos Wells)의 뺨에 눈물이 흘러내리고 있었다. 웰스는 임신한 22살 여자 친구 샤니스(Chanice), 샤니스의 10살 남동생 에디(Eddie), 샤니스의 어머니 아네티(Annette)의 죽음에 대해 이야기하고 있었다. 전날 밤 웰스는 텍사스주 포트워스에 있는 샤니스네 집으로 찾아가 총을 여러 발 쐈다. 그리고 경찰에 자수했다. 웰스는 구속된 채로 NBC 기자와 7분 동안 인터뷰했고, 이 방송은 2013년 온라인으로 생중계됐다.[1]

"누구한테도 제가 옳았다거나 이성적이었다고 설명하지 못합니다. 그 누구도 모든 분을 이해시키지 못할 겁니다. ……딱히 이유는 없습니다."

웰스의 이런 변론에도 불구하고 그의 변호인단은 유전학 쪽에서 뭔가를 찾았다. 이들은 선고 단계에서 웰스를 변호하며, 뉴질랜드에서 수행한 후보 유전자 연구를 근거로 웰스가 특정 *MAOA* 유전자* 버전을 물려받았기 때문에 폭력적 성향을 지녔다고 주장했다. 한 감정인**은 이를 "너무나 안 좋은 유전자형"이라고까지 했다.[2] 3장을 다시 펼쳐보면 과학자들이 이 같은 후보 유전자 연구를 더는 신뢰하지 않는 이유를 알 수 있다. 배심원들도 웰스 측 변론에 의구심을 품었고, 이에 전원이 만장일치로 웰스에게 사형을 선고했다.

행동유전학자로서 웰스의 선고 판결서를 읽는 것은 겸손해질 수밖에 없는 경험이었다. 나는 최초로 *MAOA*와 범죄 행동을 연결해 후보 유전자 연구를 수행한 선임 저자들을 알고 있으며, 이들을 존경한다. 그리고 나도 10대 범죄의 유전을 다룬 논문을 여럿 발표했다. 학술지에 실을 논문을 쓰다 보면, 배심원 12명이 국가가 사람을 죽여야 하는지를 결정하는 동안 '감정인'이 텍사스 법정에서 전문 용어로 가득 찬 내 무미건조한 문장을 인용하는 걸 상상하기 어렵다. 우리 과학에는 언제나 악착같은 질문이 뒤따른다. 유전학을 사람들 간 차이의 근원으로 똑바로 받아들인다면, 우리가 삶의 방향에서 길러야 할 책임감에 관해서 유전학은 (의미하는 게 있다면) 무엇을 의미하는가? 유전학이 사형 선고 판례의 증거로 쓰이는 이상 더는 이런 질문을 추상적이라면서 무시할 수는 없다.

개인의 책임을 판단할 때 유전학이 어떤 영향을 주는지는 범죄 행동의

---

* 모노아민 산화효소 A(monoamine oxidase A)라는 단백질을 부호화하는 유전자. 이 유전자에 특정 돌연변이가 생겨 효소가 기능을 잃으면 평균적으로 낮은 IQ, 방화 욕구와 성욕 과다 및 폭력성 등의 충동 행동, 수면 장애, 감정 기복 등이 나타나는 브루너증후군을 일으킨다.

** 특별한 학식이나 경험이 있는 자로서, 법원이나 법관의 명을 받아 법관의 판단 능력을 보완해주는 사람.

영역에 국한되지 않는 문제다. 나는 지금까지 이 책을 통해 교육 궤적에 영향을 주는 출생의 우연만큼 유전학도 똑바로 받아들여야 한다는 주장을 펼치려고 노력했다. 국가가 다른 이에게 해를 입히는 사람을 처벌하듯 사회는 학교에서 '성공한' 사람들에게 보상을 준다. 그리고 교육받은 사람은 더 많은 돈과 더 안정적인 직장뿐만 아니라 더 나은 건강과 행복으로 보상받는다.

이번 장에서는 교육에 영향을 주는 유전자의 존재 여부에 따라 학교에서의 성공이나 실패, 그리고 거기에 뒤따르는 모든 결과를 얼마나 책임져야 하느냐에 관해서 사람들의 인식이 어떻게 달라지는지 살펴본다. 그런 다음, 유전학과 '개인의 책임' 사이에 형성되어 있는 팽팽한 관계를 살펴보면서, 어떻게 사회경제적 결과를 다룬 유전학 연구가 사회자원을 더 잘 재분배하는 데 쓰일 수 있는지 알아본다.

범죄의 유전학

의뢰인의 행동을 유전자 책임으로 본 변호인단은 웰스의 변호인단이 처음은 아니었다. 2017년 법률 데이터베이스를 검토한 결과, 형사 사건 11건에서 주로 선고나 그 이후의 상소 단계 때 피고인의 *MAOA* 유전자형 정보가 증거로 제출되었다는 사실이 드러났다.[3] 형사 재판에서 유전 정보가 어떻게 사용되는지를 조사한 초창기 연구에서는 유전 정보가 '양날의 검'처럼 작용해 피고인이 도덕적 비난을 덜 받으면서 사회에 계속 위해를 가할 가능성이 있다는 점을 제시했다.[4]

그러나 후속 연구에서는 과학 수사에 도입한 유전 정보가 양날의 검이라기보다는 외날의 검에 가깝다는 사실을 알아냈다. 죄질이 심각하든(살인) 가볍든(재산 피해) 판사와 일반 대중은 유전적인 설명을 듣는다고 해서 사람들이 일반적으로 적절하다고 생각하는 형량을 바꾸지 않는다. 즉, **우리는 사람들을 처벌하고자 할 때 유전 정보를 무시한다.**[5]

사람들이 범죄 행동을 판단할 때 유전적인 설명을 무시하는 것은 뜻밖일 수밖에 없다. 다른 행동이나 인생 결과를 판단할 때 사람들은 유전 정보의 존재에 더 쉽게 영향을 받기 때문이다. '생물유전적(biogenetic)'으로 심리적인 문제(우울증, 조현병, 불안, 비만, 섭식 장애, 성적 어려움 등)를 설명하면, 사람들은 평균적으로 이런 문제에 비난과 책임이 덜하다고 판단한다.[6] 그리고 성적 지향을 생물유전적으로 설명하는 것이 대중화하면서 사람들은 동성애자의 권리를 더 많이 지지하게 되었다.[7] 이에 발맞춰 일부 운동 단체는 낙인을 지우기 위해 유전학 연구가 지니는 잠재적 가치를 받아들였다. 예를 들어, 전국정신질환연대(National Alliance on Mental Illness)는 정신 질환의 원인으로 '유전'과 '뇌 구조' 등을 제시하면서 정신 질환의 특성을 인포그래픽으로 만들어 제공하고 있다.[8] 유전학은 책임의 해독제인 셈이다.

유전학을 통해 사람들이 우울증이나 과체중에 책임이 있는지를 연구하는 것 및 폭력적인 범죄 행동에 책임이 있는지를 연구하는 것에서 차이를 보이는 이유는 기초 유전학 연구 방법이 서로 다르기 때문이 아니다. 아모스 웰스의 판례에서 *MAOA* 유전자의 영향을 받았다는 것은 과학적으로 약한 주장이지만, 유전자가 공격성이나 폭력에 중요하다는 것은 과학적으로 강력한 증거다. 신체적 공격 행동, 정서 결여 등 아동기부터 시작되는 심각한 행동 문제는 모두 어린 시절에 이미 높은 유전가능성(80% 이상)을 나타내는 반사회적 행동 증후군의 증상이다.[9]

높은 유전가능성 외에도, 범죄를 저지를 가능성과 관련된 유전자 데이터가 새로이 나오고 있다. 나는 동료들과 범죄 행동과 관련된 대규모 유전학 연구를 수행하면서 아동기 ADHD 증상, 많은 파트너와의 섹스, 알코올 문제, 대마초 흡연 등 다양한 충동 및 위험 행동을 다룬 GWAS에서 정보를 모았다. 이런 행동이 늘 불법인 것은 아니지만, 폭력적인 범죄를 저지르는 사람에게서 더 흔하다. 우리는 다 합쳐서 거의 150만 명이나 되는 사람들로부터 정보를 모았고, 각 SNP이 심리학에서 '외면화(externalizing)'라고 하는 전반적 경향과 연관되어 있는지 검사했다. 외면화란 계속해서 규칙과 사회 규범을 위반하고 충동 조절을 힘들어하는 경향이다.

이처럼 우리는 GWAS 결과를 이용해 외면화 다유전자 지수가 높은 사람들이 낮은 사람들에 비해 중범죄로 유죄 판결을 받을 가능성이 4배 이상 컸으며, 자유형*을 받을 확률도 거의 3배나 높았다는 사실을 발견했다(그림 10.1). 또한 외면화 다유전자 지수가 높은 사람들은 아편 유사제나 다른 불법 약물을 이용할 가능성, 알코올 사용 장애가 있을 가능성, 그리고 무모함, 기만성, 충동성, 공격성, 죄책감 결여를 보이는 정신 상태인 반사회적 성격 장애 증상을 보일 가능성이 더 높았다.[10]

다시 한번 강조하지만, 우리 연구는 모두 유럽계 유전 계통을 공유하면서 백인으로 분류될 가능성이 큰 사람들의 그룹 내 차이에 초점을 맞추었다. 4장에서 설명한 것처럼, 경찰과의 접촉이나 자유형을 받는 비율에서 나타나는 인종 불평등을 설명하는 데에는 이런 유전적 연관성을 사용할 수 없으며 사용해서도 안 된다.

---

* incarceration, 自由刑: 형을 받는 사람을 일정한 곳에 가두어 신체 자유를 빼앗는 형벌로, 징역·금고·구류 등이 있다.

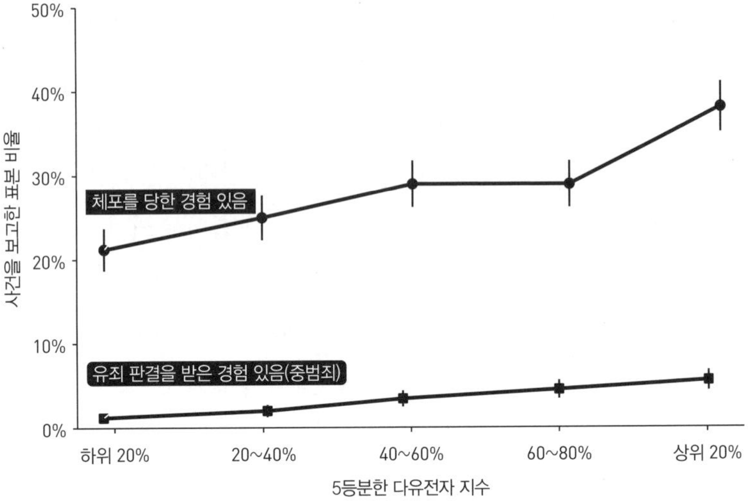

그림 10.1 150만 명의 외면화 GWAS로 만든 다유전자 지수에 따른, 반사회적 행동으로 형사 처벌을 받은 비율. 그림은 아래 논문에서 변형해 가져왔다. Richard Karlsson Linnér et al., "Multivariate Analysis of 1.5 Million People Identifies Genetic Associations with Traits Related to Self-Regulation and Addiction" *Nature Neuroscience* 24, no. 8 (August 2021): 1367-1376, https://doi.org/10.1038/s41593-021-00908-3.

이런 경고에도 불구하고 사람들은 유전학을 통해 범죄 행동을 연구하는 걸 우려한다. 실제로 방금 설명한 연구를 사람 발생과 사회 체계의 관점으로 풀어 쓰면 책 한 권 분량은 채울 수 있다. 하지만 여기서는 더 간단한 것을 다룰 예정이다. "유전자는 충동성과 위험 감수성에 영향을 미치므로 사람들은 범죄에 대한 책임이 줄어든다"라고 말할 때와 비교해서, "유전자는 몸무게에 영향을 미치므로 사람들은 과체중에 대한 책임이 줄어든다" 또는 "유전자는 기분과 감정에 영향을 미치므로 사람들은 우울증에 대한 책임이 줄어든다"라고 말하는 것이 얼마나 다르게 들리는지 주목해보자. 사람들은 표현형에 따라 유전 정보에 다른 반응을 보인다.

책임을 묻기 위해

사람들이 유전학 정보를 받아들일 때 표현형에 따라 완전히 다르게 반응한다는 점에 흥미를 느낀 심리학자 맷 레보위츠(Matt Lebowitz), 철학자 케이티 탭(Katie Tabb), 정신과 의사 폴 애플바움(Paul Appelbaum)은 한 팀을 이뤄 그 이유를 파악하려 했다.[11] 레보위츠, 탭, 애플바움은 참가자들에게 '제인(Jane)과 톰(Tom)'의 이야기를 읽게 하는 재미있는 연구를 잇달아 수행했는데, 여기서 제인과 톰은 반사회적 행동(예: 잠든 노숙자의 돈 훔치기, 어린 학생 괴롭히기)이나 친사회적 행동(예: 노숙자가 괜찮은지 확인하기, 괴롭힘당하는 학생 도와주기)을 했다.[12] 그 후 참가자 중 일부는 유전자의 관점에서 톰과 제인의 행동을 설명해주는 정보를 받고, 나머지는 아무런 유전적 설명도 전달받지 못했다.

연구자들은 사진과 함께 설명문을 하나 보여주면서 자신들이 제시한 유전적 '증거'가 진짜인 것처럼 알렸다(그림 10.2).

이후 참가자들에게 방금 읽은 이야기를 얼마나 신뢰하는지 물어보았다. **"방금 읽은 이야기에서 유전자가 톰/제인의 행동에 얼마나 관여했다고 생각하시나요?"** (참가자들은 연구원이 준 것 외에 어떤 정보도 알지 못하며, 연구원으로부터 "제인의 유전자 구성은 제인이 그런 식으로 행동하도록 유도합니다"라는 얘기만 전달받았다.) 또한 다른 연구에서는 **"방금 읽은 이야기에서 제인은 자신의 행동 패턴에 얼마큼까지 책임이 있다고 생각하시나요?"**라는 질문이나 **"방금 읽은 이야기에서 제인의 행동 패턴이 제인이 실제로 어떤 사람인지를 얼마큼까지 반영한다고 생각하시나요?"**라고 물어보았다.

모든 연구에서 참가자들은 반사회적 행동보다 친사회적 행동에 대한 유전적 설명을 더 유의미하게 지지했다. 그리고 반사회적 행동에 대한 유

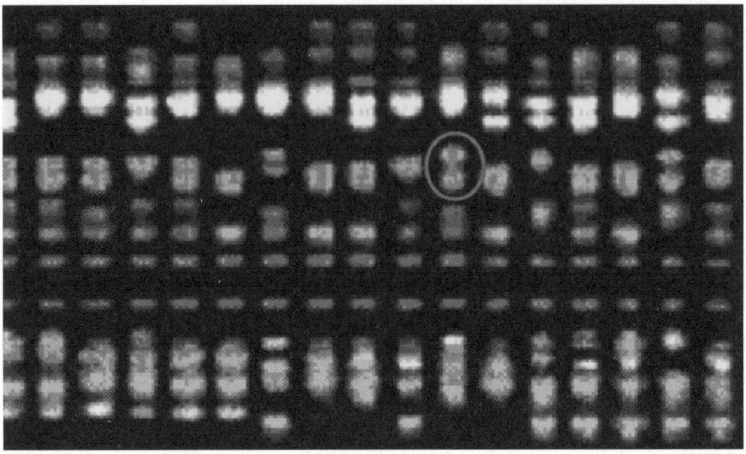

"과학자는 이런 식으로 행동하도록 유도하는 유전자가 사람들에게 있다는 사실을 밝혔습니다. 이 그림은 유전체에서 이런 유전자가 위치하는 영역을 나타낸 것입니다. 최근 검사 결과에 따르면, 제인에게도 이런 유전자가 있었습니다. 다시 말하면, 제인의 유전자 구성은, 즉 제인이 부모에게서 물려받은 DNA는 이런 상황에서 제인이 그런 식으로 행동하도록 유도합니다."

그림 10.2 행동에 대한 유전적 설명. 사진과 글은 아래 연구에 참여한 이들에게서 제공받았다. Matthew S. Lebowitz, Kathryn Tabb, and Paul S. Appelbaum, "Asymmetrical Genetic Attributions for Prosocial versus Antisocial Behaviour," *Nature Human Behaviour* 3, no. 9 (September 2019): 940-949, https://doi.org/10.1038/s41562-019-0651-1; 사진은 아래 논문에서 처음 사용했으며, 옥스퍼드 대학교 출판부의 허가를 받아 가져왔다. Nicholas Scurich and Paul Appelbaum, "The Blunt-Edged Sword: Genetic Explanations of Misbehavior Neither Mitigate nor Aggravate Punishment," *Journal of Law and the Biosciences* 3, no. 1 (April 2016): 140-157, https://doi.org/10.1093/jlb/lsv053.

전적 설명을 거부하는 경향뿐만 아니라 제인한테 자기 행동에 책임이 있다고 말하는 경향도 함께 나타났다.

이런 결과는 비난 및 책임에 관한 판단과 유전적 설명에 대한 지지 사이의 관계가 일반적으로 추정하는 방향과 반대로 형성된다는 것을 보여준다. 즉, 사람들은 유전적 영향에 관한 설명을 들은 후, 그에 따라 누군가의 책임이 덜한지 결정하지 않는다. 누가 책임을 져야 하는지 정한 다음, 그에 따라 유전적 영향에 관한 정보를 거부하거나 받아들이길 결정하는 것이다.

우리는 책임을 물으려는 가능성을 계속 남겨두면서 사람들을 도덕적으로 책임지게 하고 싶을 때 유전적 증거를 거부하는 경향이 있다. 이런 점은 2장에서 살펴보았던 또 다른 연구 결과를 이해하는 데 도움을 준다. 바로 각 표현형이 얼마나 유전 가능할지 사람들에게 추정하도록 한 미네소타 대학교 심리학자들의 연구다.[13] 자녀를 둘 이상 둔 어머니 그룹이 유전가능성을 가장 정확하게 맞혔지만, 일반 대중도 정확한 값과 비슷하게 추정했다. 즉, 유전가능성의 평균 추정치는 산업화가 이루어진 서양 사회에서 어떤 특성이 얼마나 유전 가능한지를 밝힌 과학적 추정치와 상당히 가까웠다. 그러나 두 가지 예외가 있었다. 이 연구에 참여한 사람들은 흥미롭게도 유방암과 성적 지향이라는 두 가지 표현형에서만 유전가능성을 상당히 높게 추정했다. 그중에서도 자신을 정치적 자유주의자라고 밝힌 사람들은 성적 지향의 유전가능성을 특히 더 높게 추정했다.

유방암과 성적 지향은 매우 다른 유전 양식을 띠는 완전히 다른 유형의 결과이지만, 적어도 한 부분에서는 공통점이 존재한다. 누군가가 암에 걸릴지 안 걸릴지 또는 동성애자가 될지 안 될지 선택할 수 있다고 표현하는 것은 일반적으로 금기시된다. 유방암 환자에게 자신의 병에 책임이 있다고 말하는 것은 피해자 책임 전가로 여겨진다. 그리고 동성애자가 이성애자가 아닌 데에 책임이 있다고 말하는 것은 특히 정치적 자유주의자에게 동성애 혐오로 여겨진다. 유전 정보를 거부하면서 계속 책임을 묻는 세상의 반대편에는 유전 정보를 받아들이면서 책임의 방향을 돌리는 세상이 있다.

일란성 쌍둥이와 자유 의지 계수

책임을 판단하는 것이 유전가능성 정보를 수용하거나 거부하는 것과 관련되어 있다는 사실은 더 근본적인 의문을 제기한다. 유전적 영향을 사람의 행위능력(agency)이나 통제의 한계로 생각**해야 할까**? 유전가능성이 높은 결과에 대해서는 책임을 덜 지도록 해야 할까?

이런 주제는 우리를 끝없는 형이상학적 논쟁의 블랙홀로 빠뜨릴 수 있다. 우주가 결정론적인지 논하는 것이나, 자유 의지 같은 것이 실제로 존재하는지 논하는 것은 적어도 이 책의 범위를 벗어난다. 이런 철학 논쟁에 빠지지 않도록 우리는 가드레일을 세울 필요가 있다. 만약 여러분이 우주가 결정론적이라고 생각하거나, 자유 의지의 존재가 결정론적인 우주와 양립할 수 없다고 생각하거나, 혹은 자유 의지가 환상이라고 생각한다면, 유전학으로는 더 할 말이 없다.[14] 유전학은 우주에서 알아낸 약간 더 큰 결정론적인 사슬에서 아주 작은 구석빼기에 불과하다.

형이상학적인 문제를 제쳐놓고 보면, 우리는 서로 공동체를 이루며 살아가는 사회적 존재로서 살인을 눈 색깔과 같은 식으로 취급하지 않는다. 평범한 일상을 살아가는 사람들은 푸른 눈을 선택했다거나, 갈색 눈이 아니라서 반드시 책임을 져야 한다거나, 푸른 눈이라서 더 보상을 받는다는 식으로 사람을 판단하지 않는다. 왜냐하면 우리는 (내 생각에는 당연히) 눈 색깔이 선택은 아니라고 판단해왔기 때문이다. 내가 초록색 눈이라고 해서 평판이 좋아진다거나 책임이 뒤따르는 것은 아니다. 그러나 우리는 살인으로 사람을 판단한다. 이처럼 인생 결과의 유형에 따라 사람들의 판단이 달라지는 걸 볼 때면, 유전학 정보(그리고 초기 환경의 역할에 관한 정보)를 따져보는 것이 타당한지 살펴볼 수 있다. 그리고 나는 그렇게 하는 게 타당하다고 생각한다. 누군가의 인생 결과를 삶의 출발점에서부터 추적한다면, 그 사람이 얼마큼까지 다르게 행동할 수 있었는지 살펴볼 수 있기 때문이다.

영화 〈쥬라기 공원〉을 보면 공룡이 사람을 잡아먹기 전에 제프 골드블럼(Jeff Goldblum)이 로라 던(Laura Dern)에게 "복잡계에서 발생하는 예측 불가능성"을 설명하는 장면이 나온다. 골드블럼은 던의 손을 ("상형문자처럼"*) 반듯하게 잡은 다음 그녀의 손 위에 물 한 방울을 떨어뜨린다. 물방울은 어느 쪽으로 흘러내릴까? 던은 물방울이 어디로 굴러갈지 예측한 뒤 실제로 어디로 떨어지는지 지켜본다. 그 후 골드블럼은 똑같은 행동을 한 번 더 반복하겠다고 한다. "같은 위치에 이전과 똑같이 떨어뜨리겠어요. 어느 쪽일까요?"

두 번째로 물방울을 떨어뜨리자 물방울은 아까와 반대편으로 흘러내렸다. 왜 물방울은 똑같이 흘러내리지 않았을까? 골드블럼은 결과에서 나타나는 다양성을 이용해 던의 손을 능숙하면서도 부적절하게 어루만지면서 "미세한 변화는 …… 절대로 반복되지 않고 결과에 엄청난 영향을 줍니다"라고 말한다.

일란성 쌍둥이 한 쌍은 같은 위치에서 떨어지는 물방울 2개와도 같다. 일란성 쌍둥이는 하나의 접합자로 시작한 뒤 나뉘어서 독립적인 두 사람이 된다. 똑같은 난자와 똑같은 정자로 수정되기 때문에 DNA 서열이 거의 일치한다. (발생 과정에서 일어난 돌연변이가 한쪽에만 영향을 미칠 수 있기에 완전히 일치하지는 않는다.)[15] 일란성 쌍둥이의 태아는 똑같은 자궁에서 발생한다.

---

* like a hieroglyphic: 한국어 자막에서는 생략되었다.

거의 같은 시기에 태어나고, 대개 같은 결점과 장점과 특징을 지닌 같은 부모, 같은 가정에서 자란다. 그리고 주로 같은 학교에 다니고 같은 동네에 산다.

그러나 '일란성' 쌍둥이는 인생의 수많은 결과에서 **완전히** 일치하지 않는다. 한 명은 뚱뚱한데 다른 한 명은 말랐다거나, 한 명은 조현병에 시달리는데 다른 한 명은 아무렇지도 않을 수 있다. 이처럼 일란성 쌍둥이의 서로 다른 부분은 서로가 비슷한 만큼이나 신비로움을 자아낸다.

연구자들은 일반적으로 이 같은 일란성 쌍둥이의 차이를 '비공유 환경(non-shared environment)', 줄여서 e^2이라고 일컫는다. 일란성 쌍둥이끼리의 상관관계가 낮을수록 비공유 환경은 커진다. e^2 값의 범위는 일란성 쌍둥이의 인생 결과가 서로 완벽하게 같음을 의미하는 0에서부터, 일란성 쌍둥이가 개체군에서 무작위로 추출된 두 사람 정도로 비슷하지 않음을 의미하는 1까지다. 이처럼 e^2은 DNA 때문이나 출생 시의 사회 환경 차이 때문에 나타나는 것이 **아닌** 사람들 사이의 차이를 뜻한다. 즉, e^2은 똑같은 위치에서 떨어지는 2개의 동일한 물방울이 다른 방향으로 떨어지는 정도를 나타낸다.

내 박사 지도교수님이셨던 에릭 터크하이머는 유전과 가정 환경을 통제한 뒤, 인생의 결과에 남아 있는 개별성을 "인간 행위능력을 정량화"[16] 하는 방법이라고 했다. 터크하이머의 논리는 이렇다. 어떤 이가 다른 행위를 **할 수 있었다**면, 그 사람은 결과를 선택하거나 통제할 수 있었다고 본다. (앞서 언급한 조건으로) 유전체가 똑같고 가정 환경이 똑같아서 출생 시의 우연을 똑같이 공유하는 이들이 실제로 절대 다르게 **될** 수 없다면, 그 사람들이 다른 행위를 할 수 있었다고 생각하기는 더 어려워진다. 터크하이머에게 예측 불가능성은 자유를 나타내는 신호였다.

> 비공유 환경은 간단히 말해 자유 의지다. 이는 이제 아무도 믿지 않는 형이상학적 자유 의지가 아니다. 즉, 비공유 환경은 물리 세계의 기계론적 제약 위에 자유롭게 떠다니는 사람의 영혼이 아니다. 비공유 환경은 자아를 형성하는 과정에서 복잡하고 예측 불가능한 환경에 반응하는 능력을 아우르는 …… 구체적인 자유 의지다.

터크하이머는 유전자형이나 환경에 따라 결정되지 않는 개개인의 표현형 공간이 자유 의지가 펼쳐지는 경계를 정한다고 생각했다. 철학자 대니얼 데닛(Daniel Dennett)의 말을 빌려 표현하면, e^2은 어떤 사람이 될지 여러분이 선택해야 하는 "자유 공간"*이 얼마나 있는지 알려준다.[17] 터크하이머는 선택 가능성과 도덕적 책임이 거의 없다고 여겨지는 결과에서 오로지 일란성 쌍둥이만이 가장 적게 다르다는 점을 강조했다. 그러면서 다양한 인생 결과를 나열했다. 키의 e^2 계수는 0.1 미만이다. 즉, 특정 시간과 장소에서 특정 유전체를 가지고 특정 가족 품에서 태어난다면, 앞으로 키가 달라질 수 있는 '자유 공간'은 거의 없다. 하지만 이건 키 이야기다. 교육 같은 사회적 결과나 행동 결과에서는 어떨까?

교육에서의 자유 의지 계수

일란성 쌍둥이끼리 서로 다른 정도는 사람의 결과에서 행위능력을 가질

---

* elbow room: 팔꿈치를 움직일 수 있는 공간이라는 뜻으로, 자유롭게 움직일 수 있는 공간 또는 원하는 것을 할 수 있는 자유를 의미한다.

수 있는 정도를 나타낸다.[18] 그렇다면 실제로 사회적·경제적 결과가 서로 다르고, 사회적·경제적 성공으로 (현대의 산업화한 자본주의 사회에서) 보상받는 심리 표현형이 서로 다른 일란성 쌍둥이를 관찰한 결과를 살펴보자.

키의 e^2 계수는 0.1인 데 비해, IQ의 e^2 계수는 성인에서 0.2이고 아이에서 0.25다. 터크하이머는 IQ의 e^2 계수가 키의 e^2 계수보다 약간밖에 더 크지 않다는 점에 주목했다. 그러나 이렇게 차이가 조금 나타나는 것조차 높은 신뢰도로 IQ를 측정하는 것이 매우 어렵기 때문일 수 있다. 통계 기법으로 측정 오류를 바로잡은 연구 결과에서는 지능 검사 성적의 e^2이 0.1에 가까웠다. 권위 있는 한 쌍둥이 연구 결과를 보면, 출생 이후 떨어져 서로 다른 가정에서 자란 쌍둥이는 지능 검사 점수의 평균 차이가 사람 한 명이 두 번 검사해서 나온 지능 검사 점수의 평균 차이와 거의 일치했다.[19]

지능은 종합적인 인지 능력이다. 하지만 우리는 더 기본적인 인지 과정도 검사할 수 있다. 7장에서 설명한 종합 집행 기능은 주의를 관리하고 배정하는 능력이다. 아이와 청소년에서 종합 집행 기능의 e^2은 0보다 아주 약간 크고(<0.05), 처리 속도의 e^2은 또 키와 비슷하다(0.15).[20]

학업 결과의 e^2은 인지 능력에서 관찰한 e^2보다 **가끔가다** 크기도 하지만 항상 큰 것은 아니다. 내가 연구한 텍사스 쌍둥이 표본에서는 어린이의 읽기 및 수학 성취도 검사 점수의 e^2이 약 0.3이었다.[21] 그러나 영국 어린이와 청소년의 성취도 검사 점수에서 e^2 추정치는 0.15 미만이었다. 이와 비슷하게 영국에서 대학교에 입학하기 위해 치르는 전국 표준 시험인 일반중등교육학력인정시험(GCSE) 점수에서는 e^2이 0.13이었다.[22]

교육 정도의 e^2은 국가나 코호트에 따라 (모든 연구에 걸쳐 0.11부터 0.41까지) 상당한 차이가 있다. 모든 표본에 걸쳐 평균을 낸 교육 정도의 e^2은

0.25다. 스칸디나비아 코호트에서의 e^2은 0.17로 작았는데, 이 값은 또 성인 키의 e^2보다 그렇게 큰 값은 아니다.[23] 소득(20년 동안의 소득 평균)의 e^2은 남성에서 약 0.4인데,[24] 이는 우울증 따위에서 보이는 e^2과 비슷하지만, 성격에서 관찰할 수 있는 e^2보다는 여전히 작은 수치다.

이처럼 e^2에 초점을 맞춘 쌍둥이 연구를 검토하면 선천성-후천성 논쟁은 사라진다. 함께 자란 일란성 쌍둥이가 서로 비슷한 인생을 살아가면서 공유하는 결과가 사회 로또 때문인지 혹은 유전이라는 자연 로또 때문인지 분석하고자 하는 게 아니다. 심리적 특성과 사회경제적 위치에서 사회 로또와 자연 로또가 함께 일으키는 결과를 통제하자, 남아 있는 예측 불가능성이 작다는 사실을 쉽게 알아볼 수 있다. 환경 운과 유전 운이 함께 나타내는 강력한 효과를 설명하고 나면 '개인의 책임'이 차지하는 영역은 거의 남지 않는다.

결국, 누군가가 인생 결과에 책임이 있다고 말하는 것은 이론적으로 그 사람이 다른 행위를 할 수 있었다는 것을 의미한다. 일반적으로 "이 사람이 다른 행위를 할 수 있었을까?"라는 질문은 대답하기 불가능한 질문이다. 사람들은 오직 하나의 인생만 살아간다. 그래서 **각자만의 선택으로** 달라질 수 있었던 정도나 다르게 행동할 수 있었던 정도는 실증적으로 다루기 까다롭다. 그러나 함께 자란 일란성 쌍둥이의 인생이 실제로 알려주는 것은 똑같은 부모 밑에서 똑같은 우편번호와 **똑같은 유전자**를 가지고 똑같은 위치에서 인생을 시작하는 사람들의 최종 교육 결과가 거의 다르지 않다는 것이다. 이런 사람들의 집행 기능 기량과 가장 큰 관심사인 대학교 입학시험 점수는 거의 완벽하게 똑같고, 최종 교육 정도는 수준이 꽤 비슷하다.

여러분의 유전자형은 가족의 사회 계급처럼 여러분이 통제할 수 없었던 출생의 우연이다. 여러분의 유전자형은 가족의 사회 계급처럼 여러분 인생에 주어지는 하나의 운이다. 그리고 일란성 쌍둥이 문헌은 자연 로또와 사회 로또가 서로 함께 성인의 사회적 지위를, 그중에서도 특히 교육 정도를 아주 잘 예측한다는 점을 보여준다.

운의 이념

사회심리학 연구에 따르면, 사람들이 바로 앞에서 설명한 내용에 어떻게 반응하는지는 정치 성향에 따라 다르다고 한다. 한 연구에서는 보수주의자가 진보주의자보다 "성공한 사람들은 인생에서 운이 좋았을 가능성이 높다" 같은 문장에 더 동의하지 않고, "사람들이 인생에서 성공하는 데에는 운이 필요하지 않다" 같은 문장에 더 동의한다는 것을 밝혔다.[25] 같은 연구원들이 수행한 또 다른 실험에서는 작가 마이클 루이스(Michael Lewis)가 프린스턴 대학교 졸업식 연설에서 했던 말을 사람들에게 읽게 했다.[26] 여기에는 두 가지 버전이 있다. 한 버전은 성공에서 운의 역할에 관해 루이스가 실제로 했던 말이다. ("사람들은 성공을 운 때문이라면서 깎아내리는 것을 정말 싫어합니다. 특히 성공한 사람들은요.") 다른 버전은 운이라고 언급한 부분을 "다른 사람들의 도움"으로 바꾼 것이다. 정치적 보수주의자는 성공을 운 때문이라고 한 버전을 읽었을 때 특히 더 동의하지 않을 가능성이 높았다. (자유주의자와 보수주의자 모두 성공을 다른 사람들의 도움 때문이라고 한 버전보다 운 때문이라고 한 버전을 읽었을 때 그 글을 더 마음에 들어 하지 않았고, 더 현명하지 못하면서 덜 훌륭하다고 생각했다.)

2020년 갤럽 여론조사 결과, 트럼프 대통령의 지지자가 반대자보다

"부자는 운이 더 좋다"는 데 동의할 가능성이 더 낮았다(27% 대 38%).[27] 트럼프 지지자 중 거의 같은 비율(26%)이 부유한 사람과 가난한 사람의 소득 차이가 불공정하다는 데 동의했다. 이는 전 세계 평균과 비교하면 현저히 낮은 비율이다. 60개국의 대다수 사람들(69%)은 자신들 나라의 소득 차이가 불공정하다고 말한다.

운의 역할을 받아들이기 불편해하는 보수주의자는 다른 곳에서도 볼 수 있다. 《다양성 망상(The Diversity Delusion)》이나 《경찰과의 전쟁(The War on Cops)》을 쓴 보수 성향의 작가 헤더 맥도널드(Heather MacDonald)는 〈월스트리트 저널〉 기고문에서 "주사위를 임의로 굴리는 것으로는 오늘날 사업계 거물이나 이들의 전임자가 성공하도록 하기에 충분하지 〔않았다〕"고 주장했다. 오히려 맥도널드는 "행동 선택이 인생의 궤적을 형성한다"고 내세웠다.[28] (맥도널드는 "가장 엄격한 정부가 행하는 평준화만이" 불평등하게 분배된 "선천적인 선물"의 효과를 "없앨 수 있다"고도 주장했다. 이는 8장에서 다뤘던 내용으로, 사회 변화의 가능성을 다룬 유전주의적 비관론의 사례다.)

또 다른 보수 논평가 댄 매클로플린(Dan McLaughlin)은 2011년 엘리자베스 워런(Elizabeth Warren)이 미국 상원의원에 출마하면서 했던 말에 대응한 적이 있다. 여기서도 같은 주제가 등장했다. 워런은 민간사업의 성공을 위해 공공 투자가 얼마나 필요한지 연설했고, 이게 입소문을 탔다. 매클로플린은 워런의 주장이 보수가 추구하는 목표에 위험하다고 생각하는 이유를 설명했다. 그 이유는 워런의 주장이 부의 재분배를 더 정당화할지도 모른다는 것이었다. 그러면서 이렇게 트윗했다. "성공이 노력이나 훌륭함과 거의 관련 없다고 하면, 성공하는 데 가중되는 부담을 정당화하게 됩니다."[29]

보수주의자는 결과가 운에서 비롯된다고 하는 걸 질색한다. 이를 알고 나면 뜻밖일 수도 있는 두 가지 데이터를 이해하는 데 도움 된다. 유전학 연구가 필연적으로 보수파의 세계관을 확인시켜준다고 생각한 적이 있다면 말이다. 첫째, 자유주의자보다 보수주의자가 사람들의 인생 결과를, 특히 성적 지향과 약물 중독 같은 도덕적 결과를 유전 때문이라고 볼 가능성이 **더 적다**.[30] 그리고 둘째, 자유주의자보다 보수주의자가 부유한 사람은 "더 좋은 능력을 가지고 태어났다"는 데 동의할 가능성이 **더 적다**.[31]

매클로플린이 운의 이념을 반대했던 이유는 운의 역할을 강조하면 재분배를 지지하는 사람이 늘어난다는 두려움 때문이었다. 이런 매클로플린의 직관은 정확했다. 실제로 사람들은 불평등이 선택에서 비롯된다고 생각할 때보다 통제할 수 없는 운 요소에서 비롯된다고 생각할 때 재분배를 더 지지한다.

노르웨이의 한 경제학자 팀은 흥미로운 실험을 잇달아 수행하면서, 불평등의 근원이 선택이냐 우연이냐 하는 것과 사람들이 돈을 재분배하려는 경향 사이의 관련성을 보여주었다.[32] 이 연구에서 사람들은 두 부분으로 이루어진 경제 게임에 참여했다. 첫 번째 부분은 '생산 단계'다. 참가자는 생산 단계에서 단어를 타이핑하는 등의 업무를 수행하고 돈을 '번다'. 이때 여러 가지 변수가 작용한다. 여기에는 타이핑하는 데 걸린 시간처럼 일반적으로 사람이 통제할 수 있다고 여겨지는 변수가 있다. 타이핑하는 단어당 실험자가 매겨둔 값처럼 명백히 누군가가 통제할 수 없는 변수도 있다. 1분간 정확히 입력하는 단어 수처럼 사람이 얼마나 통제할 수 있는지 판단하기 모호한 변수도 있다. 그리고 한 사람이 받은 파이 조각을 전체 파이 크기와 비교하게끔 하는 변수도 있다. 예를 들어, 게임에서 얻는 점수가 더 불평등하게 분배되면, 게임이 끝나는 시점에서 돈으로 환산되는 점수의 가치는 더 커진다. 그래서 득점을 많이 한 사람은 더 불평등한 분배를 받아들이고 더 많은 돈을 받으면서 게임을 끝낼 수 있다.

게임의 두 번째 부분에서는 게임 참가자나 구경꾼에게 모든 사람이 각자 번 돈을 그대로 가져갈지, 아니면 재분배할지 정하도록 물어본다. 사람들이 원하는 것은 저마다 달랐다. 어떤 사람들은 불평등의 근원에 상관없이 결과의 평등을 선호했다. 이들은 급진적 평등주의자였다. 어떤 사람들은 불평등이 어떻든 상관없이 각자가 게임에서 번 만큼 그대로 가져가는 것을 선호했다. 이들은 자유주의자였다.

그러나 대부분은 불평등의 근원이 우연이냐 선택이냐에 근거해서 불평등이 공정한지 불공정한지 구별했다. 실험자가 업무마다 정해둔 값 때문에 운이 나빠서 돈을 적게 번 채로 게임이 끝난다면, 사람들은 불평등에 대응하고자 돈을 재분배할 가능성이 더 높았다.

경제 게임에서 관찰했던 운의 역할에 대한 감수성은 불평등에 대한 설문 조사 응답에서도 나타났다.[33] 노르웨이에서 실시한 한 설문 조사 결과를 보면, 절반에 가까운 사람(48%)이 인간의 통제 밖 요소에서 비롯된 소득 불평등은 없어져야 한다고 응답했다. 대체로 미국인이 노르웨이인보다 불평등을 더 많이 받아들였고, 정치적 보수주의자가 자유주의자보다 불평등을 더 많이 받아들였다. 그러나 전반적으로 사람들은 통제할 수 있다고 여겨지는 요소에서 비롯된 불평등을 재분배하기보다는, 운에서 비롯된 결과를 더 평등하게 재분배하기를 원한다.

지금까지 재분배 선호도를 측정하려고 설계한 경제 게임과 공정한 불평등 및 불공정한 불평등에 대한 설문 조사를 살펴보았다. 여기서 불공정한 불평등을 만들어내는 운이란 어떤 사람**에게** 일어나는 것이면서, 그 사람의 사회적·경제적 결과에서 아무것도 스스로 통제하지 못하게 하는 외부 사건이다. 실험자가 어떤 게임 참여자의 업무에 낮은 값을 매겨둘 수 있는 것처럼, 누군가는 고등학교를 졸업하지 못한 어머니에게서 태어날 수 있는 것이다.

하지만 여태까지 살펴보았듯 이 같은 사회적·경제적 결과에서 나타나는 불평등은 사람의 통제 밖에 있는 다른 요인에서만이 아니라, 각자의 내부에 있는 유전자에서 비롯되기도 한다.

책임을 묻기 위해, 다시 살펴보기

이 책 1장에서 참가자에게 가상의 칼슨 박사 이야기를 읽게 한 사회심리학 연구를 소개한 적이 있다. 칼슨 박사는 사람들의 수학 시험 성적 차이가 유전적 영향을 적게(4%) 받는다는 사실을 발견했다고 하거나, 많이(26%) 받는다는 사실을 발견했다고 했다. 많이 받는다고 했을 때 사람들은 칼슨 박사가 덜 객관적이고 덜 평등주의적인 가치관을 지녔다고 생각했다. 특히 정치적 자유주의자에게서 더 그랬다. 다시 말해, 칼슨 박사가 수학 시험 성적에 유전적 영향이 강하다고 알렸을 때, 사람들은 칼슨 박사가 다음과 같이 믿는다고 생각했다. "사회가 다른 사람들보다 일부 사람들에게 더 많은 힘과 성공을 허용하는 건 괜찮아." 그리고 이렇게는 **안** 믿는다고 생각했다. "사회는 공정한 경쟁의 장을 만들기 위해 노력해야 해."

행동유전학 연구로 글을 쓰고 강연하는 사람으로서, 내 개인적 경험에 비추어 이 연구 결과를 해석해보면 이렇다. 즉, 수학 시험 점수나 교육 정도같이 사회적으로 중요한 결과에 유전적 영향이 있다고 인정하면, 사람들은 흔히 평등주의의 가치가 사라진다고 생각한다. 물론 여기에는 좋은 이유가 있다. 지금까지의 역사에서 극단적 이념을 가진 사람들은 유전학 관념을 이용해 특정 지역의 이민을 제한하거나, 강제로 사람들을 불임으로 만들거나, 심지어 사람들을 감금하고 죽이는 등 굉장히 평등하지 않은 사회 정책을 정당화했기 때문이다.

역사적으로든 대중의 머릿속에서든 왜 특정 유전학 연구가 사람의 우월함과 열등함에 관한 극단주의자의 관점과 연관되어 있는지 그 이유를 알아차리고 나면, 이번 장에서 설명한 연구는 전혀 다른 틀을 보여준다. 한 사람의 유전자형은 부모로부터 물려받을 수 있는 유전자형 중 무작위로 선택된다. 이것은 운에 달려 있다. 그리고 운이 성공에 영향을 준다고 인정하길 싫어하는 사람은 평균적으로 보수적인 이들이다. 이들과 마찬가지로 사람들은 (잘못된) 행동에 책임을 묻거나 지우려고 할 때 유전적 영향에 관한 정보를 거부할 가능성이 더 높다. 그러나 통제할 수 없는 운 요인에서 불평등이 비롯되었다고 생각하면, 보수와 진보 모두 그런 불평등을 불공정하다고 인식하면서 자원을 평등하게 재분배하자고 할 가능성이 높다.

이러한 점을 다 함께 모아서 생각하면 새로운 종합을 이끌어낼 수 있다. 유전은 사람들 삶에서 운으로 작용한다. 사람들이 교육적·재정적으로 성공하는 데에서 유전자 운의 역할을 제대로 이해하면, 충분히 '성취'하지 못해서 쌓이는 책임은 줄어들고, 실제로 더 평등한 세상을 이루기 위해 자원을 재분배하자는 논거를 강화할 수 있다.

이와 반대로 사회적·경제적 결과에서 유전적 영향에 관한 정보를 거부하면, '숙련된' 근로자에게만 혜택을 주는 경제에서 변변찮게 일하는 사람들이나 교육에서 성공하지 못한 사람들에게 쌓이는 책임이 늘어난다는 부작용이 의도치 않게 생길 수 있다. 가난한 사람들은 책임을 져야 마땅하다며 꼬리표를 붙이는 것은 영국의 사회주의자 마이클 영(Michael Young)의 관심사였다. 영은 이상적인 미래를 그려내려고 처음으로 '능력주의'라는 용어를 만들었다. 하지만 '능력주의'라는 용어가 탄생하고 40년이 지난 뒤, 영은 학교생활을 잘 못해서 성공하지 못한 데 책임을 지는 사람들을 보며 지난 일을 후회했다. "능력을 굉장히 중요시하는 사회에서 능력 없다고 평가받는 것은 정말 힘든 일입니다. 어떤 최하층 계급도 이렇게까지 도덕적으로 무방비한 상태가 된 적은 없었습니다."[34]

11

계층을 형성하지 않는 차이

내 첫째 아들은 말하는 것을 힘들어한다. 2살 무렵에는 단어 몇 개밖에 말하지 못했다. 소아청소년과 의사는 남자애들은 말이 늦게 트이기도 해서 괜찮으니 조금만 참고 기다리라며 날 안심시켰다. 그로부터 6년 후 첫째 아이는 매주 몇 시간씩 언어 치료를 받고 있다. 치료사는 아들이 '쿠키(cookie)'나 '고(go)'를 말할 수 있도록 입안에 손을 집어넣고 혀 앞부분을 눌러준다. 아들은 턱을 고정하고 입술을 동그랗게 만 채 음절을 하나하나 정확하게 말하는 연습을 한다. 그러고선 다시 숨을 쉰다.

언어 치료를 받는 날이면 나는 대기실에 앉아 둘째 딸과 함께 책을 읽는다. 딸의 말솜씨는 남다르게 뛰어나다. 오빠와 비교해보면 기적처럼 느껴질 정도다. 누구에겐 끈질기게 연습해야 하는 것이 다른 아이에게선 별 다른 노력 없이도 나타난다.

왜 내 아이 중 한 명은 쉽게 말하고, 다른 한 명은 애를 써야 알아듣게 말할 수 있을까? 아무도 확실한 답을 주지 못한다. 하지만 나는 쌍둥이 연구를 통해 언어 문제가 90% 이상 유전 가능하다는 것을 안다. 아이들이 단어를 또렷하게 말할 수 있는 능력 차이는 대부분 유전적 차이 때문이다. 언어 문제에 영향을 주는 유전 요인은 운동 기술에도 더 흔히 영향을 준다. 이 과학적 사실은 내 개인적인 경험과도 일치한다. 내 아들이 기는 법과 걷는 법, 스쿠터 타는 법을 배울 때 힘겨워하는 것을 지켜보았으니 말이다.

물론 언어 장애의 유전가능성이 높다고 환경의 중요성이 사라지는 것은 아니다. 환경을 통해서만 언어 문제에 개입할 수 있다. 아무도 3살짜리 말 늦은 아이의 유전체를 CRISPR로 바꿀 수 없기 때문이다. 그리고 불행하게도 어린 시절에 언어 상호 작용을 하지 못하는 아이들이 학대받고, 무시당하고, 버려져서 참혹한 결과로 이어지는 사례를 수두룩하게 찾아볼 수 있다. 하지만 우리 집은 평범한 언어 환경을 만들어왔다. 그러니 우리 아이들의 언어 발달이 서로 다른 이유는 그 애들이 나 자신과 아버지에게서 우연히 물려받은 유전자가 다르기 때문일 가능성이 높다.

개인적인 경험에 비추어보면 언어 장애의 유전가능성을 논하는 것은 논란을 일으킬 부분이 없다. 대부분의 언어 치료사는 언어 문제에 가족력이 있는지 물어볼 것이다. 자녀를 둘 이상 둔 대부분의 부모는 자녀의 말하기 능력과 언어 발달이 얼마나 다르게 펼쳐지는지 관찰할 수 있다. 우리 아이들의 단어 표현 능력이 얼마나 다른지 지켜보고 있으면 자연의 변덕스러움이 눈에 쉽게 들어온다. 3살 때 '스쿼럴(squirrel, 다람쥐)' 같은 단어를 발음할 수 있게 해주는 유전 변이의 조합을 물려받았을 당시 내 딸아이는 운이 좋았다. 아들은 그렇지 않았다.

딸아이의 말하기 능력과 언어 능력을 눈에 띄게 발달시킨 유전 요인과 환경 요인의 조합은 전적으로 딸아이 통제 바깥에 있다. 딸이 남달리 일찍 발달된 언어 능력을 **갖추기 위해** 무언가를 했다는 것은 굉장히 이상하게 들린다. 딸아이가 어린 나이에 복잡한 문장을 말한다고 해서 **좋은** 사람이 되는 것은 아니다. 오히려 칭찬받을 만한 사람은 메트로폴리탄 오페라 극장에서 공연하는 가수처럼 큰 노력을 들여 호흡과 억양에 세심한 주의를 기울이는 아들이다.

늦은 오후 언어 치료를 마치고 집으로 돌아오는 길이면 오스틴 남쪽, 고속도로 아래에 있는 교차로 신호에 걸린다. 그곳에는 점차 규모가 커지는 노숙자 야영지가 있다. 침낭, 텐트, 휠체어, 낡은 물건으로 가득 찬 쇼핑 카트. 겨울이면 사람이 많아진다. 여름에는 기온이 38℃를 넘어서인지 몇 안 되는 사람만 야영지에 남아 무더위에 시달린다. 나는 늘 차에 물을 여러 병 싣고 다닌다. 골판지 표시판을 들고 교차로에 서 있는 분들(거의 항상 남자)께 주기 위해서다. 창문을 내리고 햇볕에 그을린 손에 물을 건네주면 우리 아이들이 나한테 묻는다.

"밤에 유령이 잡아가나요?"

"왜 아저씨는 집이 없어요?"

"왜 **우리**는 집이 있어요?"

내가 원하는 대로 무엇이든 아이들에게 말해줄 수 있다는 것은 부모로서 맡은 멋진 임무다. 나는 아저씨들이 안 좋은 선택을 했다고 말할 수 있었다. 어린 시절 들었던 〈데살로니가후서〉의 구절을 말해줄 수도 있었다. "일하기 싫어하는 사람은 먹지도 못하는 거란다." 하지만 이런 대화가 몇 번 오갈 때마다 나는 항상 같은 말을 해준다. 우리는 운이 좋아서 그런 거야. 엄마가 일해서 돈을 버는 건, 옷이랑 음식이랑 장난감이랑 집을 살 수 있는 건 우리가 운이 좋아서 그래. 어떤 사람들은 세상을 살아가면서 운이 안 좋단다. 다리 밑에서 자는 것도 운이 안 좋은 거지만, 어른들은 모두가 집을 가질 만큼 충분한 돈을 매번 나누진 않는단다.

(딸아이는 다른 것도 물어본다. "왜 사람 마음속에는 이기심이 있어요?")

사람들의 유전적 차이가 언어 문제를 일으킬 가능성을 서로 달라지게 만드는 것처럼, 사람들의 유전적 차이는 노숙자가 될 가능성도 서로 달라지게 만든다. 아직 노숙을 다룬 GWAS는 없었지만, 내가 방금 한 말은 거의 확실하다고 본다. 노숙인 집단의 약 20%는 양극성 장애나 조현병 같은 심한 정신 질환을 앓고 있다.[1] 그리고 약 16%는 알코올 중독이나 아편 유사제 중독 같은 심각한 약물 사용 장애를 갖고 있는 것으로 추정한다. 어쨌거나 노숙의 원인은 **집을 살 수 있는 충분한 돈이 없기** 때문이다. 그리고 사람들이 특정 유전 변이를 물려받지 않았다면, 정신 질환과 중독과 빈곤 등 이 모든 것을 경험할 확률이 달라졌을 것이다. 정신병이나 중독 또는 극심한 가난 같은 어려움을 겪지 않는 사람들은 **운이** 좋은 사람들이다. 그 운의 일부는 환경에서 비롯된다. 나머지 일부는 몸 안에 들어 있다.

유전학 연구의 두 걱정거리

사람들의 유전적 차이는 언어 문제를 일으킬 가능성을 서로 달라지게 만든다. 사람들의 유전적 차이는 노숙자가 될 가능성을 서로 달라지게 만든다. 첫 번째 문장은 특별히 논란될 부분이 없다. 두 번째 문장은 거의 확실히 논란에 부닥칠 수밖에 없다.

왜 그럴까?

생명윤리학자 에릭 패런스는 내 생각을 두 가지 핵심 걱정거리로 간추렸다. 이 두 걱정거리는 사람들의 유전적 차이를 가난과 노숙 같은 사회 불평등에 연결할 때 나타나는 것으로, 논란이나 분노를 불러일으키기도 한다. "사람 차이의 원인을 조사함으로써 **행동유전학이 도덕적 평등이라는 우리의 관념을 약화시킬 것**이라고 사람들은 걱정한다. ……유감스럽게도 사람의 유전적 차이 연구가 **사회적 힘을 분배할 때 나타나는 불평등을 정당화하는 데 사용될 것**이라는, 어쩌면 계속 남아 있을 수 있는 오래된 위험이 존재한다"(저자가 직접 강조함).[2]

이처럼 패런스는 사람들이 (일부) 행동유전학적 사실을 걱정하는 이유를 정리했는데, 이는 이 책 1장에서 언급했던 엘리자베스 앤더슨의 불평등주의 정의와 꽤 비슷하다.[3] 앤더슨은 다음과 같이 썼다. "불평등주의는 선천적으로 갖춘 가치에 따라 사람 계층에 사회적 순위를 매기고, 이를 뒷받침할 정당성이나 필요성을 내세웠다. **불평등은 재산의 분배와 관련이 없으며 우월한 사람과 열등한 사람의 관계를 의미했다.** ……이런 불평등한 사회관계는 **자유, 자원, 복지의 분배에서 불평등을 초래하며 이 불평등을 정당화한다고 여겨졌다.** 이 관념은 인종주의, 성차별주의, 민족주의, 카스트, 계급, 우생학이 지니는 불평등주의 이데올로기의 핵심이다"(저자가 직접 강조함).

여기서도 두 가지 핵심 걱정거리를 똑같이 엿볼 수 있다. 첫째, 생물학적 차이를 사회 불평등과 연결하는 것은 일부 사람들이 다른 사람들보다 우월하다고 내세우는 것이다. 이는 사람의 가치를 계층으로 나누는 견해로, 사람의 도덕적 평등을 내세우는 평등주의 사상과 극명히 대조된다. 그리고 둘째, 이렇게 사람의 본성을 계층화하는 견해는 불평등을 정당화할 것이다. 그렇게 하면 가난과 억압은 해결해야 할 문제가 아니게 되며, 불평등은 사람의 생물학적 우월함에서 비롯되는 자연스럽고 올바른 결과로 보일 것이다.

이 두 걱정거리는 피할 수 없을 것으로 보인다. 사람들이 유전적으로 다르다고 할 때, 그리고 이런 유전적 차이가 교육과 사회 계급, 수입과 직장 또는 노숙자가 될 가능성에 영향을 미친다고 할 때, 사람 가치에는 계층이 있고 심지어 가난은 당연하다는 것 말고 다른 식으로 해석하는 것은 불가능하다고 느껴지기 때문이다.

시인이자 활동가 오드리 로드(Audre Lorde)는 이렇게 설명했다. "서유럽 역사는 오랜 세월 동안 사람의 차이를 지나치게 단순히 이분법적으로 보도록 우리를 길들였다. 지배/피지배, 좋음/나쁨, 위/아래, 우월/열등." 그 결과 "차이를 인식하고 탐구하는 데 필요한 에너지를 사람의 차이는 넘지 못할 장벽이라고 하거나 아예 존재하지 않는다고 하는 데에다 너무나 자주 쏟아붓는다"고 주장했다.[4] 우생학자는 유전적 차이가 평등에 도달하지 못하게 하는, 넘지 못할 장벽이라는 이데올로기를 주장해왔다. 그리고 사람들은 그 우생학 이데올로기에 대응하면서 너무나도 자주 유전적 차이가 아예 존재하지 않는다고 말해왔다.

그러나 우리는 사람들의 유전적 차이를 이야기할 때 **매번** 열등하거나 우월한 사람 계층을 들추진 않는다. 그리고 이러한 예시가 주는 교훈도 있다. 내 아이들은 유전적으로 다르고, 이러한 유전적 차이는 말하는 능력이라는 실제 결과를 불러온다. 이때 나는 분명 한 아이가 다른 아이보다 '우월'하거나 '열등'하다고 하지 않았다. 언어 능력에는 **가치가 있다.** 그러나 언어 능력이 뛰어나다고 해서 내 아이들의 **가치**가 더 커지는 것은 아니다. 아이들의 유전적 차이는 각자의 삶에 의미 있지만, 그 차이 때문에 선천적인 가치에 계층이 형성되지는 않는다.

그리고 각 아이의 삶에 다른 수준으로 자원을 투자한다면 유전적 차이로 뿌리박힌 불평등을 정당화하지 못한다. 오히려 똑같은 수준으로 자원을 투자할 때 불평등이 깊어진다. 내 아들딸에게 차이가 있는데도 '공정함'을 이유로 둘을 완전히 똑같이 대한다면 어처구니없다고 느껴질 것이다. 아들에게는 더 많은 훈련과 투자가 필요하다. 그래서 나는 말하기와 언어 발달을 힘겨워하는 아들에게 일주일에 몇 시간이든 더 투자한다.

아동기 언어 형성 같은 특정 능력(또는 장애)을 가족 내 형제자매끼리 비교해보면, 사람들이 유전적 차이를 이해하는 방식은 불평등주의라는 올가미를 자유로이 빠져나간다. 어쩌면 사람의 가치를 계층에 끼워 넣지 **않으면서** 사람들의 유전적 차이를 이야기할 수 있을 것이다. 어쩌면 인생 결과의 차이가 불가피하며 자연스럽다고 정당화하지 **않으면서**, 사람들이 특정 인생 결과를 경험할 통계적 가능성이 똑같은 채로 태어나지 않았다는 점을 인정할 수 있을 것이다.

하지만 왜 사회 불평등과 관련해 유전적 차이를 고려할 때는 이런 식으로 하기 어려울까? (그리고 실제로 어려움이 있다.) 아동기 언어 장애와 비교해보면 '지능' 같은 개념은 **선천적으로** 계층화되어 있다고 인식하기 더 쉽다. '가치'라는 단어는 DNA를 이야기할 때 미묘하게 위험한 두 가지 의미를 담고 있다. 금융 자산의 시장 가치로 본 누군가의 순가치는 굉장히 쉽게 사람의 선천적 가치와 섞일 수 있다. 순가치가 유전적 차이와 뒤섞일 때면, 선천적 가치도 DNA와 엮여 있다는 생각에 빠져들기 쉽다. 이번 장에서는 왜 사람 결과를 어느 정도 다룬 유전학 연구가 사람의 열등함과 우월함이란 관념을 저절로 떠올리게 하는지 그 이면에 있는 역사적 이유를 살펴보고자 한다. 그중에서도 특히 지능 검사 점수를 다루어볼 것이다. 그런 뒤에 키, 귀먹음, 자폐 같은 다른 표현형 예시를 살펴보고자 한다. 이런 표현형을 탐구한 유전학 연구는 위험하다는 이유로 거부당한 것이 아니라 널리 받아들여진 것이다. 이제 이 예시를 살펴보면서 과연 사회 불평등에 관한 유전학 연구가 **필연적으로** 위험한 것인지 우리의 직관을 넓혀보자.

선천적 가치가 아닌, 사회적 가치

다른 어떤 표현형보다도 지능(표준 IQ 검사로 측정함)과 교육적 성공을 열등하거나 우월하다는 식의 사람 계층으로 보는 경향은 우연이 아니다. 이는 의도적으로 만들어지고 퍼져나간 관념이다. 역사학자 대니얼 케블스(Daniel Kevles)는 이렇게 정리했다. "〔20세기 초〕 우생학자들은 사람의 가치란 각자가 스스로 소유한다고 여기는 자질과 같다고, 즉 학교, 대학교, 전문 훈련을 쉽게 통과하는 특성과 같다고 밝혔다."[5] 이 등식은 지능 검사가 거쳐온 역사에서 가장 뚜렷하게 나타났다.

프랑스 심리학자 알프레드 비네(Alfred Binet)와 테오도르 시몽(Théodore Simon)은 프랑스 정부로부터 학교생활을 어려워해 도움이 더 필요한 아이들을 확인할 방법을 개발하는 과제를 받았다. 이렇게 만들어진 것이 바로 최초의 지능 검사인 '비네-시몽 척도'다. 비네-시몽 척도를 측정할 때 아이들은 일상생활에서 흔히 활용하는 생활 과제와 학업 과제를 여럿 수행한다. 이를테면 8살 아이는 돈 세기, 네 가지 색깔 이름 말하기, 숫자 거꾸로 세기, 받아쓰기를 한다.

비네-시몽 척도는 어린이에게 구체적인 과제를 수행하게끔 해서가 아니라, 두 가지 새로운 과정을 보여주었다는 점에서 주된 진전을 보였다. 첫째, 모든 사람이 **똑같은** 과제를 수행한다(표준화). 둘째, 수많은 아이가 똑같은 과제를 수행하기 때문에, 나이별 평균에 비해 특정 나이의 평균 아이 성적이 어떤지와 어떤 한 아이의 성적은 어떤지 알 수 있다(규준화).

아이가 잘 자라고 있는지 성장 기록으로 상담을 받은 적 있는 부모나, 아이의 독서 활동이 반에서 다른 아이들에게 뒤처지지 않는지 선생님에게 물어본 적 있는 부모라면 누구나 규준화의 힘을 바로 알아차릴 것이다. 18개월 아이의 몸무게는 일반적으로 얼마일까? 6살 아이는 처음 보는 단어를 얼마나 많이 읽어낼 수 있을까? 친구네 자녀를 살펴볼 수도 있고 큰아이가 그 나이 때 어땠는지 떠올려볼 수도 있겠지만, 정확히는 모른다. 규준을 제대로 구했더라도 아이의 몸무게가 늘어나지 않거나 읽기를 힘들어하는 이유는 알 수 없다. 과제 한 세트로 규준을 구해도 측정되지 않는 사회적으로 가치 있는 다른 재능이 있는지 알 수 없다. 규준은 아이들이 할 수 있는 것과 할 수 없는 것에 관한 주관적 직관에 근거하지 않은 채로 비교 데이터를 알려준다.

참담하게도 비네-시몽 척도는 만들어지자마자 거의 바로 미국 사회에 퍼져 있는 불평등주의를 정당화하는 정량적 척도로 쓰였다. 심리학자들은 이 척도로 몇 가지 사실을 발견했다. 분량을 정하고 아이들에게 과제를 시키면, 나이가 많을수록 더 많은 일을 수행할 수 있다. 또한 과제 수행 능력의 향상 속도는 아이마다 서로 다르다. 그리고 적은 수의 과제를 수행할 때의 성과 차이는 앞으로 인생에서 마주칠 수많은 학습 과제를 얼마나 힘겨워할지 알려준다. 여기에 더해 심리학자들은 다른 아이디어도 생각해냈다. 과제 성과로 누가 더 나은 사람인지 알 수 있다는 것이다.

1908년 미국의 심리학자 헨리 가더드(Henry Goddard)는 비네-시몽 검사를 영어로 번역해 프랑스에서 미국으로 들여왔다. 그리고 이를 이용해 수천 명의 아이를 검사했다. 이 검사 결과는 1914년 저서 《정신박약: 그 원인과 결과(Feeble-Mindedness: Its Causes and Consequences)》에 실렸다.[6] 가더드는 이 책에서 이른바 "정신박약"은 신체적으로 뚜렷한 특성이라고 주장했다. "움직임이 조화롭지 못하고 다소 상스러운 특징이 있다. 그래서 매력적으로 보이지도 않으며, 많은 면에서 미개한 모습을 보인다."

더 어이없는 건 초기에 지능 검사 점수가 낮은 사람은 **도덕적으로** 부족하다는 주장이 제기되었다는 점이다. 가더드에 따르면 이런 사람들은 "도덕적 인생에 꼭 필요한 요소, 즉 옳고 그름에 대한 이해와 통제하는 힘"이 부족했다. 동시에 "무절제와 …… 사회악"의 모든 형태를 비롯해 부도덕하게 행동하는 "어리석음, 미개함"은 "지능 특성의 신호〔들〕"로 여겨졌다. 지능 부족, 신체 결함, 도덕적 결핍을 모두 합쳐보면 가더드가 묘사한 전체적인 "정신박약" 그림은 끔찍한 비인간화로 나타난다. "정신박약"인 사람은 "더 원시적인 인간 형태"이자 "인간 유기체의 야만스럽고 상스러운 형태" 그리고 "원기 왕성한 동물"이었다.

가더드와 동시대 사람들은 이런 식으로 지능 검사 점수를 사람 가치의 숫자 척도로 자리매김하게 했다. 그리고 여기서 점수가 낮은 사람은 신체가 미개하고 도덕적 책임감이 부족해 꼭 동물 같은 "원시적인" 인간 취급을 받았다. 역사학자 너새니얼 컴포트(Nathaniel Comfort)는 다음과 같이 정리했다. "IQ는 사람이 무엇을 하는지가 아니라 누구인지를 나타내는 척도가 되었다. 즉, IQ는 한 사람으로서 타고난 가치를 매기는 점수가 되었다."[7] IQ는 "표준 지능 검사에서 얼마나 많은 문제를 맞혔는가?"라는 개념이 아니라 "인간성이 얼마나 원시적인가?"라는 개념이었다. 그런 뒤 여기에 유전과 유전적 차이라는 개념이 덧붙었다.

나는 수천 건의 IQ 검사를 관리·감독해온 임상 심리학자로서 가더드의 책을 읽는 게 심히 불편한 경험이라는 것을 알았다. 가더드는 심리학을 철학의 하위 분야에서 실험과학 분야로 바꾼 미국 심리학 개척자 그룹의 일원이었다. 공립 학교의 특수 교육을 의무화하는 첫 법안 작성도 도왔다. 그리고 지능이 낮은 사람은 형사상 책임이 낮아져야 한다고 법정에서 증언한 첫 사람이다. 아마 지능 장애가 있는 사람은 사형의 대상이 되어서는 안 된다고 한 2002년 대법원의 앳킨스 대 버지니아주(*Atkins v. Virginia*) 판결*을 봤다면 뿌듯했을 것이다. 오늘날 법의학 심리학자, 임상 심리학자, 학교 심리학자로 일하는 사람들은 모두 가더드가 이바지한 분야에서 일하고 있는 셈이다(통계 분석을 하는 사람이라면 모두가 골턴, 피어슨, 피셔에게 반드시 고마워할 수밖에 없는 것처럼**). 그러나 가더드는 지능 검사 점수가 사람의 가치 척도라는, 내가 질색하는 관념을 확고히 하고자 계획적으로 작업했다.

이후 한 세기 동안 지능 검사 점수를 인간성의 척도로 사용할 수 있다는 생각은 지능 검사와 관련된 대화라면 어디든 계속 따라다녔다. 예를 들어, 2014년 작가 타네히시 코츠(Ta-Nehisi Coates)는 사람들이 인종 차이에 유전적 원인이 존재하는지 '논쟁하는' 것에 성을 내면서, 누군가의 지능에 관한 물음은 인간성에 관한 물음과 떼어놓을 수 없다고 못 박았다. "인생은 짧고, 세상에는 '넌 나보다 사람이 덜됐니?'보다 긴장감 넘치고 진짜 재미있기까지 한 물음이 널렸다." 다른 작가들은 코츠의 말에 당황

---

* 지능 장애가 있는 사람을 사형시키는 것은 미국 수정헌법 제8조를 위배하는 것이라고 판결했다. 수정헌법 제8조는 과도한 보석금, 과도한 벌금, 잔혹하고 이례적인 형벌을 부과해선 안 된다는 내용을 담고 있다.

** 1장과 2장에서 보았듯 골턴, 피어슨, 피셔는 모두 통계학에 지대한 공헌을 했지만 다 우생학자였다.

한 기색이 역력했다. 〔예컨대 앤드루 설리번(Andrew Sullivan)은 "진심으로 마음이 아프다"라고 적었다.〕[8] 그러나 당황스러워하는 것은 일부러 지능 검사의 역사를 모르는 체하는 것밖에 안 된다. "넌 나보다 사람이 덜됐니?"라는 코츠의 물음은 초기 지능 검사를 지지했던 사람들이 진지하게 물어봤던 바로 그 질문이다.

지능과 교육적 성공을 다룬 어떤 논의도 이 역사를 피해갈 수 없다. 사실 많은 학자가 이런 역사를 고려해서 표준검사와 '지능'이란 개념을 완전히 포기해야 한다고 주장해왔다. 이런 관점으로 본다면 지능이란 개념은 그 자체로 인종차별주의적이고 우생학적인 관념을 품고 있으므로, 한 인종 그룹 안에서조차 지능을 연구할 적절한 방법이 없어진다. 이런 우려 속에 역사학자 이브람 켄디는 《안티레이시즘》에서 "표준검사를 사용해서 적성과 지능을 측정하는 것은 흑인 정신을 퇴보시키고 흑인의 몸을 법적으로 배제하고자 고안된 굉장히 효과적인 인종 차별 정책이다"라고 날카롭게 지적했다.[9]

이처럼 지능과 교육 정도를 다룬 분자유전학 연구가 오로지 유럽 계통 집단 안에서 **개인들** 간 차이를 이해하는 데만 초점을 맞추고 있더라도, 일부 사람들은 **여전히** 이 연구가 독이 든 나무의 열매라고 생각한다.

그러나 인종이나 인종차별주의에 관심이 많은 다른 작가들은 IQ 검사는 원래 의도에도 불구하고 차별 정책의 결과를 파악하는 데 가치 있는 도구라고 판단했다. 켄디 자신도 인종 불평등을 알아차리는 것이 "전이성(轉移性) 인종차별주의"와 싸울 때 결정적이라고 했다.

> 인종 불평등을 알아차릴 수 없다면, 인종 차별 정책도 알아차릴 수 없을 것이다. 인종 차별 정책을 알아차릴 수 없다면, 인종 차별 정책에 맞설 수도 없을

것이다. 인종 차별 정책에 맞설 수 없다면, 인종차별주의자 세력의 파이널 솔루션*이 실행될 것이다. 그 세계는 누구도 저항하거나 목격할 수 없는 불평등의 세상이다.

수명, 비만, 산모 사망률 등의 건강 결과에서 인종 불평등을 입증하는 게 중요하다는 것은 틀림없다. 불평등을 측정할 수 없다면 어떻게 격차를 좁힐 것이며, 어떻게 정책이 불평등에 영향을 주는지를 조사할 것인가? 예를 들어, 미국 남부의 병원이 인종 차별 정책을 철폐하자, 1965년부터 1975년까지 10년간 흑인 영아 수천 명의 목숨을 구할 수 있었다.[10] 이로써 흑인과 백인의 영아 사망률 격차가 줄어들었는데, 이런 사실을 알려면, 적어도 영아 사망률을 **정량화**할 수는 있어야 한다.

건강에서 인종 불평등을 입증하는 것은 뇌를 비롯한 모든 몸 계통에서 인종 불평등을 입증하는 걸 뜻한다. 그리고 일부 인종 차별 정책은 최적의 뇌 발달에 필요한 사회적·신체적 환경을 허용하지 않거나, 신경생물학적 독소에 노출시켜 아이들의 건강을 해친다.

플린트(Flint)시의 납 수돗물 오염 사태를 살펴보자. 2014년 미시간주 플린트시가 식수원을 휴런호에서 플린트강으로 바꾸자, 과반이 흑인인 플린트시 주민은 즉각 식수원 전환에 항의했다. 일찍이 CBS 뉴스는 '우리 개한테도 이 물 안 먹여요'라는 제목으로 기사까지 내보냈다.[11] 새로운 강물은 부식성이 있었다. 이 물은 도시 상수도 시스템의 낡은 납 파이프를 따라 흐르면서 수돗물로 납이 스며들었다. 특히 납 수치가 높은 도시 지

---

* Final Solution: 제2차 세계대전 당시 나치 독일이 유대인을 집단 학살하기 위한 암호명.

역에는 혈중 납 수치가 증가한 어린이 비율이 거의 3배나 많아져 10%를 넘었다.[12] 납에 가장 많이 노출된 곳도 흑인 아이들의 밀집도가 가장 높은 지역이었다. 미시간주 국민권익위원회는 이 어린이들에게 해를 입히는 요소를 종합한 뒤 납 중독 위기가 "제도적 인종 차별"에 뿌리를 두고 있다고 결론 내렸다.[13]

어떤 도구를 써야 납이 나타내는 신경독성 효과를 측정할 수 있을까? 바로 IQ 검사다. 납에 노출되어 IQ가 떨어지면, 연구자나 정책 입안자는 납이 일시적이거나 사소한 영향을 미친다면서 무시하지 못한다. 게다가 이건 한 가지 사례에 불과하다. 해리엇 워싱턴(Harriet Washington)은 저서 《낭비되는 끔찍한 일(A Terrible Thing to Waste)》에서 유색 인종 사람들이 독성 폐기물이나 대기 오염 등 환경 위험 요소에 노출될 가능성이 어떻게 더 압도적으로 높을 수 있는지 기록했다. 더군다나 IQ 검사는 아이들의 추상적 추론 능력을 수치로 나타낼 수 있는 척도를 제시하기 때문에 "환경적 인종 차별"의 위험성을 정량화하는 도구로 IQ 검사 외에 다른 대체할 수 있는 도구가 없다고 주장했다.[14] "오늘날 기술 사회에서 IQ〔검사로〕 측정하는 지능 유형은 성공과 가장 밀접한 관련이 있다고 여겨진다. ……IQ는 무시하거나 없애기엔 너무나도 중요하다."[15]

워싱턴이 옳다. 분명 IQ 검사로 측정하는 능력은 사람이 지닐 수 있는 능력이나 재능 중 극히 일부분에 불과하다. 하지만 중요하지 않다면서 IQ를 없앨 수는 없다. 미국이나 영국 같은 서구의 고소득 국가에서 표준 인지 검사 점수(권위 있는 IQ 검사 점수 및 SAT나 ACT 등 IQ 검사 점수와 상관관계가 높고 학생을 선발할 때 사용하는 시험 점수 등[16])는 사람들이 관심 있어 하는 것들을 통계적으로 예측한다. 인생 그 자체의 예측을 포함해서 말이다. 11살 때 IQ 검사 점수가 더 높은 아이들은 76살에 살아 있을 가능성이 더 높으며,

이 관계는 아이 가족의 사회 계급으로 설명할 수 없다.[17] SAT 점수는 IQ와 0.8로 높은 상관관계를 나타내는데,[18] SAT 점수가 높은 학생들은 대학에서 더 높은 평점을 받는다(뛰어난 학생이 더 어려운 전공을 선택한다는 사실을 감안한 결과).[19] 더 어린 나이에 SAT 점수가 남달리 높은 학생들은 STEM 분야에서 박사 학위를 취득하거나, 특허를 보유하거나, 미국 상위 50위권 대학교에서 종신 재직권*을 획득하거나, 수입이 높을 가능성이 더 크다.[20]

워싱턴이 지능 검사를 사용해 환경적 인종 차별과 싸우려 했던 시도는 정량적 연구 도구를 가지고 여러 불공정 형태에 맞설 수 있다고 주장해 온 다른 유색 인종 학자와 페미니스트 학자의 노력을 비추고 있다. 이를테면 페미니스트 앤 오클리(Ann Oakley)는 정량적 방법을 포기한 "페미니스트 사례"란 "결국 해방사회과학**의 목표에 도움이 되지 않는다"고 주장했다.[21] 이와 비슷하게 내 텍사스 대학교 동료 케빈 코클리(Kevin Cokley)와 저민 어워드(Germine Awad)는 "연구자들이 그 당시의 편견을 정당화하고 문서화하고자 정량적인 방법을 사용한 결과는 심리학 역사상 가장 추잡한 순간"[22]이라고 말했다. 하지만 그들은 "정량적인 방법은 본래 억압적이지 않다"라며, 실제로 "여러 문화 출신의 유능한 연구자들과 학자 활동가들이 사회 정의를 위해 헌신하며 정량적 방법을 사용한다면 이는 억압에서 해방"될 수 있다고 주장했다.

지능 검사는 우생학자에 의해 선천적인 가치의 척도로 자리매김했고, 이에 따라 열등하거나 우월한 인간성의 계층은 인종차별주의적이고 계급

* tenure: 평생 대학교수로서의 고용을 보장해주는 제도.

** emancipatory social science: 사람의 억압에 맞서면서 사람의 번영을 추구하여 과학 지식을 탐구하는 학문.

주의적인 사회의 가장 추잡한 관념이 되었다. 지능 검사는 현대 사회에서 학교 성적과 직장 성과, 심지어 수명과도 큰 관련이 있는 인지 기능에서의 개인 차이를 측정한다. 우리에게 요구되는 것은 첫 번째 문장을 거부하고 두 번째 문장을 받아들이는 것이다. 아이의 언어 장애 척도와 마찬가지로, 지능 검사는 사람이 **가치 있다**는 것을 알려주지 않지만, 사람이 **가치 있는** (여러 가지) 일을 할 수 있는지 알려준다.

좋은 유전자, 나쁜 유전자, 큰 키 유전자, 귀먹음 유전자

지능 검사 점수로 적용해봤을 때처럼 **선천적으로 가치 있는 것**과 **사회적으로 가치 있는 것**의 차이는 낯설게 느껴질지도 모른다. 그렇다면 대표적인 표현형 세 가지를 더 살펴보자. 바로 키, 귀먹음, 자폐 스펙트럼 장애다.

2장에서 키를 커지게 하는 유전 변이를 엄청나게 많이 물려받아 무척 키가 큰 NBA 선수 숀 브래들리 이야기를 했었다. 사람들의 유전적 차이가 특정 문화와 경제 체계로 걸러진 뒤 사회경제적 지위에 차이를 일으키는 가장 단순한 예시는 아마 키일 것이다. 브래들리는 NBA 선수 생활 동안 거의 7000만 달러를 벌어들였다. 브래들리의 키가 229cm가 아니라 180cm였다면 불가능했을 경력이다. 〔큰 키 유전으로 경제적 혜택을 누린 사람들은 농구 선수뿐만이 아니다. 한 분석에 따르면, 일반적인 집단에서 키 1인치(2.54cm)는 연 소득 약 800달러의 증가와 연관이 있었다.〕

브래들리가 키를 크게 하는 유전 변이를 물려받아서 "운이 좋았어요"라고 한 것은 분명 자신이 좋은 운의 수혜자였다는 뜻으로 말한 것이다.

사실 일상 영어에서 '운이 좋은(lucky)'이라는 단어는 가치 판단을 담고 있다. 운이 좋다는 것은 행운이지 불운이 아니며, 진수성찬이지 쥐코밥상이 아니다. 하지만 매번 '좋음'과 '나쁨'이라는 가치 판단을 DNA에 적용할 수는 없다. 여러분이 특정 *HBB* 유전자* 버전 사본을 하나 가지면 몸은 말라리아에 더 저항성을 나타낸다. 그러나 이 사본을 2개 가지면 낫적혈구빈혈에 걸려 몸은 계속 산소가 부족해지고 결국 죽을 것이다. 이처럼 돌연변이 *HBB* 버전을 물려받는 것이 행운이냐 불운이냐 하는 데에는 확실한 답이 없다.

농인(Deaf, 聾人) 공동체만큼 '좋은' 유전적 운이란 생각에 맞서는 공동체는 아마 없을 것이다. 여기서 대문자 'D'로 표현한 'Deaf'는 공통 언어(미국 수어)를 공유하면서 고유한 하위문화를 이루는 농인(Deafness)을 나타낼 때 쓰고, 소문자 'd'로 표현한 'deaf'는 귀가 안 들리는 상태인 귀먹음(deafness)을 나타낼 때 쓴다. 캐럴 패든(Carol Padden)과 톰 험프리즈(Tom Humphries)는 《미국 농인: 문화의 기록(Deaf in America: Notes from a Culture)》에서 농인 문화란 "단지 비슷한 신체 조건을 가진 사람들이 형성하는 동지애만이 아니라, 다른 수많은 문화가 지니는 전통과 마찬가지로 역사적으로 형성되고 세대에 걸쳐 활발하게 전달되는 것이다"라고 했다.[23] 우리는 청력 검사로 귀먹음을 진단하며, 어떤 사람이 네덜란드인인지 아닌지 확인하는 것과 똑같은 방식으로 농인인지 아닌지를 확인한다.

대략 아이 1000명 중 1명은 귀가 안 들리는 상태로 태어난다. 산소가

---

* 헤모글로빈 베타 소단위라는 단백질을 부호화하는 유전자. 포유류의 헤모글로빈 단백질은 알파 소단위 2개와 베타 소단위 2개로 이루어지며, 산소 분자를 운반하는 역할을 한다.

부족했거나 거대세포바이러스나 풍진바이러스에 감염되면 태어날 때부터 귀가 안 들릴 수 있지만, 선천적으로 귀가 안 들리는 사람의 약 절반 정도는 유전이 원인이다.[24] 선천 귀먹음이 유전되는 방식은 키가 유전되는 방식보다 훨씬 더 단순하다. 대부분이 다유전자가 아니라 단일 유전자로 유전되기 때문이다. 즉, 유전자 하나에 돌연변이가 생겨 선천 귀먹음이 일어난다는 뜻이다.

미국에서는 *GJB2* 유전자의 열성 변이가 선천 귀먹음의 가장 흔한 유전적 원인이다. 이 유전자는 코넥신 26(connexin 26)이라는 단백질을 부호화하는데, 코넥신 26은 포타슘 같은 이온이나 작은 분자가 이웃한 세포 사이를 통과하도록 해주는 단백질이다.[25] '열성'은 변이가 겉으로 드러나지 않는다는 것을 의미한다.* 그래서 열성 변이를 하나 운반하더라도 알아차릴 수 없다. 하지만 각 부모로부터 열성 변이 사본을 하나씩 물려받아 총 2개를 가지면 열성 변이의 효과가 겉으로 드러난다. 그렇게 아이는 귀가 안 들리는 채로 태어난다. 이 변이는 우열이 뚜렷하기 때문에 세대 간 귀먹음이 전달되는 방식은 멘델의 완두와 똑같다. 귀가 들리는 사람과 들리지 않는 사람의 자녀는 높은 확률로 귀가 들릴 것이다. 드물게 귀가 들리는 사람이 열성 대립유전자를 운반하는 경우를 제외하면 말이다. 이 경우라도 자녀는 여전히 50:50의 확률로 귀가 들린다. 한편, 부모가 다른 유전자 돌연변이 때문에 귀가 안 들리는 것이라면, 둘 다 귀가 안 들리는 부모의 자녀는 귀가 들릴 수도 있다.

---

* 한 유전자 쌍이 서로 다른 대립유전자로 구성될 때, 겉으로 드러나는 대립유전자나 표현형을 우성이라고 하고, 겉으로 드러나지 않는 대립유전자나 표현형을 열성이라고 한다. 우월하다거나 열등하다는 가치와는 아무런 관련이 없는 용어다.

유전자 로또로는 귀가 들리는 아이가 태어날 가능성이 가장 크다. 하지만 일부 농인 부모는 귀가 안 들리는 아이가 태어날 확률을 높인다. 2000년대 초, 선천적으로 귀가 안 들리는 캔디스 매컬로(Candace McCullough)와 섀런 두셰스노(Sharon Duchesneau)*는 귀가 안 들리는 아이를 임신하기 위해 5대째 귀가 안 들리는 친구를 정자 기증자로 선정해 전 세계의 헤드라인을 장식했다. 이 커플의 바람대로 그들의 자녀는 둘 다 귀가 안 들리게 태어났다. 〈의학 윤리 저널(Journal of Medical Ethics)〉은 매컬로와 두셰스노가 귀가 안 들리는 아이를 갖고자 한 이유를 이렇게 설명했다. "농인 공동체를 구성하는 다른 수많은 사람들처럼 이 커플은 난청을 장애로 보지 않는다. 이들은 난청을 문화 정체성으로 보며, 다른 수화 이용자와 온전히 소통할 수 있게 해주는 정교한 수화 언어는 이들의 문화를 규정하고 통합하는 특징이다."[26]

유전체를 측정하는 기술이 비약적으로 발전하면서 유전자 덱(deck)을 새롭게 쌓는 방법이 가능해졌다. 이를 착상 전 유전자 진단(pre-implantation genetic diagnosis), 줄여서 PGD라고 한다. 체외 수정으로 여러 배아를 만든 뒤 PDG를 이용해 유전적으로 배아를 선별하면, 어떤 배아를 착상시키고 어떤 배아를 버릴지 선택할 수 있다. '맞춤 아기'를 만들어낼 수단으로 가장 자주 논의되는 것도 PGD다. 이때 맞춤 아기란 의학적으로 필요하진 않으나 키나 눈 색깔 같은 형질이 사회의 기대에 알맞게 선별된 배아를 일컫는다. 하지만 PGD는 귀가 안 들리는 것처럼 대부분 예비 부모가 원하지 않는 형질만 골라서 선택하는 '음성' 선택도 가능하게 해준다.

* 두 사람은 레즈비언 커플이다.

미국의 여러 난임 병원을 조사한 결과에 따르면, 소수의 병원(3%)만이 질병이나 장애를 가질 배아를 고를 수 있도록 부모에게 PGD 사용을 허락해주었다.[27] 이와 비슷하게 농인 부모를 조사한 결과, 유전자 검사로 태아의 귀가 들린다는 사실이 확인될 경우 극소수만이 임신 중단을 생각해보겠다고 했다.

영국에서는 PGD를 이용한 음성 선택이 불법이다. 영국의 '사람 수정과 배아 발생에 관한 법(Human Fertilisation and Embryology Act)'은 유전적으로 비정상적이어서 "심각한 신체 및 정신 장애"를 일으킬 수 있는 배아를 선택할 목적으로 PGD를 사용하는 걸 금지하고 있다. 농인 공동체 구성원 일부는 '비정상'이라는 꼬리표를 불쾌하게 여겨 이 법률에 이의를 제기했고, 몸 상태가 너무 심각해서 안 태어나는 게 더 낫겠다는 생각에 반대했으며, 이 법이 가족 유형을 원하는 대로 결정할 자유를 침해한다고 생각했다.[28] 영국인 부부 폴라 가필드(Paula Garfield)와 토마토 리치(Tomato Lichy)에겐 귀먹은 아이가 한 명 있는데, 체외 수정으로 귀가 안 들리는 아이를 한 명 더 임신할지 말지 고민하면서 〈가디언(The Guardian)〉에 이렇게 말했다. "난청이 되는 것은 장애를 갖는 것도 아니고 의학적으로 불완전한 사람이 되는 것도 아닙니다. 난청이 되는 것은 언어 소수자가 되는 것입니다. 우리는 난청의 의학적 측면보다는, 우리가 사용하는 언어와 우리가 살아가는 공동체를 자랑스럽게 생각합니다."[29]

정자나 난자 기증자의 선택이나 선택적 낙태, 또는 농인 부모가 PGD로 귀먹은 아이를 가지려는 걸 허용해야 하느냐는 질문에는 난해한 법적·윤리적 문제가 수없이 뒤따른다. 여기서는 이 문제를 해결하려 하지 않을 것이다. 내 목표는 더 간단하다. 농인 공동체가 귀먹은 아이를 갖기 위해 생식 기술을 사용할 권리를 지지할 때, 우리는 어떻게 유전적 차이,

사람 사회에서 운의 역할, 사회 (불)평등 간 관계를 다르게 표현하는지 짚고자 한다.

위에서 설명했듯 많은 이가 사람의 차이에 대한 생물학적 이론을, 특히 유전학 이론을 위험하다고 인식한다. 지능이나 사회적 위치가 다른 이유를 유전자 때문이라고 말한다면, 기존의 사회 불평등은 자연스럽고, 불가피하며, 고칠 수 없고, 당연하다는 주장을 듣기 쉽다. 그래서 주위에 아주 정의롭지 못해 보이는 사회 불평등이 있어서 이 불평등을 바로잡은 다른 세상을 그리고자 한다면, 연구가 잘못되었다거나 단순히 연구하면 안 된다면서 생물학적 주장을 떨쳐내고 싶을 것이다.

하지만 우리는 귀먹음을 가지고 이런 식으로 하지 않는다. 즉, 단순히 생물학적 차이 때문에 듣는 능력이 달라진다고 하더라도 우리는 반사적으로 움츠러들지 않는다.

귀가 안 들리는 사람에게 잔혹한 우생학 역사가 없었다는 게 아니다. 나치 독일에서는 귀가 안 들리는 성인 약 1만 7000명이 불임 수술을 받았고, 귀가 안 들리는 어린이 약 2000명이 살해당했으며, 난청 태아를 임신했다고 의심받은 여성들이 강제로 낙태를 당했다.[30] 지금도 농인 공동체를 이루고 있는 수많은 사람이 생식 기술을 사용해 귀가 안 들리는 정자 기증자를 배제하거나, 귀가 안 들리게 태어날 배아와 태아를 가려내는 걸 집단 학살로 보고 있다.[31]

하지만 이런 우생학 역사가 있었음에도 아무도 유전자가 귀먹음을 일으킬 수 있다는 사실을 부정하지 않는다. 무엇보다도 귀먹음 유전 방식이 단순했기에 여기에는 이성적인 논쟁 자체가 없었다.

귀먹음은 사회 불평등과 사회적 지위와도 관련이 있다. 귀가 안 들리면 사회적 불이익을 받는다. 귀먹음 유전자를 가진 배아를 선택하는 것이란 귀가 들리는 아이보다 학업, 경제, 직업에서 어려움을 겪을 가능성이 더 높은 아이를 선택하는 것이다. 전체적으로 보면 유전자가 귀먹음을 일으키며, 귀가 안 들리는 아이는 음성 언어가 우세한 학교 시스템에서 공부로 성공하기 힘들고, 어릴 때의 학업 장애물은 성인 때 경제와 직업에서 성공하는 걸 어렵게 할 수 있다.

물론 유전자가 귀먹음에 미치는 영향은 지능이나 교육 정도, 소득에 미치는 영향과 다르게 작용한다. 유전되는 방식도 다르고 유전자에서 결과까지 이어지는 메커니즘도 다르다. 게다가 이런 실증적인 질문을 둘러싼 **해석 틀***에도 극명한 차이가 있다. 결함이 있다고 폄하하지 않고 그저 다를 뿐이라는 걸 알려주려는 농인 공동체의 목표를 보면, 사회적으로 가치 있는 특성에서 유전적 차이를 인식하는 것은 모든 사람이 평등하게 태어났다는 평등주의의적 주장과 나란히 공존할 수 있다. 교육 결과와 관련해서 유전적 차이를 이야기할 때는 이 조화로운 공존을 그려내기 어려울지도 모른다. 하지만 귀먹음/농인에 대한 논의에서 빌릴 수 있는 개념이 세 가지 있다.

첫째, 귀먹음을 일으키는 유전자는 도덕적 가치와 무관하다. 그도 그럴 것이, 어떤 *GJB2* 변이나 다른 *GJB2* 변이를 가지고 태어났다고 해서 도덕적으로 칭찬받지도 않고 책임지지도 않는다. 상염색체 열성 대립유전자 사본을 한두 개 물려받았다고 해서 보상이나 처벌을 받지는 않는다. 다수가 선호하지 않는 유전 변이를 **선택**하려는 소수자의 주장은 실제로 유전체에 '좋음'과 '나쁨'이란 가치를 부여하는 우생학적 경향을 꾸준하

* interpretive framework: 가설 검증이 아니라 관찰을 통해 특정 대상을 자세히 파악하는 연구 방법.

고도 끊임없이 악화시켰다.

둘째, 귀먹음 **그 자체**는 도덕적 가치와 무관하다. 농인은 귀가 들리는 사람보다, 그리고 귀가 들리는 사람은 농인보다 더 도덕적이거나 덜 도덕적이지 않다. 공기의 진동을 전기 신호로 변환해 뇌의 측두엽으로 보내는 능력은 기본적인 신경생물학적 과정이다. 사람은 이 과정을 의식적으로 통제하지 못하고, 여기서 책임지는 것도 거의 없다. 소리를 듣는 것은 기능이지, 도덕이 아니다.

셋째, 농인 공동체가 사회의 나머지 사람들에게 주장하는 것은 기능의 차이, 즉 개인이 통제할 수 없는 유전자(또는 출생 시 저산소증 등의 환경)로 인해 일어나는 차이에 근거한다. 그리고 농인 공동체가 주장하는 것은 불행을 보상하는 동정심이 아니다. 엘리자베스 앤더슨은 이렇게 썼다. "농인은 …… 자신들의 상황에 동정심을 품지 말고, **자신들의 삶과 공동체에 있는 존엄성을 존중해주길** 청인에게 요청하고 싶어 한다"(저자가 직접 강조함).[32]

귀먹음의 유전과 농인의 정치 간 관계는 전체적으로 정치철학자 존 롤스의 관념과도 일치한다. 롤스는 이렇게 주장했다.[33]

> 자연 분배는 정의로운 것도 아니고 정의롭지 않은 것도 아니다. ……이는 단순히 자연 사실(natural fact)이다. 정의롭거나 정의롭지 않은 것은 자연 사실을 다루는 제도다. 귀족 사회와 카스트 사회가 정의롭지 않은 이유는 이런 우연성을 원인 근거로 삼아 어느 정도 폐쇄적이고 특권 있는 사회 계급이 되려고 하기 때문이다. 이런 사회의 기본 구조는 자연의 무작위성과 결부되어 있다. 그러나 사람들은 이런 우연성을 순순히 받아들일 필요가 없다. 사회 체계는 사람이 통제할 수 없는 불변의 체제가 아니라 사람의 행동 패턴이다.

우리는 이 문단을 이루는 문장 하나하나를 다 귀먹음/농인과 연결할 수 있다. 귀가 안 들리는 아이나 들리는 아이를 만드는 유전자 로또는 공정하다거나 불공정하다며, 정의롭다거나 정의롭지 않다며 비판할 수 없는 "자연 사실"이다. 이웃집 뒷마당에 번개가 치지 않고 내 집 뒷마당에 번개가 쳤다고 해서 도덕적으로 분노할 수 없는 것과 같다. 그러나 우리는 이 "자연의 무작위성"을 순순히 받아들일 필요가 없으며, 실제로 그래서도 안 된다. 농인은 영원히 최하층 계급에서 빈곤하고 사회적으로 배제되는 삶을 살아간다는 불변의 체제를 만들어낼 필요가 없다. 오히려 우리는 '미국장애인법(Americans with Disability Act)' 같은 법률로 사람의 행동 패턴을 바꾸어놓았고, 청각 능력의 자연 분포에서 한쪽 끝에 있는 사람들은 경제적·사회적 삶에 더 온전한 상태로 동등하게 참여할 수 있게 되었다.

자폐 스펙트럼 장애(autism spectrum disorder, ASD)를 가진 사람들을 중심으로 펼쳐지는 '신경 다양성' 운동에서도 롤스의 관념을 비슷하게 적용할 수 있다. '스펙트럼이 있다(on the spectrum)'라는 말은 이상하게 행동하는 사람을 지칭하거나 조롱하는 뜻을 가진 현대 어휘다. 이 말이 너무 익숙해진 탓인지 '스펙트럼'이라는 단어가 본래 가지고 있는 비유도 종종 잊곤 한다. **스펙트럼**이란 빛이 서로 다른 파장 성분으로 연속해서 나뉘어 사람 눈에 다른 색으로 인지되는 무지개를 뜻한다. 이 스펙트럼 비유는 연속적인 변화가 동시에 일어나는 것과 더불어, 경험을 범주로 묶으려는 사람의 욕구를 내포한다.

자폐에 스펙트럼이 존재한다는 것은 수많은 자폐 스펙트럼 성인이 심각한 기능 형질 장애(자해하거나, 혼자 화장실을 이용하지 못하거나, 완전히 말을 못 함)를 겪지 **않는다**는 것을 뜻한다. 그렇더라도 이들은 여전히 더 넓은 자폐 공동체의 일원으로 인식될 것이다. 지난 10년 동안 고기능 자폐 스펙트럼 사람과 이들의 친척, 지지자들은 신경 다양성이라는 본보기를 가지고 자폐에 대한 대중의 인식을 재구성해왔다. 무엇보다도 신경 다양성 지지자들은 자폐 스펙트럼 장애(그리고 ADHD 같은 기타 증후군)의 인지 및 행동 특성이 꼭 미쳐 있다는 것이 아니라, 사람의 인지 시스템에서 나타날 수 있는 특성이라고 주장한다. 신경 다양성은 올바른 체계에서 희귀하고 값진 재주를 드러낼 수 있다. 그러나 이들이 어떤 분야에서 뛰어난 능력을 갖추고 있지 않더라도, 엘리자베스 앤더슨의 말마따나 사회가 "자신들의 삶과 공동체에 있는 존엄성"을 존중해주길 요청한다.

실제로 롤스가 말했던 "사람의 행동 패턴"이 직장과 경제적 삶에서 자폐 스펙트럼 장애, 즉 ASD인 사람들을 더 온전한 상태로 포용하도록 바뀐 사례가 많아지고 있다. 예를 들어, 일부 군대는 ASD 청소년을 집중적으로 훈련시킨 뒤 시각적으로 세세한 패턴에 주의력이 높은 사람들을 위성 영상 검사에 투입한다.[34] 〈하버드 비즈니스 리뷰(Harvard Business Review)〉에 실린 기사는 "신경 다양성이 경쟁력 있는 혜택"이라는 점을 분명히 보여주면서, 기술 기업더러 "재능의 정의를 더 넓게 반영하도록 채용, 선발, 경력 개발 정책을 조정"하라고 권고했다.[35] 웹사이트와 소프트웨어의 품질 점검을 수행하는 기술 컨설팅 회사 오티콘(Auticon)은 이 권고에 따라 자폐 스펙트럼 장애가 있는 사람들을 전문적으로 고용한다.[36] 그랬더니 이들은 그곳에서 새로운 직장 문화를 형성했다. 암묵적인 사회 신호를 읽는 능력은 사무실에서의 성공에 훨씬 덜 영향을 주었고, 경영진은 형광 조명이나 페인트 색 등 물리적 자극의 강도와 일관성을 더 눈여겨보게 되었다.

농인 커뮤니티와 마찬가지로 신경 다양성 운동은 유전이 ASD에 미치는 영향을 최소화하려고 하지 않는다. 실제로 유전이 자폐에 미치는 영향은 기본적인 것으로 받아들여진다. 예컨대 아스퍼거증후군을 가진 사람이 운영하는 블로그 '심리학 투데이(Psychology Today)'에서는 "신경 다양성의 개념"을 설명할 때 "자폐나 ADHD 같은 신경학적 차이는 인간 유전체에서 평범하고 자연스러운 변화가 일어난 결과"라고 **정의한다.**[37] 이제는 일반 대중도 이런 식으로 유전학 연구를 받아들이고 있다. 지금까지 백신 접종을 거부하는 극단주의자 외에 ASD가 유전자의 영향을 받지 않는다고 주장하는 사람은 거의 없을 것이다.

키가 큰 사람이나 자폐가 있는 사람, 선천적으로 귀가 안 들리는 사람을 파악할 때 유전학의 중요성을 인식하는 것은 논란이 될 만한 부분이 거의 없다. 이들 공동체는 유전적으로 똑같은 것이 공평이나 포용이라고 주장하지 않는다. 바로잡아야 할 문제가 항상 유전자인 것은 아니다. 바로잡아야 할 문제는 **사람들**도 아니다. 바로잡아야 할 문제는 이런 사람들의 참여를 완강하게 거부하는 사회다.

같은 맥락에서, 고소득 국가의 정규 교육 체계에서 가치 있게 다뤄지는 인지 능력과 비인지 기술을 누가 발달시킬지 파악할 때도 유전학이 중요하다는 것을 알아차릴 수 있다. 사람들은 인간의 심리에서 유전적으로 똑같은 것이나 유전적 차이와 무관한 것이 공평이나 포용이라고 주장할 필요가 없다. 오히려 바로잡아야 할 문제는 어떤 유전 변이를 물려받든 상관없이 **모든 사람**이 이 나라의 사회적·경제적 삶에 온전히 참여하는 것을 완강하게 거부하는 사회다.

그렇다면 이런 질문을 할 수 있다. "자연의 무작위성"이 경직된 카스트 제도로 굳어지지 않으려면, 공적 공간과 근로 환경 그리고 의료, 법률, 사회 규범으로의 접근을 어떻게 새로 그려야 할까? 이는 모든 것을 아우르는 대단히 중요한 질문이다. 마지막 장에서는 포스트 유전체 시대의 정책을 논하면서 이 질문을 살펴보려 한다.

12

반우생학적 과학과 정책

2020년 오스카 작품상을 거머쥔 봉준호 감독의 영화 〈기생충〉은 심오한 주제를 담고 있다. 어떤 남자가 창문도 없는 지하 벙커에서 빚쟁이를 피해 수년 동안 은밀하게 살아왔다는 사실이 드러나는가 하면, 억수같이 내리는 비에 가난한 반지하 집에 가슴 높이까지 똥물이 싯누렇게 들어차기도 한다. 기댈 곳 하나 없는 딸은 화장실 안 넘쳐흐르는 변기에 쪼그려 앉아 담배에 불을 붙인다.

이 가족이 처한 절망스러운 환경은 부유한 박 사장네 가족과 긴밀하게 연결된다. 전날 홍수에 집이 휩쓸려버린 아버지는 운전기사로 차를 몰고, 박 사장네 아내는 뒷자리에서 맨발을 앞좌석에 걸친 채 왕창 내린 비 덕분에 미세먼지도 없고 번개 파티 열기 딱 좋은 날이라며 발랄하게 말한다. 그러다 갑자기 풍겨오는 역겨운 냄새에 코를 찡그린다. 수재민 보호소에서 하룻밤을 묵은 운전기사에게서 나는 냄새였다. 관객들은 무심한 박 사장네 아내의 행태에 코를 찡그린다.

〈기생충〉은 재미와 기묘함을 둘 다 잡으면서도 사그라지지 않는 계급 불평등을 훤하게 비춘다. 평론가는 사회적 결과와 행동 결과를 다룬 유전학 연구가 이런 불평등을 자연스레 깊이 뿌리박을 것이라며 두려움에 떤다. 무엇보다도 박 사장은 테크놀로지 회사에서 늦게까지 일하고 귀가해서는 아내와 두 자녀를 반기는 전형적인 능력주의의 이상형이다. 한 번은 박 사장이 아내에게 집에서 운전기사 냄새가 난다고 한다. 가끔 지하철 타면 나는 냄새, 오래된 무말랭이 냄새 같다며 불쾌한 기색을 드러낸다. 자신들이 가진 엄청난 특권이나 그들이 고용한 직원이 일상에서 받는 굴욕에 터무니없으리만치 무감각하니 박 사장네 가족은 얼마나 편할까. '과학'은 박 사장네 가정부와 운전기사를 '선천적으로' 열등하다고 말한다.

이 '과학'이 바로 우생학의 망령이다. 우생학의 망령은 유전학이 "고유한 가치에 따라 매겨지는 인간 계층"을 정립하는 데 쓰이고, 이 인간 계층은 "자유, 자원, 복지 분배의 불평등"을 형성하는 데 쓰일 것이라고 한다.[1] 전자는 우생학 이데올로기의 핵심이다. 후자는 우생학 정책의 결과다.

나처럼 사회 행동의 유전적 영향을 연구하면서 평등주의 가치를 지닌 과학자들은 수십 년 동안 무엇을 하면 **안** 되는지 설명하며 우생학의 망령에 맞서 싸워왔다. 이 책도 대부분 그런 내용으로 채워져 있다. 우리는 유전적 영향이 결정론을 따른다고 해석해선 **안** 된다. 사회 변화를 일으킬 사회 정책의 가능성을 포기해서도 **안** 된다. 사회적으로 **가치** 있는 것을 사람이 **가치** 있는 것이라고 착각해서도 **안** 된다. 그렇다면 우생학 이데올로기와 우생학 정책에 더 이상 먹이를 안 주기 위해 유전학 연구를 이용하지 않으려면 어떻게 **해야 할까**?

일관성으로 무장한 수많은 과학 지식을 무시한 채 우생학의 지니가 병 밖으로 나오지 못하도록 유전학 연구를 스리슬쩍 덮어두면 된다. 하지만

이 방법은 색맹 이데올로기*가 저지르는 것과 비슷한 실수를 범한다. "인종을 보지 않는다"라고 주장한다 해서 인종이나 인종 차별이 사라지는 것은 아니다. 도리어 불평등을 형성하는 제도의 힘을 인식하지 못하면, 불평등은 중립적 수동성이란 베일에 싸여 계속 나타난다. 정의로운 사회 질서를 만들려면 색맹 이데올로기가 아니라 반인종차별주의가 필요하다.[2] 마찬가지로 사람들의 유전적 차이가 무의미하다고 주장한다 해서 유전체의 힘이 사라지는 것은 아니다. 도리어 유전자 로또가 불평등을 형성하는 제도의 힘이라는 걸 인지하지 못하면, 유전적으로 연관된 불평등이 비판이나 조사를 받기는커녕 계속 '자연스럽게' 나타난다. 이것이야말로 딱 우생학이 원하는 결과다. 정의로운 사회 질서를 만들려면 유전체 장님이 아니라 반우생학이 필요하다. 여기서 반드시 사회학자 루하 벤저민이 던진 질문을 붙들고 늘어져야 한다. "어떻게 자유주의의 목적에 더 알맞게 기술과학을 사용하고 재창조할 수 있는가?"[3]

우생학 이데올로기는 유전학이 어떻게 계층 이데올로기와 억압적인 정책을 뒷받침해주는지 설명하는 데 한 세기 동안이나 선두를 달리고 있다. 그리고 우리 반우생학자들은 여기에 맞서는 데 최선을 다하고 있다. 그렇다면 이 마지막 장에서는 다섯 가지 일반 원칙을 제시하면서 과학과 정책이 적극적으로 반우생학을 따른다는 게 무엇을 의미하는지 살펴보고자 한다.

1. 삶을 개선하는 데 사용할 수 있는 시간과 돈, 재능, 도구를 그만 낭비하자.

---

* 인종, 문화, 민족과 관련 없이 개인을 최대한 평등하게 다루는 이데올로기.

2. 유전 정보로 사람을 분류하지 말고 유전 정보로 기회를 개선하자.

3. 유전 정보는 소외가 아닌 공평함을 위해 사용하자.

4. 운이 좋은 것을 좋은 것으로 혼동하지 말자.

5. 어떤 사람이 될지 모르겠다면 무엇을 할지 생각하자.

각 원칙을 살펴볼 때마다 세 가지 관점을 비교할 것이다. 첫 번째는 **우생학** 관점으로, 유전적 영향에 따라 자연스럽게 불평등이 생긴다는 관점이다. 유전이 원인이 되어 사회 불평등이 생긴다면, 그 불평등은 '자연' 질서가 필연적으로 드러나는 것으로 그려진다. 이때 사람의 유전 정보는 사람들을 더 효율적으로 그 질서에 끼워 맞추는 데 이용된다. 두 번째는 **유전체 장님**[4] 관점으로, 유전자 데이터를 사회 평등의 적이라고 생각하면서 사회과학이나 정책에 유전자 데이터를 아예 사용하지 못하도록 반대하는 관점이다. 유전체 장님 관점에서는 되도록 **알려고 하지 않는다**. 그래서 과학자는 유전적 차이를 연구하거나 유전적 차이가 어떻게 사회 불평등으로 이어지는지 연구해서는 안 되며, 사람들은 현실적인 목적에 알맞게 얻은 과학 정보를 하나도 사용해서는 안 된다고 한다. 나는 이 두 가지 관점을 **반우생학** 관점과 비교할 것이다. 반우생학 관점은 유전학 지식을 무시하지 않으며, 자유·자원·복지의 분배에서 나타나는 불평등이 줄어들도록 유전학을 신중하게 사용하는 것을 목표로 한다.

삶을 개선하는 데 사용할 수 있는 시간과 돈, 재능, 도구를 그만 낭비하자

우생학: 유전적 영향의 존재를 강조해 사람들 삶이 개입을 통해 개선될 가능성

을 거부하자.

유전체 장님: 자원을 낭비하고 과학을 지체시키더라도 유전적 차이를 무시하자.

반우생학: 유전자 데이터를 사용해 사람들의 삶을 개선하고 결과의 불평등을 줄이는 효과적인 개입을 발굴하자.

모든 것은 유전된다. 깔끔하게 표현한 이 사실은 20여 년 전 에릭 터크하이머가 "행동유전학 제1법칙"[5]으로 제시한 것이다. 지난 수십 년 동안 사실이겠거니 추측해왔던 것을 터크하이머가 공식화한 것뿐이다. 여기서 저명한 진화생물학자 테오도시우스 도브잔스키가 했던 말을 한 번 더 인용할 가치가 있다. "사람은 능력, 에너지, 건강, 성격 등 사회적으로 중요한 특성에서 다양하다. 그리고 이런 모든 특성의 다양성이 어느 정도 유전적으로 좌우된다는 데에는 완전하진 않더라도 좋은 증거가 있다. 여기서 좌우된다는 말은 정해져 있다거나 운명 지어진다는 뜻이 아님을 명심하라."[6]

소득, 교육 정도, 주관적 안녕감, 정신 질환, 이웃 혜택, 인지 검사 성적, 집행 기능, 그릿, 동기 부여, 호기심 등이 모두 유전된다는 사실은 이런 것들을 개입을 통해 개선하거나 환경 특혜로 향상할 수 없다는 걸 의미하지 **않는다**. 그렇게 할 수 있다.

하지만 이런 것들이 유전된다는 사실은 수많은 사회과학 연구가 **시간과 돈을 낭비**해왔다는 것을 의미한다. 이런 사회과학 연구는 새로운 개입의 표적이 될 특정 환경을 규명하려고 한다. 하지만 이런 연구는 낭비에 불과하다. 왜냐하면 어떤 사람 행동의 상관관계만 보여주도록 연구를 설계하거나, 또는 생물학적 친척은 유전자를 공유해서 서로 닮을 수 있다는 **간단한** 사실조차 통제하지 않은 채로, 부모 등의 생물학적 친척이 형성하는 환경 요인의 기능 중 일부분만 밝히도록 연구를 설계하기 때문이다. 이 연구 분야가 어린아이의 삶을 개선할 개입 프로그램을 빠르게 개발시키고, 그게 성공한다면 이 정도 연구 방법의 결함은 용납할 수 있을지도 모른다. 하지만 현실은 그렇지 못하고 있다.

기회비용은 현실이다. 우리는 시간과 연구 자금, 유능한 과학 재능, 개입에 필요한 정치적 의지가 무한한 세계에 살고 있지 않다. 연구가 잘못되고 있으면 다른 곳에 쓰일 수 있는 돈과 노력을 낭비하는 결과가 일어난다. 유전학이 아이들 삶을 어떻게 달라지게 하는지 그 역할 하나 고려하지 못해서, 완전히 예측할 수 있음에도 계속 반복적으로 잘못되어갈 위험을 의도적으로 높이는 것은 지독하리만치 심한 낭비다.

반우생학 과학자와 정책 입안자는 사람들의 유전적 차이가 원인이 되어 나타나는 건강 및 복지 등의 불평등을 어떻게 줄여나갈지 고민한다. 이 목표를 달성하려면 사람들의 삶을 개선할 효과적인 개입을 개발해야 한다. 9장에서 자세히 설명했듯 유전자 데이터가 이런 노력에 중요한 도구가 되어줄 것이다. 유전자 데이터는 기초 과학을 더 발전시켜서 어떻게 특정 환경이 특정 결과를 일으키는지 알게 해주고, "유전적으로" 가장 위험한 사람들에게 필요한 것을 개입이 알맞게 충족해주는지 평가하는 것도 도와준다. ("유전적으로"에 따옴표를 쓴 이유는 이 책 전반에 걸쳐 설명한 것처럼, 사람들의 유전적 차이는 사회적 메커니즘을 통해 결과로 이어질 수 있는데, 이때 DNA를 측정하면 발견하지 못할 수 있었던 위험의 차원을 볼 수 있기 때문이다.)

사회과학자가 사람들의 삶을 실제로 개선하는 데 성공하고자 한다면, 사람들 삶이 달라지는 이유의 핵심 근원인 DNA를 더는 '암묵적 담합'으로 무시해선 안 된다.

유전 정보로 사람을 분류하지 말고 유전 정보로 기회를 개선하자

우생학: 유전적인 특성을 바탕으로 사람들의 사회적 역할과 사회적 위치를 분류하자.

유전체 장님: 사람들의 환경을 고려한 후 모든 사람은 모든 사회적 역할과 위치를 성취할 가능성이 똑같다고 하자.

반우생학: 유전자 데이터를 사용해 사람들이 사회적 역할과 지위에 도달할 실제 가능성을 최대화하자.

"모두가 여러분이 누구인지, 무엇과 관련된 사람인지 알게 될 거예요. 정말이지 무섭습니다. ……타고난 능력에 따라 사람들을 끼워 맞추는 세상이라. 음, 그건 〈가타카(Gattaca)〉죠."[7] 교육 정도나 범죄 행동 등 사회적으로 가치 있는 결과와 관련된 다유전자 지수의 사용이 점점 늘어나자 사회학자 캐서린 블리스(Catherine Bliss)가 〈MIT 테크놀로지 리뷰〉 인터뷰에서 내놓은 암울한 전망이다. 〈가타카〉는 1997년에 개봉한 영화로, DNA 염기 문자를 이용해 재치 있게 제목을 지었다. 주연을 맡은 이선 호크(Ethan Hawke)가 유전적 "부적격자"로서 공동 주연을 맡은 우마 서먼(Uma Thurman)과 결혼하고 우주 비행사의 꿈을 좇는 이야기가 펼쳐진다. 그러면서 최신 행동유전학 연구가 암울한 디스토피아 사회를 만들진 않을지 대학생, 토론회 청중, 언론인에게 수많은 질문을 던졌다.

아직 아무도 〈가타카〉처럼 다유전자 점수에 따라 아이들을 유전적 "부적격자"로 분류하자고 제안한 적은 없지만, 저명한 행동유전학자 몇 명이 교육이나 직업 체계에서 지원자를 선발할 때 다유전자 점수를 사용하자고 제안한 적은 있었다. 그중에서도 로버트 플로민이 그 선두에 있다. 플로민은 심리학자이자 행동유전학자로, 쌍둥이 연구와 다유전자 지수 연구에 능숙하고 연구 경력도 많다. 그는 자신의 저서 《청사진》에서 "소비자 직접 판매 회사에 암호로 보호받는 링크를 연결해두면, 회사가 직원을 선발할 때 전반적으로 보증된 다유전자 점수 세트를 이용할 수 있을 것이다. 그리고 다른 업무에서는 거기에 알맞은 다유전자 점수 세트를 이용할 수 있을 것이다"라고 제안했다.[8] 그러나 교육이나 직업에서 다른 이들이 선망하는 위치에 올라갈 사람을 선발할 때 DNA를 기반으로 하자는 이런 제안은 실증적 근거와 도덕적 근거에서 모두 결함이 있다.

실증적으로는 개개인의 다유전자 점수에서 효과 크기부터 짚고 넘어가야 한다. 사회과학 연구에서 다유전자 점수는 엄청나게 유용하다. 왜냐하면 DNA 기반 변수가 교육 정도 같은 복잡한 결과에서의 변화를 10%나 포착하는 능력은 사회과학자가 일반적으로 사용하는 가족 소득 같은 다른 변수의 효과 크기와 맞먹기 때문이다. 이런 식의 연구는 다유전자 점수가 낮은 사람과 높은 사람의 **평균** 인생 결과를 보여준다. 평균은 개인 삶에서 나타나는 독특한 사건이나 뜻밖의 사건을 모두 '평균 내기' 때문에 한 개인의 인생 결과를 예측하는 것보다 그룹의 인생 결과를 예측하기가 확실히 더 쉽다. 개개인에게서 무언가를 진단하는 것으로 예를 들어보면, 집에서 할 수 있는 임신 검사나 실험실에서 할 수 있는 연쇄상구균 인두염 진단 등의 검사는 학교 성적과 시험 점수, 업무 경력 등 개개인의 선택과 관련된 추가 정보 하나 **없이** 그 어떤 다유전자 지수보다도 개개인을 훨씬 더 정확하게 예측한다.[9]

하지만 설령 다유전자 지수가 개개인을 훨씬 더 정확하게 예측한다손 치더라도, 측정된 유전자형을 기반으로 사람들의 사회적 역할과 위치를 배정하는 것에는 **여전히** 문제가 있다.

3장에서 살펴본 '전체 요리책 연관 연구'로 돌아가보자. 동네에 있는 모든 음식점의 옐프 평점 데이터 세트를 모은 뒤, 각 음식점의 레시피 집합을 구성하는 자잘한 요소와 그 옐프 평점 사이의 상관관계를 분석하면, 레시피 요소('쿠민 추가')와 평점이 높은 음식점 사이에 작은 상관관계 집합이 만들어진다. 여기서 이 상관관계를 이용하면 새로운 음식점에 적용할 수 있는 '다요리 지수(poly-culinary index)'를 만들어낼 수 있다. 그렇다면 높은 옐프 평점과 상관관계가 있는 요소들이 새로운 음식점 레시피에 더 많이 있는지를 바탕으로 그 음식점이 계획한 메뉴를 분석하고 그 메뉴에 점수를 매길 수 있다. 이 과정은 GWAS를 수행하고 다유전자 지수를 만드는 것과 비슷하다.

이제 새로운 음식점을 차리려면 다요리 지수를 계산해야 하고, 정해진 기준을 넘겨야만 충분히 투자받을 수 있다고 해보자. 이렇게 하면 **되먹임 고리**(feedback loop)가 만들어지면서, 하나의 성공 지표와 통계적으로 연관된 질적 요소는 특정 시간과 장소에서만 성공과 훨씬 더 많이 연관된다. 왜냐하면 그런 질적 요소를 가지고 있는 음식점은 다른 음식점이 얻지 못하는 기회와 투자로 보상을 받기 때문이다.

이 되먹임 고리는 "수학을 파괴하는 무기"나 "억압하는 알고리듬"을 만들어낸다.[10] 이미 수많은 업계가 예측 도구를 이용해 특정 방법으로 특정 사람들을 자동으로 처리하고 있다. 인스타그램과 구글은 인구 통계 자료와 소셜 미디어 활동, 웹 검색 기록과 구매 기록을 기반으로 광고를 표시한다. 주택 담보 대출 기관은 대출금 상환을 자동으로 예측해주는 알고리듬을 기반으로 금리를 설정한다. 경찰서는 과거 범죄 데이터나 주변의 술집, 학교, 포장 음식점 등 동네의 특징적인 데이터와 날씨 정보까지 이용해서 지역 사회의 치안을 강화하고 있다. 사법 체계는 보석 보증금, 선고,

가석방 따위를 결정할 때 그 위험성을 자동으로 평가한다.[11] 객관적이고 중립적으로 보이는 이런 알고리듬은 사회 불평등을 고착화할 수 있다.

'고위험 의료 관리 프로그램'에 적합한 환자를 알려주는 알고리듬은 대규모 의료 체계에서 상업적으로 사용하는 대표적인 위험 예측 알고리듬이다. 이 프로그램은 비싸고 주변에서 찾기도 힘들다. 2020년 〈사이언스〉는 알고리듬의 위험 점수가 같으면서 스스로 생각하는 인종이 다른 환자를 비교하는 흥미로운 연구를 소개했다. 이 연구는 알고리듬의 위험 점수가 같은데도 불구하고 어떤 점수에서든 자신을 흑인이라고 한 환자가 백인이라고 한 환자보다 실제로 더 아팠다는 점을 발견했다. 알고리듬이 보이는 이런 문제점은 흑인이 의료에 돈을 적게 써서 평균적으로 의료에 대한 접근성이 낮고 의료 서비스도 덜 받는다는 사실에서 비롯되었다. 그런데도 이 알고리듬은 과거 의료에 지출한 돈을 마치 누군가의 건강을 편향 없이 보여주는 지표인 것처럼 사용했고, 그래서 고위험 의료 관리로 혜택을 받을 수 있었던 흑인 환자를 충분히 판별하지 못했다. 제도화된 인종 차별은 알고리듬 속 부호로 짜여 의료에서 인종 격차를 만들어냈고, 이에 따라 필요한 만큼 추가 의료 지원을 받는 흑인 수는 더 줄어들었다. 이런 식으로 "기술과학은 의도적이든 아니든 사회 계층을 반영하고 재생산한다".[12]

다유전자 지수도 다른 예측 알고리듬처럼 미래를 예측하기 위해 과거 정보를 사용한다. 교육 정도나 학업 성취도, 직업에서의 성공을 예측하는 다유전자 지수는 연구에 참여한 사람들 표본에서 이런 결과와 상관관계가 있으면서 유전되는 모든 형질은 물론, 이 표본 사람들의 결과와 상관관계가 있는 이들 부모의 형질까지도 모두 사용한다. 이렇게 만들어진 다유전자 지수를 사람들을 분류하는 데 사용한다면, 다른 예측 알고리듬처럼 사회 계층을 재생산하기 쉬워진다. 그리고 사회 계층을 확실히 중립적인 DNA로 가리지 않는다면, 사람들은 분명 이를 불공정하다고 인식할 것이다.

예컨대 저소득층 학생들이 대학을 졸업할 가능성이 낮다는 이유로 대학교에 입학 못 하게 하려고 가족 소득을 측정한다면, 우리는 이를 불공정하다고 생각할 것이다. 예측 능력이 어떻든 부모의 사회경제적 지위는 학생의 통제나 행위능력 밖에 있는 특징이다. 가족 소득과 대학 졸업 사이의 관계는 해결해야 할 문제이자 사라져야 할 불평등이지, 저소득층 학생들을 더 소외시키기 위해 사용하는 연구 결과가 아니다. 하지만 6장에서 살펴보았듯 부모-자손 트리오 연구는 한 사람의 다유전자 지수가 부모 유전자와 상관관계가 있는 환경 이익도 알려준다는 점을 보여주었다. 측정한 DNA를 기반으로 학생을 선발한다는 것은 어느 정도 학생 가족의 사회경제적 지위까지 반영하는 것이다.

안타깝게도 다유전자 점수를 이야기하는 수많은 학자가 이런 위험을 적극적으로 축소해왔다. 이를테면 로버트 플로민은 《청사진》에서 다유전자 지수가 "더 객관적이며 날조나 단련 같은 편향이 없다. ……DNA를 날조하거나 단련할 수는 없다"는 이유로 교육과 직업 선발에 특히 유용하다고 주장했다. 보수 성향의 작가 찰스 머리는 〈월스트리트 저널〉 논평에서 다유전자 지수는 "인종 차별이나 여러 편견 형태에 영향을 받지 않는다"고 비슷하게 주장했다.[13] 하지만 이는 사실이 아니다. GWAS는 연관성을 만드는 데 관여하는 사회적 메커니즘이 무엇인지에 관계없이 교육 결과와 연관된 모든 유전자를 알려준다. 이때 사회적 메커니즘은 우리가 받아들일 수 있다고 생각하는 메커니즘일 수도 있고(예: 아이가 학교생활에 관심이 많을수록 학력이 더 높아진다), 논란 많고 제멋대로인 메커니즘일 수도 있다(예: 아침형 아이일수록 학력이 더 높아진다). 이런 GWAS를 기반으로 다유전자 지수를 만든 뒤 이 다유전자 지수로 사람들을 사회적 역할에 배정한다면, 제멋대로이고 논란 많은 과정은 '객관적' 예측이라는 겉치레 속에 보이지 않게 암호화될 것이다.

이런 부분까지 고려한다면, 어떻게 해야 더 생산적으로 다유전자 점수를 이용할 수 있을까? 7장에서 구체적으로 다뤘던 예시로 돌아가보자. 우리는 7장에서 교육 정도 다유전자 지수와 고등학교 수학 과목 이수 사이의 관계를 살펴보았다. 다유전자 지수가 높은 학생일수록 9학년 때 (대수학1보다) 기하학 수업을 들을 가능성이 컸고, 고등학교 졸업 전까지 미적분을 이수할 가능성이 높았다. 그리고 다유전자 지수가 높은 학생일수록 수학을 중도 포기할 가능성이 낮았다. 이 정보로 무엇을 할 수 있고 무엇을 해야 할까?

우생학에서는 학생들의 DNA를 검사해 다유전자 지수가 낮으면 고급 수학을 못 배우도록 기회를 박탈한 채로 학생들을 수학 과목에 배정하라고 제안한다. 유전체 장님 관점에서는 애초에 유전학과 수학 과목 이수를 연관 지은 연구를 수행해선 안 된다고 제안한다. 반우생학에서는 이 유전학 지식을 적용해서 (a) 어떻게 선생님과 학교가 학생들의 수학 공부 역량을 최대한 끌어올릴 수 있는지 이해하고, (b) 어떻게 학교에서 밟아나가는 과정이 학생들 사이에 불평등을 뿌리내리는지 비춰줄 것을 제안한다.

첫 번째 목표에서 어떤 선생님과 학교가 학생들이 필요한 것을 가장 잘 충족해주는지 이해하고자 할 때면, 공부할 때 필요한 부분이 서로 다른 학생들이 선생님과 학교에 무작위로 분포하지 않는다는 큰 난관에 부딪힌다. 표준 시험 점수를 선생님과 학교의 '책임' 척도로, 즉 실적이 저조한 선생님이나 학교를 판별하는 척도로 사용하는 것에는 날카로운 비판이 따른다. 바로 학생의 시험 점수가 가족의 사회경제적 지위 같은 학생의 형질과 상관관계가 높다는 비판이다. 가족의 사회경제적 지위 같은 형질은 아이가 학교에 들어가기도 전에 형성되며, 학교에 따라 무작위적이지도 않다.[14] '좋은' 학교란 평균 시험 점수가 높은 학교로 정의할 수 있지만, 실제로는 금수저 학생의 밀집도가 높은 부유한 학교로 더 잘 묘사되곤 한다. (최고 의사나 최고 병원을 판별하는 데도 비슷한 문제가 있다. 최고 의사는 가장 아픈 환자의 치료를 외면하지 않는다.)

연구자들은 오랫동안 학교가 학생의 학업 결과에 미치는 효과를 추정하는 걸 까다로운 문제로 인식해왔다.[15] 그리고 가정 배경, 과거의 지식수준 등 학생의 형질 척도를 통합해야만 학교끼리 공정한 '도토리 키 재기' 비교를 시작할 수 있다. 이때 "X 학교 학생들은 Y 학교 학생들과 어떻게 달라질까?"라는 질문은 적절하지 않다. 왜냐하면 X 학교 학생들은 학교 외에 다양한 측면에서 이미 Y 학교 학생들과 다를 수 있기 때문이다. 대신 "한 특정 학생이 Y 학교가 아니라 X 학교에 다녔다면 어떻게 달라졌을까?"라는 게 적합한 질문이다. (5장에서 반사실적 추론이 인과 추론에 중요하다는 사실을 살펴보았다.)

연구자, 교육자, 정책 입안자는 학교 효과를 확인하고자 할 때 출생 시 우연에 관한 정보, 즉 학생의 사회경제적 지위에 관한 정보를 고려하는 것이 일반적이다. 하지만 나는 동료들과 함께 연구하면서 가족의 사회경제적 지위 정보와 더불어 다유전자 지수 형태로 학생의 DNA 정보까지 관찰하고, 학업 결과도 예측했다. 위에서도 설명했듯 이는 다유전자 지수로 학생들을 분류하고 배울 기회를 제한해야 한다는 걸 의미하지 않는다. 이는 다유전자 지수가 같은 학생들이 다른 학교에 다닐 때 인생 결과가 어떻게 달라질지 평가할 수 있다는 걸 의미한다.

미국 고등학생을 대상으로 수행한 한 연구에서는 교육 관련 다유전자 지수가 낮은 학생들은 평균적으로 고등학교에서 계속 수학을 공부할 가능성이 낮다는 사실을 발견했다. 하지만 이 학생들의 중도 포기 비율은 학교 환경에 따라 꽤 달랐다. 학생들의 부모가 대부분 고등학교를 졸업한 학교에서는 학생들의 다유전자 지수가 낮았음에도 9학년 이후로 몇 년 더 수학 과목을 들었다. 실제로 상위권 학교에서 다유전자 지수가 낮은 학생들은 하위권 학교에서 다유전자 지수가 평균인 학생들만큼 꾸준히 수학을 공부했다.[16]

하지만 기껏해야 이런 발견은 수박 겉핥기에 불과하다. 상위권 학교에서는 구체적으로 어떤 일이 일어나길래 통계적으로 수학을 중도 포기할 가능성이 높은 학생들도 실제로는 수학을 포기하지 않는 것일까? 어떻게 하면 상위권 학교에서 일어나는 일을 모든 학생에게 더 널리 적용할 수 있을까? 기초 연구에서 교육 정책 개혁으로 향하는 길은 멀고도 험난하다.

이런 연구는 겨우 이제 막 시작 단계를 밟았음에도 불구하고 기초적이고 중요한 사실을 밝혀냈다. 특정 DNA 변이의 조합을 물려받은 채로 인생에 특별히 고정된 출발점이 주어지면, 일부 사람들은 수학 문제 푸는 능력을 훨씬 더 잘 발달시킨다는 것이다. 이런 수학 역량은 미래의 교육, 노동 인구로의 참여, 일상생활 문제 탐색의 수월함 등에서 개개인에게 평생 혜택을 가져다준다. 실제로 수학을 다루는 능력은 학생의 미래에 매우 중요하기 때문에 수학을 배울 기회는 시민의 권리라고도 불린다.[17] 이처럼 유전자 데이터는 바로잡아야 할 환경 기회의 불평등을 밝혀내고 있다.

유전자 데이터를 사용하면 다른 환경 불평등도 비슷하게 진단해낼 수 있다. 어떤 건강 개입이 현재 유전적으로 안 좋은 결과에 가장 취약한 사람들에게까지 도달할까? 현시점에 공격성이나 청소년 범죄, 약물 사용 문제에 유전적으로 가장 취약한 청소년은 어떤 학교에 다녀야 가장 문제가 생길 비율이 낮을까? 저소득 가정의 아이들뿐만 아니라 유전적으로 학교 문제나 정신 건강 문제를 겪을 위험이 있는 아이들까지 잘 살아가는 것을 기회라고 정의할 때, 이 나라의 어떤 지역이 '기회의 공간'이 되어줄까? 연구자가 1번 원칙을 받아들이면서 유전자 데이터의 가능성을 수용하기 시작한다면, 우리는 새롭고 풍족한 정보를 가지고 이런 질문들을 해결할 수 있을 것이다.

유전 정보는 소외가 아닌 공평함을 위해 사용하자

우생학: 유전 정보를 사용해서 사람들을 의료 시스템, 보험 시장 등에서 소외시키자.

유전체 장님: 유전 정보의 사용을 금지하되 시장과 체제는 똑같이 유지하자.

반우생학: 유전자 로또의 결과와 상관없이 모두를 아우를 수 있는 의료, 교육, 주택 공급, 대출, 보험 체계를 만들자.

맨해튼의 어퍼이스트사이드에는 보클뤼즈(Vaucluse)라는 고급 프랑스 레스토랑이 있다. 그곳에 가면 '우아함'이나 '호화찬란함' 같은 단어부터 떠오른다. 어느 가을 저녁, 보험 사업으로 막대한 자산을 모은 억만장자 자선가의 초청으로 교수님 몇 분과 함께 그곳에서 저녁을 먹었다. 활기찬 대화가 오갔다. 우리는 모두 행동유전학 분야가 새로 개척한 부분을 어떻게 해석하면 좋을지 열띤 토론을 벌였다. 처음에는 순수한 학문적 대화가 오간다는 느낌이 들었지만, 보험 회사 이사님이 씨익 웃으면서 질문을 던졌을 때 이런 느낌은 순식간에 사라졌다. "유전학으로 수익을 내는 건 어떨까요?"

물론 그분은 사람들이 나쁜 결과로 이어지지 않도록 위험을 더 잘 예측하는 데 유전학 지식이나 다유전자 지수를 쓸 수 있다는 의미로 말한 것이다. 하지만 만약 위험도가 높은 사람들에게 보험료를 더 많이 내게 하거나 보상 범위를 완전히 제외한다면 이익은 증가할 것이다. 억만장자 보험 회사 이사님은 유전학적 예측이 훨씬 많은 이익을 가져다줄 열린 문이라고 생각하지만, 대부분의 일반 미국인은 유전학적 예측이 재정 파탄의 문을 열어젖힐 것이라며 두려워할 터이다. 이미 미국에서는 보험료, 공제액, 비보험 치료비까지 다 아우르는 의료비가 파산의 주요 원인이 되고 있다.[18] 보험사가 여러분의 유전체에서 무언가를 알고 있어 보상 범위가 줄어든다든지 보험료가 올라간다면 어떨 것 같은가?

'유전정보차별금지법(Genetic Information Nondiscrimination Act, GINA)'을 통과시킨 것도 바로 이런 두려움이었다. 이 법은 2008년 '느릿느릿한' 속도로 미국 의회의 심의를 거쳐 법으로 제정되었다. GINA는 "사람들이 차별받지 않도록 철저하게 보호하고 차별 가능성에 관한 우려를 완화해 개개인이 유전자 검사, 기술, 연구 및 새 치료법을 이용할 수 있도록" 하고자 의료 보험과 고용에서 유전 정보가 차별에 사용되는 것을 금지한다.[19] GINA는 고용주나 보험사가 유전체 정보를 요구하거나 사용하지 못하게 한다는 점에서 유전체 장님 관점을 가장 잘 따르고 있다. 그래서 보험사나 기업은 마치 정보가 존재하지 않았다거나 확 사라져버렸다고 생각하며 결정을 내려야 한다.

사람들을 '철저하게' 보호한다는 의미심장한 목표에도 불구하고, GINA

에는 두드러진 한계가 존재한다. 첫째, 이러한 보호는 건강 보험과 고용에만 적용되고, 장기 요양 보험이나 생명 보험, 주택 담보 대출 보험 등 다른 보험 종류에는 적용되지 않는다. 교육 체계나 주택 공급 및 대출에도 이런 보호가 적용되지 않는다. GINA 제정 이후 10년 동안 이 법이 어떤 영향을 주었는지 검토한 결과, GINA가 "중요한 상징적 가치"를 지녔을 수도 있으나 실제 현실적인 가치에는 한계가 있었다는 점이 밝혀졌다.[20] 이 법의 제1편은 건강 보험을 다루지만 건강 보험과 "대체로 무관"하고, 보험 인수를 결정할 때 보험사가 건강 상태를 사용하지 못하도록 하는 건강보험개혁법(Affordable Care Act, ACA)*이 그 한계를 훨씬 넘어선 상태였다. 제2편은 고용을 다루지만 거의 실행된 적이 없다. 미국의 각 주는 이런 한계를 일부 해결하기도 했다. 특히 눈여겨볼 만한 주는 캘리포니아다. 캘리포니아는 건강 보험과 고용에서 범위를 더 넓혀 주택 공급, 교육, 주택 담보 대출, 공공시설 등에서까지 유전 정보에 따른 차별을 금지하는 '캘리포니아 유전정보차별금지법(California Genetic Information Nondiscrimination Act, CalGINA)'을 통과시켰다.

차별 금지법이라는 틀에서 보면, GINA(보편적으로는 유전체 장님)는 인종이나 종교같이 유전 정보를 근거로 사람들을 의도적으로 다르게 대우하지 못하게 '금지하는' 특징을 지녔다는 점에서 '반분류(anti-classification)' 관점을 따른다.[21] 차별 금지법이 취하는 반분류 관점은 시민권의 '동일성' 모델에서 작동하는데, 이는 어떤 특성(흑인과 백인, 남성과 여성, 기독교인과 유대교인, *APOE-ε4* 대립유전자 운반자와 *APOE-ε3* 대립유전자 운반자**)에 따라 차이가

* 이른바 '오바마 케어'.

** *APOE*는 아포지질단백질 E를 부호화하는 유전자로, 이 단백질은 포유류의 지질 물

날 수 있는 사람들을 공적으로 동등하게 대우해야 한다는 모델이다.[22]

법학자 마크 로스스타인(Mark Rothstein)은 GINA가 유전체 장님 관점과 반분류 관점을 따르지만, 유전체 데이터가 예측할 수 있는 의학 및 행동 정보로부터 '유전' 정보는 차단하지 못하는 혹독한 곤경에 빠져 있다고 지적했다.[23] ACA가 기존 병력이 있는 사람들을 보호하기 이전에는, 보험사가 이를테면 *BRCA*에 돌연변이가 있지만 아직 유방암에 걸리지 않은 사람을 차별할 수 없었을 것이다.* 그러나 그 사람이 유방암에 걸리는 순간 보험료는 급세 올라버리고 보상 범위는 빠르게 줄어든다. 이런 상황에서 기존 병력이 있는 사람이 ACA의 보호를 받으려면 다른 사람들도 의무적으로 보험에 가입해야만 한다. 사람들이 의무적으로 보험에 들지 않으면 보험 가입자 집단에는 질병에 취약하지 않은 사람이 적을 것이고, 보험사는 재정이 점점 고갈되면서 경제적으로 어려워지기 때문이다. 그러나 ACA가 국민이 의무적으로 보험에 가입하게 한 데에는 정치적 논란이 많다. 줄잡아 봐도 이 조치로 공화당의 극우 세력 티 파티** 진영이 떠올랐고, ACA는 (2020년 초에) 위헌이라는 반대 의견에 부딪혔다가 간신히 살아남았다. 로스스타인은 씁쓸하다는 듯이 물었다. "불공정하고 비논리

질대사에 관여한다. 사람에게는 *APOE* 유전자의 대립유전자가 *ε2*, *ε3*, *ε4* 등이 있다. 대립유전자에 따라 아포지질단백질 E의 구조와 기능이 달라 특정 질병에 걸릴 가능성도 달라진다.

* *BRCA*는 *BRCA1* 유전자와 *BRCA2* 유전자를 함께 일컫는 용어로, 이들 유전자에 특정 돌연변이가 있으면 유방에서 손상된 DNA를 제대로 복구하지 못해 유방암에 걸릴 위험이 증가한다.

** Tea Party: 2009년 미국 공화당에서 시작한 보수 정치 운동. 정부가 건강보험개혁법을 통해 지원하는 보편 의료에 반대했다.

적인 체계 안에서 유전자에 기반을 둔 건강 보험의 차별을 막을 수 있는가? 미국이 의료 이용자에게서 나타나는 더 큰 문제를 체계적으로 해결할 준비를 안 해두었다면, 대답은 불행하게도 '아니요'가 된다."[24]

차별 금지법이 따르는 '반분류' 관점에 대처할 방안은 '반경시(anti-subordination)' 관점을 따르는 것이다. 반경시 관점은 소외당하거나 억압받는 특정 집단의 사회적 지위를 높이고 최하층 계급이 형성되지 않도록 하는 데 초점을 맞춘다.[25] 반분류는 차등적 대우를 금지하지만, 반경시는 **긍정적인** 차등적 대우를 허용한다. 이를테면 '장애인교육법(Individuals with Disabilities Education Act, IDEA)'이 반분류 관점 대신 반경시 관점을 취하고 있다. IDEA에 따르면 아이들은 "적합한 공교육을 무상으로" 받을 권리를 동등하게 가진다. 학교 시스템이 적합한 교육을 설계하려면 학생마다 차이 나는 정보를 다룰 수 있도록 **허가**도 받아야 하지만, 그 정보를 보살핌이나 기획의 목적에 알맞게 사용해야 할 **의무**도 있다.

이 반경시 원칙은 건강 보험과 교육의 영역에서뿐만 아니라 보험, 고용, 대출, 주택 공급 등 다른 곳에서도 반우생학 정책을 세우는 데 중요하다. 우생학 정책은 과거에 이어 오늘날까지도 생물학적으로 열등한 사람에게 최하층 계급이라는 딱지를 붙이면서 경제와 인종에서 최하층 계급을 만들어 지배하고 있다. 최하층 계급 사람들은 유전자 로또의 부분적 결과인 건강이나 학력 같은 특성을 근거로 의료나 주택 공급, 대출, 보험 등에서 소외당한다. 이런 상황에서 반우생학 정책은 '유전적' 최하층 계급이 새로이 생겨나지 못하도록 맞서 싸워야 한다. 그중 의료 분야로 예를 들어보자. 유전체 장님 관점은 유전 정보의 사용을 금지하면서도 미국 의료 시스템의 다른 건 모두 그대로 유지하자고 주장한다. 그러나 이건 의료를 위한 사명이 아니다. 완전한 반우생학 정책이야말로 새로운 유전학 지식이 물밀 듯 넘쳐나는 세상에서 유전자 로또(또는 환경 로또)의 결과에 상관없이, 진정 모두가 보편적으로 이용할 수 있는 의료를 위한 사명이다.

운이 좋은 것을 좋은 것으로 혼동하지 말자

우생학: 지능에 미치는 유전자의 효과를 어떤 사람이 다른 사람들보다 선천적으로 더 훌륭하다는 증거로 제시하자.

유전체 장님: 명예롭다고 여겨지는 재능이나 행동을 계발할 때 유전자 운의 역할을 무시하면서 능력주의를 받아들이자.

반우생학: 인생 결과에 작용하는 운에 유전자도 있다는 사실을 인정하고, 학교에서 성공하느냐에 따라 마땅히 성공하거나 실패하게 된다는 능력주의의 논리를 약하게 만들자.

미국은 능력주의(meritocracy) 사회라고들 한다. 이 단어는 **훌륭함**(merit)과 **귀족주의**(aristocracy)의 복합어다. 여기서 'aristocracy'는 그리스어 아리스토크라티아(aristokratia)에서 유래했다. 아리스토스(aristos)는 '최고'라는 뜻이고, 크라토스(kratos)는 '지배'라는 뜻이다. 그래서 '능력주의'라는 단어 속에는 권력, 영향력, 부, 명예의 위치에 따라 선택된 사회의 엘리트가 훌륭한 사람이라는 개념이 들어 있다. 엄격한 계급 제도나 카스트 제도는 태어날 때의 위치에 따라 앞으로 다니게 될 학교와 직장, 공적 생활에서의 역할이 철저하게 정해진다. 이에 비하면, 능력주의라는 개념은 그야말로 훌륭하다. 내 아버지는 텍사스의 한 트레일러 주차장에서 성장했지만 미국 해군 장교가 되셨다. 할아버지나 할머니께서는 한 분도 대학에 다니지 않았지만 나는 박사 학위를 받았다. 이런 '아메리칸드림'의 성공 이야기를 늘어놓다 보면, 출신과 상관없이 누구나 이 나라에서 성공할 수 있다는 신화가 싹트고 자라나게 된다.

능력주의 개념을 비판할 때면 미국은 **충분한 능력주의 사회가 아니라**고 주장하곤 한다. 2019년 할리우드 여배우와 부잣집 부모들은 자녀를 엘리트 대학교에 입학시키려고 체육 코치에게 뇌물을 주어 시험 점수를 조작한 혐의로 줄줄이 체포되었다. 이렇게 대학 입학 스캔들이 터지면서, 상류 사회 계급은 능력주의로 경쟁하는 척하면서도 노골적으로 부정행위를 저지르며 스스로 계급을 대물림하는 희비극 같은 일이 드러났다. 하지만 노골적으로 기만하거나 뇌물을 주지 않더라도, **여전히** SAT 대학 입학 성적이 낮으면서도 부유한 학생들은 성적이 높으면서도 가난한 학생들보다 대학을 졸업할 가능성이 더 크다. 이런 이야기와 통계는 미국 사회가 능력주의의 이상과는 거리가 멀다는 점을 보여준다.

그러나 부나 특권을 가지고 태어나는 것과 연관된 인생 결과의 불평등을 완전히 성공적으로 없애버렸다손 치더라도, 남아 있는 불평등에서 운을 제거하진 못할 것이다. 그 배경에는 또 다른 운이 한결같이 도사리고 있기 때문이다. 바로 유전자다. 유전자 운은 표준 시험 성적이나 IQ 점수에서만 나타나는 것이 아니다. 이른바 '성격' 특성(그릿, 끈기, 지혜, 동기 부여, 호기심 등 여러 비인지 기술)조차 유전자의 사슬에서 벗어날 수 없다. 이런 특성도 사람들의 유전적 차이로 형성된다. 유전적 영향이 없거나 생명과학에 얽매여 있지 않은 '훌륭함'의 척도란 없다.

무엇이든 유전의 영향을 받는다는 점에 비추어보면, '훌륭함'이란 단어는 현재 교육적·경제적 성공과 연관된 재능이나 행동을 크게 잘못 설명할 수 있는 단어다. '훌륭함'의 일반적인 사전 정의를 살펴보자.*

1. a) 칭찬받을 가치가 있는 자질, 미덕
   b) 보상, 명예, 존경 따위를 받을 가치가 있는 성격이나 행위 또는 성취
   c) 마땅히 주어지는 보상이나 처벌의 근거가 되는 행동 자질
   d) (옛말) 마땅히 주어지는 보상이나 처벌
2. 의로운 행동을 통해 미래에 혜택을 가져다주는 정신적 명성

'미덕.' '정신적 명성.' '의로운 행동.' '성격.' '보상받을 만한 가치가 있는 행위.' 일반적으로 '훌륭함'이라는 단어는 확실히 도덕적인 어감을 지니고 있다. 그리고 평상시 사람들이 재능과 행동을 묘사할 때면 도덕적 훌륭함을 담고 있는 단어를 무심코 사용하며, 이 재능과 행동은 사회적으로 매력적인 역할을 맡을 사람을 선발할 때 쓰인다. 하지만 그렇게 하면 이런 재능과 행동이 사람의 성격 및 가치와 융합해버릴 위험이 있다.

사람의 생물학적 특성을 미덕, 의로움, 도덕적 훌륭함으로 연결하는 것은 우생학 관념이다. 누군가가 특정 유전자형을 가지고 태어났기 때문에 더 많은 권력과 더 많은 자원과 더 많은 자유와 더 많은 행복을 **누려야 마땅하다**고 하는 것은 **바로** 불평등주의다.

한편, 유전체 장님 관점에서는 능력주의 논리를 쉽게 받아들인다. 그래서 일부 사람들은 '훌륭함' 때문에 마땅히 더 많은 보상을 누린다고 생각하며, 사람들의 차이로 명예롭다는 사람이 생기는 데 유전자 운이 어떤

---

* 'merit'은 '훌륭함', 'meritocracy'는 '능력주의', 'meritorious'는 '명예로운'으로 번역했다.

역할을 하는지 고민하지 않는다. 따라서 유전체 장님 관점은 21세기 자본주의에서 '성공'하는 이유가 환경 및 유전자라는 출생 우연의 혜택을 받아서가 아니라, 주로 자신의 노력과 공 때문이라는 신화가 영원히 계속되게 한다.

우생학에 적절하게 대응하려면 유전자에 관한 논의를 피하지 않으면서도, 미국은 사람들의 훌륭함에 따라 사회 재화를 분배하는 '능력주의' 사회라거나 **그렇게 될 수 있다**는 생각을 끊어내야 한다. 사람 사회에서 운을 없애버릴 방법은 없다. 특히 어떤 한 사람이 자신의 성격과 지혜가 지닌 미덕에 따라 마땅히 보상받는 것을 유전과 환경이 복합적으로 형성한 장점에 따라 혜택받는 것과 구별해낼 방법도 없다. 롤스는 이렇게 기술했다. "어떤 정의 인식도 미덕을 보상하는 것을 목표로 하지 않는다. …… 마땅히 주어지는 자질을 보상한다는 개념은 실현 불가능하다."[26]

사람은 자신의 삶에 운이 작용하는 것을 알아차리면 움츠러든다. 경제학자 로버트 프랭크(Robert Frank)가 사람들의 경제적 성공에 외부 운이 중요하다고 설명했을 때 폭스 뉴스(Foxs News) 진행자는 크게 분노했다. "그게 얼마나 모욕적인지 아시나요?" 이 일로 프랭크가 자신의 저서 《성공과 운(Success and Luck)》에 에피그래프로 써둔 화이트*의 격언이 진짜였다는 게 증명되었다. "운이란 자수성가한 사람 앞에서 거론할 수 있는 것이 아니다."[27]

이처럼 우리가 운을 껄끄럽게 생각할지라도, 우리 삶에서 유전자 운의 역할을 이해하는 것은 평등주의 프로젝트에 꼭 필요하다. 작가 데이비드

---

* E. B. White: 《샬롯의 거미줄》 《스튜어트 리틀》 등의 작품을 쓴 20세기 미국 작가.

로버츠(David Roberts)는 이렇게 주장했다.[28]

> 개개인이 운을 받아들이는 것은 종교 밖에서 종교의 깨달음을 얻는 것과 동등하며, 논리 정연하고 보편적인 도덕적 관점을 쌓아 올리는 첫 단계다. 사회가 운의 역할을 인정하는 것은 인간적인 경제, 주택 공급, 교화 정책의 도덕적 토대를 마련한다.
> 더 자비로운 사회를 건설한다는 것은 불가피한 저항에 맞서 우리 자신에게 운을, 그리고 운에 따르는 고마움과 의무를 일깨운다는 것을 뜻한다.

사회적으로 가치 있는 재능과 행동 발달을 형성할 때에는 유전자 운과 환경 운이 모두 작용한다. 이런 점을 인정하더라도, 매력적인 사회적 역할이나 기회에 배정될 사람들을 선발할 때, 운을 선발 기준으로 사용하지 말아야 한다는 것은 아니다. 파일럿이란 직업을 예로 들어보자. 파일럿을 준비하는 사람으로서 '명예로운' 사람은 짓궂은 날씨에서도 비행기를 추락시키지 않고 조종할 수 있는 사람이자, 승객과 짐으로 꽉 찬 비행기가 파일럿 없이 남겨져서 수백만 달러의 손실이 일어나지 않도록 성실하게 일하는 믿음직스러운 사람이다. 그리고 시력과 손재주와 공간 회전 능력이 좋고, 발작 수면을 안 일으키면서도, 키가 너무 크지 않아서 아무 문제없이 조종석에 앉을 수 있는 사람이다.

비행기 조종같이 자신의 부족함 때문에 사람을 죽일 수도 있는 중대한 직업에서는 지원자를 '훌륭함'에 따라 선발하는 것이 사회의 모든 사람에게 이익이 된다. 우리는 사회관계가 아니라 비행기를 조종하는 능력에 따라 파일럿이 선발되길 원한다. 그리고 외과 의사, 엔지니어, 약사, 교사, 배관공 등도 모두 솜씨 좋게 수술하고, 건설하고, 약을 짓고, 가르치고,

고칠 수 있는 사람들이길 원한다.

뛰어난 시력과 공간 회전 기술 같은 자질을 기반으로 파일럿을 선발하는 것이 **유용한** 수단이라는 것을 인정하는 순간, 이런 자질을 지님으로써 따르는 재정적 보상이 파일럿의 도덕적 신용이나 미덕을 의미하지 않는다는 것도 함께 알 수 있다. 이런 자질을 지님과 **더불어** 이런 재능을 비행기 조종 능력으로써 경제적으로 가치 있게 발휘할 수 있는 시간과 장소에 살고 있다면, 이는 파워볼에 당첨되는 것이나 다름없다. 그런 자질을 발달시켜서 보상받으려면 한 사람의 삶에 운 좋은 사건이 수없이 많이 따라야 한다. 경제학자이자 철학자 아마르티아 센(Amartya Sen)이 "〔좋은 시력을〕 보상함으로써 얻을 수 있는 좋은 점……에 따라 우연히 펼쳐지는 길"이라고 쓴 글에서 '좋은 시력'은 '명예로운' 것이다.[29] 좋은 시력은 "발생한 결과의 좋은 점과 독립적인 칭찬 및 선망"과 따로 구분되는 "올바른 행위"가 아니다.

시력에서는 이 점이 명확하게 드러나지만, 인지 능력에서는 자주 흐려진다. 자기 조절이나 지적 호기심 같은 비인지 기술에서는 더 쉽게 불분명해진다. 몇 안 되는 교육 기회가 주어지는 학생을 선발하거나 사람들이 선망하는 직업에서 일할 사람을 뽑을 때, 특정 인지 기술을 기반으로 선발하는 것은 사회 전체적으로 유용한 방법일 수 있다. 그러나 시력이 1.0/1.0인 것처럼 그런 인지 기술을 갖추었다고 해서 더 도덕적인 것도 아니고, 선천적으로 마땅히 더 보상받아야 하는 것도 아니다. 매들린 렝글(Madeline L'Engle)의 청소년 고전 소설 《시간의 주름(A Wrinkle in Time)》에 이런 말이 등장한다. "그러나 아무렴 우리는 재능으로 어떠한 명예도 인정받을 수 없다. 중요한 건 우리가 재능을 어떻게 사용하느냐다."[30]

그리고 이렇게 훌륭함을 수단으로 정의한다면, 이 훌륭함의 정의는 무엇이 좋은 사회를 구성하느냐라는 정의와 분리할 수 없게 된다. '명예롭다'라고 여기는 것은 단순히 우리가 바라는 사회적 결과가 나타나도록 하는 것이다. 여기서 바람직한 사회적 결과란 흔치 않은 기회로 이득 볼 가능성이 가장 높은 사람들에게 그 기회를 효율적으로 분배하고, 이를 가장 잘 수행할 가능성이 큰 사람에게 일자리를 배분하는 것이다. 게다가 아마르티아 센은 훌륭함을 다룬 수필에서 바람직하다고 할 수 있는 사회적 결과는 이것뿐만이 아니라고 지적했다. 우리는 좋은 사회라는 것을 경제 불평등을 넓히지 않는 사회이자, 한 인종 그룹의 구성원이 모든 엘리트 단체를 지배하지 못하도록 하는 사회로 개념화할 수도 있다. 결과적으로 센은 "훌륭함이라는 것"을 평가할 때, 그 훌륭함을 보상함에 따라 우리가 신경 쓰는 경제 불평등이나 인종 격차가 줄어드는지 심해지는지 따져봐야 한다고 했다. "훌륭함을 보상하는 것은 분배의 결과와 독립적으로 이루어질 수 없다."

무엇이 훌륭함의 본질을 가장 적절하게 나타내는지는 교육 제도의 모든 단계에서 논의되고 있으며, 흔히 표준 시험의 역할을 중심으로 명확해진다. 뉴욕의 엘리트 공립 고등학교는 현재의 입학 과정이 흑인 학생을 심각할 만큼 제대로 반영하지 못하는 데도, 계속 하나의 표준 시험 점수를 입학 기준으로 사용해야 하는가? 박사 과정에 입학하려면 꼭 대학원 기록 시험(Graduate Record Examination, GRE)을 치러야 하는가? 여기서 센은 훌륭함을 '잘' 정의하는지 확인할 수 있는 **유일한** 기준은 그 정의에 따라 훌륭함을 보상한 **결과**라고 말했다. 예를 들어, 하나의 표준 시험을 기반으로 학생을 선발할 때 발생하는 인종 불평등이 받아들여지지 않는다면 (그리고 이 인종 불평등이 사회의 다른 혜택으로 상쇄되지 않는다면), 그 시험은 '훌륭함'을 수단으로서 잘 정의한 것이 아니다.

이처럼 사람들의 선천적 차이 때문에 마땅히 보상받는 수준이 달라서 발생하는 불평등을 자연스럽게 여기지 않으면서, 반우생학의 사명과 함께 유전학이 인지 능력, 비인지 기술, 사회 불평등에서 어떤 역할을 하는지 진지하게 헤아린다면, 완전히 다른 관점을 생각해볼 수 있다. 누구도 자신의 유전자로 마땅히 보상받을 자격이 없다는 것이다. 교육적 성공, 좋은 소득, 안정된 직업, 좋은 신체 건강, 행복과 주관적 안녕감 등 삶에서 좋은 것들을 누리고 있다면, 대부분은 운이 엄청나게 좋았기 때문이다. 사람 개개인의 차이가 모두 유전적인 영향을 받는다는 점은 교육 제도나 경제 체제가 사람들이 마땅히 도덕적으로 보상받아야 하는 만큼 고스란히 사람들에게 보상해주는 것을 불가능하게 만든다. 따라서 특정 기준으로 사람들을 선발하면서 **우리가 살고 싶은 사회**를 어떻게 만들지 헤아려본다면, 능력주의에서 '훌륭함'은 오직 수단으로만 정의할 수 있는 공허한 개념이다.

어떤 사람이 될지 모르겠다면 무엇을 할지 생각하자

우생학: 생물학적으로 우월한 사람들은 자유와 자원을 더 많이 가질 권리가 있다.

유전체 장님: 모든 사람의 생물학적 특성이 완전히 똑같다는 식으로 사회를 조직해야 한다.

반우생학: 유전자 로또에서 가장 혜택받지 못한 사람들에게 유리하게 작용하도록 사회를 조직해야 한다.

우리 집 근처에 있는 커피숍은 커다란 초콜릿 칩 쿠키를 판다. 여름 오후가 되면 나는 아이들을 데리고 커피숍으로 걸어가서 같이 나눠 먹을 쿠키 하나를 산다. 규칙은 이렇다. 한 아이가 쿠키를 원하는 대로 쪼개면 나는 쿠키 조각을 등 뒤에 숨긴다. 내 아들딸은 쿠키 조각을 무작위로 골라야 한다. 아이들이 평등함을 강하게 선호한다는 점을 보여주듯 우리 아들딸은 매번 쿠키를 최대한 똑같은 크기로 나누려고 한다.

어떤 쿠키 조각을 받을지 모르는 상태라면 여러분은 어떻게 쿠키를 나눌 것인가? 대학교에서 정치철학 수업을 들은 사람이라면 누구에게나 익숙한 전제다. 이 사고 실험 중에서 가장 유명한 것은 철학자 존 롤스가 제안했다. 롤스는 "무지의 장막(veil of ignorance)"이라는 것을 가정했다. 무지의 장막 뒤에서는,[31]

> 아무도 계급 위치나 사회적 지위 등 사회에서 자신의 처지를 알지 못한다. 그리고 아무도 자연 자산과 능력의 분배에서 자신이 갖는 재산을 알지 못한다. 또한 아무도 좋음에 대한 개념이나, 합리적인 인생 계획의 세부 사항이나, 위험에 대한 혐오감, 또는 낙관주의·비관주의에 대한 책임감 등 심리의 독특한 특징조차 알지 못한다.

무지의 장막에서는 모든 사람이 동등한 처지에 있고, 이에 따라 정의의 원칙에 관해 공정한 합의에 도달할 수 있는 가상의 상황을 가정하는 것이 핵심이다. 만약 모두가 어떤 사람이 될지 모른다면, 그리고 각자 개인적 이익의 세부 사항에 관해 근본적으로 무지한 상태에서 사회의 기본 구조를 결정해야 한다면, 누가 무엇을 하고 누가 무엇을 가질지 결정하는 규칙은 어떠해야 할까?

롤스는 무지의 장막에 가려진 사람들이 이룬 공정한 합의에서 두 가지 원칙이 나타날 것이라고 주장했다.

1. 각 사람은 평등한 기본 자유 체계를 완전히 적절하게 형성할 권리를 동등하게 지니며, 이 체계는 모두를 위한 유사한 자유 체계와 양립할 수 있다.
2. 사회 및 경제 불평등은 (a) 공정한 기회균등의 조건에서 모든 사람에게 개방된 직책과 직위를 부여해야 하고, (b) 반드시 사회에서 가장 혜택받지 못한 구성원에게 가장 큰 이익이 되어야 한다.

롤스는 불평등이 모든 사람에게 혜택을 주어야 하는지 고려해봤을 때, 단순히 평균이 높아지는 것을 의미하지 않았다. 불평등이 이미 혜택받지 못한 사람들을 더 궁핍하게 만들고 혜택받은 사람들은 더 부유하게 만든다면, 이는 충분히 좋은 것이 아니기 때문이다. 불평등은 반드시 가장 **안좋은** 조건에 있는 사람이 혜택받을 수 있도록 작용해야 한다. 롤스는 "자연의 선호를 받아온 사람이라면 누구든지 혜택받지 못한 사람들의 상황을 개선하는 조건에서만 자신의 행운으로부터 혜택받을 수 있다"라고 설명했다.

또한 최근 역사[32]에선 마침내 모든 사람이 수명, 읽고 쓰는 능력, 부, 행복에서 엄청나게 혜택받는다는 점을 살펴볼 수 있다. 롤스의 말을 빌리면 "자연 재능의 …… 분배"가 사회적·경제적 이익을 생산하는 데 "어떤 면에서 공동 자산으로" 작용한 것이다. 1820년부터 1992년까지 전 세계 사람들의 평균 소득은 8배나 더 증가했고, 동시에 극도로 가난한 사람들의 비율은 84%에서 24%까지 떨어졌다.[33] 1700년대 스웨덴에서는 아이 3명 중 1명이 다섯 번째 생일을 넘기지 못하고 죽었다. 내 심정으로는 도무지 헤아릴 수 없는 유아 사망률이다. 현재 스웨덴의 유아 사망률은 1000명 중 2명꼴로, 그때보다 무려 100배 이상 낮아졌다.[34]

과학, 기술, 정부의 혁신으로 사람들의 삶이 개선되었지만 불평등도 초래됐다. 즉, 어떤 이의 인생은 다른 사람의 인생보다 훨씬 더 빨리 나아졌다. 또 때로 이런 혁신은 서로 재능이 다른 사람들을 차등적으로 보상해주어야 가능하므로 불평등과는 떼려야 뗄 수 없다.[35] 그러나 아이들의 3분의 1을 잃지 않는 사회에 사는 것이 모두에게 유리하다. 앞서 훌륭함을 설명하면서도 다루었듯 사람들이 특정 재능의 원인이 되는 유전 변이를 물려받았다는 사실로 **마땅히 보상받아야** 하는 게 아니라는 점을 인정하는 순간, 특정 재능을 보상해주는 것은 수단으로서 전체 사회에 유용할 수 있다.

그렇다면 이런 식으로 불평등을 정당화하는 것이 이른바 '능력주의'에서 흔히 마주치는 불평등을 정당화하는 것과 얼마나 다른지 살펴보자. 롤스가 설명했듯 두 번째 원칙은 "기본 구조의 목표를 변형시켜 제도의 전체 체계가 더는 사회의 능률과 기술관료주의의 가치를 강조하지 못하도록 한다. ……자연의 혜택을 받은 사람은 그저 더 많이 선사받았으므로 혜택받아야 하는 것이 아니라, 양성과 교육에 들어가는 비용을 마련해야 하고 불우한 사람들에게 도움이 되는 방법으로도 자신의 자질을 사용해야 한다". 모든 사람에게 혜택을 줄 가능성이 가장 크다는 이유로 특정 교육 기회를 특정 사람들에게 할당하는 것은 누가 하버드 대학교에 갈 '마땅한 자격'이 있는지 묻는 것과 다르다.[36]

이 책에서 설명한 연구는 우연히 특정 유전 변이를 물려받아 '자연의 혜택을 받은' 사람들이 교육적 성공과 소득, 부, 행복의 측면에서 더 나은 인생 결과를 얻는다는 점을 입증하고 있다. 유전적으로 발생한 이런 불평등은 자연법칙으로 정해져서 피하지 못하는 결과가 아니라, 인지 능력이나 성격 특성 등 개인의 여러 형질에서 나타나는 유전적 차이가 경제 체계와 사회 제도라는 프리즘으로 어떻게 굴절될지를 정하는 함수다. 롤스의 정의 원칙이 던진 핵심 질문은 이렇다. 현재 성공과 연관된 유전 변이의 분포에서 가장 부유하지 않은 사람들까지 **모든 사람**이 혜택받게끔 이런 불평등이 작용하고 있는가?

이번 장을 쓰면서 한번은 내 예전 이웃과 커피를 마신 적이 있다. 그의 여자 친구는 얼마 전 넘어져서 머리를 부딪친 후 패혈증에 걸려 사망했다. 그녀는 10년 동안 알코올 중독 치료를 받았다 말았다 하던 알코올 중독자였고, 술에 취하지 않은 채로 오래 있어본 적이 없는 사람이었다. 그렇게 그녀는 50대 초반의 나이에 경제학자 앤 케이스와 앵거스 디턴이 말한 "절망적 죽음"을 맞았다. 미국인이 대학 학위에 상관없이 자살, 약물 과량 투여, 알코올 중독에 불균형하게 영향을 받아 맞는 죽음 말이다.

역사적으로 전례 없는 이 불안한 사망률 증가는 열악한 건강 상태, 정신적 고통, 재정적 불안정, 허물어진 가족 관계, 혼란스러운 생활 환경 중에서 빙산의 일각에 불과하다. 케이스와 디턴은 자본주의가 1700년대 후반부터 1900년대 후반까지 수백만 명의 사람을 가난과 열악한 건강 상태에서 끄집어냈지만, 이제는 독이 되어 집단에 이익을 주는 것으로는 정당화하지 못하는 불평등을 만들어냈다고 결론 내렸다.[37] 국가로서의 번영이 널리 공유되지 못하고 있는 것이다.

유전자 로또의 힘을 똑바로 받아들이자. 그렇게 한다면 뛰어난 어휘력과 빠른 정보 처리 속도, 높은 질서 의식과 '그릿', 학교생활을 늘 잘해왔다는 사실처럼 여러분 스스로가 자랑스러워하는 많은 것이 행운의 사건이 잇따르면서 나온, 마땅히 칭찬받을 자격이 없는 결과란 깨달음을 마주할 것이다. 이제 롤스의 무지의 장막 사고 실험을 똑바로 받아들이고 곰곰이 생각해보자. 유전자 로또의 결과가 어떻게 나올지 모른다면 어떤 종류의 사회를 원하겠는가?

마치며

이 책의 마지막 장을 쓰고 있는 지금, 내가 재직하는 대학교와 아이들 학교는 코로나19 전염을 늦추려고 문을 닫았다. 작가이자 목사인 세라 베시(Sarah Bessey)는 공중 보건 공직자들이 제시한 다양한 권고 사항이 모두 같은 메시지를 담고 있다고 했다. "여러분의 선택으로 취약한 사람들을 사랑합시다." 나는 의료 접근성이 좋고 자원이 풍부한 도시 지역에 사는 건강한 30대 여성으로서, 코로나바이러스로 심하게 앓을 위험에 특별히 취약하지 않을지도 모른다. 하지만 내 주변의 연세 많은 분들은 취약하다. 수많은 사람이 같은 방식으로 같은 장소에서 같은 시간에 병에 걸려 의료 체계의 수용력에 상당한 부담을 준다면, 연세 많은 분들의 상황은 더 나빠질 것이다.

우리는 세계적인 전염병의 위협에 대응해 우리 중 가장 취약한 사람을 보호하기 위해 서로를 위한 책임을 정의했다. 서로를 위한 우리의 책임에는 개인의 행동 변화(예: 손 씻기와 마스크 쓰기)와 효과적인 제도 변화(예: 아파서 일하지 못하는 사람들을 위한 재정 지원 조치)가 있다. 그러나 모든 사람이 똑같이 질병에 취약하다고 말하는 것은 서로를 위한 책임이 아니다. 어린 사람이나 나이 든 사람, 면역이 손상된 사람이나 건강한 사람에 상관없이 모든 사람이 생물학적으로 코로나19에 똑같이 취약하다고 주장하는 것은 어처구니없는 데다 실제로 위험할 수 있다. 가장 취약한 사람들을 보호하려면 누가 가장 취약한지를 알아야 하고, 어떤 요소가 이들을 가장 취약하게 만드는지 밝혀야 하며, 이들이 도움을 받을 수 있도록 사회를 조직해야 한다.

전염병의 위협이 사라진다고 한들 서로를 위한 우리의 책임은 끝나지 않는다. 바로 지금, 사회는 정규 교육에서 성공한 사람들만, 특히 대졸자 이상의 고학력자만 국가의 번영을 누릴 수 있는 구조로 되어 있다. 대체로 대학 학위가 없는 나머지 미국인은 취약하다. 이들은 연인 관계와 결혼 생활이 깨지는 데 취약하고, 알코올과 약물 남용에도 취약하다. 불안과 절망과 자살에도 취약하다. 그리고 예방할 수 있는 질병에 걸려 막대한 의료 부채가 쌓이고 불필요한 고통을 받는 데에도 취약하다.

지난 세기 동안 우생학 이데올로기를 옹호하는 사람들은 취약 계층이 생물학적으로 열등하기 때문에 당연히 취약할 수밖에 없다면서 끈질기게 악의적인 목소리를 높였다. 반대편에서는 좋은 의도를 가지고 사회적 취약함을 생물학에서 떼어내려는 사람들 목소리로 떠들썩했다. 그러나 세계적인 전염병에 효과적으로 대응하려면 나이 많은 사람이 젊은 사람보다 민감하지 않다는 듯이 행동하면 안 되는 것처럼, 반우생학의 사명에서는 사회적 취약함이 생물학과 무관하다는 듯이 행동해선 안 된다. 사회의 선택으로 가장 취약한 이들을 보호하는 (아니, 사랑하는) 사회는 누가 가장 취약한 사람인지 반드시 알 수 있어야 한다. 그래야 사회의 선택이 이들에게 어떤 영향을 주는지 알 수 있기 때문이다.

어떤 사람들은 부모와 선생님과 사회 제도가 형성하는 환경과 맞물려, 서구 자본주의 사회의 정규 교육 체계에서 현재 가치 있는 재능과 행동을 발달시킬 가능성을 더 높게 해주는 유전 변이의 조합을 우연히 물려받는다. 그렇다고 그 사람들이 더 나은 것은 아니다. 선천적으로 더 명예로운 것도 아니다. 현재 우리 사회의 구성 방식을 고려해보면, 이들은 가장 취약하지 않은 사람들이다. 그리고 만약 여러분이 이 책을 읽고 있다면, 아마 여러분도 그들 중 한 명이리라.

코로나바이러스가 미국과 전 세계에 위협의 파장을 불러일으키면서 학교는 문을 닫고 상점과 음식점은 셔터를 내렸다. 사회에 책임감 있는 사람들은 스스로 되묻는다. 우리 공동체에서 가장 취약한 사람들을 보호하려면 무엇을 해야 할까? 전염병이 가라앉고 나서도 스스로 오래도록 되뇌어야 할 질문이다.

감사의 글

이 책의 에피그래프는 타나 프렌치의 《글라브라느릅》에서 따왔습니다. 펭귄랜덤하우스 LLC(Penguin Random House LLC)의 계열사인 펭귄출판그룹(Penguin Publishing Group) 내 출판사 펭귄북스(Penguin Books)의 허락을 받아 복제했습니다. 저작권 보호를 받는 작품입니다. ⓒ 2018 Tana French. All rights reserved.

제가 2015~2016학년도에 안식년을 보내던 시절, 러셀 세이지 재단(Russell Sage Foundation)의 학자분들과 대화를 주고받으면서 처음으로 유전학과 평등에 관한 책을 써봐야겠다는 생각을 했습니다. 그 이후로 다양한 학문 분야가 모인 여러 포럼에서 동료 교수님들과 이 일을 논의하고, 그분들에게서 배울 기회가 있었습니다. 에릭 터크하이머가 주최하고 존 템플턴 재단(John Templeton Foundation)이 후원한 유전학과 사람 행위능력(Genetics and Human Agency) 프로젝트 회의, Erik Parens와 Michelle Meyer가 주최하고 로버트 우드 존슨 재단(Robert Wood Johnson Foundation), 러셀 세이지 재단, JPB 재단(JPB Foundation)이 후원한 헤이스팅스 센터(Hastings Center) 워킹 그룹 '사회 및 행동 유전체학과의 씨름: 위험과 잠재적 이익, 윤리적 책임(Wrestling with Social and Behavioral

Genomics: Risks, Potential Benefits, and Ethical Responsibility)'. Danielle Allen, Anna Di Rienzo, Evelynn Hammonds, Molly Przeworski, Alondra Nelson이 주최하고 하버드 대학교의 에드먼드 J. 새프러 윤리 센터(Edmond J. Safra Center for Ethics)가 후원하는, 집단 간 차이의 유전적 근거 해석 워크숍과 사회과학 및 자연과학 연구에 사용되는 개념 간 상호 작용 워크숍. David Yeager가 공동 주최하고 시카고 대학교의 인적 자본 및 경제적 기회 글로벌 워킹 그룹(Human Capital and Economic Opportunity Global Working Group)이 후원하는 '교육 불평등을 해결하는 유전자, 학교 및 개입' 워크숍. Dan Belsky가 공동 주최하고 제이컵스 재단(Jacobs Foundation)이 후원하는 유전자와 발생(Genes and Development)에서의 실습 기간. 날카로운 지적을 해주신 모든 워크숍 및 회의 참가자분들께 감사의 마음을 전합니다. 존 템플턴 재단과 제이컵스 재단이 이 책에 쓰인 연구를 더욱 지원해주었습니다.

저는 수많은 청중 앞에서 이 책의 아이디어를 보여줄 기회가 있었습니다. 듀크 대학교 집단연구학회(Population Research Institute), 프린스턴 대학교 집단연구실(Office of Population Research), 위스콘신 대학교 심리학과(Department of Psychology), 세계 교육 및 재능 포럼(Global Education and Skills Forum), 파리 고등사범학교(École Normale Supérieure) 인지과학과(Département d'Études Cognitives). 그리고 미국철학회(American Philosophical Association), 과학철학회(Philosophy of Science Association), 행동유전학회(Behavior Genetics Association), 통합유전학 및 사회과학(Integrating Genetics and the Social Sciences) 콘퍼런스, 심리학회(Association for Psychological Science), 미국사람유전학회(American Society of Human Genetics), 미국생명윤리·인문학회(American Society for Bioethics and Humanities) 등 여러 회의

에 참여해서도 이 책의 아이디어를 제시해볼 수 있었습니다. 날카로운 질문과 지적으로 많은 정보를 주신 위 청중분들께도 감사를 표합니다.

책을 쓴다는 것은 자기 일상의 책임이 오랜 시간 흐트러진다는 걸 의미합니다. 여기에 제 제자들보다 더 큰 짐을 짊어진 사람은 없었을 겁니다. Megan Patterson, Stephanie Savicki, Margherita Malanchini, James Madole, Laurel Raffington, Andrew Grotzinger, Travis Mallard, Aditi Sabhlok, 그리고 Peter Tanksley는 앞으로 몇 년이고 계속 알고 지내면서 함께 나아가고 싶은 둘도 없는 특별한 제자들입니다.

David Yeager는 너그럽게도 저를 한 학기 쉴 수 있게 해주었고, Jamie Pennebaker는 제 수업에 함께 참여하며 제게 책을 쓸 수 있는 소중한 시간을 마련해주었습니다.

Eric Turkheimer는 거의 20년 동안 제 멘토가 되어주었고, 이 책의 거의 모든 페이지에 그분의 영향이 새겨져 있습니다. (많은 부분에 동의하지 않으시겠지만요.) Benjamin Riley, Carl Shulman, Graham Coop, Doc Edge, John Novembre, Stuart Ritchie, Jasmin Wertz, 그리고 Razib Khan과 나눈 대화에서도 많은 도움을 받았습니다. Patrick Turley, Sanjay Srivastava, Ben Domingue, George Davey Smith, 그리고 여러 익명의 검토자분들께서는 흔쾌히 초안 원고 검토를 도와주었습니다. Alison Kalett은 꼼꼼한 편집자로서 열렬한 지지를 아끼지 않았습니다. 그리고 헤아릴 수 없이 많은 분께서 트위터를 통해 도움을 주어 제 불완전한 생각을 다듬을 수 있었습니다.

기나긴 여정 내내 곁에서 간식과 와인을 내어주고, 조언과 격려를 아끼지 않은 제 친구 Dan Belsky, Colter Mitchell, Philipp Koellinger, Nico Dosenbach, Sam Gosling, Joe Pflieger, Jane Mendle, Samantha

Pinto, Jen Doleac, Sara Beckmann, 그리고 Natalia Wulfe에게 특별한 감사의 마음을 전합니다. 제 동반자 Travis Avery는 제 삶이 나날이 좋아지게 해주었습니다. "당신과 조류독감은 운명인가 봐." 우애 깊은 제 남동생 Micah Harden은 이 책을 위해 유전자형을 분석해주었습니다. 그동안 좋은 시간과 힘든 시간을 함께한 Elliot Tucker-Drob은 저와 같이 연구하는 친구이자, Barbara Wendelberger와 함께 헌신을 다해 제 아이들을 돌봐주는 또 다른 부모님입니다. 이들과 함께하지 않았다면 이 책은 세상 밖으로 나오지 못했을 것입니다. 마지막으로, 가족 내 유전적 다양성을 보여주는 자연 실험의 결과이자, 그 무엇보다도 가장 소중한 존재이면서, 더 나은 세상을 바라는 이유가 되어준 제 아이들에게 최고로 고마운 마음을 전합니다.

주

01 들어가며

1. Alex Shaw and Kristina R. Olson, "Children Discard a Resource to Avoid Inequity," *Journal of Experimental Psychology: General* 141, no. 2 (2012): 382-395, https://doi.org/10.1037/a0025907.

2. Sarah F. Brosnan and Frans B. M. de Waal, "Monkeys Reject Unequal Pay," *Nature* 425, no. 6955 (September 2003): 297-299, https://doi.org/10.1038/nature01963.

3. "Bernie's Right: 3 Billionaires Really Do Have More Wealth Than Half of America," Inequality.org, accessed July 24, 2020, https://inequality.org/great-divide/bernie-3-billionaires-more-wealth-half-america/.

4. Noah Snyder-Mackler et al., "Social Determinants of Health and Survival in Humans and Other Animals," *Science* 368, no. 6493 (May 22, 2020): eaax9553, https://doi.org/10.1126/science.aax9553.

5. Raj Chetty et al., "The Association Between Income and Life Expectancy in the United States, 2001-2014," *JAMA* 315, no. 16 (April 26, 2016): 1750-1766, https://doi.org/10.1001/jama.2016.4226.

6. Laurel Raffington et al., "Analysis of Socioeconomic Disadvantage and Pace of Aging Measured in Saliva DNA Methylation of Children and Adolescents," *bioRxiv*, June 5, 2020, 134502, https://doi.org/10.1101/2020.06.04.134502.

7. 미국심리학회의 표기법 가이드라인을 따른 것으로, 나는 흑인(Black)과 백인(White) 같은 인종 용어의 첫 알파벳을 대문자로 쓴다. 여기에 합의된 규칙은 없지만, 사회정치연구센터(Center for the Study of Social Policy)는 Black의 첫 알파벳을 대문자로 적는 것은 "단지 색깔만 나타내는 것이 아니라 흑인 미국인의 역사와 인종 정체성을 함께 의미한다"고 주장했다. 그러면서 사회정치연구센터는 "인종을 'White'라고 명명하지 않는 것은 실제로 Whiteness(백인 집단에 속하는 상태)를 중립이자 표준으로 간주하는 반흑인 행위이다. ……우리는 'W'를 대문자로 표기해서 폭력을 일으키려는 사람들을 규탄하기도 하지만, 부분적으로는 사람들과 우리 스스로 Whiteness가 존속하는 방법을 깊이 생각하도록 하고자 의도적으로 'White'를 대문자로 시작한다. 그리고 이 방법은 은연중에 명시적으로 지지받는다"고 주장했다. "Racial and Ethnic Identity," APA Style, accessed February 8, 2021, https://apastyle.apa.org/style-grammar-guidelines/bias-free-language/racial-ethnic-minorities; Ann Thúy Nguyễn and Maya Pendleton, "Recognizing Race in Language: Why We Capitalize 'Black' and 'White,'" Center for the Study of Social Policy, March 23, 2020, https://cssp.org/2020/03/recognizing-race-in-language-why-we-capitalize-black-and-white/.
8. Anne Case and Angus Deaton, "Mortality and Morbidity in the 21st Century," *Brookings Papers on Economic Activity* 2017, no. 1 (2017): 397-476, https://doi.org/10.1353/eca.2017.0005.
9. Case and Deaton.
10. "The Fed—Pblications: Report on the Economic Well-Being of U.S. Households (SHED)," Board of Governors of the Federal Reserve System, accessed July 24, 2020, https://www.federalreserve.gov/publications/2020-economic-well-being-of-us-households-in-2019-financial-repercussions-from-covid-19.htm; "Hispanic Women, Immigrants, Young Adults, Those with Less Education Hit Hardest by COVID-19 Job Losses," *Pew Research Center* (blog), accessed July 13, 2020, https://www.pewresearch.org/fact-tank/2020/06/09/hispanic-women-immigrants-young-adults-those-with-less-education-hit-hardest-by-covid-19-job-losses/.

11. David H. Autor, "Skills, Education, and the Rise of Earnings Inequality among the 'Other 99 Percent,'" *Science* 344, no. 6186 (May 23, 2014): 843-851, https://doi.org/10.1126/science.1251868.
12. Paul Myerscough, "Short Cuts: The Pret Buzz," *London Review of Books*, January 3, 2013, https://www.lrb.co.uk/the-paper/v35/n01/paul-myerscough/short-cuts.
13. Fredrik deBoer, *The Cult of Smart: How Our Broken Education System Perpetuates Social Injustice* (New York: All Points Books, 2020).
14. Organisation for Economic Co-operation and Development, "Education and Earnings," accessed February 3, 2021, https://stats.oecd.org/Index.aspx?DataSetCode=EAG_EARNINGS.
15. James J. Heckman and Paul A. LaFontaine, "The American High School Graduation Rate: Trends and Levels," *The Review of Economics and Statistics* 92, no. 2 (May 2010): 244-262, https://doi.org/10.1162/rest.2010.12366.
16. Jeremy Greenwood et al., "Marry Your Like: Assortative Mating and Income Inequality," *American Economic Review* 104, no. 5 (May 2014): 348-353, https://doi.org/10.1257/aer.104.5.348.
17. "Dramatic Increase in the Proportion of Births Outside of Marriage in the United States from 1990 to 2016," *Child Trends* (blog), accessed November 5, 2019, https://www.childtrends.org/publications/dramatic-increase-in-percentage-of-births-outside-marriage-among-whites-hispanics-and-women-with-higher-education-levels; T.J. Mathews and Brady E. Hamilton, "Educational Attainment of Mothers Aged 25 and Overs: United States, 2017," NCHS Data Brief (Hyattsville, MD: National Center for Health Statistics, June 10, 2019), https://www.cdc.gov/nchs/products/databriefs/db332.htm.
18. 2010년 카너먼과 디턴의 영향력 있는 논문에 따르면, 연간 약 7만 달러까지는 일상에서 경험하는 부정적 감정이 가계 소득이 높을수록 감소하는 반면, 세계 인생 긍정도 평가("내 인생은 내게 가능한 최고의 삶이다")는 연간 7만 달러를 넘는 높은 소득에서도 계속 증가한다고 밝혔다. 더 최근 들어 2021년에는 킬링스워스가

다른 전략을 사용해 감정 경험을 측정한 뒤 보고서를 냈다. 참가자는 전날 특별한 감정 유형을 경험했는지 기록하는 대신, 스마트폰에서 '핑' 하고 소리가 나면 그 당시의 기분이 어땠는지를 기록하도록 했다. 킬링스워스는 카너먼 및 디턴과는 다르게 고소득자 사이에서도 소득이 높을수록 정서적 행복이 계속 증가한다고 보고했다. Daniel Kahneman and Angus Deaton, "High Income Improves Evaluation of Life but Not Emotional Well-Being," *Proceedings of the National Academy of Sciences* 107, no. 38 (September 21, 2010): 16489-16493, https://doi.org/10.1073/pnas.1011492107; Matthew A. Killingsworth, "Experienced Well-Being Rises with Income, Even above $75,000 per Year," *Proceedings of the National Academy of Sciences* 118, no. 4 (January 26, 2021): e2016976118, https://doi.org/10.1073/pnas.2016976118.

19. Jack Pitcher, "Jeff Bezos Adds Record $13 Billion in Single Day to His Fortune," Bloomberg Quint, July 21, 2020, https://www.bloombergquint.com/markets/jeff-bezos-adds-record-13-billion-in-single-day-to-his-fortune.

20. Alicia Adamczyk, "32% of U.S. Households Missed Their July Housing Payments," CNBC, July 8, 2020, https://www.cnbc.com/2020/07/08/32-percent-of-us-households-missed-their-july-housing-payments.html.

21. Richard Arneson, "Four Conceptions of Equal Opportunity," *The Economic Journal* 128, no. 612 (July 1, 2018): F152-173, https://doi.org/10.1111/ecoj.12531.

22. Susan E. Mayer, *What Money Can't Buy: Family Income and Children's Life Chances* (Cambridge, MA: Harvard University Press, 1997).

23. Duncan, Greg J., and Richard J. Murnane, eds. *Whither Opportunity?: Rising Inequality, Schools, and Children's Life Chances* (New York: Chicago: Russell Sage Foundation, 2011).

24. James J. Lee et al., "Gene Discovery and Polygenic Prediction from a Genome-Wide Association Study of Educational Attainment in 1.1 Million Individuals," *Nature Genetics* 50, no. 8 (August 2018): 1112-1121, https://doi.org/10.1038/s41588-018-0147-3.

25. Nathaniel Comfort, "Nature Still Battles Nurture in the Haunting World

of Social Genomics," *Nature* 553 (January 15, 2018): 278-280, https://doi.org/10.1038/d41586-018-00578-5.

26. Ivar R. Hannikainen, "Ideology Between the Lines: Lay Inferences About Scientists' Values and Motives," *Social Psychological and Personality Science* 10, no. 6 (August 1, 2019): 832-841, https://doi.org/10.1177/1948550618790230.
27. Francis Galton, *Hereditary Genius: An Inquiry into Its Laws and Consequences* (London and New York: Macmillan, 1892).
28. Francis Galton, *Natural Inheritance* (New York and London: Macmillan, 1894).
29. Daniel J. Kevles, *In the Name of Eugenics: Genetics and the Uses of Human Heredity* (New York: Alfred A. Knopf, 1985; repr., Cambridge, MA: Harvard University Press, 1998).
30. Kevles.
31. Francis Galton, *Inquiries into Human Faculty and Its Development* (London: Macmillan, 1883; second edition, Macmillan, 1907, online at Project Gutenberg, http://www.gutenberg.org/ebooks/11562.
32. Kevles, *In the Name of Eugenics*.
33. Kevles.
34. Harry Hamilton Laughlin, *Eugenical Sterilization in the United States* (Chicago: Psychopathic Laboratory of the Municipal Court of Chicago, 1922), http://hdl.handle.net/2027/hvd.hc4mzw.
35. "Harry Laughlin and Eugenics: Laughlin's Model Law," a selection from the Harry H. Laughlin Papers, Truman State University, accessed November 28, 2020, https://historyofeugenics.truman.edu/altering-lives/sterilization/model-law/.
36. "Carrie Buck Revisited and Virginia's Expression of Regret for Eugenics," *Eugenics: Three Generations, No Imbeciles: Virginia, Eugenics & Buck v. Bell* (blog), accessed February 3, 2021, http://exhibits.hsl.virginia.edu/eugenics/5-epilogue/.
37. Paul Lombardo, "Three Generations, No Imbeciles: New Light on *Buck v.*

Bell," *New York University Law Review* 60, no. 1 (April 1985): 30-63, https://readingroom.law.gsu.edu/cgi/viewcontent.cgi?article=2593&context=faculty_pub.

38. "DeJarnette, Joseph S. (1866-1957)," *Encyclopedia Virginia*, accessed November 28, 2020, https://www.encyclopediavirginia.org/De Jarnette_Joseph_Spencer_1866-1957#start_entry.

39. Paul A. Lombardo, "'The American Breed': Nazi Eugenics and the Origins of the Pioneer Fund," *Albany Law Review* 65, no. 3 (2002): 743-830, available at SSRN: https://papers.ssrn.com/abstract=313820.

40. Lombardo, "'The American Breed.'"

41. Lombardo.

42. "Jared Taylor," Southern Poverty Law Center, accessed November 28, 2020, https://www.splcenter.org/fighting-hate/extremist-files/individual/jared-taylor.

43. Jared Taylor, "Blueprint: How DNA Makes Us Who We Are," review, *American Renaissance*, January 4, 2019, https://www.amren.com/features/2019/01/blueprint-how-dna-makes-us-who-we-are/; Robert Plomin, *Blueprint: How DNA Makes Us Who We Are* (MIT Press, 2018).

44. Hawes Spencer and Sheryl Gay Stolberg, "White Nationalists March on University of Virginia," *The New York Times*, A12, August 11, 2017, https://www.nytimes.com/2017/08/11/us/white-nationalists-rally-charlottesville-virginia.html.

45. Richard J. Herrnstein and Charles Murray, *The Bell Curve: Intelligence and Class Structure in American Life* (New York: Free Press, 1994).

46. Richard J. Herrnstein, *I.Q. in the Meritocracy* (Boston: Little, Brown, 1973).

47. Elizabeth S. Anderson, "What Is the Point of Equality?," *Ethics* 109, no. 2 (January 1999): 287-337, https://doi.org/10.1086/233897.

48. "Remarks by the President …… on the Completion of the First Survey of the Entire Human Genome Project," White House press release, June 26, 2000, https://clintonwhitehouse3.archives.gov/WH/New/html/genome-20000626.html.

49. J.B.S. Haldane, "KARL PEARSON, 1857-1957," *Biometrika* 44, no. 3-4

(December 1957): 303-313, https://doi.org/10.1093/biomet/44.3-4.303.

50. Roberto Mangabeira Unger, *Social Theory: Its Situation and Its Task* (Cambridge, UK: Cambridge University Press, 1987; repr., London and Brooklyn: Verso, 2004); "Roberto Mangabeira Unger's Alternative Progressive Vision," *The Nation*, July 21, 2020, https://www.thenation.com/article/culture/roberto-mangabeira-ungers-alternative-progressive-vision/.

51. Jeremy Freese, "Genetics and the Social Science Explanation of Individual Outcomes," *American Journal of Sociology* 114, suppl. S1 (2008): S1-35, https://doi.org/10.1086/592208.

52. "Susan Mayer on What Money Can't Buy," Econlib, accessed July 22, 2020, http://www.econtalk.org/susan-mayer-on-what-money-cant-buy/.

53. Jedidiah Carlson and Kelley Harris, "Quantifying and Contextualizing the Impact of *bioRxiv* Preprints through Automated Social Media Audience Segmentation," *PLOS Biology* 18, no. 9 (September 22, 2020): e3000860, https://doi.org/10.1371/journal.pbio.3000860.

54. Amy Harmon, "Why White Supremacists Are Chugging Milk (and Why Geneticists Are Alarmed)," *The New York Times*, October 17, 2018, https://www.nytimes.com/2018/10/17/us/white-supremacists-science-dna.html; Aaron Panofsky and Joan Donovan, "Genetic Ancestry Testing among White Nationalists: From Identity Repair to Citizen Science," *Social Studies of Science* 49, no. 5 (October 1, 2019): 653-681, https://doi.org/10.1177/0306312719861434; Michael Price, "'It's a Toxic Place.' How the Online World of White Nationalists Distorts Population Genetics," *Science*, May 22, 2018, https://www.sciencemag.org/news/2018/05/it-s-toxic-place-how-online-world-white-nationalists-distorts-population-genetics.

55. Perline Demange et al., "Investigating the Genetic Architecture of Noncognitive Skills Using GWAS-by-Subtraction," *Nature Genetics* 53 (January 7, 2021): 35-44, https://doi.org/10.1038/s41588-020-00754-2.

56. "Pepe the Frog," Anti-Defamation League, accessed August 6, 2020, https://

www.adl.org/education/references/hate-symbols/pepe-the-frog.

57. Eric Turkheimer, Kathryn Paige Harden, and Richard E. Nisbett, "Charles Murray Is Once Again Peddling Junk Science about Race and IQ," Vox, May 18, 2017, https://www.vox.com/the-big-idea/2017/5/18/15655638/charles-murray-race-iq-sam-harris-science-free-speech.

58. Allen Buchanan et al., *From Chance to Choice: Genetics and Justice* (Cambridge, UK: Cambridge University Press, 2000).

59. 유전 계통의 패턴을 적절하게 표현할 수 있는 합의된 용어는 실망스러울 정도로 거의 없다. 나는 관행에 따라 대륙 명칭이 들어간 '유럽계'라는 용어를 사용해 특정 유전 계통의 패턴을 공유하는 사람들을 표현했다. 그러나 나는 이런 표현이 부정확하고, 어떤 독자에게는 다른 직관적 의미로 해석될 가능성이 있으며, 인종이라는 사회적 범주를 '순수한' 생물학적 본질로 구체화할 위험이 있다는 점을 알고 있다. 4장에서 이 문제를 더 자세히 설명할 것이다. Adam Auton et al., "A Global Reference for Human Genetic Variation," *Nature* 526, no. 7571 (October 2015): 68-74, https://doi.org/10.1038/nature15393.

02 유전자 로또

1. Roberto Tuchman and Isabelle Rapin, "Epilepsy in Autism," *The Lancet Neurology* 1, no. 6 (October 1, 2002): 352-358, https://doi.org/10.1016/S1474-4422(02)00160-6.

2. Christine A. Olson et al., "The Gut Microbiota Mediates the Anti-Seizure Effects of the Ketogenic Diet," *Cell* 173, no. 7 (June 14, 2018): 1728-1741.e13, https://doi.org/10.1016/j.cell.2018.04.027.

3. Emily Perl Kingsley, "Welcome to Holland," *Contact* 136, no. 1 (January 2001): 14, https://doi.org/10.1080/13520806.2001.11758925.

4. Tara Lakes, "I'm Tired of Holland and I Want to Go Home," *Grace for That* (blog), June 10, 2015, https://momlakes.wordpress.com/2015/06/10/im-tired-of-holland-and-i-want-to-go-home/.

5. Raj Rai and Lesley Regan, "Recurrent Miscarriage," *The Lancet* 368, no. 9535

(August 12, 2006): 601-611, https://doi.org/10.1016/S0140-6736(06)69204-0.
6. Emily A. Willoughby et al., "Free Will, Determinism, and Intuitive Judgments About the Heritability of Behavior," *Behavior Genetics* 49, no. 2 (March 2019): 136-153, https://doi.org/10.1007/s10519-018-9931-1.
7. Eric R. Olson, "Why Are Over 250 Million Sperm Cells Released from the Penis during Sex?," Scienceline, June 2, 2008, https://scienceline.org/2008/06/ask-olson-sperm/.
8. Sean B. Carroll, *A Series of Fortunate Events: Chance and the Making of the Planet, Life, and You* (Princeton, NJ: Princeton University Press, 2020).
9. "The American Family Today," Pew Research Center Social & Demographic Trends, December 17, 2015, https://www.pewsocialtrends.org/2015/12/17/1-the-american-family-today/.
10. Lisa Pickoff-White and Ryan Levi, "Are There Really More Dogs Than Children in S.F.?," KQED, May 24, 2018, https://www.kqed.org/news/11669269/are-there-really-more-dogs-than-children-in-s-f.
11. Naomi R. Wray et al., "Complex Trait.Prediction from Genome Data: Contrasting EBV in Livestock to PRS in Humans," *Genetics* 211, no. 4 (April 1, 2019): 1131-1141, https://doi.org/10.1534/genetics.119.301859.
12. Wary et al.
13. 개인 정보를 보호하기 위해 가명을 썼다.
14. Francis Galton, *Natural Inheritance* (New York and London: Macmillan, 1894).
15. C. P. Blacker, "The Sterilization Proposals," *The Eugenics Review* 22, no. 4 (January 1931): 239-247.
16. A.W.F. Edwards, "Ronald Aylmer Fisher," in *Time Series and Statistics*, ed. John Eatwell, Murray Milgate, and Peter Newman, first published in *The New Palgrave: A Dictionary of Economics* (London: Palgrave Macmillan UK, 1990), 95-97, https://doi.org/10.1007/978-1-349-20865-4_10.
17. R. A. Fisher, "XV.—The Correlation between Relatives on the Supposition of Mendelian Inheritance," *Earth and Environmental Science Transactions*

of The Royal Society of Edinburgh 52, no. 2 (1918): 399-433, https://doi.org/10.1017/S0080456800012163.

18. Ben Cohen, "Shawn Bradley Is Really, Really Tall. But Why?," *Wall Street Journal*, September 18, 2018, https://www.wsj.com/articles/shawn-bradley-genetic-test-height-1537278144.
19. Corinne E. Sexton et al., "Common DNA Variants Accurately Rank an Individual of Extreme Height," *International Journal of Genomics* 2018 (September 4, 2018): 5121540, https://doi.org/10.1155/2018/5121540.
20. "Biologists Checked Out This NBA Player's DNA for Clues to His Immense Height," *MIT Technology Review*, September 1, 2018, https://www.technologyreview.com/s/612014/biologists-checked-out-this-nba-players-dna-for-clues-to-his-immense-height/.
21. Cohen, "Shawn Bradley Is Really, Really Tall. But Why?"
22. 나는 책 전체에 걸쳐 '부모' '아이' '가족' '형제자매' 같은 단어를 좁은 의미로 사용해서 유전적으로 서로 관련 있는 사람들을 나타낼 예정이다. 이는 '가족'을 규정하는 사회관계의 중요성을 부정하는 것이 아니라, 단지 이 책에서 설명하는 유전의 결과에 초점을 맞추기 위함이다.
23. "ALDH2 Gene," Genetics Home Reference, accessed July 28, 2020, https://ghr.nlm.nih.gov/gene/ALDH2.
24. D. Hamer and L. Sirota, "Beware the Chopsticks Gene," *Molecular Psychiatry* 5, no. 1 (January 2000): 11-13, https://www.nature.com/articles/4000662.
25. Simon Haworth et al., "Apparent Latent Structure within the UK Biobank Sample Has Implications for Epidemiological Analysis," *Nature Communications* 10, no. 1 (January 18, 2019): 333, https://doi.org/10.1038/s41467-018-08219-1.
26. Daniel Barth, Nicholas W. Papageorge, and Kevin Thom, "Genetic Endowments and Wealth Inequality," *The Journal of Political Economy* 128, no. 4 (April 2020): 1474-1522, https://doi.org/10.1086/705415.
27. 다유전자 지수는 '다유전자 점수'라고 더 많이 알려져 있다. 하지만 '점수'라는 단어를 사람 DNA 정보에 적용하면 수치에 계급을 부여할 위험이 생긴다. 그래서 나

는 동료 패트릭 털리(Patrick Turley)와 댄 벤저민(Dan Benjamin)의 제안에 따라 이 책에서 '다유전자 지수'라는 표현을 사용했다.

28. Daniel W. Belsky et al., "Genetic Analysis of Social-Class Mobility in Five Longitudinal Studies," *Proceedings of the National Academy of Sciences* 115, no. 31 (July 31, 2018): E7275-7284, https://doi.org/10.1073/pnas.1801238115.
29. Arthur S. Goldberger, "Heritability," *Economica* 46, no. 184 (1979): 327-347, https://doi.org/10.2307/2553675.
30. George E. P. Box, "Science and Statistics," *Journal of the American Statistical Association* 71, no. 356 (December 1976): 791-799, https://doi.org/10.1080/01621459.1976.10480949.

03 요리책과 대학

1. "Neurofibromatosis Type 1," Genetics Home Reference, accessed November 7, 2019, https://ghr.nlm.nih.gov/condition/neurofibromatosis-type-1.
2. John Milton, *Lycidas*, accessed November 7, 2019, https://www.poetryfoundation.org/poems/44733/lycidas.
3. Cornelius A. Rietveld et al., "GWAS of 126,559 Individuals Identifies Genetic Variants Associated with Educational Attainment," *Science* 340, no. 6139 (June 21, 2013): 1467-1471, https://doi.org/10.1126/science.1235488.
4. Avshalom Caspi et al., "Influence of Life Stress on Depression: Moderation by a Polymorphism in the 5-HTT Gene," *Science* 301, no. 5631 (July 18, 2003): 386-389, https://doi.org/10.1126/science.1083968.
5. Richard Border et al., "No Support for Historical Candidate Gene or Candidate Gene-by-Interaction Hypotheses for Major Depression Across Multiple Large Samples," *The American Journal of Psychiatry* 176, no. 5 (May 1, 2019): 376-387, https://doi.org/10.1176/appi.ajp.2018.18070881.
6. Scott Alexander [Siskind], "5-HTTLPR: A Pointed Review," *Slate Star Codex*, May 8, 2019, https://slatestarcodex.com/2019/05/07/5-httlpr-a-pointed-review/.

7. Caspi et al., "Influence of Life Stress on Depression"; Border et al., "No Support for Historical Candidate Gene or Candidate Gene-by-Interaction Hypotheses for Major Depression."
8. Naomi R. Wray et al., "Genome-Wide Association Analyses Identify 44 Risk Variants and Refine the Genetic Architecture of Major Depression," *Nature Genetics* 50, no. 5 (May 2018): 668-681, https://doi.org/10.1038/s41588-018-0090-3.
9. Evan A. Boyle, Yang I. Li, and Jonathan K. Pritchard, "An Expanded View of Complex Traits: From Polygenic to Omnigenic," *Cell* 169, no. 7 (June 15, 2017): 1177-1186, https://doi.org/10.1016/j.cell.2017.05.038.
10. James J. Lee et al., "Gene Discovery and Polygenic Prediction from a Genome-Wide Association Study of Educational Attainment in 1.1 Million Individuals," *Nature Genetics* 50, no. 8 (August 2018): 1112-1121, https://doi.org/10.1038/s41588-018-0147-3.
11. Rietveld et al., "GWAS of 126,559 Individuals Identifies Genetic Variants Associated with Educational Attainment"; Aysu Okbay et al., "Genome-Wide Association Study Identifies 74 Loci Associated with Educational Attainment," *Nature* 533, no. 7604 (May 2016): 539-542, https://doi.org/10.1038/nature17671; Lee et al.
12. A. G. Allegrini et al., "Genomic Prediction of Cognitive Traits in Childhood and Adolescence," *Molecular Psychiatry* 24, no. 6 (June 2019): 819-827, https://doi.org/10.1038/s41380-019-0394-4.
13. Robert Plomin, *Blueprint: How DNA Makes Us Who We Are* (Cambridge, MA: MIT Press, 2018).
14. David C. Funder and Daniel J. Ozer, "Evaluating Effect Size in Psychological Research: Sense and Nonsense," *Advances in Methods and Practices in Psychological Science* 2, no. 2 (June 1, 2019): 156-168, https://doi.org/10.1177/2515245919847202.
15. Lee et al., "Gene Discovery and Polygenic Prediction from a Genome-Wide

Association Study of Educational Attainment in 1.1 Million Individuals."

16. Funder and Ozer, "Evaluating Effect Size in Psychological Research."
17. Matthew J. Salganik et al., "Measuring the Predictability of Life Outcomes with a Scientific Mass Collaboration," *Proceedings of the National Academy of Sciences* 117, no. 15 (April 14, 2020): 8398-8403, https://doi.org/10.1073/pnas.1915006117.
18. Salganik et al.

04 계통과 인종

1. Aaron Panofsky and Joan Donovan, "Genetic Ancestry Testing among White Nationalists: From Identity Repair to Citizen Science," *Social Studies of Science* 49, no. 5 (October 1, 2019): 653-681, https://doi.org/10.1177/0306312719861434; Jedidiah Carlson and Kelley Harris, "Quantifying and Contextualizing the Impact of BioRxiv Preprints through Automated Social Media Audience Segmentation," *PLOS Biology* 18, no. 9 (September 22, 2020): e3000860, https://doi.org/10.1371/journal.pbio.3000860.
2. Alex Shoumatoff, "The Mountain of Names," The New Yorker, May 6, 1985, 51ff., https://www.newyorker.com/magazine/1985/05/13/the-mountain-of-names.
3. Quoctrung Bui and Claire Cain Miller, "The Typical American Lives Only 18 Miles From Mom," *The New York Times*, December 23, 2015, https://www.nytimes.com/interactive/2015/12/24/upshot/24up-family.html.
4. Douglas L. T. Rohde, Steve Olson, and Joseph T. Chang, "Modelling the Recent Common Ancestry of All Living Humans," *Nature* 431, no. 7008 (September 30, 2004): 562-566, https://doi.org/10.1038/nature02842; Graham Coop, "Our Vast, Shared Family Tree.," *gcbias* (blog), November 20, 2017, https://gcbias.org/2017/11/20/our-vast-shared-family-tree/.
5. Coop.

6. Dorothy Roberts, *Fatal Invention: How Science, Politics, and Big Business Re-Create Race in the Twenty-First Century* (New York and London: The New Press, 2011).
7. Michael Yudell et al., "Taking Race out of Human Genetics," *Science* 351, no. 6273 (February 5, 2016): 564-565, http://www.ask-force.org/web/Golden-Rice/Yudell-Taking-Race-out-of-human-genetics-2016.pdf.
8. Sam Harris, *Making Sense Podcast* #73, "Forbidden Knowledge," April 22, 2017, https://samharris.org/podcasts/forbidden-knowledge/.
9. Audrey Smedley and Brian D. Smedley, "Race as Biology Is Fiction, Racism as a Social Problem Is Real: Anthropological and Historical Perspectives on the Social Construction of Race," *American Psychologist* 60, no. 1, special issue: Genes, Race, and Psychology in the Genome Era (January 2005): 16-26, https://doi.org/10.1037/0003-066X.60.1.16.
10. Yambazi Banda et al., "Characterizing Race/Ethnicity and Genetic Ancestry for 100,000 Subjects in the Genetic Epidemiology Research on Adult Health and Aging (GERA) Cohort," *Genetics* 200, no. 4 (August 1, 2015): 1285-1295, https://doi.org/10.1534/genetics.115.178616.
11. Carl Campbell Brigham, *A Study of American Intelligence* (Princeton, NJ: Princeton University Press, 1922).
12. Noel Ignatiev, *How the Irish Became White* (New York: Routledge, 1995).
13. The 1000 Genomes Project Consortium, "A Global Reference for Human Genetic Variation," *Nature* 526, no. 7571 (October 2015): 68-74, https://doi.org/10.1038/nature15393.
14. United States Census Bureau, "Race: About This Topic," accessed November 7, 2019, https://www.census.gov/topics/population/race/about.html.
15. Banda et al., "Characterizing Race/Ethnicity and Genetic Ancestry for 100,000 Subjects in the Genetic Epidemiology Research on Adult Health and Aging (GERA) Cohort."
16. Alkes L. Price et al., "Principal Components Analysis Corrects for Stratification

in Genome-Wide Association Studies," *Nature Genetics* 38, no. 8 (August 2006): 904-909, https://doi.org/10.1038/ng1847.

17. Clare Bycroft et al., "The UK Biobank Resource with Deep Phenotyping and Genomic Data," *Nature* 562, no. 7726 (October 2018): 203-209, https://doi.org/10.1038/s41586-018-0579-z.
18. Yudell et al., "Taking Race out of Human Genetics."
19. Dalton Conley and Jason Fletcher, "What Both the Left and Right Get Wrong About Race," *Nautilus*, June 1, 2017, https://nautil.us/issue/48/chaos/what-both-the-left-and-right-get-wrong-about-race.
20. The 1000 Genomes Project Consortium, "A Global Reference for Human Genetic Variation."
21. Cheryl Stewart and Michael S. Pepper, "Cystic Fibrosis in the African Diaspora," *Annals of the American Thoracic Society* 14, no. 1 (January 2017): 1-7, https://doi.org/10.1513/AnnalsATS.201606-481FR; Giorgio Sirugo, Scott M. Williams, and Sarah A. Tishkoff, "The Missing Diversity in Human Genetic Studies," *Cell* 177, no. 1 (March 21, 2019): 26-31, https://doi.org/10.1016/j.cell.2019.02.048.
22. Nicholas G. Crawford et al., "Loci Associated with Skin Pigmentation Identified in African Populations," *Science* 358, no. 6365 (November 17, 2017), https://doi.org/10.1126/science.aan8433; Sirugo, Williams, and Tishkoff, "The Missing Diversity in Human Genetic Studies."
23. Michael C. Campbell and Sarah A. Tishkoff, "African Genetic Diversity: Implications for Human Demographic History, Modern Human Origins, and Complex Disease Mapping," *Annual Review of Genomics and Human Genetics* 9 (September 22, 2008): 403-433, https://doi.org/10.1146/annurev.genom.9.081307.164258.
24. L. Duncan et al., "Analysis of Polygenic Risk Score Usage and Performance in Diverse Human Populations," *Nature Communications* 10 (July 25, 2019): 3328, https://doi.org/10.1038/s41467-019-11112-0.
25. James J. Lee et al., "Gene Discovery and Polygenic Prediction from a Genome-

Wide Association Study of Educational Attainment in 1.1 Million Individuals," *Nature Genetics* 50, no. 8 (August 2018): 1112-1121, https://doi.org/10.1038/s41588-018-0147-3.

26. Alicia R. Martin et al., "Clinical Use of Current Polygenic Risk Scores May Exacerbate Health Disparities," *Nature Genetics* 51, no. 4 (April 2019): 584-591, https://doi.org/10.1038/s41588-019-0379-x; Duncan et al., "Analysis of Polygenic Risk Score Usage and Performance in Diverse Human Populations."
27. Martin et al., "Clinical Use of Current Polygenic Risk Scores May Exacerbate Health Disparities."
28. W. S. Robinson, "Ecological Correlations and the Behavior of Individuals," *American Sociological Review* 15, no. 3 (June 1950): 351-357.
29. Arthur Jensen, "How Much Can We Boost IQ and Scholastic Achievement?," *Harvard Educational Review* 39, no. 1 (Winter 1969): 1-123, https://doi.org/10.17763/haer.39.1.l3u15956627424k7.
30. Richard J. Herrnstein and Charles Murray, *The Bell Curve: Intelligence and Class Structure in American Life* (New York: Free Press, 1994).
31. John Novembre and Nicholas H. Barton, "Tread Lightly Interpreting Polygenic Tests of Selection," *Genetics* 208, no. 4 (April 1, 2018): 1351-1355, https://doi.org/10.1534/genetics.118.300786.
32. David Reich, "How Genetics Is Changing Our Understanding of 'Race,'" *The New York Times*, March 23, 2018, https://www.nytimes.com/2018/03/23/opinion/sunday/genetics-race.html.
33. Sam Harris, "A Conversation with Kathryn Paige Harden," Making Sense, July 29, 2020, https://samharris.org/subscriber-extras/212-july-29-2020/.
34. Ibram X. Kendi, *How to Be an Antiracist* (New York: One World, 2019).
35. 철학자 토머스 나겔은 인종 사이의 '선천적' 또는 '생물학적' 차이에 얼마나 관심 있는지는 사람들 마음속 책임의 문제와 엮여 있다고 썼다. "누군가가 사회의 책임이 …… 사회적 부당함으로 인해 발생한 불이익에만 국한된다고 믿는다면, 그 사람은 인종의 평균 IQ 차이가 유전적으로 영향받는 정도에 정치적 중요성을 부여할

것이다." Thomas Nagel, *Mortal Questions* (Cambridge, UK, and New York: Cambridge University Press, 1979).

36. "Paperback Nonfiction Books—Best Sellers," *The New York Times*, July 26, 2020, https://www.nytimes.com/books/best-sellers/2020/07/26/paperback-nonfiction/; Ijeoma Oluo, *So You Want to Talk About Race*, illustrated ed. (Seal Press, 2019); Robin DiAngelo, *White Fragility: Why It's So Hard for White People to Talk About Racism*, foreword by Michael Eric Dyson (Boston: Beacon Press, 2018).

37. Kate Manne, *Down Girl: The Logic of Misogyny* (New York: Oxford University Press, 2017).

38. Theodosius Dobzhansky, "Genetics and Equality: Equality of Opportunity Makes the Genetic Diversity among Men Meaningful," *Science* 137, no. 3524 (July 13, 1962): 112-115, https://doi.org/10.1126/science.137.3524.112.

05 인생 기회의 로또

1. Amy Mackinnon, "What Actually Happens When a Country Bans Abortion," *Foreign Policy* (blog), May 16, 2019, https://foreignpolicy.com/2019/05/16/what-actually-happens-when-a-country-bans-abortion-romania-alabama/.

2. Vlad Odobescu, "Half a Million Kids Survived Romania's 'Slaughterhouses of Souls.' Now They Want Justice," The World, GlobalPost, PRX (Public Radio Exchange), December 28, 2015, https://www.pri.org/stories/2015-12-28/half-million-kids-survived-romanias-slaughterhouses-souls-now-they-want-justice.

3. Harry F. Harlow, "Love in Infant Monkeys," *Scientific American* 200, no. 6 (June 1959): 68-75.

4. Inge Bretherton, "The Origins of Attachment Theory: John Bowlby and Mary Ainsworth," *Developmental Psychology* 28, no. 5 (September 1992): 759-775, https://doi.org/10.1037/0012-1649.28.5.759.

5. Charles H. Zeanah et al., "Designing Research to Study the Effects of Institu-

tionalization on Brain and Behavioral Development: The Bucharest Early Intervention Project," *Development and Psychopathology* 15, no. 4 (December 2003): 885-907, https://doi.org/10.1017/S0954579403000452.

6. Charles H. Zeanah, Nathan A. Fox, and Charles A. Nelson, "The Bucharest Early Intervention Project: Case Study in the Ethics of Mental Health Research," *The Journal of Nervous and Mental Disease* 200, no. 3 (March 2012): 243-247, https://doi.org/10.1097/NMD.0b013e318247d275; Stephen T. Ziliak and Edward R. Teather-Posadas, "The Unprincipled Randomization Principle in Economics and Medicine," in *The Oxford Handbook of Professional Economic Ethics*, ed. George F. DeMartino and Deirdre N. McCloskey (New York: Oxford University Press, 2016).
7. Charles A. Nelson et al., "Cognitive Recovery in Socially Deprived Young Children: The Bucharest Early Intervention Project," *Science* 318, no. 5858 (December 21, 2007): 1937-1940, https://doi.org/10.1126/science.1143921.
8. David Hume, *An Enquiry concerning Human Understanding*, ed. Peter Millican (New York: Oxford University Press, 2008; orig. pub. 1748).
9. David Lewis, "Causation," *Journal of Philosophy* 70, no. 17 (October 1973): 556-567, https://people.stfx.ca/cbyrne/Byrne/Lewis%20-%20Causation.pdf.
10. John Stuart Mill, "A System of Logic: Ratiocinative and Inductive," in *Collected Works of John Stuart Mill*, vol. 7 (Toronto: University of Toronto Press, 1974), 327, https://oll.libertyfund.org/title/mill-the-collected-works-of-john-stuart-mill-volume-vii-a-system-of-logic-part-i.
11. Donald B. Rubin, "Estimating Causal Effects of Treatments in Randomized and Nonrandomized Studies," *Journal of Educational Psychology* 66, no. 5 (1974): 688-701, https://doi.org/10.1037/h0037350.
12. Paul W. Holland, "Statistics and Causal Inference," *Journal of the American Statistical Association* 81, no. 396 (1986): 945-960, https://doi.org/10.2307/2289064.
13. 더 구체적으로 설명해보면, 이 방법을 사용할 때 **평균 처리 효과**(average treatment

effect, ATE)를 추정할 수 있다. 그러나 연구자는 ATE 추정에만 관심 있는 것이 아니다. 이를테면 처리 반응의 이질성에 특별히 더 관심이 있을 수 있다. 자세한 내용은 다음 논문을 참고하라. Angus Deaton and Nancy Cartwright, "Understanding and Misunderstanding Randomized Controlled Trials," *Social Science & Medicine* 210, special issue: Randomized Controlled Trials and Evidence-based Policy: A Multidisciplinary Dialogue (August 2018): 2-21, https://doi.org/10.1016/j.socscimed.2017.12.005.

14. Kevin Hartnett, "To Build Truly Intelligent Machines, Teach Them Cause and Effect," *Quanta Magazine*, May 15, 2018, https://www.quantamagazine.org/to-build-truly-intelligent-machines-teach-them-cause-and-effect-20180515/.

15. 진화생물학자 리처드 도킨스는 유전적 원인이란 차이를 일으키는 것으로 정의해야 한다고 했다. 눈 색깔처럼 직관적으로 '유전적'이라는 것을 알 수 있는 비교적 단순한 표현형이라도 말이다. 도킨스는 자신의 책에서 이렇게 썼다. "가능한 모든 원인의 '결과'는 최소한 다른 원인 하나와 간접적으로라도 비교할 수 있을 때에만 의미를 지닌다. 푸른 눈을 어떤 유전자 *G1*의 '결과'라고 하는 것은 엄밀히 말해 불완전하다. 푸른 눈을 어떤 유전자 *G1*의 '결과'라고 하는 것은, *G2*라는 적어도 하나의 다른 대립유전자와 갈색 눈 같은 다른 표현형 P2가 존재할 가능성을 의미한다." 도킨스는 피부 색소와 관련 있는 두 유전자를 예로 들면서 설명을 이어나간다. "분명히 개체가 검어지려면 *A*라는 검은 색소를 만드는 단백질의 유전자가 필요하다. ……그러나 개체군에서 나타나는 변이 중 일부가 *A*의 결핍 때문에 나타나는 것이 아니라면 *A*를 검정 유전자라고 하지 않을 것이다. ……여기서 요점은 *A*와 *B* 모두 **다르게 바뀐 유전자가 개체군에 존재하는지에 따라** 검정 유전자라 불릴 자격을 얻는다는 사실이다(저자가 직접 강조함). *A*에서 검은 색소 분자의 생산으로 이어지는 인과 사슬이 짧으나 *B*의 인과 사슬이 길고 복잡하다는 사실은 관련이 없다." 도킨스는 궁극적으로 자연 선택은 차이와 관련이 있다고 지적했다. 유전자는 서로 적응도가 다르기 때문에 어떤 유전자 버전이 다른 유전자 버전보다 더 흔해진다는 것이다. 진화에는 비교가 필요하다.
철학자 네드 블록이 쓴 소논문은 지금도 널리 인용되고 있지만, 추론에 중대한 결점이 하나 존재한다. 다른 모든 원인과 함께 유전적 원인이 차이를 일으키는 것이라는 사실을 인식하는 데 실패했다는 점이다. 이때 차이를 일으키는 것은 가능한 다른 것과 비교한다는 의미를 담고 있다. 블록은 다음과 같이 서술했다(저자가 직접 강조함). "유전적 결정은 **형질의 원인이 무엇이냐** 하는 문제다. 발가락 개수는 유전적으로 결정되는데, 그 이유는 발가락을 5개 갖도록 하는 것의 원인이 우리의 유전자이기 때문이다. 반면, 유전가능성은 **형질에서 나타나는 차이의 원인이 무엇이냐** 하는 문제다. 발가락 개수의 유전가능성은 유전적 차이가 발가락 수의 변이(발가락이 5개인 고양이도 있고, 6개인 고양이도 있음)를 일으키는 정도의 문제다." 블록의 오류는 쉽게 드러난다. 원인의 정의대로라면, 어떤 형질의 원인**이란** 그 형질의 차이를 일으키는 것이다. *G1* 유전자가 발가락 5개의 원인이라고 하는 것은 다른 대립유전자와 다른 표현형의 존재를 의미하는 것이다. 즉, *G1* 외에 다른 유전자를 가지고 있으면 발가락 수가 달라질 것이다.

실제로 유전자가 차이를 일으키는 것이라는 사실은 블록의 발가락 5개 예시를 사용해 실증적으로 설명할 수 있다. 발가락 수를 결정하는 유전자에는 *EVC1*과 *EVC2*가 있다. 이 유전자에 드물게 존재하는 돌연변이는 가락과다증(손가락과 발가락이 5개보다 많아짐)과 함께 짧은 갈비뼈, 치아 이상, 심장 결함을 유발하는데, 이는 '엘리스-반 크레벨트 증후군(Ellis-van Creveld syndrome)'으로 알려져 있다. *EVC* 유전자는 세포를 둘러싸고 있는 작은 털 모양의 돌기에 있는 단백질을 부호화한다. 이 단백질은 세포들이 서로 신호를 주고받도록 해주어 그 세포들이 올바른 모양으로 배열되도록 한다. 아미시(Amish) 가족 중에는 손가락과 발가락을 5개보다 많이 가지고 태어난 가족 구성원이 몇 명 있는데, 과학자들은 9곳의 아미시 가구를 연구해 *EVC1*과 *EVC2* 유전자를 발견했다. 이 연구를 수행한 과학자들은 유전적 인과관계 질문과는 완전히 동떨어진 채로, 블록이 잘못 인식한 바로 그 질문에 초점을 맞추며 이렇게 의문을 품었다. 어떤 유전자가 손가락 5개와 발가락 5개를 갖거나 안 갖는 것의 차이와 연관되어 있을까? *EVC1*이나 *EVC2* 유전자에서 돌연변이 형태의 사본을 2개 물려받으면 발가락이 5개보다 많아지고, 그렇지 않으면 발가락은 5개가 된다.

Richard Dawkins, *The Extended Phenotype: The Long Reach of the Gene*, rev. ed. (Oxford and New York: Oxford University Press, 1999); Ned Block, "How Heritability Misleads about Race," *The Boston Review* 20, no. 6 (January

1996): 30-35; Victor A. McKusick, "Ellis-van Creveld Syndrome and the Amish," *Nature Genetics* 24, no. 3 (March 2000): 203-204, https://doi.org/10.1038/73389.

16. John March et al., "Fluoxetine, Cognitive-Behavioral Therapy, and Their Combination for Adolescents with Depression: Treatment for Adolescents With Depression Study (TADS) Randomized Controlled Trial," *JAMA* 292, no. 7 (August 1, 2004): 807-820, https://doi.org/10.1001/jama.292.7.807.
17. Robert Ross et al., "Reduction in Obesity and Related Comorbid Conditions after Diet-Induced Weight Loss or Exercise-Induced Weight Loss in Men: A Randomized Controlled Trial," *Annals of Internal Medicine* 133, no. 2 (July 18, 2000): 92-103, https://doi.org/10.7326/0003-4819-133-2-200007180-00008.
18. MRC Vitamin Research Study Group, "Prevention of Neural Tube Defects: Results of the Medical Research Council Vitamin Study," *The Lancet* 338, no. 8760 (July 20, 1991): 131-137, https://doi.org/10.1016/0140-6736(91)90133-A.
19. Urie Bronfenbrenner and Pamela L. Morris, "The Bioecological Model of Human Development," in *Handbook of Child Psychology*, vol. 1, *Theoretical Models of Human Development*, ed. Richard M. Lerner and William Damon, 6th ed. (Hoboken, NJ: John Wiley and Sons, 2007), https://onlinelibrary.wiley.com/doi/abs/10.1002/9780470147658.chpsy0114.
20. Pamela Herd et al., "Genes, Gender Inequality, and Educational Attainment," *American Sociological Review* 84, no. 6 (December 1, 2019): 1069-1098, https://doi.org/10.1177/0003122419886550.
21. Richard C. Lewontin, "The Analysis of Variance and the Analysis of Causes," *International Journal of Epidemiology* 35, no. 3 (June 2006): 520-525, https://doi.org/10.1093/ije/dyl062.
22. Clifford Geertz, "Thick Description: Toward an Interpretive Theory of Culture," in *The Interpretation of Culture* (New York: Basic Books, 1973), https://philpapers.org/archive/geettd.pdf. 기어츠는 행동을 서술할 때 "오른쪽 눈꺼풀을 빠르게 수축시키기" 같은 예를 "얇은" 표현이라고 했고, "순진한 사람을 속이려고

거짓된 윙크를 날리는 친구를 우스꽝스럽게 따라 하기" 같은 예를 "굵은" 표현이라고 하면서 두 행동 표현을 비교했다. 이런 기어츠의 용어와 내가 책에서 사용한 용어가 비슷하다는 점을 알려준 벤 도밍그에게 고마움을 전한다.

06 자연의 무작위 배정

1. Peter M. Visscher et al., "Assumption-Free Estimation of Heritability from Genome-Wide Identity-by-Descent Sharing between Full Siblings," *PLOS Genetics* 2, no. 3 (March 24, 2006): e41, https://doi.org/10.1371/journal.pgen.0020041.
2. Nancy L. Segal, *Born Together—Reared Apart: The Landmark Minnesota Twin Study*, illustrated edition (Cambridge, MA: Harvard University Press, 2012).
3. *Three Identical Strangers* (2018), IMDb, accessed February 9, 2021, https://www.imdb.com/title/tt7664504/.
4. Tinca J. C. Polderman et al., "Meta-Analysis of the Heritability of Human Traits Based on Fifty Years of Twin Studies," *Nature Genetics* 47, no. 7 (July 2015): 702-709, https://doi.org/10.1038/ng.3285.
5. Sophie von Stumm, Benedikt Hell, and Tomas Chamorro-Premuzic, "The Hungry Mind: Intellectual Curiosity Is the Third Pillar of Academic Performance," *Perspectives on Psychological Science* 6, no. 6 (November 1, 2011): 574-588, https://doi.org/10.1177/1745691611421204.
6. Richard C. Lewontin, "The Analysis of Variance and the Analysis of Causes," *International Journal of Epidemiology* 35, no. 3 (June 2006): 520-525, https://doi.org/10.1093/ije/dyl062.
7. Richard M. Lerner, "Another Nine-Inch Nail for Behavioral Genetics!," *Human Development* 49, no. 6 (2007): 336-342, https://doi.org/DOI:10.1159/000096532.
8. Charles F. Manski, "Genes, Eyeglasses, and Social Policy," *Journal of Economic Perspectives* 25, no. 4 (Fall 2011): 83-94, https://doi.org/10.1257/jep.25.4.83.

9. 다른 반론: 모든 게 유전되므로 이런 특성이 유전된다는 것은 중요하지 않다. 즉, 변

이가 유전된다는 증거는 집단 내 서로 다른 사람에게서 측정할 수 있는 모든 것에서 어느 정도 나타난다. 이는 TV를 얼마나 많이 보는지나 마마이트(Marmite)를 얼마나 잘 먹는지 등의 우스운 특성에도 적용된다. 나는 앞 장에서 유전적 **인과관계**는 생물결정론적 **메커니즘** 따위를 의미할 것이라는 직관을 논했는데, 위와 같은 어리석은 예시는 이런 직관을 깨부수는 데 유용하다. 우리는 '유전체 수준에서' 마마이트 선호도나 TV 시청을 이해하지 못할 것이다. 하지만 우리가 마마이트 선호도의 유전가능성을 신경 쓰지 않는 이유는 유전가능성이 쓸모없고 '비유적인' 통계라서가 아니라, 사람들이 마마이트를 좋아하는지 안 좋아하는지에 관심이 없기 때문이다. 그러나 사람들이 대학을 졸업했는지 안 졸업했는지에는 신경을 쓴다. 유전가능성 통계의 과학적·철학적 중요성은 표현형의 과학적·철학적 중요성에서 비롯된다. Eric Turkheimer, "Three Laws of Behavior Genetics and What They Mean," *Current Directions in Psychological Science* 9, no. 5 (October 1, 2000), 160-164, https://journals.sagepub.com/doi/10.1111/1467-8721.00084.

10. 농업의 선택 프로그램에서 유전가능성 계수가 어떻게 사용되는지 알면 유전가능성과 유전적 인과관계 사이의 연결이 더 명확해질 것이다. 이른바 '육종가 방정식(breeder's equation)'은 다음과 같다. $R=h^2\times S$. 이때 h^2은 개체군의 유전가능성 계수를, R는 선택에 의한 반응을 나타낸다. 선택에 의한 반응이란 세대 사이의 평균 표현형 변화로 정의된다. S는 교배를 위해 선택된 부모가 그 개체군의 평균과 다른 정도를 나타낸다.

    2019년 미국 남성의 평균 키는 176cm다. 디스토피아 독재 정권이 특정 키보다 큰 남자들만 아이를 가질 수 있도록 통치한다고 상상해보자. 그렇게 교배 대상으로 선택된 아버지들의 평균 키는 183cm다. 그리고 이 경우 교배를 위해 선택된 부모와 모집단 평균의 키 차이는 7cm다. 어머니들도 비슷하게 선택받는다고 가정하고, 환경 또한 모두에게 완전히 똑같이 주어진다고 가정할 때, 다음 세대의 남자아이는 부모들이 선택받지 않는 상황에서보다 평균 키가 얼마나 더 커질까? 이번 장 앞에서 설명한 비셔의 연구는 키의 유전가능성을 0.80이라고 추정했다. 1.0이 아니다. 따라서 다음 세대의 남자아이들도 평균 7cm 더 크지는 않을 것이다. 그러나 키의 유전가능성이 크기 때문에 선택 교배된 부모의 자손들은 키 평균이 실제로 5cm 넘게 상당히 커질 것이다. 모집단의 평균 변화는 '극단' 값의 빈도에 영향을 준다. 평균 키가 176cm인 모집단에서는 약 1%의 남성이 203cm보다 크다. 평균 키가 5cm 더 커져 181cm가 되면, 이때는 약 4%의 남성이 203cm보다 커진다.

인과적 관련성은 선택에 의한 반응을 결정하기 때문에, 유전가능성의 인과적 관련성은 **인과관계의 조종자 이론**(manipulationist theory of causation)이라는 틀 안에서 더 깊이 이해할 수 있다. 앞 장에서 설명한 반사실에 의존적인 인과관계 이론과 비교해보면, 조종자 이론은 "X가 일어나지 않았다면 Y는 어떻게 되었을까?"라는 물음에 집중하는 것이 아니라 "X를 바꾸었다면 Y는 어떻게 되었을까?"라는 물음에 집중한다. 철학자 제임스 우드워드는 인과관계의 조종자 이론을 《일이 일어나게 하기(Making Things Happen)》에서 더 정확하게 설명한다. "개체들이 지니는 X의 어떤 값이 최소 몇몇 개체에서 조종될 가능성이 있고, 다른 적절한 조건(어쩌면 X와 구별되는 다른 변수를 특정 값으로 고정하는 조종 등)이 주어질 때, X가 Y의 원인이라는 주장은 X가 그 개체들의 Y 값이나 Y의 확률 분포를 변화시킨다는 것을 의미한다"(40쪽).

이 필요조건에서 흥미롭게 연결되는 것은 선택 실험이다. 유전자(X)가 표현형(Y)의 원인이라는 주장은 개체들이 지니는 X의 어떤 값이 최소 몇몇 개체에서 조종될 가능성이 있다는 것을 의미한다. 선택의 경우, 이 조종은 번식이 허용되는 유전자형의 범위를 제한하는 것이다. X와 구별되는 다른 변수(즉, 환경 조건)를 특정 값으로 고정하는 등의 다른 적절한 조건이 주어질 때, X는 그 개체들 자손에서 Y의 확률 분포를 변화시킨다.

선택 실험을 통해 표현형에서 유전자의 인과적 힘을 입증한다면, 그리고 유전가능성이 선택에 의한 반응을 결정한다면, 유전가능성이 인과관계와 어떻게든 무관하다고 결론 내리는 것은 불가능하다. 피터 비셔가 다른 논문에서 서술했듯 "유전가능성은 유전학에 필수적인 매개 변수이며 …… 진화생물학 및 농업에서의 선택과 의학에서의 질병 위험도를 예측하는 데 핵심적이다".

James Woodward, *Making Things Happen: A Theory of Causal Explanation*, Oxford Studies in Philosophy of Science (Oxford: Oxford University Press, 2003); Peter M. Visscher, William G. Hill, and Naomi R. Wray, "Heritability in the Genomics Era—Concepts and Misconceptions," *Nature Reviews Genetics* 9, no. 4 (April 2008): 255-266, https://doi.org/10.1038/nrg2322.

11. 동일한 환경 가정은 철저한 검토를 받았다. DNA를 측정하는 최신 연구에서는 대체로 이 가정을 뒷받침하는 근거를 발견했다. 눈여겨볼 만한 한 연구에선 부모나 소아청소년과 의사, 그리고 쌍둥이 자신마저도 접합성을 곧잘 잘못 구분한다는 사실을 이용했다. 즉, 이 사람들은 실제로 이란성 쌍둥이인데 일란성 쌍둥이라고 생각하거나, 실제로 일란성 쌍둥이인데 이란성 쌍둥이라고 생각했다. 네덜란드에서 쌍둥이 약 300쌍을 대상으로 수행한 한 연구에서는 그 당시 부모가 자녀의 접합성을 잘못 알고 있는 경우가 19%에 달한다는 사실을 발견했다. 내가 텍사스에서 수행한 쌍둥이 연구에서도 비슷한 사실을 발견했는데, 한 쌍둥이 쌍을 한 번 만나본 대학생들은 그 쌍둥이 부모보다 이들이 일란성인지 이란성인지 더 잘 알아맞혔다. 사회학자 돌턴 콘리와 그의 동료들은 동일한 환경 가정을 검사하기 위해 부모의 잘못된 판단을 이용했다. 만약 부모가 이란성 쌍둥이보다 일란성 쌍둥이를 더 비슷하게 대한다는 이유로 일란성 쌍둥이가 더 비슷하다면(동일한 환경 가정의 위배), **실제로** 이란성이지만 일란성으로 잘못 구분된 쌍둥이들은 이란성으로 정확하게 구분된 쌍둥이보다 서로 더 비슷해질 것이란 가설을 세운 것이다. 콘리는 이 가설이 참이길 바랐다. 두려움과 의심으로 행동유전학 결과를 바라보도록 훈련받은 사회학자의 눈에는 사회 불평등을 이해하는 데 유전자가 중요하다는 증거들이 꾸준히 나오는데도 이 연구가 그 증거들을 지혜롭게 훼손하도록 설계된 것처럼 보였다. 하지만 콘리가 발견한 건 그 가설이 참이 **아니라는** 것이었다! 대신 이 연구에서는 쌍둥이의 표현형 유사성(즉, 쌍둥이의 인생 결과가 비슷한 정도)이 쌍둥이 부모가 생각했던 접합성대로가 아니라 쌍둥이의 실제 유전적 관계를 따라간다는 사실을 발견했다. 이는 동일한 환경 가정을 뒷받침해주는 증거다. Dalton Conley et al., "Heritability and the Equal Environments Assumption: Evidence from Multiple Samples of Misclassified Twins," *Behavior Genetics* 43, no. 5 (September 2013): 415-426, https://doi.org/10.1007/s10519-013-9602-1.

12. James J. Lee et al., "Gene Discovery and Polygenic Prediction from a Genome-Wide Association Study of Educational Attainment in 1.1 Million Individuals," *Nature Genetics* 50, no. 8 (August 2018): 1112-1121, https://doi.org/10.1038/s41588-018-0147-3.

13. Matthew J. Salganik et al., "Measuring the Predictability of Life Outcomes

with a Scientific Mass Collaboration," *Proceedings of the National Academy of Sciences* 117, no. 15 (April 14, 2020): 8398-8403, https://doi.org/10.1073/pnas.1915006117.

14. Amelia R. Branigan, Kenneth J. McCallum, and Jeremy Freese, "Variation in the Heritability of Educational Attainment: An International Meta-Analysis," *Social Forces* 92, no. 1 (September 2013): 109-140.
15. Alexander I. Young, "Solving the Missing Heritability Problem," *PLOS Genetics* 15, no. 6 (June 24, 2019): e1008222, https://doi.org/10.1371/journal.pgen.1008222.
16. Young.
17. Alexander I. Young et al., "Relatedness Disequilibrium Regression Estimates Heritability without Environmental Bias," *Nature Genetics* 50, no. 9 (September 2018): 1304-1310, https://doi.org/10.1038/s41588-018-0178-9.
18. Lee et al., "Gene Discovery and Polygenic Prediction from a Genome-Wide Association Study of Educational Attainment in 1.1 Million Individuals."
19. Saskia Selzam et al., "Comparing Within- and Between-Family Polygenic Score Prediction," *The American Journal of Human Genetics* 105, no. 2 (August 1, 2019): 351-363, https://doi.org/10.1016/j.ajhg.2019.06.006.
20. Daniel W. Belsky et al., "Genetic Analysis of Social-Class Mobility in Five Longitudinal Studies," *Proceedings of the National Academy of Sciences* 115, no. 31 (July 31, 2018): E7275-7284, https://doi.org/10.1073/pnas.1801238115.
21. Rosa Cheesman et al., "Comparison of Adopted and Nonadopted Individuals Reveals Gene-Environment Interplay for Education in the UK Biobank," *Psychological Science* 31, no. 5 (May 1, 2020): 582-591, https://doi.org/10.1177/0956797620904450.
22. Augustine Kong et al., "The Nature of Nurture: Effects of Parental Genotypes," *Science* 359, no. 6374 (January 26, 2018): 424-428, https://doi.org/10.1126/science.aan6877.
23. Theodosius Dobzhansky, "Genetics and Equality: Equality of Opportunity Makes the Genetic Diversity among Men Meaningful," *Science* 137, no. 3524

(July 13, 1962): 112-115, https://doi.org/10.1126/science.137.3524.112.

07 신비로운 원리

1. Christopher Jencks et al., *Inequality: A Reassessment of the Effect of Family and Schooling in America* (New York: Basic Books, 1972).
2. 유전자형에서 긴 인과 사슬로 이어지는 표현형에는 복잡한 사람 행동만 있는 것이 아니다. 진화생물학자 리처드 도킨스가 주장했듯 "형태, 생리, 행동 등 …… 유전적 특성이 더 근본적인 무언가의 '부산물'이 아니라면, 도대체 유전적 특성이란 무엇인가? 이 문제를 충분히 생각해본다면 단백질 분자를 제외한 모든 유전적 결과가 '부산물'이라는 것을 알 수 있다". 마찬가지로, 명백히 단순한 환경 개입조차도 또래 규범(peer norm)이나 교사 효과(teacher effect) 등의 복잡한 사회적 과정과 긴 인과 사슬로 연결되어 효과를 낼 수 있다는 게 확실해지고 있다. Richard Dawkins, *The Extended Phenotype: The Long Reach of the Gene*, rev. ed. (Oxford and New York: Oxford University Press, 1999)
3. Paul Oppenheim and Hilary Putnam, "Unity of Science as a Working Hypothesis," in *Concepts, Theories, and the Mind-Body Problem*, Minnesota Studies in the Philosophy of Science, vol. 2 (Minneapolis: University of Minnesota Press, 1958), 3-36, http://conservancy.umn.edu/handle/11299/184622.
4. Carl F. Craver and Lindley Darden, *In Search of Mechanisms: Discoveries across the Life Sciences* (Chicago: University of Chicago Press, 2013).
5. Francis Galton, *Hereditary Genius: An Inquiry into Its Laws and Consequences* (London and New York: Macmillan, 1892).
6. Charles Murray, *Human Diversity: The Biology of Gender, Race, and Class* (New York: Twelve, 2020).
7. Kate Manne, *Down Girl: The Logic of Misogyny* (New York: Oxford University Press, 2017).
8. Theodosius Dobzhansky, "Genetics and Equality: Equality of Opportunity Makes the Genetic Diversity among Men Meaningful," *Science* 137, no. 3524

(July 13, 1962): 112-115, https://doi.org/10.1126/science.137.3524.112.

9. 직관적이지 않은 연결 고리를 통해 작동할 가능성이 큰 미지의 메커니즘 문제가 유전적 원인만의 문제가 아니라는 점을 기억하는 것이 중요하다. 실제로 이 문제는 '무작위 대조 시험(RCT)'에서 다루는 모든 인과 추론에서 나타날 수 있다. 노벨 경제학상 수상자 앵거스 디턴과 과학철학자 낸시 카트라이트는 RCT의 장점과 단점을 검토하면서 "RCT의 결과를 쓸모 있게 만들려면 실험, 이론, 개념 측면에서 대단히 많은 작업이 필요하다"라고 주장했다. 여러분은 한 세트의 대조 조건에서 한 가지 방법으로 개입할 때 평균 처리 효과가 나타난다는 것을 알고 있을 것이다. 하지만 경계 조건은 무엇일까? 개입과 최종 결과 간 인과 사건의 연결 고리는 무엇일까? 개입에 대한 사람들의 반응은 어떻게 다를까? 마찬가지로, 자연의 무작위 배정을 이용할 때도 한 인생 결과에서 유전 변이 한 세트의 평균 처리 효과를 검사하는 것만으로는 충분하지 않다. 인과 추론의 결과를 과학과 현실에서 쓸모 있게 만들려면 실험, 이론, 개념 작업을 수행해야 한다. Deaton and Cartwright, "Understanding and Misunderstanding Randomized Controlled Trials," *Social Science & Medicine* 210, special issue: Randomized Controlled Trials and Evidence-based Policy: A Multidisciplinary Dialogue (August 2018): 2-21, https://doi.org/10.1016/j.socscimed.2017.12.005.

10. James J. Lee et al., "Gene Discovery and Polygenic Prediction from a Genome-Wide Association Study of Educational Attainment in 1.1 Million Individuals," *Nature Genetics* 50, no. 8 (August 2018): 1112-1121, https://doi.org/10.1038/s41588-018-0147-3.

11. Elliot M. Tucker-Drob et al., "Emergence of a Gene × Socioeconomic Status Interaction on Infant Mental Ability Between 10 Months and 2 Years," *Psychological Science* 22, no. 1 (January 2011): 125-133, https://doi.org/10.1177/0956797610392926.

12. Daniel W. Belsky et al., "Genetic Analysis of Social-Class Mobility in Five Longitudinal Studies," *Proceedings of the National Academy of Sciences* 115, no. 31 (July 31, 2018): E7275-7284, https://doi.org/10.1073/pnas.1801238115; Daniel W. Belsky and K. Paige Harden, "Phenotypic Annotation: Using

Polygenic Scores to Translate Discoveries from Genome-Wide Association Studies from the Top Down," *Current Directions in Psychological Science* 28, no. 1 (February 1, 2019): 82-90, https://doi.org/10.1177/0963721418807729; J. Wertz et al., "Genetics and Crime: Integrating New Genomic Discoveries Into Psychological Research About Antisocial Behavior," *Psychological Science* 29, no. 5 (May 1, 2018): 791-803, https://doi.org/10.1177/0956797617744542; Daniel W. Belsky et al., "The Genetics of Success: How Single-Nucleotide Polymorphisms Associated with Educational Attainment Relate to Life Course Development," *Psychological Science* 27, no. 7 (July 1, 2016): 957-972; Emily Smith-Woolley et al., "Differences in Exam Performance between Pupils Attending Selective and Non-Selective Schools Mirror the Genetic Differences between Them," *Npj Science of Learning* 3 (March 2018): 3, https://www.nature.com/articles/s41539-018-0019-8; Eveline L. de Zeeuw et al., "Polygenic Scores Associated with Educational Attainment in Adults Predict Educational Achievement and ADHD Symptoms in Children," *American Journal of Medical Genetics Part B: Neuropsychiatric Genetics* 165B, no. 6 (September 2014), 510-520, https://onlinelibrary.wiley.com/doi/full/10.1002/ajmg.b.32254; Robert Plomin and Sophie von Stumm, "The New Genetics of Intelligence," *Nature Reviews Genetics* 19, no. 3 (March 2018): 148-159, https://doi.org/10.1038/nrg.2017.104; Andrea G. Allegrini et al., "Genomic Prediction of Cognitive Traits in Childhood and Adolescence," *Molecular Psychiatry* 24, no. 6 (June 2019): 819-827, https://www.nature.com/articles/s41380-019-0394-4.

13. Laura E. Engelhardt et al., "Genes Unite Executive Functions in Childhood," *Psychological Science* 26, no. 8 (August 1, 2015): 1151-1163, https://doi.org/10.1177/0956797615577209.

14. 쌍둥이 연구는 혜택받지 못한 배경의 가족을 충분히 많이 포함하지 않는다. 그래서 쌍둥이가 어릴 때 같은 집에서 공유한 환경 요소들이 쌍둥이의 인생 결과에 차이를 일으키는 정도를 낮게 추정할 수 있다는 비판이 흔히 뒤따른다. 유전가능성은 비율이며, 표본에서 환경 변이가 클수록 분모가 커지고 유전가능성이 작아진다는

사실을 기억하자. 그러나 우리의 텍사스 쌍둥이 프로젝트(Texas Twin Project)의 표본은 어려운 환경에 처한 가족을 광범위하게 포함하고 있다. 프로젝트에 참여한 가족 중 3분의 1은 아이가 태어난 이후 공공 부조(식비를 지원해주는 SNAP 등)의 도움을 받고 있다. 또한 우리는 표본에서 소득 불평등의 척도인 지니계수를 계산했는데, 그 값은 0.35였다. 미국 전체의 지니계수가 0.39인 데다 특히 우리 표본이 지니는 지리적 제약을 고려할 때, 이 값은 우리 프로젝트가 미국 사회를 대표하는 더 광범위한 소득 불평등 패턴을 포착함으로써 타당하게 진행되었다는 것을 의미한다.

모두 비슷하게 부유한 배경의 아이들만 표본으로 삼지 않았음에도 EF의 유전가능성이 아주 높게 나왔다는 점에서 우리 표본의 구성은 중요하다. 더군다나 심리학자 나오미 프리드먼이 콜로라도주에서 독자적으로 운영하는 연구소에서는 검사 당시 더 나이가 많았던 완전히 다른 쌍둥이 표본으로 완벽한 유전가능성이라는 결과를 정확하게 똑같이 발견했다. Naomi P. Friedman et al., "Individual Differences in Executive Functions Are Almost Entirely Genetic in Origin," *Journal of Experimental Psychology: General* 137, no. 2 (May 2008): 201-225, https://doi.org/10.1037/0096-3445.137.2.201.

15. Elliot M. Tucker-Drob and Daniel A. Briley, "Continuity of Genetic and Environmental Influences on Cognition across the Life Span: A Meta-Analysis of Longitudinal Twin and Adoption Studies," *Psychological Bulletin* 140, no. 4 (July 2014): 949-979, https://doi.org/10.1037/a0035893.
16. Fyodor Dostoyevsky, *Crime and Punishment*, translated by Richard Pevear and Larissa Volokhonsky (New York: Alfred A. Knopf, 1991).
17. Paul Tough, *How Children Succeed: Grit, Curiosity, and the Hidden Power of Character* (Houghton Mifflin Harcourt, 2012), https://www.amazon.com/How-Children-Succeed-Curiosity-Character/dp/0544104404.
18. James J. Heckman, "Skill Formation and the Economics of Investing in Disadvantaged Children," *Science* 312, no. 5782 (June 30, 2006): 1900-1902, https://doi.org/10.1126/science.1128898.
19. Carol Dweck, *The Power of Believing That You Can Improve*, TEDx

Norrkoping, November 2014, https://www.ted.com/talks/carol_dweck_the_power_of_believing_that_you_can_improve.

20. Tough, *How Children Succeed*.

21. Jonah Lehrer, "Which Traits Predict Success? (The Importance of Grit)," *Wired*, March 14, 2011, https://www.wired.com/2011/03/what-is-success-true-grit/.

22. Belsky et al., "Genetic Analysis of Social-Class Mobility in Five Longitudinal Studies"; Belsky et al., "The Genetics of Success: How SNPs Associated with Educational Attainment Relate to Life Course Development"; Wertz et al., "Genetics and Crime"; Smith-Woolley et al., "Differences in Exam Performance between Pupils Attending Selective and Non-Selective Schools Mirror the Genetic Differences between Them"; de Zeeuw et al., "Polygenic Scores Associated with Educational Attainment in Adults Predict Educational Achievement and ADHD Symptoms in Children"; Plomin and Stumm, "The New Genetics of Intelligence"; Allegrini et al., "Genomic Prediction of Cognitive Traits in Childhood and Adolescence."

23. Perline Demange et al., "Investigating the Genetic Architecture of Noncognitive Skills Using GWAS-by-Subtraction," *Nature Genetics* 53 (January 7, 2021): 35-44, https://doi.org/10.1038/s41588-020-00754-2.

24. Perline Demange et al., "Genetic Associations between Non-Cognitive Skills and Educational Outcomes: The Role of Parental Environment," BGA 2020, Behavior Genetics Association 50th annual meeting, online, June 25-26, 2020, http://bga.org/wp-content/uploads/2020/06/Cheesman_Abstract_BGA2020.pdf.

25. Brendan Bulik-Sullivan et al., "An Atlas of Genetic Correlations across Human Diseases and Traits," *Nature Genetics* 47, no. 11 (November 2015): 1236-1241, https://doi.org/10.1038/ng.3406.

26. Demange et al., "Investigating the Genetic Architecture of Non-Cognitive Skills Using GWAS-by-Subtraction."

27. Tucker-Drob and Briley, "Continuity of Genetic and Environmental Influences on Cognition across the Life Span."

28. Elliot M. Tucker-Drob, Daniel A. Briley, and K. Paige Harden, "Genetic and Environmental Influences on Cognition Across Development and Context," *Current Directions in Psychological Science* 22, no. 5 (October 1, 2013): 349-355, https://doi.org/10.1177/0963721413485087.
29. Elliot M. Tucker-Drob and K. Paige Harden, "Early Childhood Cognitive Development and Parental Cognitive Stimulation: Evidence for Reciprocal Gene-Environment Transactions," *Developmental Science* 15, no. 2 (March 2012): 250-259, https://doi.org/10.1111/j.1467-7687.2011.01121.x.
30. Jasmin Wertz et al., "Genetics of Nurture: A Test of the Hypothesis That Parents' Genetics Predict Their Observed Caregiving," *Developmental Psychology* 55, no. 7 (2019): 1461-1472, https://doi.org/10.1037/dev0000709.
31. K. Paige Harden et al., "Genetic Associations with Mathematics Tracking and Persistence in Secondary School," *Npj Science of Learning* 5 (February 5, 2020): 1, https://doi.org/10.1038/s41539-020-0060-2.
32. David Lee Stevenson and Kathryn S. Schiller, "State Education Policies and Changing School Practices: Evidence from the National Longitudinal Study of Schools, 1980-1993," *American Journal of Education* 107, no. 4 (August 1999): 261-288.

08 가능한 대안 세계

1. Arthur Jensen, "How Much Can We Boost IQ and Scholastic Achievement?," *Harvard Educational Review* 39, no. 1 (Winter 1969): 1-123, https://doi.org/10.17763/haer.39.1.l3u15956627424k7.
2. Charles Murray, *Human Diversity: The Biology of Gender, Race, and Class* (New York: Twelve, 2020).
3. Arthur S. Goldberger, "Heritability," *Economica* 46, no. 184 (1979): 327-347, https://doi.org/10.2307/2553675.

4. 유전가능성은 환경에 따라 표현형 변화가 가능한지에는 뚜렷한 영향을 미치지 않지

만, 환경으로 일어난 변화가 세대를 거쳐 계속되는지에는 영향을 미칠 수 있다. 골드버거의 안경 예시를 다시 살펴보자. 어떤 사람의 시력은 안경으로 교정할 수 있지만, 그 자손이 안경을 사용할 수 없다면 시력 개선은 계속되지 않을 것이다. 콘리와 플레처는 이렇게 언급했다. "〔시력 저하 등의 안 좋은 결과를〕 예방하거나 바로잡으려는 개입은 다음 세대까지 보상을 줄 가능성이 낮다. 왜냐하면 〔부모에서 자손에게 유전적으로 전달되는〕 생식 계열에 내재한 위험이 그대로 존재하기 때문이다. ……이로운 효과가 지속되려면 각 세대에 이런 해결책을 꾸준히 적용해야 할 것이다." Dalton Conley and Jason Fletcher, *The Genome Factor: What the Social Genomics Revolution Reveals about Ourselves, Our History, and the Future* (Princeton, NJ: Princeton University Press, 2017).

5. Theodosius Dobzhansky, "Genetics and Equality: Equality of Opportunity Makes the Genetic Diversity among Men Meaningful," *Science* 137, no. 3524 (July 13, 1962): 112-115, https://doi.org/10.1126/science.137.3524.112.
6. Stephanie Welch, *A Dangerous Idea: Eugenics, Genetics and the American Dream*, documentary (Paragon Media), accessed November 13, 2019, http://adangerousideafilm.com/.
7. Mikk Titma, Nancy Brandon Tuma, and Kadi Roosma, "Education as a Factor in Intergenerational Mobility in Soviet Society," *European Sociological Review* 19, no. 3 (July 1, 2003): 281-297, https://doi.org/10.1093/esr/19.3.281.
8. OECD, *Equity and Quality in Education: Supporting Disadvantaged Students and Schools* (Paris: OECD Publishing, 2012).
9. Pamela Herd et al., "Genes, Gender Inequality, and Educational Attainment," *American Sociological Review* 84, no. 6 (December 1, 2019): 1069-1098, https://doi.org/10.1177/0003122419886550.
10. A. C. Heath et al., "Education Policy and the Heritability of Educational Attainment," *Nature* 314, no. 6013 (April 25, 1985): 734-736, https://doi.org/10.1038/314734a0.
11. Per Engzell and Felix C. Tropf, "Heritability of Education Rises with Intergenerational Mobility," *Proceedings of the National Academy of Sciences* 116, no.

51 (November 29, 2019): 25386-25388, https://doi.org/10.1073/pnas.1912998116; Wendy Johnson et al., "Family Background Buys an Education in Minnesota but Not in Sweden," *Psychological Science* 21, no. 9 (September 1, 2010): 1266-1273, https://doi.org/10.1177/0956797610379233.

12. Elliot M. Tucker-Drob and Timothy C. Bates, "Large Cross-National Differences in Gene × Socioeconomic Status Interaction on Intelligence," *Psychological Science* 27, no. 2 (February 1, 2016): 138-149, https://doi.org/10.1177/0956797615612727.
13. Ned Block, "How Heritability Misleads about Race," *The Boston Review* 20, no. 6 (January 1996): 30-35.
14. Block.
15. Stephen J. Ceci and Paul B. Papierno, "The Rhetoric and Reality of Gap Closing: When the 'Have-Nots' Gain but the 'Haves' Gain Even More," *American Psychologist* 60, no. 2 (2005): 149-160, https://doi.org/10.1037/0003-066X.60.2.149.
16. Richard J. Herrnstein, *I.Q. in the Meritocracy* (Boston: Little, Brown, 1973).
17. Conley and Fletcher, *The Genome Factor*.
18. Conley and Fletcher.
19. Hiu Man Grisch-Chan et al., "State-of-the-Art 2019 on Gene Therapy for Phenylketonuria," *Human Gene Therapy* 30, no. 10 (October 2019): 1274-1283, https://doi.org/10.1089/hum.2019.111.
20. Evan A. Boyle, Yang I. Li, and Jonathan K. Pritchard, "An Expanded View of Complex Traits: From Polygenic to Omnigenic," *Cell* 169, no. 7 (June 2017): 1177-1186, https://doi.org/10.1016/j.cell.2017.05.038.
21. V. Bansal et al., "Genome-Wide Association Study Results for Educational Attainment Aid in Identifying Genetic Heterogeneity of Schizophrenia," *Nature Communications* 9, no. 1 (August 6, 2018): 3078, http://dx.doi.org/10.1038/s41467-018-05510-z; Demange et al., "Investigating the Genetic Architecture of Noncognitive Skills Using GWAS-by-Subtraction."
22. Richard Haier, "No Voice at VOX: Sense and Nonsense about Discussing

IQ and Race," *Quillette*, June 11, 2017, https://quillette.com/2017/06/11/no-voice-vox-sense-nonsense-discussing-iq-race/; Ann Brown, "John McWhorter: Racial Equality May Mean Genetic Editing To Close Racial IQ Gap," The Moguldom Nation, February 9, 2021, https://moguldom.com/335699/john-mcwhorter-racial-equality-may-mean-genetic-editing-to-close-racial-iq-gap/.

23. Leon J. Kamin, "Commentary," in Sandra Scarr, *Race, Social Class, and Individual Differences in IQ* (Hillsdale, NJ: Lawrence Erlbaum Associates, 1981), 482.
24. John Rawls, *A Theory of Justice*, rev. ed. (Cambridge, MA: Harvard University Press, 1999).
25. OECD, *Equity in Education: Breaking Down Barriers to Social Mobility*, PISA (Paris: OECD Publishing, 2018), https://doi.org/10.1787/9789264073234-en.
26. H. Moriah Sokolowski and Daniel Ansari, "Understanding the Effects of Education through the Lens of Biology," *Npj Science of Learning* 3 (October 1, 2018): 17, https://doi.org/10.1038/s41539-018-0032-y; Carina Omoeva, "Mainstreaming Equity in Education," issues paper, FHI 360 Education Equity Research Initiative, September 2017, 26, http://www.educationequity2030.org/resources-2/2017/10/27/mainstreaming-equity-in-education.
27. Richard Arneson, "Four Conceptions of Equal Opportunity," *The Economic Journal* 128, no. 612 (July 1, 2018): F152-173, https://doi.org/10.1111/ecoj.12531.
28. Thomas Nagel, *Mortal Questions* (Cambridge, UK, New York: Cambridge University Press, 1979).
29. Fredrik deBoer, *The Cult of Smart: How Our Broken Education System Perpetuates Social Injustice* (New York: All Points Books, 2020).
30. Silvia H. Barcellos, Leandro S. Carvalho, and Patrick Turley, "Education Can Reduce Health Differences Related to Genetic Risk of Obesity," *Proceedings of the National Academy of Sciences* 115, no. 42 (October 16, 2018): E9765-9772, https://doi.org/10.1073/pnas.1802909115.

31. Sally I-Chun Kuo et al., "The Family Check-up Intervention Moderates Polygenic Influences on Long-Term Alcohol Outcomes: Results from a Randomized Intervention Trial," *Prevention Science* 20, no. 7 (October 2019): 975-985, https://doi.org/10.1007/s11121-019-01024-2.

32. Jason M. Fletcher, "Why Have Tobacco Control Policies Stalled? Using Genetic Moderation to Examine Policy Impacts," *PLOS ONE* 7, no. 12 (December 5, 2012): e50576, https://doi.org/10.1371/journal.pone.0050576.

33. Jason D. Boardman et al., "Population Composition, Public Policy, and the Genetics of Smoking," *Demography* 48, no. 4 (November 2011): 1517-1533, https://doi.org/10.1007/s13524-011-0057-9; Benjamin W. Domingue et al., "Cohort Effects in the Genetic Influence on Smoking," *Behavior Genetics* 46, no. 1 (January 2016): 31-42, https://doi.org/10.1007/s10519-015-9731-9.

34. Ceci and Papierno, "The Rhetoric and Reality of Gap Closing."

35. Harris Cooper et al., "Making the Most of Summer School: A Meta-Analytic and Narrative Review," *Monographs of the Society for Research in Child Development* 65, no. 1 (February 2000): i-127; Thomas D. Cook et al., *Sesame Street Revisited* (New York: Russell Sage Foundation, 1975).

36. Anthony J. F. Griffiths et al., "Norm of Reaction and Phenotypic Distribution," in *An Introduction to Genetic Analysis, 7th ed.*, ed. Anthony J. F. Griffiths et al. (New York: W. H. Freeman, 2000), http://www.ncbi.nlm.nih.gov/books/NBK22080/.

37. '유전자×개입 효과' 연구 또는 '유전자×환경 효과' 연구에서는 대부분 유전자형을 제대로 측정하지 않았거나(예: 유전 변이 하나의 효과만 조사함), 원래 사람들의 유전적 차이와 상관관계가 있는 환경 체계를 측정했다. 반면, 비교적 잘 수행한 몇 안 되는 연구에서는 유전자형을 제대로 측정했고(굉장히 잘 수행한 GWAS로 만든 다유전자 지수), 환경 효과를 인과적으로 더 잘 추론할 수 있도록 준(準)실험 설계를 이용해 환경을 조사했다. Lauren Schmitz and Dalton Conley, "Modeling Gene-Environment Interactions With Quasi-Natural Experiments," *Journal of Personality* 85, no. 1 (2017): 10-21, https://doi.org/10.1111/jopy.12227.

38. Anne Case and Angus Deaton, *Deaths of Despair and the Future of Capitalism* (Princeton, NJ: Princeton University Press, 2020), https://press.princeton.edu/books/hardcover/9780691190785/deaths-of-despair-and-the-future-of-capitalism.
39. Case and Deaton.
40. Peter Singer, *A Darwinian Left: Politics, Evolution, and Cooperation* (New Haven, CT: Yale University Press, 2000).

09 선천성 이용해서 후천성 이해하기

1. Erik Parens, "The Inflated Promise of Genomic Medicine," Scientific American Blog Network, June 1, 2020, https://blogs.scientificamerican.com/observations/the-inflated-promise-of-genomic-medicine/.
2. "Why We Shouldn't Embrace the Genetics of Education," *Just Visiting* (blog), Inside Higher Ed, July 26, 2018, https://www.insidehighered.com/blogs/just-visiting/why-we-shouldnt-embrace-genetics-education.
3. Ruha Benjamin, *Race After Technology: Abolitionist Tools for the New Jim Code* (Cambridge, UK, and Medford, MA: Polity Press, 2019).
4. "WWC | Find What Works!," accessed November 11, 2019, https://ies.ed.gov/ncee/wwc/.
5. "Randomized Controlled Trials Commissioned by the Institute of Education Sciences Since 2002: How Many Found Positive versus Weak or No Effects," Coalition for Evidence-Based Policy, July 2013, http://coalition4evidence.org/wp-content/uploads/2013/06/IES-Commissioned-RCTs-positive-vs-weak-or-null-findings-7-2013.pdf.
6. Hugues Lortie-Forgues and Matthew Inglis, "Rigorous Large-Scale Educational RCTs Are Often Uninformative: Should We Be Concerned?" *Educational Researcher* 48, no. 3 (April 1, 2019): 158-166, https://doi.org/10.3102/0013189X19832850.
7. "Statement of Jon Baron, Vice-President of Evidence-Based Policy, Laura and

John Arnold Foundation," House Committee on Agriculture, Subcommittee on Nutrition, July 15, 2015.

8. David S. Yeager et al., "Where and For Whom Can a Brief, Scalable Mindset Intervention Improve Adolescents' Educational Trajectories?," preprint, 2018, accessed November 11, 2019, https://docplayer.net/102132264-Where-and-for-whom-can-a-brief-scalable-mindset-intervention-improve-adolescents-educational-trajectories.html.
9. Laurence Steinberg, "How to Improve the Health of American Adolescents," *Perspectives on Psychological Science* 10, no. 6 (November 1, 2015): 711-715, https://doi.org/10.1177/1745691615598510.
10. Sanjay Srivastava, "Making Progress in the Hardest Science," *The Hardest Science* (blog), March 14, 2009, https://thehardestscience.com/2009/03/14/making-progress-in-the-hardest-science.
11. "A Different Agenda," *Nature* 487, no. 7407 (July 2012): 271, https://doi.org/10.1038/487271a.
12. Kathryn Paige Harden, "Why Progressives Should Embrace the Genetics of Education," *The New York Times*, July 24, 2018, https://www.nytimes.com/2018/07/24/opinion/dna-nature-genetics-education.html.
13. Benjamin, *Race After Technology*.
14. "Texas Education Code § 28.004," FindLaw, accessed November 11, 2019, https://codes.findlaw.com/tx/education-code/educ-sect-28-004.html.
15. K. Paige Harden, "Genetic Influences on Adolescent Sexual Behavior: Why Genes Matter for Environmentally Oriented Researchers," *Psychological Bulletin* 140, no. 2 (2014): 434-465, https://doi.org/10.1037/a0033564.
16. Felix R. Day et al., "Physical and Neurobehavioral Determinants of Reproductive Onset and Success," *Nature Genetics* 48, no. 6 (June 2016): 617-623, https://doi.org/10.1038/ng.3551.
17. Kathrin F. Stanger-Hall and David W. Hall, "Abstinence-Only Education and Teen Pregnancy Rates: Why We Need Comprehensive Sex Education in the

U.S.," *PLoS ONE* 6, no. 10 (October 14, 2011): e24658, https://doi.org/10.1371/journal.pone.0024658.

18. K. Paige Harden et al., "Rethinking Timing of First Sex and Delinquency," *Journal of Youth and Adolescence* 37, no. 4 (April 2008): 373-385, https://doi.org/10.1007/s10964-007-9228-9.
19. Harden, "Genetic Influences on Adolescent Sexual Behavior."
20. Betty Hart and Todd R. Risley, *Meaningful Differences in the Everyday Experience of Young American Children* (Baltimore: Paul H. Brookes Publishing Co., 1995).
21. Clinton Foundation, "Too Small to Fail: Preparing America's Children for Success in the 21st Century," n.d., https://www.clintonfoundation.org/files/2s2f_framingreport_v2r3.pdf.
22. "Empowering Our Children by Bridging the Word Gap," whitehouse.gov, June 25, 2014, https://obamawhitehouse.archives.gov/blog/2014/06/25/empowering-our-children-bridging-word-gap.
23. "About Providence Talks," accessed November 11, 2019, http://www.providencetalks.org/.
24. Douglas E. Sperry, Linda L. Sperry, and Peggy J. Miller, "Reexamining the Verbal Environments of Children From Different Socioeconomic Backgrounds," *Child Development* 90, no. 4 (July/August 2019): 1303-1318, https://doi.org/10.1111/cdev.13072.
25. Daniel W. Belsky et al., "The Genetics of Success: How Single-Nucleotide Polymorphisms Associated with Educational Attainment Relate to Life Course Development," *Psychological Science* 27, no. 7 (July 1, 2016): 957-972.
26. Jeremy Freese, "Genetics and the Social Science Explanation of Individual Outcomes," *American Journal of Sociology* 114, suppl. S1 (2008): S1-35, https://doi.org/10.1086/592208.
27. Joseph P. Simmons, Leif D. Nelson, and Uri Simonsohn, "False-Positive Citations," *Perspectives on Psychological Science* 13, no. 2 (March 1, 2018): 255-

259, https://doi.org/10.1177/1745691617698146.

28. Freese, "Genetics and the Social Science Explanation of Individual Outcomes."

29. Sam Harris, *Making Sense Podcast* #73, "Forbidden Knowledge," April 22, 2017, https://samharris.org/podcasts/forbidden-knowledge/.

30. "FAQs," Social Science Genetic Association Consortium, accessed March 5, 2019, https://www.thessgac.org/faqs.

31. Sam Trejo and Benjamin W. Domingue, "Genetic Nature or Genetic Nurture? Quantifying Bias in Analyses Using Polygenic Scores," *bioRxiv*, July 31, 2019, 524850, https://doi.org/10.1101/524850.

32. "Dalton Conley," accessed November 11, 2019, https://scholar.princeton.edu/dconley/home.

33. Daniel W. Belsky et al., "Genetic Analysis of Social-Class Mobility in Five Longitudinal Studies," *Proceedings of the National Academy of Sciences* 115, no. 31 (July 31, 2018): E7275-7284, https://doi.org/10.1073/pnas.1801238115.

34. Nicholas W. Papageorge and Kevin Thom, "Genes, Education, and Labor Market Outcomes: Evidence from the Health and Retirement Study," NBER Working Paper 25114 (National Bureau of Economic Research, September 2018), https://doi.org/10.3386/w25114.

35. "What Role Should Genetics Research Play in Education?," Stanford Graduate School of Education News, February 20, 2019, https://ed.stanford.edu/news/what-role-should-genetics-research-play-education?print=all.

36. Philipp D. Koellinger and K. Paige Harden, "Using Nature to Understand Nurture," *Science* 359, no. 6374 (January 26, 2018): 386-387, https://doi.org/10.1126/science.aar6429.

37. Augustine Kong et al., "The Nature of Nurture: Effects of Parental Genotypes," *Science* 359, no. 6374 (January 26, 2018): 424-428, https://doi.org/10.1126/science.aan6877.

38. Alicia R. Martin et al., "Clinical Use of Current Polygenic Risk Scores May Exacerbate Health Disparities," *Nature Genetics* 51, no. 4 (April 2019): 584-

591, https://doi.org/10.1038/s41588-019-0379-x.

10 개인의 책임

1. "Unedited: Amos Wells' Jailhouse Interview," NBC 5 Dallas-Fort Worth, July 3, 2013, https://www.nbcdfw.com/news/local/Unedited-Amos-Wells-Jailhouse-Interview_Dallas-Fort-Worth-214139161.html.
2. Robbie Gonzalez, "How Criminal Courts Are Putting Brains—Not People—on Trial," *Wired*, December 4, 2017, https://www.wired.com/story/how-criminal-courts-are-putting-brains-not-people-on-trial/.
3. Sally McSwiggan, Bernice Elger, and Paul S. Appelbaum, "The Forensic Use of Behavioral Genetics in Criminal Proceedings: Case of the MAOA-L Genotype," *International Journal of Law and Psychiatry* 50 (January-February 2017): 17-23, https://doi.org/10.1016/j.ijlp.2016.09.005.
4. Lisa G. Aspinwall, Teneille R. Brown, and James Tabery, "The Double-Edged Sword: Does Biomechanism Increase or Decrease Judges' Sentencing of Psychopaths?," *Science* 337, no. 6096 (August 17, 2012): 846-849.
5. Nicholas Scurich and Paul Appelbaum, "The Blunt-Edged Sword: Genetic Explanations of Misbehavior Neither Mitigate nor Aggravate Punishment," *Journal of Law and the Biosciences* 3, no. 1 (April 2016): 140-157, https://doi.org/10.1093/jlb/lsv053.
6. Erlend P. Kvaale, William H. Gottdiener, and Nick Haslam, "Biogenetic Explanations and Stigma: A Meta-Analytic Review of Associations among Laypeople," *Social Science & Medicine* 96 (November 2013): 95-103, https://doi.org/10.1016/j.socscimed.2013.07.017.
7. Jeremiah Garretson and Elizabeth Suhay, "Scientific Communication about Biological Influences on Homosexuality and the Politics of Gay Rights," *Political Research Quarterly* 69, no. 1 (March 1, 2016): 17-29, https://doi.org/10.1177/1065912915620050.

8. Fact Sheet Library, NAMI: National Alliance on Mental Illness, accessed November 6, 2019, https://www.nami.org/learn-more/fact-sheet-library.
9. Essi Viding et al., "Evidence for Substantial Genetic Risk for Psychopathy in 7-Year-Olds," *Journal of Child Psychology and Psychiatry* 46, no. 6 (June 2005): 592-597, https://doi.org/10.1111/j.1469-7610.2004.00393.x.
10. American Psychiatric Association, *Diagnostic and Statistical Manual of Mental Disorders*, 4th ed. (Washington, DC: American Psychiatric Association, 2000).
11. Matthew S. Lebowitz, Kathryn Tabb, and Paul S. Appelbaum, "Asymmetrical Genetic Attributions for Prosocial versus Antisocial Behaviour," *Nature Human Behaviour* 3, no. 9 (September 2019): 940-949, https://doi.org/10.1038/s41562-019-0651-1.
12. Lebowitz, Tabb, and Appelbaum. 레보위츠, 탭, 애플바움은 다음과 같이 썼다. "우리 연구 결과는 사람들이 생물학적인 행동 설명을 지지할 가능성이 그 행동의 유전 외에 다른 요인의 영향을 받을 수 있다는 기존 증거를 상당히 견고하게 만들었다." 그러면서 "유전적인 설명으로 행동의 도덕적 책임이 줄어든다고 생각한다"면 사람들은 "계속 책임을 부과하려는 욕구를 가지고" 유전적인 설명을 받아들이지 않는다고 했다.
13. Emily A. Willoughby et al., "Free Will, Determinism, and Intuitive Judgments About the Heritability of Behavior," *Behavior Genetics* 49, no. 2 (March 2019): 136-153, https://doi.org/10.1007/s10519-018-9931-1.
14. 도킨스는 이 점을 잘 설명하고 있다. "결정론 문제에서 어떤 견해를 취하든 '유전적'이라는 단어를 끼워 넣는다고 해서 바뀌는 것은 없다. 철저한 결정론자는 모든 행동이 과거에 일어난 물리적 원인으로 미리 결정되었다고 믿으면서, 자신이 저지른 성적 불륜에 책임을 지지 않아도 된다고 믿을 수도, 믿지 않을 수도 있다. 그러나 그렇게 결정된다고 하더라도 물리적 원인이 부분적으로 **유전적**인지 아닌지가 대체 어떤 차이를 불러온단 말인가? 왜 유전적 결정 요인이 '환경적' 결정 요인보다 더 바뀌기 어렵다거나 책임을 줄여준다고 생각하는가?" Richard Dawkins, *The Extended Phenotype: The Long Reach of the Gene*, rev. ed. (Oxford and New York: Oxford University Press, 1999).

15. 일란성 쌍둥이에게 유전적 차이가 존재한다는 것은 쌍둥이의 유전가능성 추정치를 전반적으로 과소평가할 수 있다는 것을 의미한다. 일란성 쌍둥이의 유전적 차이 때문에 일어나는 표현형 차이가 환경 변이 때문에 나타났다고 잘못 생각할 수 있기 때문이다. Hakon Jonsson et al., "Differences between Germline Genomes of Monozygotic Twins," *Nature Genetics* 53, no. 1 (January 2021): 27-34, https://doi.org/10.1038/s41588-020-00755-1.
16. Eric Turkheimer, "Genetics and Human Agency: Comment on Dar-Nimrod and Heine," *Psychological Bulletin* 137, no. 5 (2011): 825-828, https://doi.org/10.1037/a0024306.
17. Daniel C. Dennett, *Elbow Room: The Varieties of Free Will Worth Wanting*, new ed. (Cambridge, MA: MIT Press, 2015).
18. 더 정확하게 말하면, e^2은 사람이 행위능력을 갖는 정도의 위쪽 한계로 생각할 수 있다. 신경과학자 케빈 미첼은 '발생 변이'를 표현형 발생 과정에서 나타나는 선천적 무작위성이라고 했다. 이 발생 변이는 쌍둥이 중 한 명이 흔히 행위능력이라고 인식하는 것을 발휘하지 않더라도 쌍둥이를 달라지게 만든다. Kevin J. Mitchell, *Innate: How the Wiring of Our Brains Shapes Who We Are* (Princeton, NJ: Princeton University Press, 2018).
19. T. J. Bouchard and M. McGue, "Familial Studies of Intelligence: A Review," *Science* 212, no. 4498 (May 29, 1981): 1055-1059, https://doi.org/10.1126/science.7195071.
20. Laura E. Engelhardt et al., "Strong Genetic Overlap between Executive Functions and Intelligence," *Journal of Experimental Psychology: General* 145, no. 9 (September 2016): 1141-1159, https://doi.org/10.1037/xge0000195.
21. Laura E. Engelhardt et al., "Accounting for the Shared Environment in Cognitive Abilities and Academic Achievement with Measured Socioecological Contexts," *Developmental Science* 22, no. 1 (January 2019): e12699, https://doi.org/10.1111/desc.12699.
22. Kaili Rimfeld et al., "The Stability of Educational Achievement across School Years Is Largely Explained by Genetic Factors," *Npj Science of Learning* 3

(September 4, 2018): 16, https://doi.org/10.1038/s41539-018-0030-0.

23. Amelia R. Branigan, Kenneth J. McCallum, and Jeremy Freese, "Variation in the Heritability of Educational Attainment: An International Meta-Analysis," *Social Forces* 92, no. 1 (September 2013): 109-140.

24. Daniel J. Benjamin et al., "The Promises and Pitfalls of Genoeconomics," *Annual Review of Economics* 4 (September 2012): 627-662, https://doi.org/10.1146/annurev-economics-080511-110939.

25. Dena M. Gromet, Kimberly A. Hartson, and David K. Sherman, "The Politics of Luck: Political Ideology and the Perceived Relationship between Luck and Success," *Journal of Experimental Social Psychology* 59 (July 2015): 40-46, https://doi.org/10.1016/j.jesp.2015.03.002.

26. "Princeton University's 2012 Baccalaureate Remarks," Princeton University, June 3, 2012, https://www.princeton.edu/news/2012/06/03/princeton-universitys-2012-baccalaureate-remarks.

27. Jonathan Rothwell, "Experiment Shows Conservatives More Willing to Share Wealth Than They Say," *The New York Times*, February 13, 2020, https://www.nytimes.com/2020/02/13/upshot/trump-supporters-experiment-inequality.html.

28. Heather MacDonald, "Who 'Deserves' to Go to Harvard?," *Wall Street Journal*, June 13, 2019, https://www.wsj.com/articles/who-deserves-to-go-to-harvard-11560464201.

29. 아래에서 인용했다. James Pethokoukis, "You Didn't Build That: Obama and Elizabeth Warren Argue against Any Limiting Principle to Big Government," blog post, *AEIdeas*, American Enterprise Institute, July 19, 2012, https://www.aei.org/pethokoukis/you-didnt-build-that-obama-and-elizabeth-warren-argue-against-any-limiting-principle-to-big-government/.

30. Stephen P. Schneider, Kevin B. Smith, and John R. Hibbing, "Genetic Attributions: Sign of Intolerance or Acceptance?," *The Journal of Politics* 80, no. 3 (July 2018): 1023-1027, https://doi.org/10.1086/696860.

31. Rothwell, "Experiment Shows Conservatives More Willing to Share Wealth Than They Say."

32. Ingvild Almås et al., "Fairness and the Development of Inequality Acceptance," *Science* 328, no. 5982 (May 28, 2010): 1176-1178, https://doi.org/10.1126/science.1187300; Alexander W. Cappelen, Erik Ø. Sørensen, and Bertil Tungodden, "Responsibility for What? Fairness and Individual Responsibility," *European Economic Review* 54, no. 3 (April 2010): 429-441, https://doi.org/10.1016/j.euroecorev.2009.08.005; Alexander W. Cappelen et al., "Just Luck: An Experimental Study of Risk-Taking and Fairness," *The American Economic Review* 103, no. 4 (2013): 1398-1413.

33. Ingvild Almås, Alexander W. Cappelen, and Bertil Tungodden, "Cutthroat Capitalism versus Cuddly Socialism: Are Americans More Meritocratic and Efficiency-Seeking than Scandinavians?," *Journal of Political Economy* 128, no. 5 (May 2020): 1753-1788, https://doi.org/10.1086/705551.

34. Michael Young, "Down with Meritocracy," *The Guardian*, June 28, 2001, https://www.theguardian.com/politics/2001/jun/29/comment.

11 계층을 형성하지 않는 차이

1. "Homelessness and Mental Illness: A Challenge to Our Society," Brain & Behavior Research Foundation, November 19, 2018, https://www.bbrfoundation.org/blog/homelessness-and-mental-illness-challenge-our-society.

2. Erik Parens, "Genetic Differences and Human Identities. On Why Talking about Behavioral Genetics Is Important and Difficult," *The Hastings Center Report* special supplement 34, no. 1 (January-February 2004): S14-36, https://www.thehastingscenter.org/wp-content/uploads/genetic_differences_and_human_identities.pdf.

3. Elizabeth S. Anderson, "What Is the Point of Equality?," *Ethics* 109, no. 2 (January 1999): 287-337, https://doi.org/10.1086/233897.

4. Audre Lorde, "Reflections," *Feminist Review* 45 (Autumn 1993): 4-8.

5. Daniel J. Kevles, *In the Name of Eugenics: Genetics and the Uses of Human Heredity* (New York: Alfred A. Knopf, 1985; reprint, Cambridge, MA: Harvard University Press, 1998).

6. Henry Herbert Goddard, *Feeble-Mindedness: Its Causes and Consequences* (New York: Macmillan, 1914).

7. Nathaniel Comfort, "How Science Has Shifted Our Sense of Identity," *Nature* 574, no. 7777 (October 2019): 167-170, https://doi.org/10.1038/d41586-019-03014-4.

8. "Excuse Me, Mr Coates, Ctd," *The Dish*, December 13, 2014, http://dish.andrewsullivan.com/2014/12/23/excuse-me-mr-coates-ctd/.

9. Ibram X. Kendi, *How to Be an Antiracist* (New York: One World, 2019).

10. Douglas Almond, Kenneth Y. Chay, and Michael Greenstone, "Civil Rights, the War on Poverty, and Black-White Convergence in Infant Mortality in the Rural South and Mississippi," MIT Department of Economics Working Paper no. 07-04, SSRN (Rochester, NY: Social Science Research Network, February 7, 2007), https://papers.ssrn.com/abstract=961021.

11. "Flint, Michigan, Decision to Break Away from Detroit for Water Riles Residents," CBS News," March 4, 2015, https://www.cbsnews.com/news/flint-michigan-break-away-detroit-water-riles-residents/.

12. Mona Hanna-Attisha et al., "Elevated Blood Lead Levels in Children Associated With the Flint Drinking Water Crisis: A Spatial Analysis of Risk and Public Health Response," *American Journal of Public Health* 106, no. 2 (February 2016): 283-290, https://doi.org/10.2105/AJPH.2015.303003.

13. Michigan Civil Rights Commission, *The Flint Water Crisis: Systemic Racism through the Lens of Flint*, February 17, 2017, https://www.michigan.gov/documents/mdcr/VFlintCrisisRep-F-Edited3-13-17_554317_7.pdf.

14. Harriet A. Washington, *A Terrible Thing to Waste: Environmental Racism and Its Assault on the American Mind* (New York: Little, Brown Spark, 2019).

15. Washington.
16. A. Alexander Beaujean et al., "Validation of the Frey and Detterman (2004) IQ Prediction Equations Using the Reynolds Intellectual Assessment Scales," *Personality and Individual Differences* 41, no. 2 (July 2006): 353-357, https://doi.org/10.1016/j.paid.2006.01.014.
17. Catherine M. Calvin et al., "Intelligence in Youth and All-Cause-Mortality: Systematic Review with Meta-Analysis," *International Journal of Epidemiology* 40, no. 3 (June 1, 2011): 626-644, https://doi.org/10.1093/ije/dyq190.
18. Meredith C. Frey and Douglas K. Detterman, "Scholastic Assessment or g? The Relationship between the Scholastic Assessment Test and General Cognitive Ability," *Psychological Science* 15, no. 6 (June 1, 2004): 373-378, https://doi.org/10.1111/j.0956-7976.2004.00687.x.
19. Christopher M. Berry and Paul R. Sackett, "Individual Differences in Course Choice Result in Underestimation of the Validity of College Admissions Systems," *Psychological Science* 20, no. 7 (July 1, 2009): 822-830, https://doi.org/10.1111/j.1467-9280.2009.02368.x.
20. David Lubinski and Camilla Persson Benbow, "Study of Mathematically Precocious Youth After 35 Years: Uncovering Antecedents for the Development of Math-Science Expertise," *Perspectives on Psychological Science* 1, no. 4 (December 1, 2006): 316-345, https://doi.org/10.1111/j.1745-6916.2006.00019.x.
21. Ann Oakley, "Gender, Methodology and People's Ways of Knowing: Some Problems with Feminism and the Paradigm Debate in Social Science," *Sociology* 32, no. 4 (November 1, 1998): 707-731, https://doi.org/10.1177/0038038598032004005.
22. Kevin Cokley and Germine H. Awad, "In Defense of Quantitative Methods: Using the 'Master's Tools' to Promote Social Justice," *Journal for Social Action in Counseling & Psychology* 5, no. 2 (Summer 2013): 26-41.
23. Carol A. Padden and Tom L. Humphries, *Deaf in America: Voices from a Culture* (Cambridge, MA: Harvard University Press, 1988).

24. Abraham M. Sheffield and Richard J. H. Smith, "The Epidemiology of Deafness," *Cold Spring Harbor Perspectives in Medicine* 9, no. 9 (September 3, 2019): a033258, https://doi.org/10.1101/cshperspect.a033258.

25. Walter E. Nance, "The Genetics of Deafness," *Mental Retardation and Developmental Disabilities Research Reviews* 9, no. 2 (2003): 109-119, https://doi.org/10.1002/mrdd.10067.

26. M. Spriggs, "Lesbian Couple Create a Child Who Is Deaf like Them," *Journal of Medical Ethics* 28, no. 5 (October 2002): 283, https://doi.org/10.1136/jme.28.5.283.

27. Isabel Karpin, "Choosing Disability: Preimplantation Genetic Diagnosis and Negative Enhancement," *Journal of Law and Medicine* 15, no. 1 (August 2007): 89-103.

28. Steven D. Emery, Anna Middleton, and Graham H. Turner, "Whose Deaf Genes Are They Anyway?: The Deaf Community's Challenge to Legislation on Embryo Selection," *Sign Language Studies* 10, no. 2 (2010): 155-169.

29. "This Couple Want a Deaf Child. Should We Try to Stop Them?" *The Guardian*, March 9, 2008, https://www.theguardian.com/science/2008/mar/09/genetics.medicalresearch.

30. H. Dominic W. Stiles and Mina Krishnan, "What Happened to Deaf People during the Holocaust?," UCL Ear Institute & Action on Hearing Loss Libraries, University College London, November 16, 2012, https://blogs.ucl.ac.uk/library-rnid/2012/11/16/what-happened-to-deaf-people-during-the-holocaust/.

31. Paul Steven Miller and Rebecca Leah Levine, "Avoiding Genetic Genocide: Understanding Good Intentions and Eugenics in the Complex Dialogue between the Medical and Disability Communities," *Genetics in Medicine* 15, no. 2 (February 2013): 95-102, https://doi.org/10.1038/gim.2012.102; Emery, Middleton, and Turner, "Whose Deaf Genes Are They Anyway?"

32. Anderson, "What Is the Point of Equality?"

33. John Rawls, *A Theory of Justice*, rev. ed. (Cambridge, MA: Harvard Univer-

sity Press, 1999).

34. David Kushner, "Serving on the Spectrum: The Israeli Army's Roim Rachok Program Is Bigger Than the Military," *Esquire*, April 2, 2019, https://www.esquire.com/news-politics/a26454556/roim-rachok-israeli-army-autism-program/.

35. Robert D. Austin and Gary P. Pisano, "Neurodiversity as a Competitive Advantage," *Harvard Business Review*, May-June 2017, https://hbr.org/2017/05/neurodiversity-as-a-competitive-advantage.

36. Susan Dominus, "Open Office," *The New York Times Magazine*, February 21, 2019, https://www.nytimes.com/interactive/2019/02/21/magazine/autism-office-design.html.

37. John Elder Robison, "What Is Neurodiversity?," *My Life with Asperger's* (blog), *Psychology Today*, October 7, 2013, http://www.psychologytoday.com/blog/my-life-aspergers/201310/what-is-neurodiversity.

12 반우생학적 과학과 정책

1. Elizabeth S. Anderson, "What Is the Point of Equality?," *Ethics* 109, no. 2 (January 1999): 287-337, https://doi.org/10.1086/233897.

2. Ibram X. Kendi, *How to Be an Antiracist* (New York: One World, 2019).

3. Ruha Benjamin, ed., *Captivating Technology: Race, Carceral Technoscience, and Liberatory Imagination in Everyday Life* (Durham, NC: Duke University Press, 2019).

4. Mark A. Rothstein, "Legal Conceptions of Equality in the Genomic Age," *Law & Inequality* 25, no. 2 (2007): 429-463.

5. Eric Turkheimer, "Three Laws of Behavior Genetics and What They Mean," *Current Directions in Psychological Science* 9, no. 5 (October 1, 2000), 160-164, https://journals.sagepub.com/doi/10.1111/1467-8721.00084.

6. Theodosius Dobzhansky, "Genetics and Equality: Equality of Opportunity

Makes the Genetic Diversity among Men Meaningful," *Science* 137, no. 3524 (July 13, 1962): 112-115, https://doi.org/10.1126/science.137.3524.112.

7. Antonio Regalado, "DNA Tests For IQ Are Coming, But It Might Not Be Smart to Take One," *MIT Technology Review*, April 2, 2018, https://getpocket.com/explore/item/dna-tests-for-iq-are-coming-but-it-might-not-be-smart-to-take-one.
8. Robert Plomin, *Blueprint: How DNA Makes Us Who We Are* (Cambridge, MA: MIT Press, 2018).
9. Tim T. Morris, Neil M. Davies, and George Davey Smith, "Can Education Be Personalised Using Pupils' Genetic Data?" *bioRxiv*, December 11, 2019, 645218, https://doi.org/10.1101/645218.
10. Safiya Umoja Noble, *Algorithms of Oppression: How Search Engines Reinforce Racism* (New York: NYU Press, 2018); Cathy O'Neil, *Weapons of Math Destruction: How Big Data Increases Inequality and Threatens Democracy*, repr. ed. (New York: Broadway Books, 2017).
11. Julia Angwin et al., "Machine Bias," ProPublica, May 23, 2016, https://www.propublica.org/article/machine-bias-risk-assessments-in-criminal-sentencing.
12. Benjamin, *Captivating Technology*.
13. O'Neil, *Weapons of Math Destruction*; Noble, *Algorithms of Oppression*.
14. Sean F. Reardon, "School District Socioeconomic Status, Race, and Academic Achievement," Stanford Center for Education Policy Analysis (CEPA), April 2016, https://cepa.stanford.edu/content/school-district-socioeconomic-status-race-and-academic-achievement.
15. Stephen W. Raudenbush and J. Douglas Willms, "The Estimation of School Effects," *Journal of Educational and Behavioral Statistics* 20, no. 4 (Winter 1995): 307-335, https://doi.org/10.3102/10769986020004307.
16. K. Paige Harden et al., "Genetic Associations with Mathematics Tracking and Persistence in Secondary School," *Npj Science of Learning* 5 (February 5, 2020): 1, https://doi.org/10.1038/s41539-020-0060-2.
17. Robert Moses, "Math As a Civil Rights Issue: Working the Demand Side,"

Harvard Gazette, May 17, 2001, https://news.harvard.edu/gazette/story/2001/05/math-as-a-civil-rights-issue/.

18. Lorie Konish, "This Is the Real Reason Most Americans File for Bankruptcy," CNBC, February 11, 2019, https://www.cnbc.com/2019/02/11/this-is-the-real-reason-most-americans-file-for-bankruptcy.html.
19. "Genetic Discrimination," National Human Genome Research Institute, accessed March 10, 2020, https://www.genome.gov/about-genomics/policy-issues/Genetic-Discrimination.
20. Mark A. Rothstein, "GINA at Ten and the Future of Genetic Nondiscrimination Law," *The Hastings Center Report* 48, no. 3 (May/June 2018): 5-7, https://doi.org/10.1002/hast.847.
21. Jessica L. Roberts, "The Genetic Information Nondiscrimination Act as an Antidiscrimination Law," *Notre Dame Law Review* 86, no. 2 (2013): 597-648, http://ndlawreview.org/wp-content/uploads/2013/06/Roberts.pdf.
22. Rothstein, "Legal Conceptions of Equality in the Genomic Age."
23. Mark A. Rothstein, "Why Treating Genetic Information Separately Is a Bad Idea," *Texas Review of Law & Politics* 4, no. 1 (Fall 1999): 33-37.
24. Mark A. Rothstein, "Genetic Privacy and Confidentiality: Why They Are So Hard to Protect," *Journal of Law, Medicine and Ethics* 26, no. 3 (Fall 1998): 198-204, https://papers.ssrn.com/abstract=1551287.
25. Roberts, "The Genetic Information Nondiscrimination Act as an Antidiscrimination Law."
26. John Rawls, *A Theory of Justice*, rev. ed. (Cambridge, MA: Harvard University Press, 1999).
27. Robert H. Frank, *Success and Luck: Good Fortune and the Myth of Meritocracy* (Princeton, NJ: Princeton University Press, 2016).
28. David Roberts, "The Radical Moral Implications of Luck in Human Life," Vox, August 21, 2018, https://www.vox.com/science-and-health/2018/8/21/17687402/kylie-jenner-luck-human-life-moral-privilege.

29. Amartya Sen, "Merit and Justice," in *Meritocracy and Economic Inequality*, ed. Kenneth J. Arrow, Samuel Bowles, and Steven Durlauf (Princeton, NJ: Princeton University Press, 2000).

30. Madeleine L'Engle, *A Wrinkle in Time*, reprint ed. (New York: Square Fish, 2007).

31. Rawls, *A Theory of Justice*.

32. Angus Deaton, *The Great Escape: Health, Wealth, and the Origins of Inequality* (Princeton, NJ: Princeton University Press, 2013).

33. François Bourguignon and Christian Morrisson, "Inequality Among World Citizens: 1820-1992," *American Economic Review* 92, no. 4 (September 2002): 727-744, https://doi.org/10.1257/00028280260344443.

34. Max Roser, Hannah Ritchie, and Bernadeta Dadonaite, "Child and Infant Mortality," *Our World in Data*, May 10, 2013, https://ourworldindata.org/child-mortality; "Sweden: Child Mortality Rate 1800-2020," Statista, accessed February 9, 2021, https://www.statista.com/statistics/1041819/sweden-all-time-child-mortality-rate/.

35. Daron Acemoglu, "Technical Change, Inequality, and the Labor Market," *Journal of Economic Literature* 40, no. 1 (March 2002): 7-72.

36. Heather MacDonald, "Who 'Deserves' to Go to Harvard?," *Wall Street Journal*, June 13, 2019, https://www.wsj.com/articles/who-deserves-to-go-to-harvard-11560464201.

37. Anne Case and Angus Deaton, *Deaths of Despair and the Future of Capitalism* (Princeton, NJ: Princeton University Press, 2020), https://press.princeton.edu/books/hardcover/9780691190785/deaths-of-despair-and-the-future-of-capitalism.

옮긴이의 글

이 책을 번역하던 중 기회가 생겨 우리나라의 한 유전자 분석 기업에서 무료로 유전자 검사를 해보았습니다. 침을 모아서 택배로 보냈는데 며칠 지나지 않아 스마트폰 앱으로 검사 결과를 확인할 수 있었습니다. 비만·근육·피부·탈모를 비롯해 수십 개 표현형에서 각각의 유전가능성(유전율)은 몇 퍼센트이며, 제가 어떤 유전 변이를 지녀서 어떤 특성이 있는지가 한눈에 보였습니다. 유전가능성이 63%인 포만감은 배부르게 하는 유전 변이 12개 중 9개를 가져서 '높음'이었고, 유전가능성이 78%인 근육 발달 능력은 근육 발달을 촉진하는 유전 변이 4개 중 2개를 가져서 '보통', 유전가능성이 75%인 피부 염증은 취약한 유전 변이 14개 중 9개를 가져서 '주의'였습니다.

하지만 우리는 이 결과를 얼마만큼 신뢰할 수 있을까요? 이런 표현형은 대체로 수많은 유전 변이와 환경의 영향을 받는 다유전자 특성이지만, 이 검사는 고작 10개도 채 안 되는 유전자의 SNP만 가지고 사람의 형질을 가늠합니다. 그리고 이 검사에서 기준이 되는 문헌들이 모두 유럽계 유전 계통을 대상으로 수행한 연구라면, 4장에서 논했듯 유전가능성 추정치나 검사 결과가 한국인에게 잘 들어맞지 않을지도 모릅니다. 그래서 이런 유전자 검사 결과를 가지고 다유전자 특성을 정확하게 예측한다거나 진단하기에는 아직 이릅니다. 지금으로선 단지 제 특정 유전자의 SNP 정보와 주변 환경 요인을 고려하면서 제 상태를 어렴풋이 짐작할 수 있을 뿐입니다.

기술이 발전하면서 사람들은 DNA를 점점 더 빠르고 더 저렴하게 분석합니다. 방대한 데이터를 손쉽게 다룰 수 있는 알고리듬도 넘쳐납니다. 우리나라도 2001년 국립중앙인체자원은행을 설립했고, 한국인유전체역학조사사업을 시작해 2021년 기준 한국인 25만 명의 유전체 정보를 모았습니다. 과학자들은 한국인의 유전체 데이터로 GWAS를 수행하고, 그 결과를 바탕으로 다유전자 점수를 개발하여 특정 질병에 걸릴 위험을 예측해줄 도구를 개발하고 있습니다. 언젠가 시간이 흘러 한국인 유전체 정보가 더 많이 쌓이고 다양한 표현형에 대해 GWAS를 제대로 수행한다면, 제가 받았던 유전자 검사로도 다유전자 지수를 바탕으로 각 표현형을 어느 정도 헤아려볼 수 있을 것입니다.

그러나 이런 과정에서 우리는 유전자가 표현형을 결정한다는 유전자 결정론을 매번 경계해야 합니다. 교육 과정에선 유전학을 단순하게 가르치기에 자칫 잘못하면 유전자가 생물의 표현형을 결정짓는다고 생각하기 쉽습니다. 물론 헌팅턴병이나 페닐케톤뇨증, 낫적혈구빈혈, 마른 귀지처럼 단일 유전자로 '결정'되는 표현형도 있습니다. 하지만 쌍꺼풀과 외꺼풀, 부착형 귓불과 분리형 귓불, 혀 말기처럼 지금껏 우열이 뚜렷한 대립유전자 한 쌍으로 유전된다고 배운 표현형들은 실제로 키나 몸무게처럼 수많은 유전 변이와 환경 요인의 영향을 복합적으로 받는 다유전자 특성입니다. 그리고 무엇보다도 유전자의 영향이 거의 없을 것만 같았던 학력이나 재산도 DNA의 영향을 어느 정도 받으니 대부분 독자는 책을 읽으면서 적잖게 놀랐을지도 모르겠습니다. 그러나 우리 DNA는 건강과 학력과 재산을 약하게 좌우할지언정 '결정'하지는 않습니다. 특정 유전 변이의 조합을 가지더라도 환경에 의해 표현형이 달라질 수 있다는 점을 저자는 8장에서 잘 보여주고 있습니다.

일부 독자는 책을 읽은 뒤 자신의 불만족스러운 인생이 잘못 물려받은 유전자 때문이라며 비관적인 결론에 도달할지도 모릅니다. 하지만 우리는 환경을 바꿔나갈 능력이 있고, 환경 개입을 통해 표현형을 바꿀 수 있는 부분도 여러 군데 존재합니다. 우리 인생의 원인을 바꿀 수 없는 유전자에서 찾으며 비관적으로 생각하기보다는, 스스로 어떤 환경을 가꾸어가면서 각자의 인생을 더 나은 방향으로 이끌지 고민하는 것도 이 책을 읽은 후 우리가 갖춰야 할 자세라고 생각합니다. 더불어 우리는 앞으로 쏟아질 유전체 정보를 받아들일 때 우생학의 비극을 되풀이하지 않기 위해 저자가 알려준 반우생학의 사명을 곰곰이 되뇌어야 할 것입니다.

우리가 하나 더 경계해야 할 것은 사람의 유전자에 우월하다거나 열등하다는 가치를 부여하고 이를 자연 선택과 엮는 것입니다. 자칫하면 생존과 증식에 불리할 것 같은 유전자는 자연 선택에 의해 개체군에서 사라져야 한다고 생각하기 쉽습니다. 그러나 자연 선택의 메커니즘은 개체간 차이를 기반으로 작동합니다. DNA 복제 과정이 항상 완벽하지 않을뿐더러 유성 생식 과정에서 DNA를 뒤섞기 때문에 개체마다 약간씩 다른 변이가 나타나고, 그중 주어진 환경에서 생존과 증식에 유리한 유전자(또는 개체)가 선택되는 것이 자연 선택의 법칙입니다. 그래서 사람의 개체군 안에는 언제나 다양한 사람이 함께 살아가는 것이고, 이런 다양성이야말로 자연 실험의 결과이자 개체군의 잠재력이 크다는 증거입니다. 게다가 11장에서 살펴보았듯 어떤 유전자가 '좋은' 유전자인지 그 가치를 지레짐작할 수도 없습니다. 우리는 모두 수십억 년의 자연 선택을 거쳐와 진화의 최전선을 달리고 있는 생명입니다.

한 사람이 가지는 DNA의 60억 염기쌍에서 달라질 수 있는 부분은 정말 많습니다. 그리고 한 사람에게 주어지는 수많은 환경 요인에서도 달라질 수 있는 부분은 무궁무진합니다. 장차 우리가 될 정자와 난자가 만들어질 때부터 지금 우리가 살아가는 매 순간순간까지 유전 요인과 환경 요인은 서로 영향을 주고받으며 아직 알려지지 않은 메커니즘을 통해 각자의 고유한 인생을 구성해갑니다. 그렇기에 유전체와 환경의 차이는 필연적으로 사람들의 차이를 일으키고, 모두는 서로 다른 삶을 살아갑니다. 이렇게 다 다른 세상에서 그동안 우리 사회는 사람들의 유전적·환경적 차이를 얼마큼 받아들였고, 얼마나 반영해왔을까요?

2021년 캐스린 페이지 하든은 뼈아픈 우생학의 역사를 딛고 실증적 증거로 무장한 채 키·BMI·성격뿐만 아니라 학력·부·소득 같은 표현형까지도 유전적 영향을 받는다는 사실을 보여주었습니다. 사람들의 차이는 사소하다며 무시할 수 없기에 왜 우리가 유전학을 똑바로 받아들여야 하는지, 어떻게 해야 더 공평한 사회를 만들 수 있을지를 붙들고 씨름했습니다. 하든이 제시한 반우생학 정책에 동의하지 않더라도, 우리는 DNA가 사람들이 관심을 두는 모든 것들에 영향을 준다는 객관적 사실을 받아들여야 합니다. 그리고 이런 사실을 바탕으로 더 공정한 사회를 만들려고 고심하는 것은 우리가 다 함께 걸어가야 하는 길이기도 합니다. 수많은 분들께서 이 책을 읽으며 사람의 유전을 이해하고, 그 지식을 토대로 더 나은 세상을 그릴 수 있길 바랍니다.

대중에게 정확한 지식을 알리기 위해 인터넷에 글을 쓰기 시작한 일이 책 번역으로까지 이어진 것은 제게 크나큰 영광이었습니다. 이 책은 생명과학에서 출발한 문제가 교육학과 경제학을 넘어 법학과 정치학까지 가지를 뻗어나가는 통섭의 책입니다. 이 책이 우리 사회에 미칠 영향을 알기에 중고등학생도 쉽게 읽을 수 있도록 만들자는 목표로 번역했습니다. 네다섯 줄이 넘어가는 영어 문장을 끊고 다듬으면서 번역 투는 최대한 없앴고, 10차례 넘게 글자 하나하나를 검토하면서 오역을 내지 않기 위해 최선을 다했습니다. 그런데도 곳곳에 남아 있는 거친 문장은 저의 미숙함 때문이니 독자분들의 넓은 아량을 구합니다.

이 글을 마무리하기 전에 감사할 분들이 있습니다. 기나긴 번역 과정 내내 심은정 선생님께서는 항상 밝은 모습으로 문장을 다듬고 좋은 단어를 보여주셨습니다. 그리고 수많은 고려대학교 교우분께서는 경제·교육·법·정치 등 각자의 전문 분야에서 제게 낯선 개념을 흔쾌히 알려주셨습니다. 제 벗인 서울대학교 이찬양, 고려대학교 전수현·최정환·구재건, 연세대학교 이학준은 제 부족한 초고를 꼼꼼히 검토해주었습니다. 무엇보다도 단어와 내용을 하나씩 분석하며 문장을 매끄럽게 만들고 여러 군데에서 오역을 바로잡아준 제 친구 신진섭에게도 고마운 마음을 전합니다. 제게 귀중한 기회를 주시며 좋은 번역서가 나올 수 있게 힘써준 에코리브르 식구들에게도 감사의 말씀을 전합니다. 여러분들의 도움이 없었다면 좋은 번역서를 내지 못했을 겁니다. 모두 감사합니다. 이 글을 읽는 모든 분께 앞으로 마주할 환경 로또에서 행운이 깃들길 기원합니다.

2023년 2월

이동근

찾아보기